한·중 언어 비교 연구

이화여자대학교 다문화연구소 편

지식과교양

발간사

20세기 후반기를 거쳐 21세기에 접어들면서 우리 민족과 국가는 세계사에서 새로운 위치를 가지게 되었습니다. 세계에 존재하는 수백의 국가 혹은 수천의 민족 중에서 경제적인 측면이나 언어 사용의 인구 수적인 측면에서 우리 민족과 국가는 전체적으로는 세계 10위 내외의 서열에 자리매김하는 도약을 이루고, 그것을 공고히 하는 토대를 구축하였습니다. 더 나아가 몇몇의 분야에서는 세계 최고라는 위치까지 자리매김하게 되었습니다. 그 결과, 인근에 있는 국가에 국적을 두고 있는 많은 사람들의 머리 속에 〈새로운 인생의 구상은 한국의 노동자 생활에서부터〉 혹은 〈새로운 인생의 구상은 한국인과 결혼함으로써〉라는 생각이 자리잡게 되었습니다. 이로 인해 〈Korean Dream〉을 이루려는 많은 나라의 외국 여성들이 한국에 시집을 와서 한국의 가정을 이루거나, 외국 남성들이 한국의 노동자로 와서 하나의 집단 사회를 이루는 상황이 생성되어, 세계에 유례를 찾아 볼 수 없는 〈한국적 다문화 사회〉가 이루어졌습니다.

이러한 우리의 현재는 과거로부터 물려받은 유산에 바탕을 둔 것이지만, 과거에 항상 이러한 모습을 가지고 있었던 것은 아니었던 것 같습니다. 지구상의 많은 언어와 민족이 생멸을 하거나, 혹은 분열과 통일을 반복하면서 축소와 확장을 하게 되는데, 우리 민족 역시 예외가 아니었습니다. 한반도와 만주 일원에 살던 종족이 (고)조선의 등장으로 단일민족에 의한 언어공동체를 생성한 후, 한 민족 둘 이상의 국가라는 분열된 양상과 한 민족 한 국가라는 통일된 양상을 되풀이해 왔습니다. 최초의 분열은 한사군의 설치로 인한 남북 언어의 분열이었을 것입니다. 이 분열은 통일신라에 의해 하나의 언어공동체로 재통일되었습니다. 하나의 언어공동체로 지내오다가 20세기 중반에 다시 남쪽과 북쪽으로 분열되는 양상에 처하게 되었습니다. 이러한 분열된 양상에도 불구하고, 한반도의 남쪽은 20세기 후반을 거치면서 비약적인 발전을 거듭하여 21세기 초반기에 이르러 세계사의 한 축으로 발돋움하기에 이르렀습니다. 그 결과 〈Korean Dream〉을 이루려는 많은 외국인들이 한국에 몰려오는 상황이 생성된 것입니다.

이러한 새로운 사회의 생성에 능동적으로 대처하기 위해 이화여자대학교에서는 다문화연구소를 만들에 되었습니다.

이화여자대학교 다문화연구소는, 동화주의를 넘어서는 문화적 권리의 상호 평등을 인정하고. 학술연구와 현장실천을 잇는 연구·교육·정책의 순환적 모델을 구축하고자 합니다. 더 나아가 현재와 미래의 다문화 현상에 대한 연구·정책 개발을 위해 다문화와 관련된 DB를 구축하고, 교내외 연구·교육 자원의 네트워크를 통한 다문화 연구·교육 역량을 극대화하면서 국내외 유관기관과의 교류를 통한 파트너십을 구축하고자 합니다.

그러하여 우리 연구소는 문화적 역량으로 사회통합을 이끄는 21세기 다문화전문 연구기관이면서, 다문화 시대의 한국 사회·문화 발전을 선도하는 학제간 종합 연구기관이 되고자 합니다. 동시에 다문화 사회에서 소통과 공존을 선도하는 다문화 연구·교육 공동체가 될 것입니다.

이러한 일을 효과적으로 수행하고자 이화여자대학교 다문화연구소에서는 《다문화연구》라는 학술지와 《이화다문화총서》를 간행하고자 합니다. 《이화다문화총서》는 우선 언어, 사회, 의학, 교육의 네 분야로 나누어 출간됩니다. 한국의 다문화사회를 진단하고, 공존과 조화의 길을 찾기 위해 〈언어〉에서는 언어와 문화의 상관관계와 언어의 보편성과 개별성의 관계, 언어간 비교 대조의 문제 등을 다루게 될 것입니다. 〈사회〉에서는 다문화 사회를 진단하고 사회통합프로그램을 구축할 수 있는 사회적 역량을 구축하고, 이를 제도화할 수 있는 방안을 연구하고 실천할 것입니다. 〈의학〉에서는 이주민의 건강과 관련된 문제 즉 이주민과 원주민의 면역체계, 다문화가정 자녀와 한국인의 면역체계, 다문화가정을 위한 임신, 출산 등 다문화가정과 의료 건강 분야에 관한 것이 다루어지게 될 것입니다. 〈교육〉에서는 이중언어사회에서의 언어교육에 관한 문제, 특히 국내의 경우 다문화가정과 그 자녀를 위한 한국어교육의 문제, 국외의 경우 동포들의 자녀에 대한 한국어 교육, 외국인을 대상으로 한 한국어교육 등의 문제가 주로 대상이 될 것입니다.

〈이화다문화 총서 2〉로 간행되는 이 책은 중국에서 이화여대 대학원으로 유학와서 한·중 언어 비교로 석사학위를 받은 논문을 선별한 것입니다. 지금까지의 한·중 언어 비교 외에 좀더 알찬 내용들을 보탤 수 있을 것입니다.

우리 연구소에서는 현재보다 더 나은 사회를 구축하는 데 약간의 도움이 되기 위해 이 책을 간행합니다. 현재보다 미래가 좀더 밝은 민족, 현재보다 좀더 강력한 국가가 되고, 그 속에 살고 있는 모든 사람이 다같이 더불어 살아가는 사회가 되기 위한 조금의 밑거름이 되기를 희망하면서 이 책을 간행합니다. 좀더 많은 사람이 이 분야에 애정어린 관심을 기울여 주시기를 기원합니다.

2012년 2월 10일
이화여자대학교 다문화연구소장 박창원

목차

한국어와 중국어의 피동문 대조 연구 | Wang   Duan

한국어와 중국어의
거절 화행 전략 비교 연구 | Wu Xiao

중국인 한국어 학습자의 요청 화행에 관한 연구 | Chu Wen Bo

한·중 부정법 대조 연구

Fan Kexin

약어	설명
CLASS	classifier 분류사
CSC	complex stative construction 구조조사 '得'
EXP	experiential aspect 경험상 시태조사 '過'
NEG	negative '不', '沒(有)', '別'
PERF	perfective aspect 완료상 시태조사 '了'
POSS	possessor 구조조사 '的'
PROG	progressive 진행상 시태조사 '着'
PTCLE	particle 어기조사 '了'

I.

서론

A. 연구 목적 및 필요성

이 연구는 문장유형에 따른 한·중 부정법을 대상으로, 한국어의 통사적인 부정법과 특수어휘 부정법의 쓰임을 살펴보고 이에 대응되는 중국어의 부정법이 어떠한 대응관계가 있는지를 밝히는 것을 목적으로 한다.

중국어와 한국어는 오랜 시간동안 서로 영향을 미쳐왔던 만큼 많은 면에서 유사한 특징을 공유하고 있다. 하지만 두 언어의 유형학적 특성에 대하여 보다 세밀하게 비교해 봤을 때, 그 차이는 분명해진다.[1] 그 중 비교하기 어려운 항목 중의 하나가 부정법에 의한 부정문의 구조 및 쓰임의 차이이다.

부정법이란 어떤 문장에서 그 명제 내용을 부정하여 진리조건(眞理條件)을 정반대로 바꾸도록 하는 문법적 기제이다. 전체적으로 보면 한국어는 부정법을 적극적으로 운용하는 언어이다. 부정법과 관련된 요소로서는 부정소와 부정의 의미를 가진 몇 개의 특수한 어휘이다. 이에 따라서 한국어의 부정법은 부정소에 의한 통사적인 부정법과 특수어휘에 의한 특수어휘 부정법으로 나누어진다. 통사적인 부정법에는 주로 '안' 부정법과 '못' 부정법, '말다' 부정법이 포함된다. '안' 부정법은 평서문·의문문의 부정소[2] '아니(안)/-지 아니하(않)-[3]'이 사용된 '안' 부정문을 형성하는 문법적인 기제이고, '못' 부정법은 평서문·의문문의 '못/-지 못하-'가 사용된 '못' 부정문을 형성하는 문법적인 기제이고, '말다' 부정법은 명령문·청유문의 부정소 '-지 말-'이 들어 있는 '말다' 부정문을 형성하는 기제이다. 특수어휘 부정법은 평서문·

---

1 J.노먼/全廣鎭 역(1996: 26)는 18종의 동아시아 지역의 언어들에 대하여 음운론·형태론·통사론 상의 일곱 가지 자질에 있어서 각기 어떠한 특성을 지니고 있는지를 살펴보았다. 아래의 도표는 아시아 지역 언어들의 유형학적 특질 도표에서 추출한 현대 중국어와 한국어에 대한 대조 분석이다. 자질구분 1. 형태소들이 단음절로 되어 있다. 2. 성조를 보유하고 있는 언어이다. 3. 음절의 첫머리에 오직 단자음만 올 수 있다. 4. 형태론 및 통사론적으로 분석형 언어(고립어)에 속한다. 5. (명사가) 수사와 더불어 쓰일 때 양사(분류사)가 없어서는 안 된다. 6. 형용사-명사의 어순을 취하는 언어이다. 7. 문장이 SVO의 어순을 지닌다. 이상 각 항목의 특질에 부합할 때에는 '+'로, 그렇지 아니할 때에는 '-'로 각각 표시하였다.

    ▶ 중국어와 한국어 유형학적 특질

	1	2	3	4	5	6	7
Modern Chinese	+	+	+	+	+	+	+
Korean	−	−	+	−	−	+	−

2 부정소 항목에 대한 검토는 아주 일찍부터 논쟁거리가 되어왔다. 이에 대한 자세한 논의는 II.B로 미루기로 한다.

3 '안'은 '아니'라는 부사의 줄임말이다. '아니'가 '하-'와 어울려 된 복합어 '아니하-'처럼 '안'이 '하-'와 어울려 복합어 '않-'로 된다. 따라서 부정의 의미를 가진 의존형식인 '-지 않-'은 '안'과 같은 종류의 부정소로 보기로 한다. 이와 같이 '-지 못하-'도 '못'과 같은 종류의 부정소로 본다. 현대 한국어 문장에서 주로 '안'과 '-지 않-'의 형식으로 쓰여서 본고에서 편의상 '안', '-지 않-'만 기술하겠다.

의문문의 부정 특수어휘 '아니다', '없다', '모르다'에 의하여 부정문을 만드는 문법적인 기제인데 '아니다' 부정법, '없다' 부정법, '모르다' 부정법으로 나뉜다.

그 중 평서문·의문문의 '안' 부정법과 '못' 부정법은 부정 부사인 '안'이나 '못'이 쓰이면 단형부정문(短形否定文), 부정의 의미를 가진 의존 형식인 '-지 않-/-지 못하-'가 쓰이면 장형부정문(長形否定文)을 만든다.4 평서문·의문문의 특수어휘 부정법에 의한 부정문은 장·단형이란 형식 차이는 없다. 명령문·청유문에서의 '말다' 부정법은 장형부정문의 형식만 가진다.

중국어는 부정소5에 의한 통사적인 부정법만 있는데 대표적 부정소로서는 평서문·의문문의 부정 부사인 '不'나 '沒(有)'6이고 명령문·청유문의 부정 부사 '別'과 '不'이다. 중국어의 부정문은 장·단형이란 형식 차이는 없다. 따라서 중국어의 부정법은 평서문·의문문의 통사적인 '不' 부정법과 '沒(有)' 부정법, 명령문·청유문의 '別' 부정법과 '不' 부정법으로 구분된다.

한·중 부정법 양상을 살펴보면 통사적인 부정법으로서 한·중 평서

---

4 한국어 두 유형의 부정문에 대한 용어는 다양하다. C.Cho(1975)와 W.Kim(1975)에서 'pre-verbal negation'과 'post-verbal negation'이라는 용어를 쓴다. 즉 '선행 부정문'과 '후행 부정문'이다. 제 7차 문법 교과서에서는 각각 '짧은 부정문'과 '긴 부정문'이라고 명명하고 있다. 여기서는 이들 중에서 '장형부정문'과 '단형부정문'이란 용어를 사용하기로 한다.

5 중국어에서 '부정소(否定素)'를 대신하여 '부정사(否定詞)'라고 부른다. 한국어 학계에서도 학자에 따라 '부정사'라고 부르는 경우가 있다. 본고는 논술의 편의성과 통일성을 위하여 모두 '부정소'로 기술한다.

6 '沒'와 '沒有'는 거의 똑같다고 인식해 왔다. 그런데 기존 논의에서 '沒有'는 '沒'과 달리 체언 앞에 쓰일 수 있기 때문에 '沒'의 품사는 부사, '沒有'의 품사는 부사와 동사라는 지적이 있다. 본 연구의 관점은 '沒'이나 '沒有'의 품사는 부사뿐이다. 자세한 논의는 Ⅲ.B로 미루기로 한다.

문·의문문에서 모두 二分 대립 체계를 취하는 것을 알 수 있는데 '안' 부정법과 '못' 부정법, '不' 부정법과 '沒(有)' 부정법은 각각 일정한 기능분담과 선택제약을 가지면 어떠한 대응관계가 존재한다고 할 수 있다. 이에 대하여 가장 널리 알려진 관점은 '안' 부정법과 '못' 부정법이 각각 '단순부정'·'의도부정'과 '능력부정'·'타의부정'이라는 의미적인 기준으로 구분되어 쓰이고 '沒(有)' 부정법은 '不' 부정법과 달리 과거시제에 쓰인다는 시제 차이점이 있다는 것이다. 그러면 시제를 기준으로 하여 과거시제에 쓰인 '안' 부정법과 '못' 부정법은 모두 '沒(有)' 부정법에 해당되고 비과거시제에 쓰인 '안' 부정법과 '못' 부정법은 모두 '不' 부정법에 해당된다고 할 수 있는가?

다음 예문[7]을 보자.

(1) 가. 나는 탁구를 <u>치지 않았다</u>. (實上[8]:289)

　　　*我 <u>不</u>　　打　　乒乓球。

　　　I　NEG　play　ping:pong

　　　我 <u>沒(有)</u> 打　　乒乓球。

　가'. 그는 이전에 담배를 <u>피우지 않았다</u>. (實上:290)

　　　他　　以前　　<u>不</u>　　抽烟。

　　　he　before　NEG　smoke

　　　?他　　以前　<u>沒(有)</u>　抽烟。

---

7 예문에서 나타난 '*'는 비문을 표시한다. 본 연구에서의 '비문'은 비문법적인 것을 말한다. '?'는 완전히 자연스럽다고는 할 수 없으나 성립이 완전히 배제되지 않는다는 문장을 표시한다.

8 「實用現代漢語語法(개정정보판)上/下」(2005)은 '實上'과 '實下'로 약칭하였다.

　나. 나는 회신을 아직 <u>받지 **못했**</u>어. (實上:288)

　　*我　还　<u>不</u>　　接到　回信　　呢。

　　I　yet　NEG　get　reply　PTCLE

　　我　还　<u>没(有)</u> 接到　回信　　呢。

　나′. 이전에 나는 그를 그다지 <u>이해하지 **못했**</u>다. (實上:68)

　　以前　我 <u>不</u>　太　　了解　　他。

　　before　I　NEG　too　know　he

　　?以前　　我 <u>没(有)</u> 太　　了解　　他。

　예문(1)에서 '안' 부정법/'못' 부정법은, '不' 부정법/'没(有)' 부정법
과의 기능분담의 차이점을 더 분명하게 대조하기 위하여 모두 동일하
게 장형부정문의 형식만 취하였다. 예문(1가)와 (1나)는 과거시제인
'안' 부정문과 '못' 부정문이다. 이에 대응되는 중국어 부정문은 모두
'没(有)' 부정법이라는 문법적 기제를 사용하였다. 그런데 (1가′)와 (1나′)
에서 보았듯이 상황에 따라 같은 과거시제라도 '不' 부정법으로 완벽
한 부정문이 된다.

　(2) 가. 요즘 우리는 <u>바쁘지 **않**</u>아. (實上:287)

　　近来，　　我们　<u>不</u>　　忙。

　　recently　we　　NEG　busy

　　*近来，　　我们 <u>没(有)</u>　忙。

　가′. 北京의 여름은 上海처럼 그렇게 <u>덥지 **않**</u>다. (實上:104)

　　*北京　　的　　夏天　<u>不</u>　　上海　　那么　热。

　　BeJing　POSS　summer　NEG　ShangHai　like:that　hot

　　北京　　的　　夏天　<u>没(有)</u>　上海　　那么　　热。

나. 이 책을 나는 오늘 다 <u>읽지 못해</u>. (實上:201)

这-本　　书　我　今　天看　<u>不</u>　完。

this-CLASS book I today watch NEG finish

*这-本　　书　我　今　天看　<u>没(有)</u>　完。

나'. 내년 이 때쯤에 아마도 아직 <u>졸업하지 못할</u> 거야. (實上:290)

*明年　　这-个　时候 可能 还　<u>不</u>　毕业。

next:year this-CLASS time maybe yet NEG graduate

明年　　这-个　时候 可能 还 <u>没(有)</u>　毕业。

　예문(2가)와 (2나)는 비과거시제인 '안' 부정문과 '못' 부정문이다. 예문 (1가), (1나)처럼 위에서 제시했던 대응관계에 따라 모두 '不' 부정법을 사용하였다. 그런데 (1가')와 (1나')에서 본 듯이 상황에 따라서 같은 비과거시제라도 '没(有)' 부정법으로 완벽한 부정문을 만들 수 있다.

　위에서 살펴본 예문을 통하여 한국어 '안' 부정법과 '못' 부정법은 시제 범주에 의하여 과거시제일 경우에 '没(有)' 부정법, 비과거시제일 경우에 '不' 부정법과의 간단한 대응관계가 아니다. 또 중국어 '不'와 '没(有)'의 구별기준이 시제가 아니라는 것도 밝혀졌다. 이런 까닭에 '안' 부정법과 '못' 부정법, '不' 부정법과 '没(有)' 부정법의 기능분담과 선택제약에 대하여 다시 생각할 필요가 있다.

　본 연구에서는 평서문·의문문에서 한국어의 통사적인 부정법과 특수어휘 부정법에 대응되는 중국어의 통사적인 부정법, 명령문·청유문에서 한국어의 통사적인 부정법에 대응되는 중국어의 통사적인 부정법이 어떠한 대응관계가 있는지를 살펴보고자 한다.

B. 연구 방법 및 구성

본 연구는 대조언어학이란 관점에 입각하여 한국어를 기초 언어로 삼고 한·중 부정문의 구체적인 예문을 중심으로 한·중 부정법의 양상을 대조 검토함으로써, 한·중 부정법의 대응관계가 어떤지를 밝히고자 한다.

대조언어학은 주로 공시적 연구를 통하여, 친족관계 유무와 관계없이 두 개 또는 그 이상의 언어의 음운(음성), 어휘, 문법 등 언어 체계를 대조하여, 무엇이 서로 대응하며 그렇지 않은지를 밝히는 언어 연구의 한 분야이다. 언어는 서로 달라서 제 2언어 학습자는 모국어에 나타나는 형상을 목표 언어에 전이하려는 경향이 있어 모국어가 목표 언어 습득에 있어서 큰 영향을 미친다. 따라서 대조언어학은 외국어 교육과 밀접한 관련이 있는 학문이다. 두 언어 체계를 구조적으로 분석하여 습득이 어려운 구조가 무엇인지를 파악한 뒤에 학습자가 오류를 예측할 수 있을 뿐만 아니라 목표 언어 달성에 쉽게 도달할 수 있을 것이다.

본 연구에서 사용된 한국어와 중국어 부정문 예문은 공정하고 정확함을 기하기 위하여 모두 개론서에서 발췌 사용한다. 한·중 대조 예문은 가능한 한 송산출판사에서 출판된 「實用現代漢語語法(개정정보판)」(2005)과 「新现代汉语800词(개정증보판)」(2000)에서 발췌 사용한다. 「實用現代漢語語法(개정정보판)」(2005)의 집필진은 劉月華, 潘文娛, 故韠이고 김현철, 박정구, 오문의, 최규발 선생이 번역한 「實用現代漢語語法(개정정보판)」(上)와 「實用現代漢語語法(개정정보판)」(下)로 나뉜다.[9] 「新现代汉语800词(개정증보판)」(2000)은 집필진이 呂

叔湘이고 삼성물산중국IT연구회가 번역한다.[10]

　　한·중 통사적인 부정법은 부정소 '안/-지 않-'이나 '못/-지 못하-', '-지 말-'; '不'나 '沒(有)', '別'에 의하여 만드는데 모두 용언과 깊이 상관된다. 한국어의 통사적인 부정법은 서정수(1996)의 의미적 특질을 따른 한국어 용언과의 결합 양상을 통하여 검토한다. 중국어의 통사적인 부정법은 龔千炎(1995)의 상(相)적 특성에 따른 동사와의 결합 양상을 통하여 살펴보고자 한다.

　　본 연구는 다음과 같이 크게 다섯 부분으로 구성된다.

　　제1장에서는 본고의 연구 목적 및 필요성, 연구 방법과 구성을 제시한다. 그 다음에 본고의 중심 내용과 상관된 한·중 부정법에 대한 기존 연구를 검토하였다.

　　제2장에서는 한·중 부정법 논의를 위한 기본 개념들은 면밀히 살펴보았다. 긍정과 부정, 부정문의 성립 조건, 그리고 한·중 부정소의 諸 유형, 한·중 부정법 체계에 대한 검토를 진행하고자 한다.

　　제3장에서는 제2장을 바탕으로 평서문·의문문의 한국어 통사적인 부정법과 특수어휘 부정법, 평서문·의문문의 통사적인 부정법을 총괄적으로 살펴보고 이들의 대응관계를 밝히고자 한다.

　　제4장에서는 명령문·청유문의 한·중 통사적인 부정법을 살펴보고 이들이 어떠한 대응관계에 있는지를 밝히고자 한다.

　　제5장은 결론으로 본 연구에서 검토한 내용을 요약, 정리하고자 한다.

---

9 본 연구에서 '實上'와 '實下'로 약칭하였다.
10 본 연구에서 '新'로 약칭하였다.

C. 선행 연구

1. 한국어 부정법의 연구 현황

지금까지 한국어 부정법과 관련하여 많은 논의가 있어 왔으며 많은 연구 성과가 이루어졌다.

기본적으로 하나의 긍정문에 대응되는 두 가지 종류의 부정문이 한국어에만 나타나는 것으로 인식되고 이와 관련된 몇 가지 문제에 대하여 활발한 논의를 전개해 왔다. 1970년대부터 두 부정문형의 동의성 여부와 심층구조 설정 문제, 부정의 범위에 따른 중의성 문제 등에 치중하였다. 그 중에서 대표적인 논의는 서정수(1974, 1996), 송석중(1977, 1993), 임홍빈(1978, 1987)등이 있다. 그런데 본 연구의 핵심적인 내용은 문형을 따른 한·중 부정법의 기능분담과 선택제약 때문에 장·단형 부정문의 차이점을 깊이 검토하지 않기로 한다.

장·단형 부정문과 관련된 문제 외에 부정문 성립의 조건, 二分 대립 체계에 있는 통사적인 '안' 부정법과 '못' 부정법의 기능분담과 선택제약도 주목되어 왔다. 여기서 본 연구와 관련된 대표적인 기존 논의를 정리하여 살펴보겠다.

부정문 범위에 대한 검토는 부정법 논의의 원리적인 출발점을 제공한다. 이에 대한 핵심적인 검토는 주로 '아니다', '없다', '모르다', 그리고 한자어 접두사 '미(未)-, 무(無)-, 비(非)-, 불(不)-, 몰(沒)-'에 의한 부정적인 의미를 가진 파생어와 '안'이나 '못'이 뒤에 오는 서술어와 결합하여 관용적인 의미를 가지게 된 합성어에 의한 문장이 부정문인지 아닌지에 집중되었다.

더 나아가 부정문 성립의 조건을 둘러싸고 많은 논쟁이 있었다. 후술하겠지만 부정 의미를 가지는 문장과 부정문 사이에는 거리가 있다. 의미론적인 기준은 문제를 어렵게 한다. 따라서 가능하면 형식적인 기준에 의존하여 문제의 범위를 정하는 것이 바람직하다고 할 수 있다. 형식적인 기준으로서 부정문 성립의 조건에 대한 논의는 대체로 두 가지 입장으로, 하나는 부정 극성 성분[11]과의 공기 현상, 또 하나는 부정소의 첨가이다. 두 가지의 입장에서 '아니다'에 의한 문장은 별 이견 없이 부정문으로 보고 부정의 의미를 가진 한자어 파생어와 관용적인 의미를 가진 '안'/'못' 합성어에 의한 문장은 부정문에서 제외하였다. 그런데 '없다', '모르다'[12]가 서술어로 사용된 문장의 성격에서 차이가 나타났다.

■ 부정 극성 성분과의 공기

부정문이 긍정문과는 다른 통사 및 의미적인 특성을 지닌다는 것은 널리 알려져 있다. 부정문의 특성과 관련하어 긍정문과는 잘 결합하지 않고 부정문과만 결합하는 특정한 단어들이 있다는 점을 지적할 수 있다. 이런 입장을 취한 문법가들은 '아니다', '없다', '모르다'가 부정극어와 공기관계를 보인다는 점에서 이들을 서술어로 사용된 문장은 부정문으로 처리한다.

---

11 부정 극성 성분보다 부정극어(否定極語)란 용언을 더 많이 사용하였다.
　　부정극어: negative polarity item. 긍정문과는 잘 어울리지 않지만 부정문과는 잘 어울리는 '결코, 절대로'등을 말함. 엄격한 의미에서 부정극어는 하나의 단어를 말한다. 그러나 구나 절과 같은 구성도 부정 극성을 띠는 일이 있다. 이들을 정확하게 부를 때는 '부정 극성 성분'이라 부르기로 한다.

12 '없다, 모르다'로 만든 문장은 성격상 비슷해서 거의 함께 검토해 왔다.

김석득(1971)은 부정 부사(전혀, 거의…)와 부사어(누구도, 아무것도…)가 부정어(否定語)와 배합하는 양상을 다루었다. 이들이 배합되고 공존할 수 있는 결과는 부정이라고 지적하였다.

임홍빈(1978, 1987)에 따르면, 부정문의 정의적 속성은 그 서술어가 부정소 '안'이나 '못'을 가진 문장이나 부정 서술어 '않다, 못하다' 및 '말다, 아니다'를 가진 문장을 말한다.[13] '없다, 모르다'는 부정 극성 성분과 통사론적인 공기관계를 보인다는 점에서 그들을 가진 문장은 부정문에 속하는 것으로 보았다.

신원재(1987)는 한국어의 부정법은 부정소의 유무와 절대적인 상관성이 없고 어떠한 문장이 부정문이냐 하는 것은 한국어의 특질상(特質上), 문맥상(文脈上)의 부정 극성 성분과의 호응관계에서 고려해야 한다고 지적하였다. '아니다'가 '안'과 통사적으로 부정의 대상이 달라서 '아니다'와 '없다', '모르다'는 어휘 부정법으로 보았다.

부정문의 범위를 정하는 형식적인 기준으로서 부정 극성 성분과의 공기 여부는 가장 바람직하고 객관적인 검증 방법으로 본다. 부정 극성 성분과 부정문 성립의 조건에 대한 자세한 논의는 제2장으로 미루기로 한다.

■ 부정소의 첨가

남기심·고영근(1993), 서정수(1996), 채완·이익섭(1999), 최재희(2004), 고영근·구본관(2008)은 부정소의 첨가 여부란 통사적인 기준에 의하

---

13 임홍빈(1987)에서 '부정소'란 편의상의 명칭이며, 그 품사적인 명칭은 '부정 부사'이다. '부정소'라는 술어로 부정 부사 '아니'와 '못'만 가리키고 부정 서술어라는 술어로 '아니하다', '못하다', '말다'등을 가리킨다.

여 부정문을 정의한다고 지적하였다.

남기심·고영근(1993)에 따르면 부정문은 부정을 나타내는 부사 '안'이나 '못'을 쓰거나 부정의 뜻을 나타내는 용언 '아니다, 않다, 못하다, 말다'를 써서 만든다. '아니다'에 의한 부정문은 '안/않다'에 의한 부정문과 함께 다같이 '안' 부정문으로 보았다.

서정수(1996)는 한국어의 부정법을 문장 유형이나 부정 성분에 따라 5가지의 부정법으로 나누었는데, 각각 기본 부정법, 명령/청유 부정법, 특수 부정법, 접두 부정법, 겹부정법이다[14]. '아니다'가 적용되는 부정법을 특수 부정법으로, '모르다, 없다'가 적용되는 것은 부정법에서 제외하였다.

채완·이익섭(1999)에 따르면 '아니다' 및 '없다', '모르다'는 부정소 없이 단일어로서, '안/-지 않-', '못/-지 못하-'와 동일한 기능을 하는 특수부정어(特殊否定語)[15]로서 부정법 항목에 넣었다. '없다'는 '안 있-'의 녹인 형식이고 '모르다'는 '안 알다', '못 알다'대신 쓰는 것이라고 지적하였다.

최재희(2004)는 '이다'의 부정 표현인 '아니다'를 부정소 '안'의 실현형으로 보고, '안' 부정문의 한 종류로 처리하였다.[16]

고영근·구본관(2008)에서 '아니다'를 부정소로 보고 '아니다' 구문

---

[14] 기본 부정법이란 서술문, 의문문 및 약속문에 적용되는 부정법을 말한다. 명령/청유 부정법이란 명령문과 청유문의 경우에 적용되는 것으로서 동사성 용언에만 쓰일 수 있다. 본문 부분에서도 얘기했듯이 특수 부정법이란 지정사 '이다'에만 적용되는 방식이다. 접두 부정법이란 부정의 뜻을 지닌 일부 접두사가 첨가되어 이루어지는 낱말과 관련된 부정법이다. 겹부정법이란 두 번 이상의 부정법이 한 문장에 적용되는 것을 말한다.

[15] 채완·이익섭(1999)에서 말한 특수부정어는 사실상 부정소에 포함시켰다. 즉, 특수부정어는 부정소의 하위 개념이다.

[16] 최재희(2004)는 '모르다, 없다'가 쓰인 문장의 속성을 검토하지 않았다.

은 '체언+이다'의 문장이 부정문으로 바뀐 것이라고 하였다. '없다, 모르다'는 의미상으로 부정을 표시한다는 것을 인증하지만 부정소의 포함 여부가 명확하지 않아 부정문에서 제외하였다. 그리고 '말다'는 보충법에 의하여 '않다'의 이형태로 보았다.

위에서 살펴봤듯이 다같이 부정소의 첨가 여부를 부정문 성립의 조건으로 고려하고 있음에도 불구하고 부정소의 항목에 대한 견해는 차이가 나타났다. 부정소의 첨가 여부로 부정문을 규정하려면 부정소의 항목을 먼저 규정해야 된다. 그런데 부정소의 규정은 다시 부정문이나 부정법에 의하여 설정해야 하는데 순환논증(循環論證)의 문제가 있는 것 같다. 따라서 위와 같이 '아니다', '모르다', '없다'가 쓰인 문장을 부정문으로 보는 견해도 있고; '아니다'만 부정소로 처리한 다음에 이로 만든 문장은 부정문으로 보는데 '모르다, 없다'가 쓰인 문장은 부정문에서 제외한다는 견해도 있다. 본 연구에서는 부정소의 첨가 여부는 객관적인 기준이 아니라는 관점을 수용하였다.

'안' 부정법과 '못' 부정법의 기능분담 문제는 일찍부터 관심의 대상이 되어왔다. 이에 대한 연구 결과로는 주로 각각 '단순부정'·'의도부정'과 '능력부정'·'타의부정'임을 표현하는 것에서 약간의 차이가 있을 뿐 대체적으로 일치되어 온 견해였다. 대표적인 연구는 성광수(1971), 남풍형(1976), 김동식(1980), 이경우(1983)이다. 이들의 견해를 도표로 정리하면 다음과 같다.

〈표 1〉 '안' 부정법과 '못' 부정법의 의미기능

	'안' 부정법	'못' 부정법
성광수(1971)	행위나 형용에 대한 부정	능력에 대한 부정
남풍형(1976)	순수한 부정소	가능이나 능력에 대한 부정
김동식(1980)	객관부정, 자의부정	타의부정, 평가부정
이경우(1983)	단순부정, 의도부정	외적인 부정, 화자의 기준, 기대표준치에 도달치 못함.

이상의 논의는 대체로 김동식(1980)과 이경우(1983)에서 종합하여 정리된다.

김동식(1980)은 '안'은 객관(客觀), 자의(自意) 부정의 뜻을 갖고, '못'은 타의(他意), 평가(評價) 부정의 뜻을 가진다고 보았다. 일반적으로 상태 동사에 나타나는 '안' 부정문은 언제나 객관 부정의 뜻만을 가지며 제한된 상태 동사에 쓰이는 '못'은 타의부정이 아닌 평가 부정의 뜻을 갖는다는 것이다.

이경우(1983)에서 '안'은 동작주가 유정물인지 무정물인지에 따라서 '의도부정'과 '단순부정'으로 구별된다. '못'은 동작동사와 결합하는지 상태 동사와 결합하는지에 따라 각각 가능이나 능력 등 외적인 요인에 의한 부정, 화자의 기준이나 기대치에 의한 측정이라고 지적하였다.

신원재(1987)에서 '안'의 기본 의미는 '단순부정'이고 '의도'란 동사와 주어와의 관계에서 나타나는 것으로 '안'의 의미자질로 설정할 수 없다고 하였다. 이와 같은 취지를 가진 논의는 이상복(1979)이나 서정수(1996) 등이다. '못'이 화자에 대한 강한 거부를 나타내거나 강한 명령의 의미를 가진다고 하기도 하였다.

이창용(1990)은 한국어 부정문의 '-지 않-', '-지 못하-'의 쓰임을 중심으로 '사실'과 '가치'라는 두 가지 개념에 의하여 국어의 부정 표현을 '사실부정'과 '가치부정'의 이원 구조로서 논의하였다.

그 동안 한국어 부정법에 관한 연구는 많이 있었지만 몇 가지의 문제점이 있다.

첫째, 한국어 학계에서 부정법 논의를 위한 기본 개념을 통일하지 못하였다. 부정문 성립의 조건, 부정법과 관련된 부정소와 부정의 의미를 가진 특수어휘의 항목에 대한 면밀한 규정이 결여되어 있고 부정문과 부정 표현, 부정법과 부정 의미를 표현하기 위한 기제를 혼동하여 사용하고 있다.

둘째, 아직 해결하지 못한 부분도 존재한다. '없다', '모르다'에 의한 문장은 부정문인가? '아니다'는 부정소 '안'에 속할 수 있는가? '말다'의 성격이 무엇인가? 한국어의 부정법 체계는 어떤가? '안' 부정법과 '못' 부정법의 차이점은 도대체 무엇인가?

2. 중국어 부정법의 연구 현황

지금까지 중국어 학계에서 부정법에 대한 연구는 주로 부정소의 분류체계와 부정소 '不'와 '沒(有)'의 기능분담과 선택제약에 대한 검토였다. 이에 대하여 많은 학자들이 연구를 해 왔는데 통일된 방안을 제공하지 못하였다. 본 절에서는 역대 문법가들의 부정소 분류체계와 '不'와 '沒(有)'의 기능분담과 선택제약에 대한 견해를 정리하겠다.

중국어 부정소에 대한 분류체계는 다양하게 나타났다. 이와 관련된 논의는 주로 趙元任(1979), 呂叔湘(1985), 王力(1985), 大田辰夫(1987), 찰스N.리·샌드라A.톰슨(1996), 朱德熙 著/許成道 譯(1997) 등이 있다.

趙元任(1979)은 현대 중국어의 부정소를 음절에 따라 분류하였다. 그는 단음절의 경우는 '不, 沒(有), 未, 別, 勿, 莫, 休' 등을, 이음절의 경우는 '不必, 不如, 不妨, 絶不, 毫不' 등을 지칭하였다.

呂叔湘(1985)은 '不'와 '沒(有)'를 가장 중요한 부정소로 보는데 '不'는 부사이고 '沒(有)'는 부사·조동사[17]이다. '无'와 '非'는 고대 중국어로서 현대 중국어에서 복합어와 속어의 형식으로만 쓴다. '別'은 '금지'를 표시하고 '不'와 '要'의 결합음(結合音)으로 본다. '休'와 '莫'도 '금지'를 표시하는 어휘인데 각각 근대 중국어와 중고(中古) 중국어로 보았다.

大田辰夫(1987)에서는 부정소를 고대와 현대로 나누어서 설명하였다. 현대 중국어의 부정소는 주로 '不'와 '沒(有)', 금지를 표시하는 '別'가 있다고 하였다. 이 외에 '甭, 休, 莫, 不必, 未必, 未, 莫非, 非' 등이 있다고 지적하였다.

찰스N.리·샌드라A.톰슨(1996)은 중국어에서 흔히 사용되는 부정 형태는 '不', '別', '沒', '沒(有)'라고 하였다. '不要', '不必', '不用'는 '不'와 조동사 '要', 의존형용사 '必'나 동사'用'로 이루어진 복합어라고 지적하였다.

朱德熙 著/許成道 譯(1997)에서는 '不'만이 부사이며, '沒(有), 別, 甭'은 모두 동사이다. 체언 앞의 '沒(有)'는 고대 중국어의 '无'에 해당되고 서술성 성분 앞의 '沒(有)'는 고대 중국어의 '未'에 해당한다고 지적하였다. '別'은 '不'와 '要'의 결합음으로, '甭'은 '不'와 '用'의 합자로 보았다.

---

[17] 중국에서는 조동사(助動詞)를 능원동사(能愿動詞)라고 한다. 동사나 형용사 앞에 위치하여 능력, 가능, 소망, 허가, 추정, 당위 등을 나타내는 동사를 가리킨다. 예를 들면, '能', '會', '要', '肯', '敢'등이다.

위의 내용을 정리하면 다음과 같다.

〈표 2〉 현대 중국어 부정소의 분류체계

문법가	부정소
趙元任(1979)	단음절: 不, 沒(有), 未, 別, 勿, 莫, 休 이음절: 不必, 不如, 不妨, 絶不, 毫不
呂叔湘(1985)	不, 沒(有), 別
王力(1985)	不, 未, 別, 沒(有)
大田辰夫(1987)	不, 沒(有), 別, 甭, 休, 莫, 不必, 未必, 未, 莫非, 非
찰스N.리·샌드라A.톰슨(1996)	不, 沒(有), 別, 不要, 不必, 不用
朱德熙 著/許成道 譯(1997)	不, 沒(有), 別, 甭,

이상의 결과를 통하여 중국어 부정소에 대한 분류가 제대로 이루어
진 것이 아님을 알 수 있다. 이에 관하여는 제2장에 다시 언급하기로
한다.

'不'와 '沒(有)'의 기능분담과 선택제약에 대하여 가장 대표적인 견해
는 주로 다음과 같이 두 가지로 나눌 수 있다. 하나는 '不'와 '沒(有)'의
차이점은 의미 차이에 있다는 것이고 또 하나는 시제에 있다는 것인
데 본 연구는 각각 '의미 차이설'과 '시제 차이설'로 명명한다.

■ 의미 차이설

呂叔湘(1980:341)은 '不'는 주관적인 의지가 들어가고 과거·현재·
미래를 모두 나타낼 수 있는데 '沒(有)'는 주로 객관적인 서술에만 쓰
이며, 과거와 현재에만 쓰일 뿐, 미래를 나타낼 수 없다고 지적하였다.
劉月華(1982:153-155)에 따르면, '不'는 판단, 바람, 사실, 성질을 부

정하고 과거, 현재, 미래 시제에 모두 쓰일 수 있다. 이에 반해 '沒(有)'
는 동작 행위의 발생 혹은 상태의 출현을 부정하기 때문에 미래 시제
에는 쓰이지 않고 과거와 현재 시제에만 쓰인다고 지적하였다.

彭慶達(1992)는 '不'와 '沒(有)'를 시제를 기준으로 구분하는 것은 옳
지 않다고 하였다. '不'는 주관적 판단, 승인, 계획, 소망 등에 편중되
고, '沒(有)'는 객관적인 사실의 표현에 편중되며 이는 '不'가 화자 혹은
청자의 주관적인 요소가 있으나 '沒(有)'는 없기 때문이다. '不'는 절대
성, 정지, 묘사를 나타내고, '沒(有)'는 단지 상대성, 변동, 진술을 나타
낸다고 하였다.

史錫堯(1995)는 '不'와 부사인 '沒(有)'는 모두 어떤 동작이나 성질·
상태를 부정할 수 있는데 동사·동빈구(動賓句)[18]와의 결합, 형용사구
와의 결합, 동보구(動補句)[19]와의 결합 관계를 통하여 그의 차이점을
설명하였다. '不'는 화자의 주관적인 의지와 태도를 나타내고 아직 발
생하지 않은 것을 표시한다. '沒(有)'는 객관적인 서술이고 과거의 상
황을 부정하거나 사물의 성질·상태가 어떤 변화 과정 중에 처해 있고
아직 어떤 단계에 도달하지 않았음을 뜻한다. 동보구와 같은 경우는
모두 이 동작에 의하여 얻은 결과를 부정하기 때문에 '不'는 가정의 의
미를 나타내는 상황에만 쓰인다고 지적하였다.

白筌(2000)은 蔣琪·金立鑫(1997)의 견해, 즉 '不'와 '沒(有)'의 차이
는 시제에 있다는 것을 비판하였다. '不'는 주로 주관적인 각도에서 동
작행위자(주어)의 주관적인 의도나 화자의 주관적인 평가를 나타내고

---

18 동빈구(動賓句)는 동사와 빈어로 구성된다. 한국어의 목술구와 똑같다. 동빈구는 주어,
관형어, 목적어가 될 수 있다.
19 동보구(動補句)는 동사와 보어로 구성된다. 동보구는 관형어, 목적어, 보어가 될 수 있다.

또한 자연계의 어떤 운동자체 및 광의의 성질, 상태를 부정하며, 현재와 미래에 자주 사용되지만 과거에도 사용된다. '沒(有)'는 객관적인 각도에서 동작의 발생, 진행, 완성 혹은 과거의 경력 등 객관적인 사실을 부정하여 대부분이 과거와 현재에 사용되며 일정한 조건(가정/계획)에서 미래 시제에도 사용된다. 즉 '不'와 '沒(有)'의 시간상의 구분은 단지 표면적인 형상일 뿐 본질적인 차이는 아니라는 주장이었다.

여기서 주의해야 하는 것은 呂叔湘(1980)과 劉月華(1982)의 견해는 彭慶達(1992), 史錫堯(1995), 白筌(2000)과 달리 순 의미 차이설이라고 말할 수는 없다는 것이다. 呂叔湘(1980)과 劉月華(1982)에서 의미는 '不'와 '沒(有)'의 중요한 차이점이라는 것을 인증하지만 이런 의미 차이에 의하여 시제에서도 차이가 나타난다고 지적하였다.

■ 시제 차이설

李裕德(1995:146-149)는 '不'와 '沒(有)'를 시간을 기준으로 구분할 수 있다고 지적하였다. 즉, '不'는 과거, 현재와 미래에 모두 사용될 수 있으나, '沒(有)'는 과거와 현재에만 쓰이고 미래에는 쓰일 수 없으며 미래의 일을 말할 경우 '沒(有)'는 '不'로 바꾸어 사용해야 한다고 하였다.

蔣琪·金立鑫(1997:190)은 '不'와 '沒(有)'의 차이는 주로 시제에 있다고 지적하였다. '不'는 현재와 미래에 쓰이고 '沒(有)'는 과거에 쓰인다고 보았다.

李鐵根(2003)는 '不'와 '沒(有)'는 시간의미에 관한 차이점을 지닌다고 지적하였다. '不'의 용법은 인증성(認證性) 부정과 서술성 부정으로 나뉜다. 인증성 부정은 시제 제약이 없는데 서술성 부정은 시제 제약이 심하고 '絶對未然句'[20]와 '相對後時句'[21]에만 쓰인다. '沒(有)'도 두 가지의 부정 용법이 있는데, 즉 절대시제 용법과 상대시제 용법이다. 절대시제 용법으로 과거와 현재만 표시하고 상대시제 용법으로 '已然前時句'[22]와 '相對前時句'[23]에만 쓰인다고 보았다.

呂叔湘(1980), 劉月華(1982), 李裕德(1995), 蔣琪·金立鑫(1997), 李鐵根(2003)에서 제시한 시제에 대한 '不'와 '沒(有)'의 차이점은 다음 〈표 3〉과 같이 정리하였다.

〈표 3〉 '不'와 '沒(有)'의 시제 차이설

문법가	'不'/'沒(有)'		과거	현재	미래
呂叔湘(1980)	不		○	○	○
	沒(有)		○	○	X
劉月華(1982)	不		○	○	○
	沒(有)		○	○	X
李裕德(1995)	不		○	○	○
	沒(有)		○	○	X
蔣琪·金立鑫(1997)	不		X	○	○
	沒(有)		○	X	X
李鐵根(2003)	不	인증성 부정	○	○	○
		서술성 부정	'絶對未然句'; '相對後時句'		
	沒(有)	절대시제 용법	○	○	X
		상대시제 용법	'已然前時句'; '未然前時句'		

---

20 '絶對未然句'는 미래의 모 시간에는 어떤 사건이 객관적으로 발생하지 않을 거라는 뜻이다. '不'는 '絶對未然句'에 쓰일 때, 어떤 사건이 발생되는 원인은 주관적인지 객관적인지 화자도 잘 모르고 또는 말할 필요가 없을 경우에 쓰인다.

21 '相對後時句'는 문장 안에 어떤 명확한 시간이 제공되고 이 시간 후에 어떤 상황을 제시한다. '不'는 '相對後時句'에 쓰일 때, 문장에 나타난 시간 후의 어떤 상황을 부정하여 즉 상대적인 미래를 표시한다. 여기서 문장 안에 나타난 시간은 과거도 되고 현재, 미래의 시간도 다 되는데 단지 '不'로 부정된 상황은 이 시간 후에 발생된다.

22 '已然前時句'는 문장 전체는 과거시제이고 어떤 사건이 과거 시제 전에 발생하지 않았음을 뜻한다.

23 '未然前時句'는 문장 전체는 미래시제이고 어떤 사건이 이 시간에 비하여 아직 발생하지 않았음을 뜻한다.

그런데 앞에서도 언급한 바와 같이 '不'와 '沒(有)'의 차이점은 시제가 아니다. 단지 '不'가 있는 문장이 자주 비과거시제로, '沒(有)'가 있는 문장이 과거시제로 해석될 뿐이다. 예문(1가')와 (1나')를 보면 '不'가 비과거시제의 부정이 아니라는 사실을 알 수 있고, 예문(2가')와 (2나')를 보면 '沒(有)'가 과거시제의 부정이 아니라는 사실을 알 수 있다.

위에서 제시한 의미 차이설이나 시제 차이설과 달리 聶仁發(2001)은 최초로 '不'와 '沒(有)'의 차이점은 '時'가 아니라 '體'[24]에 있다는 것으로 나타났다. '不'는 [＋否定][＋未實現體]를 표시하는데 '沒(有)'는 [＋否定][＋實現體]를 나타난다고 하였다. 본 연구의 관점은 이와 같은 취지이다. 자세한 논의는 제3장으로 미루기로 한다.

3. 한·중 부정법의 대조 연구 현황

지금까지 학계에서 한국어와 중국어에 대한 대조 연구를 많이 해 왔지만 한·중 부정법, 특히 본 연구의 핵심적인 내용과 상관된 대조 연구는 많지 않다.

장호득(2002)은 한·중 서술어를 語義 자질에 의하여 '關係', '存在', '所有', '性質·狀態', '動作·行爲', '禁止', '可能性'로 나누어 이와 관련된 부정소 구문의 통사구현방식, 논리학적인 의미의 패러다임을 비교 연구하였다. 이 논문은 한·중 부정소 대조 연구의 출발이라고 말할 수 있는데 순 통사론적인 연구로 보기가 어렵다.

김영순(2003)은 언어유형론의 측면에 입각하고 한·중 양국어의 부

---

24 이 '體'는 바로 한국어에서 말하는 '상(aspect)'이다.

정형식을 문형별로 대조 연구하였다. 한·중 부정문이 이중부정과 긍정을 나타내는 부정에 공통점을 가지고 있고 상이한 특징으로 '不'에 의한 부정문은 한국어 '안'부정문과 달리 중의성(重義性) 문제가 없다고 지적하였다.

전염민(2004)은 한국어와 중국어 부정소들은 문장에서 나타나는 위치, 지정사에 대한 부정, 여러 문장 유형에 따라서 쓰인 부정소를 대조 연구하고 한국어 부정소의 분화는 서법 지향적인데 중국어 부정소의 분화는 시상 지향적이라고 지적하였다.

박향화(2006)는 한국어와 중국어의 부정 표현에 대하여 통사론적·의미론적인 측면을 살펴보았다. 완결된 행위의 '안' 부정과 '못' 부정은 중국어 '沒(有)'에 대응되고, 완결되지 않은 행위의 '안' 부정과 '못' 부정은 중국어 '不'에 해당된다고 검토하였다. '못'에 대응되는 완결된 행위는 '沒能'이고 완결되지 않은 행위는 '不能'이라고 지적하였다.

위에서 살펴본 바와 같이 기존의 한·중 부정법에 대한 대조 연구는 주로 문형별로 한·중 부정법의 표면적인 구조 및 쓰임에 대한 간단한 나열·설명뿐이다. 한·중 부정법의 기능분담과 선택제약에 대한 검토는 보다 효과적인 검증 방법은 제공하지 않았고 한·중 부정법 체계간의 대응관계를 밝히는 시도가 여전히 부족하다.

본 연구는 기존의 일부 연구 성과를 기초로 하여 문형을 따른 한·중 부정법의 쓰임을 살펴보고 중국어의 부정법은 한국어 부정법과 어떠한 대응관계가 있는지를 검토하고자 한다.

Ⅱ.

부정법 논의를 위한 기본 개념

기존논의에 대한 검토를 통하여 부정법 연구와 깊이 관련된 몇 가지 기본 개념까지 면밀한 규정이 부족함을 알 수 있다. 부정과 부정문에 대한 구분에서부터 부정문 성립의 조건과 통사적인 부정법에 결정적인 역할을 담당하는 부정소의 항목, 그리고 한·중 부정법 체계에 대한 설정에 이르기까지, 통일된 방안을 찾아보기가 어려운 실정이다.

어떠한 대상을 연구하기 위해서는, 우선 개념 규정이 선행되어야 하는바, 한·중 부정법에 대한 올바른 대조 연구를 위해서도 부정법에 관한 개념을 명확히 하는 것이 우선적으로 필요하다. 또한, 부정법 연구의 범위가 이와 관련된 기본 개념의 설정에 따라 달라질 수 있다. 이런 까닭에 한·중 부정법을 대조 연구하기 전에 부정법 논의를 위한 몇 가지 기본 개념을 설정하고자 한다. 개념 설정과 관련된 논쟁점을 다음과 같이 정리하고 논의를 전개하고자 한다.

(3) 가. '부정'이란 무엇인가?

　　　나. 부정문 성립의 조건이 무엇인가?

　　　다. 한·중 부정법 체계는 어떠한가?

A. 긍정과 부정

부정문과 부정법 논의를 위하여 무엇보다도 개념 자체에서 포함된 '부정', 즉 (3가)의 논쟁점인 "'부정'이란 무엇인가?"하는 문제에 대하여 검토되어야 할 것이다.

우선 '부정'에 대한 양국의 사전적인 정의를 다음과 같이 정리하였다.

(4) 국립국어원이 편찬한 「표준국어대사전(1999)」

　　「1」그렇지 아니하고 단정하거나 옳지 아니하고 반대함.

　　「2」『논리』일정한 판단에서 주사와 빈사의 양 개념이 일치하지

　　　　아니함. 곧 사물이 서로 일정한 관계가 없음을 인정한 것이다.

(5) 商务印刷馆이 편찬한 「新华字典(1993)」

　　「1」否认事物的存在或事物的真实性。(跟'肯定'相对)

　　　　사물의 존재와 진실성을 부인함. ('긍정'과 반대)

　　「2」表示否认的;反面的。(跟'肯定'相对)

　　　　부인하다; 반면적인 것을 표시함. ('긍정'과 반대)

위에서 보았듯이 '부정'은 추상적인 개념이고 이런 사전적인 해석만을 가지고 '부정'이 무엇인지를 이해하기가 어렵다. '부정'의 개념은 어휘, 구조, 의미의 관점에서 매우 다양하고 복합적인 구성으로 구현되기 때문에 끊임없이 언어학 연구의 주요 과제가 되어오고 있다.

Bradley(1983)은 '부정'의 개념이 문장의 서술부분을 단순히 부인하는 것이 아니라, 긍정의 개념이 확인되는 과정 또는 확인된 것을 전제로 성립한다는 것이다. 긍정의 개념 없이 부인할 수 있는 것은 아무것도 없으며, 긍정의 근거가 있어야만, 이를 토대로 부정하는 판단을 사용할 수 있다는 것이다. 다시 말해서, '부정'은 긍정의 상대적인 의미로 여겨져 있다는 것이다.

논리학에서 구별하는 '부정'과 '상반'의 개념은 언어문제를 다루는데에도 중요한 의의를 갖는다. '부정'은 곧 '모순'을 뜻하며 '상반'은 '반대'를 뜻한다. 다음 예문을 보자.

(6)(實上:217)

　　가. 이 옷은 짧다.

　　　　这-件　　　衣服　　短。

　　　　this-CLASS clothes short

　　나. 이 옷은 안 짧다.

　　　　这-件　　　衣服　　不　　短。

　　　　this-CLASS clothes NEG short

　　다. 이 옷은 길다.

　　　　这-件　　　衣服　　長。

　　　　this-CLASS clothes long

예문(6나)는 (6가)가 부정된 형태이다. (6가)를 기호화하여 명제 'p'라고 할 때, (6나)는 '~p', 곧 'p가 아니다'라고 해석된다. (6다)는 (6가)의 반대이다. 논리학에서 (6가)와 (6나)를 서로 모순관계에 있다고 하며, (6가)와 (6다)를 서로 상반관계에 있다고 말한다. (6나)의 '부정'은 '부정소＋원구조'의 통사적 구조를 가지며, '상반'은 원구조의 반대어인 하나의 어휘로 교체되기 때문에 '부정'과 '상반'은 어떠한 혼동도 있을 수 없는 것처럼 보인다. 의미에 있어서도 이들 두 관계 사이에 엄연한 차이가 존재한다. 즉, '안 짧다'와 '길다' 사이의 의미상의 거리는 결코 가깝다고는 할 수 없다.

따라서 '부정'은 '상반'과 달리 '모순'이라는 논리학적인 개념이다. '부정'을 제대로 이해하려면 항상 '긍정'과의 관계에서 검토해야 한다.

B. 부정문 성립의 조건

이제 한·중 학계에서 (3나)의 논쟁점인 '부정문 성립의 조건이 무엇인가'를 검토하겠다.

문장은 흔히 그 표현 내용을 중심으로 어떤 사실을 긍정하는가 부정하는가에 따라 '긍정문'과 '부정문'으로 나뉜다. 이렇게 보면 부정문 성립의 조건이 아주 자명한 듯이 보인다.

그런데, 화자가 의미하는 것은 분명히 '부정'의 뜻이지만 그 형식은 부정문이 아닌 것도 있고, 부정을 나타내는 형태가 쓰인 것이라고 하더라도 그 의미는 부정이 아닌 것도 있다.

의미론적인 기준은 문제를 어렵게 하고 또한 부정문이 통사적인 층위에서의 개념으로서 앞 절에서 살펴본 논리학적인 개념 '부정'과 동일한 개념이 아니라는 것은 명확히 할 필요가 있다. 즉, '부정'과 '부정문'은 완전한 일대일의 관계가 아니다. 의미상으로 부정의 뜻을 가진 문장은 모두 부정표현이라고 할 수 있는데 부정의 뜻을 가진 부정표현이 모두 부정문인 것은 아니다. 이렇게 보면 부정의 뜻을 가진 부정문이 부정표현 전체에 비하여 범위가 작다고 할 수 있다.

한국어든 중국어든 부정문 성립의 조건은 의미론적으로 '부정'의 의미보다는 형식적인 기준으로 정해야 된다.

1. 한국어 부정문 성립의 조건

'부정'은 항상 '긍정'과의 관계에서 검토해야 하듯이 '부정문'도 항상 '긍정문'과의 관계에서 검토해야 한다. 이런 주장은 역대문법가들의 부정문 설정에 대한 견해에서 확인할 수 있다.

서정수(1996)에서 부정문이란 일반적으로 부정 요소[25]가 쓰여서 서술 내용의 전체 또는 일부를 부인하는 문장이고 이런 부정 작용이 나타나지 않은 본디 문장은 긍정문이며 부정문은 한 긍정문을 전제로 하며 양자는 서로 모순되는 관계에 있다고 지적하였다.

채완·이익섭(1999)에 따르면 어떤 문장에 덧붙여 그 명제의 진위(眞僞)를 정반대로 바꾸는 일을 하는 요소를 부정소라 하고 이런 부정소가 들어 있는 문장을 부정문이라 하여 부정소가 들어 있지 않은 긍

---

25 서정수(1996)는 기본이 되는 부정 요소는 '아니'이고 부정 요소는 '아니'밖에 '못'이나 '말다' 따위가 있는데 두 가지도 부정 요소이기는 하지만 기본되는 것은 아니라고 하였다. 여기서 말한 '부정 요소'는 바로 본고에서 기술된 '부정소'이다.

정문과 구별하였다.

최재희(2004)는 한 문장에서 명제의 부정에 관여하는 요소를 부정소라 하고, 이 부정소가 들어 있는 문장은 부정문, 부정소가 들어 있지 않은 문장은 긍정문이라고 하였다.

부정문은 항상 긍정문과의 관계에서 검토해야 한다면 부정문 성립의 조건 중의 하나가 반드시 대당 긍정문을 상정할 수 있어야 한다는 것이다.

한국어 부정법에 대한 선행 연구에서 살펴보았듯이 형식적인 기준으로서의 부정문 성립의 조건에 대한 검토는 주로 부정 극성 성분과의 공기 여부나 부정소의 첨가 여부에 집중되어 왔다.

부정소의 첨가 여부를 부정문의 성립 기준으로 본다면 부정소의 항목을 먼저 규정해야 된다.

한국어 학계에서 별 이견이 없이 받아들이는 부정소는 부정 부사인 '안/못'과 부정 서술어인 '않다/못하다/말다'이다. 가끔 부정소라고 지칭하지 않더라도 용언의 차이뿐이다. 본 연구는 부정 부사 '안/못'과 부정의 의미를 가진 의존형식 '-지 않-/-지 못하-/-지 말-'이 부정법에 관한 통사적인 층위의 요소인 부정소로 처리하고 부정소에 의한 문장은 모두 통사적인 부정문으로 본다.

그 다음에 구체적인 예문으로 통사적인 부정문의 형성 절차를 살펴보겠다.

(7) 학교에 간다.

예문 (7)은 부정의 의미가 전혀 없고 부정소도 가지고 있지 않기 때문 긍정문이라는 것을 쉽게 판단할 수 있다. (7)에 부정소를 첨가하여 형성된 문장은 다음 (8)과 같다.

(8) 가. 학교에 **안** 간다. / 가지 **않는다**.

나. 학교에 **못** 간다. / 가지 **못한다**.

다. 학교에 가지 마라.[26]

예문 (8)은 별 이견 없이 부정문으로 본다. 긍정문 (7)에서 부정문 (8)을 형성하는 절차를 살펴보면 알 수 있듯이 부정문은 하나의 긍정문을 존재하고 그 긍정문에 부정소 '안', '-지 않-', '못', '-지 못하-', '-지 말-'의 첨가로 형성된다. (8)의 부정소를 빼버리면 다시 (7)로 복원한다.

이렇게 보면 통사적인 부정문 성립의 조건은 다음과 같이 정리할 수 있다.

(9) 통사적인 부정문 성립의 조건

가. 하나의 긍정문을 전제한다.

나. 부정소의 첨가.

그런데, 한국어 부정법과 관련된 요소 중에 부정소인지 아닌지에 관한 논쟁이 존재하는데 가장 논쟁거리가 된 항목을 유형별로 분류하면 다음과 같다.

---

26 현행 맞춤법 18항 1의 [붙임]에 따르면, '(하)지 말아라'는 'ㄹ'이 준 대로 적는다. 즉, '(하)지 마라'.

(10) 가. '아니다', '없다', '모르다'

나. 한자어 접두사 '미(未)-', '무(無)-', '비(非)-', '불(不)-', '몰(沒)-'등이 파 생된 단어.

다. '안'이나 '못'이 뒤에 오는 서술어와 결합하여 관용적인 의미를 가지게 된 합성어.

(10)에서 제시한 항목은 논쟁된 요소로서 그 자체가 부정의 의미를 어느 정도 드러내는 것이 특징이다. 본 연구의 관점은 부정의 의미를 가진 모든 요소는 모두 부정어로 볼 수 있다는 것이다. 즉, 앞에서 살펴본 별 이견 없이 받아들이는 부정소 '안', '-지 않-', '못', '-지 못하-', '-지 말-', 그리고 (10)에서 제시한 항목은 모두 부정어로 처리한다.

선행 연구에서 구체적으로 검토하였듯이 학자에 따라 (10)에서 제시한 요소를 부정소로 본 다음에 이에 만들어진 문장을 부정문으로 보는 견해도 있고, 부정소로 처리하지 않고 이런 요소에 의한 문장은 부정문에서 제외한다는 견해도 있다. 특히, 부정소의 항목을 확립하는 과정에서 다시 부정문이나 부정법이 역할을 담당하는지 여부를 통하여 검증하는 경향이 있는데 순환논증의 문제점이 있다.

이 부정소 항목의 설정 문제도 아직 해결되지 않는 상황에서 부정소의 첨가 여부는 부정문 성립의 절대적인 기준이 되기가 어렵다.

또한, 한국어는 부정법을 적극적으로 운용하는 언어인데 부정소를 첨가해야 부정법이라는 명제 자체에 대해서도 다시 생각해 볼 필요가 있다. (10)에서 제시한 요소는 부정소인지 아닌지를 따져보지 않고 대신에 이런 요소가 포함된 문장은 부정문인지 아닌지만 통하여 부정법을 규정하는 것이 더 바람직하다고 할 수 있다.

한국어든 중국어든 부정문이나 긍정문과만 어울리는 특징을 지닌 단어들이 있다. 이런 성질을 흔히 '극성(極性)'으로 불러 왔다. 부정문과 어울리는 특성을 '부정 극성'이라 하고, 이러한 부정 극성을 가진 단어나 구, 절과 같은 구성은 '부정 극성 성분'이라 한다. 부정 극성 성분은 부정의 정도를 강화하거나 극대화하는 효과를 가지는데[27] 원칙적으로 부정문에만 나타난다. 따라서 부정 극성 성분과의 공기를 허용하지 않으면, 부정문이 아니라고 주장한다. 본 연구의 관점은 한국어 부정문 성립의 조건을 설정할 때, 부정 극성 성분과의 공기 여부가 가장 바람직하고 객관적인 검증 방법이라고 본다.

한국어 부정 극성 성분의 항목은 다음과 같이 정리하였다.[28]

> (11) 전혀, 결코, 절대로, 과히, 조금도, 별로, 별반, 결단코, 통,
>
> 도무지, 도저히, 여간, 아무도, 누구도, 아무것도, 조금도,
>
> 더 이상, 전적으로…

> (12) 가. 철수는 <u>절대로/전혀/결코</u> 밥을 **안** 먹는다.
>
> 나. *철수는 <u>절대로/전혀/결코</u> 밥을 먹는다.
>
> (13) 가. 이 일을 <u>결코</u> 잊**지 못한다**.
>
> 나. *이 일을 <u>결코</u> 잊는다.
>
> (14) 가. <u>절대로</u> 그런 말을 하**지 말**아야 한다.
>
> 나. *<u>절대로</u> 그런 말을 해야 한다.

---

27 '여간'이라는 부정 극성 성분은 부정문하고만 어울림과 동시에 강한 긍정 표현 효과를 내는 점이 독특하다.

  예: 가. 그 사람은 <u>여간</u> 똑똑하**지 않**다. (매우 똑똑하다.)

    나.*그 사람은 <u>여간</u> 똑똑하다.

28 서정수(1996), 임유종(1998), 임홍빈(1998) 참조.

예문(12~14)에서 보았듯이 부정 극성 성분은 용언을 수식한다기보다는 부정소 '안'이나 '-지 못하-', '-지 말-'에 의한 문장과 더욱 긴밀한 관계에 있는 성분이다. 부정소가 없는 긍정문 (12나), (13나), (14나)를 부정 극성 성분과 공기한다면 비문이 되어 버린다.

그 다음 부정 극성 성분과의 공기 여부를 통하여 (10)에 제시한 논쟁된 요소에 의한 문장이 부정문인지 아닌지를 검증하고자 한다.

(15) 가. 그 아이는 <u>절대로/전혀/결코</u> 바보가 **아니다**.

나. *그 아이는 <u>절대로/전혀/결코</u> 바보<u>이다</u>.

(16) 가. 철수는 <u>전혀/결코/절대로/조금도</u> 돈이 **없다**.

나. *철수는 <u>전혀/결코/절대로/조금도</u> 돈이 <u>있다</u>.

(17) 가. 철수는 <u>전혀/결코/절대로/조금도</u> 그 사실을 **모른다**.

나. *철수는 <u>전혀/결코/절대로/조금도</u> 그 사실을 <u>알다</u>.

'아니다', '없다', '모르다'에 의한 문장은 부정 극성 성분과 공기하기 때문에 모두 부정문이라고 할 수 있다. 단지 이런 부정문은 통사적인 부정소의 첨가로 형성되는 것은 아니기 때문에 통사적인 부정문과 구별된다. '아니다', '없다', '모르다'는 부정문을 형성하는 부정 특수어휘로 명명하고 부정 특수어휘에 의한 부정문을 특수어휘 부정문으로 가리키고 특수어휘 부정문을 형성하는 문법적인 기제는 특수어휘 부정법으로 지칭한다.

(18) 가. *그 방법은 결코 **비과학적이다**.

나. *그 책은 결코 **무가치하다**.

(19) 가. *함부로 불장난하면 **안돼**.

　　　 나. *아무도 **못산다**.

예문(18) '비과학적', '무가치하다'에 의한 문장은 부정의 의미를 지니지만 부정 극성 성분과 공기 하지 않아서 부정문에서 제외한다. (19)의 '안되다'나 '못살다'의 어원은 단형부정문에서 의미가 특수화되어 관용적인 의미를 가지게 된다. '안되다'와 '못살다'의 뜻은 각각 관용적인 의미로 '금지'와 '가난하다'인데 어느 정도 부정의 뜻을 지닌다. 그런데 예문에서 살펴봤듯이 부정 극성 성분과 공기하지 않아서 부정문에 포함시킬 수 없다.

요컨대, 긍정문의 전제와 부정소의 첨가는 한국어의 통사적인 부정문 성립의 조건이 될 수 있는데 특수어휘 부정문을 포함한 부정문 성립의 가장 바람직한 검증 방법은 부정 극성 성분과의 공기여부이다.

2. 중국어 부정문 성립의 조건

중국어 학계에서는 별 이견 없이 일반적으로 부정소를 가진 문장을 부정문이라고 한다. 정의를 통하여 알 수 있듯이 중국어 부정문 성립의 조건은 부정소의 첨가이다.

한국어 부정문 성립의 조건 중 부정소의 첨가 여부에 대하여 검토하였듯이 부정소의 첨가를 부정문 성립의 조건으로 본다면 부정소의 항목은 먼저 동일한 규정이 있어야 한다. 선행 연구를 통하여 알 수 있듯이 중국어 부정소에 대한 분류체계는 다르게 나타나지만 부정문이나 부정법과 관련된 항목 자체는 큰 논란을 벌이지 않았다.

(20) 가. '不', '沒(有)', '別'

　　나. '无', '非', '勿', '未', '莫', '休'

　　다. '不＋형태소'나 '형태소＋不'의 형식으로 된 단어.

　　　 '不必, 不如, 不妨'등, '絶不, 毫不'등, '不大, 不太'등.

　　라. '甭'

(20가)는 중국어의 대표적인 부정소이다. (20나)에서 제시한 어휘는 현대 중국어에서 쓰이기는 하지만 복합어나 속어인 경우에만 사용된다. 또한, 구어에서는 쓰이지 않고 문어체에서만 쓰일 수 있다. 엄격히 말하면, '无', '非', '勿', '未'는 고대 중국어이고 '莫'는 중고(中古) 중국어, '休'는 근대 중국어이다(呂叔湘 1985). (20다)는 '不'의 범주에 포함되어야 한다. '不必, 不如, 不妨'은 '不'의 반부정(半否定)[29]이다. '絶不, 毫不'는 '不'의 강세어이고 '不大, 不太'는 '不'의 약화어(弱化語)이다. (20라) '甭'은 명령문에 사용되어 금지 혹은 부정적인 충고를 나타낸다. 그런데 '甭'은 '不'와 '用'의 합자이면서 결합음으로 북경 방언에만 나타나기에 표준 중국어로 보기가 어렵다. 이렇게 보면 현대 중국어 부정법과 관련된 요소는 단지 '不', '沒(有)', '別'이다.

중국어의 부정법은 비교적 단일하고 부정문 성립의 조건에 대한 규정도 그리 복잡하지 않다. 따라서 부정소의 첨가 여부만 따져보면 부정문인지 아닌지를 검증할 수 있다.

한국어와 같이 중국어도 부정문과만 어울리는 부정 극성 성분이 존재한다.

---

29 반부정(半否定)은 완곡한 부정 형식이다. 이런 어휘는 '不＋X'의 형식을 가지는데 '不'를 빼고 'X'만은 홀로 못 쓴다.

鄭劍平(1996)에서는 중국어 514개의 부사가 '不/沒(有)'의 부정구조를 수식하는 양상을 살펴보았는데[30] 부정 극성 성분의 항목은 다음과 같다.

(21) 并(결코), 迟迟(매우 늦도록), 从来(여태껏), 断断(절대로),

毫(조금도), 决(절대), 绝(절대), 丝毫(조금도), 万(절대로),

万万(절대로), 压根(전혀), 再也(더 이상) ⋯

(22) 가. 计划　订-得　再　好, 可是　并 不　　实行,

　　plan make-CSC still good but at:all NEG carry:out

等于　没　订。(新:64)

equal NEG make

'계획을 아무리 잘 세워도, 실행하지 않으면

세우지 않은 것과 같다.'

나. *计划　订-得　再　好, 可是　并　　实行,

　　plan make-CSC still good but at:all carry:out

等于　没　订。

equal NEG make

---

30 중국어 부사 극성 고찰

	긍정문	부정문	긍정문/부정문
수량	187	13	314
비율	36%	3%	61%

도표에서의 '긍정문'은 긍정문과만 어울리는 상황을 가리킨다. '부정문'은 부정문과만 어울리는 상황을 가리킨다. '긍정문/부정문'은 긍정문이나 부정문과 모두 어울리는 상황을 가리킨다.

(23) 가. 从来 没(有) 听说-过。(新:132)

　　　naver NEG   hear-EXP

　　　'여태껏 들어 본 적이 없다.'

　　나. *从来 听说-过。

　　　naver hear-EXP

(24) 가. 万万   不 能 伤-了 她 的 心。(新:769)

　　　absolutely NEG can hurt-PERF she POSS heart

　　　'절대로 그녀의 마음을 상하게 하면 안 된다.'

　　나. *万万   伤-了 她 的 心。

　　　absolutely hurt-PERF she POSS heart

예문(22~24)를 통하여 알 수 있듯이 중국어의 부정 극성 성분은 한국어와 같이 부정소와 대조 관계를 보이고 부정소와 밀접한 연관 관계를 맺는다. 중국어의 부정 극성 성분도 원칙적으로 부정문에만 나타난다.

C. 부정법 체계

이제 (3)의 마지막 논쟁점인 '한·중 부정법 체계는 어떠한가'하는 문제에 대하여 검토하고자 한다.

부정법이란 어떤 문장에서 그 명제 내용을 부정하여 진리조건을 정반대로 바꾸도록 하는 문법적인 기제라고 지적하였다. 이런 정의적 속성을 통하여 부정법이 문장의 종류에 따라 실현 방법이 다를 수 있을 거라고 추론할 수 있다.

한국어에서 문장 유형의 일차적 분류기준은 간접인용절에도 나타날 수 있느냐 높임, 중간, 안 높임의 세 화계에 두루 나타나느냐의 두 가지이다. 이에 따라 한국어는 평서문, 의문문, 명령문, 청유문의 4가지 문장 유형을 설정할 수 있다(임동훈 2011).

중국어 문장은 표현 기능에 따라 평서문, 의문문, 명령문, 청유문으로 구분된다.[31]

이 절에서는 한·중 부정법 체계는 문장유형에 따라 규정하기로 한다.

1. 한국어의 부정법 체계

한국어 평서문과 의문문은 똑같은 부정법 양상을 가지는데 부정 평서문과 부정 의문문은 주로 부정소 '안'이나 '-지 않-', '못'이나 '-지 못하-'에 의한 통사적인 부정문과 특수어휘 부정어 '아니다', '없다', '모르다'에 의한 특수어휘 부정문으로 나뉜다. 본 연구에서는 통사적인 부정문을 형성하는 문법적인 기제로는 통사적인 부정법으로, 특수어휘 부정문을 형성하는 문법적인 기제로는 특수어휘 부정법으로 지칭한다. 통사적인 부정법과 특수어휘 부정법은 다시 부정소와 특수어휘의 종류에 따라 '안' 부정법과 '못' 부정법; '아니다' 부정법, '없다' 부정법, '모르다' 부정법으로 나뉜다.

명령문과 청유문은 똑같은 부정법 양상을 가지는데 부정 명령문과

---

31 중국에서는 평서문을 진술문(陳述文)으로 지칭한다. 명령문이나 청유문을 모두 기사구(祈使句)라고 한다. 본 연구는 논술의 편의성과 통일성을 위하여 한국어와 같이 '평서문', '명령문', '청유문'으로 기술한다.

부정 청유문은 흔히 부정소 '-지 말-'의 첨가에 의한 '말다' 부정법으로 형성된다.

위에서 제시한 한국어의 부정법 체계를 다음 〈그림 1〉과 같이 정리하였다.

〈그림 1〉 한국어의 부정법 체계

```
                                          ┌ '안' 부정법
                          ┌ 통사적인 부정법 ┤
                          │               └ '못' 부정법
         ┌ 평서문·의문문의 ┤
         │    부정법       │               ┌ '아니다' 부정법
한국어 부정법 ┤              └ 특수어휘 부정법 ┤ '없다' 부정법
         │                                └ '모르다' 부정법
         └ 명령문·청유문의
              부정법    ➡ 통사적인 부정법 ➡ '말다' 부정법
```

한자어 접두사 '미(未)-', '무(無)-', '비(非)-', '불(不)-', '몰(沒)-'등이 파생된 단어, '안'이나 '못'이 뒤에 오는 서술어와 결합하여 관용적인 의미를 가지게 된 합성어는 부정소나 부정 특수어휘와 마찬가지로 모두 부정어로 처리하였고 이들에 의한 부정의 의미를 가진 문장은 모두 부정표현이라고 지칭한다. 그런데 이런 부정표현을 형성하는 기제는 부정법이라고 하지 않고 본 연구의 검토 범위에서 제외하기로 한다.

2. 중국어의 부정법 체계

중국어 부정문은 단지 부정소에 의한 통사적인 부정법으로만 형성되는데 문형에 따라 부정 평서문과 부정 의문문을 형성하는 '不' 부정법과 '沒(有)' 부정법, 부정 명령문과 부정 청유문을 형성하는 '別' 부정

법과 '不' 부정법이 있다.

중국어의 부정법 체계를 〈그림 2〉와 같이 정리하였다.

〈그림 2〉 중국어의 부정법 체계

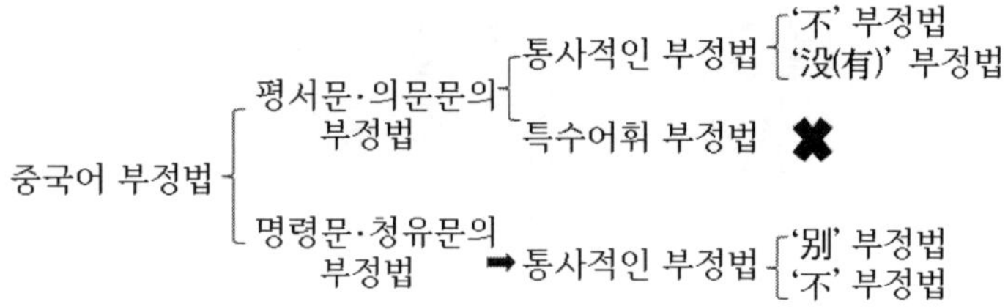

본 연구는 한·중 평서문과 의문문의 부정법, 명령문과 청유문의 부
정법, 문형에 따른 한·중 부정법 대조연구를 전개하고자 한다.

Ⅲ.

한·중 평서문·의문문 부정법의 대조

한·중 부정법 체계에 대한 검토를 통하여 알 수 있듯이 한국어 평서문·의문문의 부정법은 통사적인 '안' 부정법과 '못' 부정법, 특수어휘 '아니다' 부정법, '없다' 부정법, '모르다' 부정법으로 나누는데 이와 달리 중국어 평서문·의문문의 부정법은 통사적인 부정법, '不' 부정법과 '沒(有)' 부정법만 존재한다.

통사적인 부정법으로서의 한·중 평서문과 의문문은 모두 二分 대립 체계를 취한다.[32] 二分 대립 체계에 있는 '안' 부정법과 '못' 부정법, '不' 부정법과 '沒(有)' 부정법은 각각 일정한 기능분담과 선택제약을 가진다. 선행 연구에서 살펴봤듯이 한국어 '안' 부정법과 '못' 부정법의 기능분담이 흔히 의미적인 기준에 달려 있다고 지적하였는데 중국어 '不' 부정법과 '沒(有)' 부정법의 기능분담이 시제인지 의미적인 기준인

---

[32] 한·중 평서문과 의문문은 똑같은 부정법을 취하기 때문에 예문의 설정은 가능한 한 모두 구조상 더 쉬운 평서문 예문을 취하기로 한다.

지는 동일한 방안을 찾아보기가 어려운 실정이다. 이처럼 다른 기준에 의한 기능분담 때문에 '안' 부정법과 '못' 부정법, '不' 부정법과 '沒(有)' 부정법이 다른 부정법 양상을 가지면서 다른 선택제약을 지닐 수 있으리라고 추론할 수 있다.

한국어는 부정법을 적극적으로 운용하는 언어라고 할 만큼 평서문·의문문의 부정법은 통사적인 부정법 외에, 특수어휘 부정법도 존재하는 것은 되게 특이한 현상이다.

따라서 이 장에서는 한·중 평서문·의문문의 통사적인 부정법의 기능분담과 선택제약, 한국어 특수어휘 부정법의 쓰임을 두루 살펴보고 한국어 평서문·의문문의 통사적인 부정법과 특수어휘 부정법에 대응되는 중국어 부정법이 어떠한 양상을 가지는지를 살펴보기로 한다.

A. 평서문·의문문의 한국어 부정법

평서문·의문문에서 통사적인 부정법을 취하느냐, 특수어휘 부정법을 취하느냐, 통사적인 '안' 부정법을 취하느냐 '못' 부정법을 취하느냐에 따라 부정문의 의미가 달라지는 것은 물론 여러 가지 선택제약도 달라진다.

선행 연구에서 살펴봤듯이 통사적인 '안' 부정법과 '못' 부정법의 기능분담은 주로 의미적인 기준에 달려 있다. 특수어휘 '아니다' 부정법, '없다' 부정법, '모르다' 부정법은 각각 특정한 용언 '이다', '있다', '알다'에 대한 부정법이다.

이 절에서는 한국어 평서문·의문문의 통사적인 '안' 부정법과 '못'

부정법, 특수어휘 '아니다' 부정법, '없다' 부정법, '모르다' 부정법의 기능분담과 선택제약을 살펴보고자 한다.

1. 통사적인 '안' 부정법과 '못' 부정법

'안' 부정법과 '못' 부정법의 차이점에 대하여 가장 알려진 관점은 '안' 부정법이 '단순부정'·'의도부정', '못' 부정법이 '능력부정'·'타의부정'이라는 것이다.

'단순부정', 즉 순수한 부정, 이는 '안' 부정법의 가장 기본적인 기능으로 인식해 왔다. '안' 부정법의 이러한 의미 속성 때문에 한국어의 가장 기본이 되는 부정법으로서 용언과 두루 결합하고 제약이 거의 없는 것으로 보인다. 그런데 학자에 따라 '안' 부정법이 '단순부정'뿐만 아니라 '의도부정'의 기능도 가진다는 지적이 있다.

'안' 부정법은 '의도부정'의 기능을 가진다는 견해는 주로 다음과 같은 두 가지 입장에 입각하고 검토하였다. 이상복(1979), 신원재(1987), 서정수(1996) 등에서는 '안' 부정법이 단순부정의 의미만 가지며, 의도부정의 의미가 드러나는 것은 상황에 따른 해석일 뿐이라고 하였다. 이와 달리 김동식(1980), 이경우(1983), 임홍빈(1987) 등에서는 '안' 부정법이 단순부정뿐만 아니라 의도부정의 의미 기능도 분명히 지닌다고 지적하였다. 다시 말해서, 이 '의도성'에 대한 두 가지의 견해는 주로 부정소 '안/-지 않-' 자체의 의미인지, 문장에서 부정소와 통합하는 요소 특히, 주어와 용언과의 결합에 의하여 만들어진 내포적·문맥적인 의미인지에 집중되어 왔다.

이와 달리 '못' 부정법은 흔히 '능력부정', 혹은 '타의부정'이라고 불린다. 기존논의를 따라 '못' 부정법이 순수한 부정 적용만 하는 것이 아니라 '할 수 없음'이나 '불가능성'이라는 의미를 곁들인다. 즉, 문장 주체는 의도가 있지만 능력이 부족하거나, 또는 주어진 상황에 의하여 의지대로 되지 않음을 뜻한다. 이런 의미 속성이 뒷받침되고 '못' 부정법은 한정된 분포를 가진다.

이렇게 보면 '안' 부정법과 '못' 부정법의 기능분담이 의미적인 기준과 깊이 관련되는 것으로 보인다. 이런 까닭에 본 절에서는 '안' 부정법과 '못' 부정법이 의미적 특질에 따른 용언과의 결합 양상을 살펴보고 '의도성'문제, '안' 부정법과 '못' 부정법의 기능분담 문제를 검토하고자 한다.

1.1 의미적 특질에 따른 용언의 분류

'안' 부정법과 '못' 부정법 기능에 담은 '의도성'은 부정소 자체의 의미인지 문맥적인 의미인지, 두 부정법의 기능분담은 의미적인 기준에 달려 있는지를 검증하기 위하여 의미적 특질을 따른 용언과의 결합 양상을 통하여 살펴보고자 한다.

Chafe(1970)에서는 영어 동사의 의미 구조를 분석한 바가 있다.[33] 서정수(1996: 616)는 Chafe(1970)에서 제시한 개념과 분석 방법을 참조하여 용언의 의미적 특질을 따라 한국어의 용언을 다음 〈그림 3〉과 같이 분류하였다.

---

[33] Chafe(1970)에서는 동사의 의미 특질을 [상태성(States)], [비상태성(-States)], [행동성 (Actions)], [과정성(Processes)] 및 [경험성(Experiential)]로 분석한 바 있다. 이런 기술은 한국어 용언의 기술에 많은 영향을 끼친다.

〈그림 3〉 서정수(1996)의 의미적 특질에 따른 용언의 분류

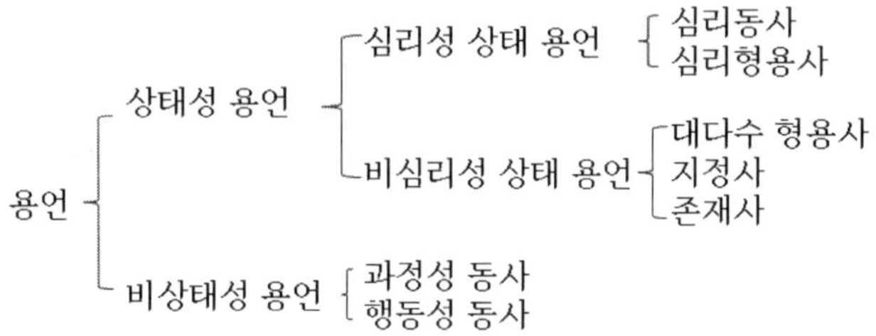

상태성 용언[34]이란 사물의 성질이나 상태를 나타내는 용언을 가리킨다. 상태성 용언은 그 자체로서 시간적인 변화를 하지 않는 상황을 가리킨다. 이런 점에서 이 용언은 사물의 시간적 변화를 드러내는 비상태성 용언과 대립된다. 〈그림3〉에서 밝히고 있듯이 한국어의 상태성 용언은 대체로 심리성 상태 용언과 비심리성 상태 용언의 두 갈래로 나누어진다. 심리성 상태 용언이란 주관적인 느낌이나 정신적 상념 따위를 나타내는 것으로서 객관적인 상태나 성질을 나타내는 비심리성 상태 용언과는 구분된다. 비심리성 상태 용언은 상태성 용언의 대다수를 차지하며 전형적인 상태성을 드러낸다.

비상태성 용언은 모두 동사로 나타난다. 과정성 동사는 비상태성 용언의 한 가지로서 사물이 한 상태에서 딴 상태로 바뀜을 나타낸다. 이 과정성 동사는 한 상태의 변화를 가져오는 점에서 상태성 용언과는 다르며, 그러한 변화는 능동적인 행동을 뜻하지 않는 점에서 행동성 동사와도 다르다. 행동성 동사란 동작주의 동작을 나타내는 동사를 말한다. 여기 행동이란 수동자가 아닌 능동적인 동작주가 보이는

---

34 상태성 용언과 비상태성 용언에 대한 개념 정리는 서정수(1996)를 참조하였다.

의도적인 움직임을 가리킨다.

본 연구는 '안' 부정법과 '못' 부정법 기능분담에 담은 '의도성'문제를 더 잘 파악하기 위하여 서정수(1996)의 '의미적 특질에 따른 용언의 분류'를 기초로 하여 한국어의 용언을 다시 다음 〈그림 4〉와 같이 [의도성]용언과 [-의도성]용언[35]으로 분류한다.

〈그림 4〉 의도성에 따른 용언의 분류

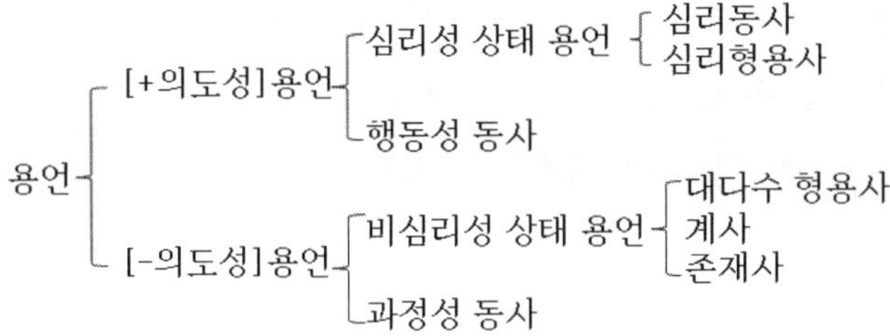

1.2 기능분담 양상

1.2.1 '안'·'못' 부정법과 [+의도성] 용언

a. 심리성 상태 용언

심리성 상태 용언은 한국어에 많이 사용되고 있기에 용언의 중요한 구성부분이다. 이런 주관적 심리 상태를 나타내는 용언은 동사에도 있고 형용사에도 있다. 전자는 심리동사라고 하고 후자는 심리형용사라고 한다. 잘 알려진 인지동사(認知動詞)도 심리성 상태 용언의 하위

---

35 [의도성]용언이란 용언을 지배하는 주어는 의도성을 가질 수 있다는 뜻이고; [-의도성] 용언이란 용언을 지배하는 주어는 의도성이 없다는 뜻이다.

범주이다.

   (25) 가. 철수는 그 사실을 ***안** 안다./*<u>알지 **않**는다</u>.

      나. 나는 그 사실을 ***안** 깨달았다./*<u>깨닫지 **않**았다</u>.

      다. 나는 온기를 ***안** 느꼈다./<u>느끼지 **않**았다</u>.

      라. 나는 진리를 ***안** 터득했다./*<u>터득하지 **않**았다</u>.

   (26) 가. 철수는 그 사실을 ***못** 안다./<u>알지 **못한**다</u>.

      나. 나는 그 사실을 **못** 깨달았다./<u>깨닫지 **못했**다</u>.

      다. 나는 온기를 **못** 느꼈다./<u>느끼지 **못했**다</u>.

      라. 나는 진리를 **못** 터득했다./<u>터득하지 **못했**다</u>.

예문(25), (26)의 '알다', '깨닫다', '느끼다', '터득하다'는 전형적인 인지동사이다. 예문을 통하여 알 수 있듯이 인지동사는 '안' 부정법으로 부정하기가 어려운데 일반적으로 '못' 부정법과 잘 어울린다.

임홍빈(1998)에서는 '안' 부정법은 인지동사와 어울리지 않기에 '단순부정'뿐만 아니라 '의도부정'의 의미자질도 가지는 것으로 보았다. 만약 '안'이 순수한 부정을 나타내는 것이라면 위와 같은 예들이 성립하지 못할 이유가 없고, 완전한 순수부정을 나타낸다기보다는 용언에 따라 의도부정을 뜻하는 일이 있는 것으로 보아야 한다고 지적하였다.

이 문제를 해결하려면 인지동사의 속성을 다시 살펴볼 필요가 있다. 인지동사는 상태성 용언의 한 종류로서 일반적인 특성과 자기 독특한 의미적인 특질을 가진다. 장경희(1984)에 의하면 '인지'란 기억 속에 있는 정보의 종류와 그러한 정보를 획득하고, 把持하고, 활용하는 과정을 일컫는다. 이렇듯 '인지'는 '정보 활용'이라는 점에서 '의도'

와 전혀 다르고 '의도성'이란 전혀 없다. 인지동사의 특성은 어떤 사실이나 대상이 일단 화자의 지각에 포착되어 저절로 인지하게 되는 과정을 뜻한다.

'안' 부정법이 인지동사와 제약을 보이는 것은 부정소 자체의 '의도성' 기능 때문인 것이 아니라 인지하게 되는 과정의 부정 불가능성 때문이다. 이런 '인지' 과정은 주어의 능력을 전제로 하는 행위를 나타낸다. 따라서 '안' 부정법이 인지동사와 결합할 수 없기 때문에 '의도부정'의 의미자질도 가진다는 지적은 타당하지 않으며, 반대로 '안' 부정법이 '단순부정'의 기능만 가진다는 것을 더 잘 설명할 수 있다.

'못' 부정법이 이러한 '능력'에 관한 의지동사와 잘 어울려서 '할 수 없음'이나 '불가능성'이라는 의미 기능을 추론할 수 있다. '할 수 없음'을 내적인 능력부족으로, '불가능성'을 외적인 능력부족으로 처리하고 모두 문장 주체가 기대되는 기준에 이르지 못하는 것을 뜻하기 때문에 본 연구에서는 '능력불급부정'이라고 부르기로 한다. 여기서 말한 '능력'이란 내적인 능력과 외적인 능력을 모두 포함한다. '못' 부정법을 기존논의처럼 '능력부정'이나 '타의부정'으로 부르지 않는 또 하나의 이유가 이 '의도성'은 부정소 '못' 자체의 의미자질로 보지 않고 단지 문맥적인 의미에 의하여 나타난 것으로 처리하려고 하는 것이다. 따라서 예문(26)은 각각 주체 '나'의 의지대로 '알다', '깨닫다', '느끼다', '터득하다'라는 인지 결과에 이르지 못함을 뜻한다.

b. 행동성 동사

한국어의 동사 중에는 행동성을 지닌 것들이 많다. 행동성 동사에 의한 동작은 동작주가 보이는 의도적인 움직임이다.

> (27) 철수는 노래를 <u>**안**</u> <u>부른다</u>./<u>부르지</u> <u>**않**</u><u>는다</u>.
>
> 　가. 철수는 (<u>차례가 안 와서</u>) 노래를 <u>**안**</u> <u>부른다</u>./<u>부르지</u> <u>**않**</u><u>는다</u>.
>
> 　나. 철수는 (<u>평소에</u>) 노래를 <u>**안**</u> <u>부른다</u>./<u>부르지</u> <u>**않**</u><u>는다</u>.
>
> 　다. 철수는 (<u>기분이 나빠서</u>) 노래를 <u>**안**</u> <u>부른다</u>./<u>부르지</u> <u>**않**</u><u>는다</u>.

　예문(27)는 (가), (나), (다)와 같이 몇 가지로 해석이 된다. (가), (나)와 같은 해석에서는 '차례가 안 와서', '평소에'와 같은 객관적인 서술 표현을 통하여 행위자의 의도와 전혀 다르게 '노래를 안 부르는 사실'만을 나타낼 뿐이다. 그런데 (다)에서는 '기분이 나빠서'와 같은 의도 자질을 분명하게 가하고 철수의 의도성이 더 뚜렷이 개입되었다.

　기존논의에서는 예문(27)의 다의성을 가지고 '안' 부정법이 '단순부정'뿐만 아니라 '의도부정'의 의미자질도 지닌다는 견해도 있다. 그런데 본 연구는 이런 결론을 내리는 것은 오류가 있다고 생각한다.

　긍정문에서 부정문을 형성하는 절차를 반대로 시도해 보면 (27)의 긍정문 구문이 '철수는 노래를 부르다'라는 문장임을 알 수 있다. '부르다'는 행동성 동사로서 이 동사에 의한 동작은 동작주 '철수'가 보이는 의도적인 움직임이다. 즉, '부르다'에는 '철수'의 의지가 들어 있다. 다시 말해서, 이 긍정문 자체는 단순성과 의도성을 함께 가지는 다의성 문장이다. 즉, (27)의 다의성은 사실상 '철수는 노래를 부르다'라는 긍정문의 다의성에 의하여 나타난다. 이렇게 보면, (다)처럼 '의도성'이 개입되는 것은 부정소 자체의 의미에 의한 것이 아니라 문맥적인 의미에서 나타난다. '안' 부정법은 단지 긍정문에 '안' 부정소의 첨가로 단순한 부정기능만 작용할 뿐이다.

(28) 철수는 노래를 **못** 부른다./부르지 **못한다**.

　　가. 철수는 노래를 부를 줄 모른다.

　　나. 철수는 노래를 부를 수 없다.

　　다. 철수는 (사정이 있어서) 노래를 **못** 부른다./부르지 **못한다**.

　예문(28)은 (27)과 비교해 보면 '못' 부정문과 '안' 부정문 의미상의 차이가 뚜렷이 나타난다. 예문(28)은 (가), (나), (다)와 같이 몇 가지로 해석이 된다. (가), (나)는 '철수'가 능력이 부족해서 기대되는 기준에 이르지 못한다는 의미를 뜻한다. 즉, 기존논의에서 지적한 '능력부정'이다. (다)에서 '사정이 있어서'라는 상황이 부각되면 '철수'가 주어진 형편 때문에 불가능성을 뜻하는데 사실상 외적인 능력부족으로 볼 수 있고 흔히 '타의부정'으로 보았다.

　(가), (나), (다)의 '못' 부정문은 공통적인 의미 특성을 가진다. 첫째, 문장 주체가 '의도'를 가진다. 둘째, 동작주의 의지대로 되지 않는 의미를 뜻한다. (가), (나), (다)에서 확인하였듯이 '못' 부정법에 의하여 (28)는 내적인 능력부족이나 외적인 능력부족 때문에 '능력불급부정'으로 처리하는 것이 타당하다.

　이 절에서는 '안'부정법과 '못'부정법이 의도성을 가지는 심리성 상태 용언, 행동성 동사와의 결합 양상을 살펴보았다. 위에서 지적하였듯이 '안' 부정법은 '단순부정'으로 순수한 부정의 기능만을 드러내는 것으로 보고, '못' 부정법은 '안' 부정법과 달리 문장 주체의 '의도성'과 관련하여 내적인 요인이나 외적인 요인에 의한 '능력불급부정'이라는 기능을 가진 것으로 본다.

이렇게 보면, '못' 부정법이 '능력'과 관련된 양태성을 동반하기 때문에 '안' 부정법과의 기능분담이 의미적인 기준에 있고, 더 나아가 양태에 달려 있다는 것으로 처리하기로 한다.

1.2.2 '안'·'못' 부정법과 [-의도성] 용언

비심리성 상태 용언과 과정성 동사를 지배하는 문장 주체는 '의도성'을 가지지 않는다. '안' 부정법이 [-의도성]용언과 결합할 때 '의도부정'의 기능은 없고 '단순부정'의 기능만 가지는 것을 더 뚜렷이 드러낸다. 그런데 [-의도성]용언의 이런 의미 속성 때문에 '못' 부정법의 기능, 즉 '능력불급부정'과 충돌된다. 따라서 '못' 부정법은 [-의도성]용언과 제한적으로 결합하는 것을 추론할 수 있다.

a. 비심리성 상태 용언

비심리성 상태 용언은 상태성 용언의 대다수를 차지하며 대체로 심리성 형용사를 제외한 대다수 형용사와 서술격조사, 그리고 존재사로 구성된다. 서술격조사와 존재사의 부정형은 특수어휘 부정법으로 만드는데 뒤로 미루기로 한다. 여기서 '안' 부정법과 '못' 부정법이 전형적인 형용사와의 결합 양상을 살펴본다.

(29) 가. 오늘 날씨는 **안 춥다**./**춥지 않다**.

나. *오늘 날씨는 **못 춥다**./**춥지 못하다**.

(30) 가. 큰 고추가 **안 맵다**./**맵지 않다**.

나. *큰 고추가 **못 맵다**./**맵지 못하다**.

예문(29), (30)의 '춥다', '맵다'는 전형적인 비심리성 상태 용언인데 이런 형용사가 드러내는 상태성에는 변화의 가능성 곧 '할 수 있음'과 '할 수 없음'이 구분될 수 없다. 비심리성 상태 용언의 의미 특성 때문에 이와 결합하는 주어가 일종의 피동자(patient)로 보는데 '의도성'과 전혀 무관하다.

이런 상황에서는 예문(29나), (30나)처럼 '못' 부정법이 자기의 기본 의미를 뒷받침하고 원칙적 의미로 쓰이지 못한다. 이에 반하여 예문 (29가), (30가)처럼 '안' 부정법은 거의 의심의 여지가 없을 정도로 단순한 부정 기능으로 비심리성 상태 용언과 잘 어울리는데 각각 중립적으로 춥거나 매운 상태를 부정하는 것으로 보인다.

그런데 '못' 부정법이 비심리성 상태 용언과 전혀 결합 못하는 것도 아니다. 일부 특정한 환경에서 '못' 부정법이 비심리성 상태 용언과 결합하여 쓰이는 예가 있다. 단지, 이런 경우에는 '-지 못하-'에 의한 장형부정문만 허용된다.

(31) 가. 이 방이 <u>깨끗하지 **못하다**</u>.

나. 이 과일이 <u>신선하지 **못하다**</u>.

다. 살림이 <u>넉넉하지 **못해**</u>서 대접이 소홀했다.

라. 그 아이가 <u>똑똑하지 **못하다**</u>.

예문에서 나타난 '방이 깨끗하다', '과일이 신선하다', '살림이 넉넉하다', '아이가 똑똑하다'는 '방', '과일', '살림', '아이'의 능력의 문제도 아니고 그 주변 상황이 어떻게 해 줄 수 있는 문제도 아니다. 이런 경우에는 예문에 '내가 보기에는'이나 '내 생각대로' 등 화자의 의도가 함축되어 있다. 즉, 화자가 바람직하다고 생각하는 만큼의 '깨끗하다', '신선하다', '넉넉하다', '똑똑하다'의 정도에 미치지 못해서 아쉽다는 의미를 나타낸다. 사실상 이런 상황의 '못' 부정법도 일종의 '능력불급 부정'으로 볼 수 있다.

그런데 다음 (32)과 같이 단형부정문의 형식으로 시도해 보면 모두 비문이 된다.

> (32) 가. *이 방이 **못** 깨끗하다.
>
> 나. *이 과일이 **못** 신선하다.
>
> 다. *살림이 **못** 넉넉해서 대접이 소홀했다.
>
> 라. *그 아이가 **못** 똑똑하다.

'못'이 단형부정문에서 주어와 더 가깝기에 주어의 제약을 더 많이 받는다. 문장의 주어 바로 뒤에 나타나면 마치 주어의 의도인 것처럼 보이는데 이런 형용사 구문의 주어로서 대부분이 의도가 없는 것이라서 서로 충돌되고 비문이 된다. 단형부정문과 달리 장형부정문이 허용되는 것은 다음과 같은 구조분석으로 설명할 수 있을 것 같다. (33) 은 장형부정문(31가)에 대한 구조분석이다.

> (33)
>
> <u>(내가 보기에는)</u> [이 방이 깨끗하지] <u>못하다</u>.

(33)과 같이 장형부정문 (31가) 전체는 한 종류의 내포문으로 보고 ‘못하다’를 지배하는 주어는 ‘방’이 아니라 화자 ‘내가’로 설정하는 것이다.

b. 과정성 동사

과정성 동사는 주어 명사구의 수동적인 변화를 나타내는 것이 그 두드러진 특징이다. 과정성 용언으로 나타내는 서술의 주어는 피동자가 된다. 피동자란 능동적인 행동을 하지 않고 피동적으로 어떤 변화를 입는 대상을 가리킨다. 과정성 동사 중에는 ‘능력’과 관련된 것도 있고 무관한 것도 있다.

> (34) 가. 눈이 **안** 녹는다./녹지 **않**는다.
>
> 　　나. 비가 **안** 온다./오지 **않**는다.
>
> 　　다. 손이 틈에 끼어서 **안** 빠진다./빠지지 **않**는다.

예문(34가), (34나), (34다)에서 나타난 ‘녹다’와 ‘오다’, 그리고 ‘빠지다’는 과정성 동사이다. ‘안’ 부정법으로 의도와 관련이 없이 ‘눈이 안 녹다’는 사실, ‘비가 안 오다’는 사실, ‘손이 안 빠지다’는 사실을 나타낼 뿐이다.

> (35) 이 차는 잘 **구르지 못합니다**.

‘구르다’는 과정성 동사로서 ‘못’ 부정법과 잘 어울린다. 이는 움직임이나 변화의 가능성 곧 ‘할 수 있음’과 ‘할 수 없음’이 구분될 수 있고 ‘못’의 부정 대상이 된다.

요컨대 '안' 부정법이 '단순부정'이고, '못' 부정법이 '능력불급부정'이다. '안' 부정법은 가끔 '의도부정'의 기능을 가지는 것으로 보이는데도 '못' 부정법과 같이 부정소 자체의 의미 자질로 볼 수 없다. '의도성'을 드러내는 것은 용언의 의미 특질에 내포된 문맥적인 의미에 따른 것이다.

'안' 부정법은 '단순부정'의 기능을 가지는 것으로, 순수한 부정의 의미 기능만 가지고 이에 반하여 '못' 부정법은 '능력불급부정'으로, 내적인 요인이나 외적인 요인에 의한 '능력'과 깊이 상관되므로 양태성을 가지는 것으로 본다. 이렇게 보면, '안' 부정법과 '못' 부정법의 기능분담은 양태에 달려 있다.

'못' 부정법이 양태성 부정 의미의 기능에서 발전하여 완곡한 거절, 또는 강한 거부와 같은 화자의 심리적인 태도를 반영하는 용법으로도 쓰인다.

(36) 가. 죄송하지만 이번에도 <u>**못** 가겠어요</u>./<u>가지 **못하**겠어요</u>.

나. 배가 너무 불러서 더 이상 <u>**못** 먹겠어요</u>./<u>먹지 **못하**겠어요</u>.

예문(36)처럼 '못' 부정법은 화자가 '가다'와 '먹다'의 의도성을 지니지만 내적인 요인이나 외적인 요인에 의한 '능력불급'이라서 아쉽다는 의미가 함축된다. 이런 표현은 상대방을 최대한 존중하는 대답으로 화용론에서 많이 사용하였다. '못' 부정법의 특성은 거절의 사교적인 표현이다.

1.3 선택제약

앞 절에서 밝혔듯이 '안' 부정법과 '못' 부정법의 기능분담은 '능력'이란 양태성에 달려 있다. '안' 부정법은 '단순부정'의 기능만 가지고 있고 이에 반하여 '못' 부정법은 '능력'과 관한 부정법이라서 전자에 비하여 한정된 분포를 가진다. 이 절에서 '안' 부정법과 '못' 부정법의 기능분담에 따른 선택제약을 살펴보기로 한다.

'안' 부정법은 순수한 부정의 의미 기능을 가진다고 해서 모든 용언과 자유롭게 결합할 수 있다는 것이 아니다. 앞에서 살펴봤듯이 '안' 부정법은 단순부정 불가능한 '인지동사'와 결합할 수 없다. '인지동사' 외 대부분의 용언과 두루 결합한다.

이와 달리 '못' 부정법은 선택제약이 심하다. '못' 부정법은 '능력'과 관련되어 일단은 주체가 의도를 전제해야 된다. 의도를 나타내는 '-려고, -고자, -고 싶-'구성을 '못' 부정법에 의하여 부정할 수 없다.

> (37) 가. *나는 외국 여행을 **못** 가려고/가지 **못하**려고 한다.
>
> 　　나. *그는 고향에 **못** 가고자/가지 **못하**고자 한다.
>
> 　　다. *철수는 영수를 **못** 이기고 싶다./이기고 싶지 **못하**다.

예문(37)의 본디 긍정문은 '-려고', '-고자', '-고 싶-'구성을 통하여 각각 문장 주체가 '외국 여행을 가다', '고향에 가다', '영수를 이기다'라는 의도성을 뜻한다. 의도에 대한 부정이므로 '못' 부정법과 어울리지 않는다.

또한, 용언은 [＋긍정]의 의미자질을 가지는 것과 [−긍정]의 의미자질을 가지는 것이 있다. 인간이 바라는 것이라면 [+긍정]용언, 능력이 있다면 당연히 피하고자 하는 것이라면 [−긍정]용언이라고 지칭한다. '못' 부정법은 [−긍정]용언과 어울릴 수 없다. 예를 들면, '후회하다, 걱정하다, 두근거리다, 실패하다, 실직하다, 헐벗다, 고민하다, 염려하다, 노심초사하다, 참회하다, 망하다, 잃다, 굶주리다, 변하다, 작다, 모호하다, 춥다' 등은 전형적인 [−긍정]용언이다.

> (38) 가. *나는 그 일을 **못 후회했다**./**후회하지 못했다**.
>
> 나. *그는 오랫동안 **못 걱정했다**./**걱정하지 못했다**.
>
> 다. *나는 그 해 겨울 내내 **못 헐벗었다**./**헐벗지 못했다**.
>
> (39) 가. *영희는 키가 **못 작다**./**작지 못하다**.
>
> 나. *글의 내용이 **못 모호하다**./**모호하지 못하다**.
>
> 다. *나는 **못 춥다**./**춥지 못하다**.

예문 (38)의 '후회하다', '걱정하다', '헐벗다'는 [+의도성]용언이면서 [−긍정]용언이다. '후회하다', '걱정하다', '헐벗다'는 모두 능력이 있다면 당연히 피하고자 하는 상황인데 '못' 부정법과 결합하면 비문이 된다.

(39)의 '작다', '모호하다', '춥다'는 [−의도성]용언이면서 [−긍정]용언이다. '키가 작은 것', '내용이 모호한 것', '추운 것'이 사람의 마음속에 [−긍정]의 의미자질을 가지는 것이다. 따라서 (38)와 같이 '못' 부정법과 어울리지 못한다.

2. 특수어휘 부정법

특수어휘 '아니다' 부정법, '없다' 부정법, '모르다' 부정법은 '이다', '있다', '알다'에 의한 문장의 부정형을 만드는 문법적인 기제이다.

2.1 '아니다' 부정법

'이다'가 서술격조사이지만 앞선 명사구와 함께 서술 기능을 드러내는 용언이다. '이다'의 독특한 속성 때문에 이에 의한 구문은 그 부정 방식이 색다르다.

> (40) 가. 나는 학생이다.
>
> 　　나. 나는 학생이 **아니다**.
>
> 　　다. *나는 학생 **안** 이다./**이지 않다**.
>
> 　　라. *나는 학생 **못** 이다./**이지 못하다**.

예문(40)과 같이 서술어가 '체언＋이다'로 된 문장의 부정형은 평서문·의문문에 흔히 쓰이는 (40다)의 '안' 부정법이나 (40라)의 '못' 부정법으로 형성될 수 없다. 즉, 이런 구문의 부정문은 통사적인 부정법으로 만들 수 없고 (40나)와 같이 '아니다'라는 특수한 부정 어휘에 의해야 형성될 수 있다. 단지 '아니다' 부정문을 형성할 때, 보어 표지 '이'의 도움을 받아야 된다.

남기심·고영근(1993) 등은 '아니다' 부정법을 '안' 부정법에 포함시킨다고 주장하였다. 이런 주장은 주로 '아니다'의 기원으로 입각하고

'아니다'는 '아니(명사/부사)'와 '이다'가 결합하여 동일 모음의 축약 현상으로 된 것이라서 똑같은 부정법으로 보았다.

그런데 공시적으로는 '아니다'는 하나의 서술어이고 예문 (40다) '나는 학생 안 이다'라는 문장이 비문이라는 점에서 이런 처리 방법은 문제가 있다는 것을 알 수 있다. 따라서 '아니다' 부정법을 한 특수어휘 부정법으로 처리하는 것은 타당하다.

2.2 '없다' 부정법

'있다'의 부정형을 만드는 문법적인 기제에는 두 가지가 있는데 하나는 통사적인 '안' 부정법, 또 하나는 특수어휘 '없다' 부정법이다.

> (41) 가. 그 학생은 그 책이 있다.
>
> 나. 그 학생은 그 책이 **없다**.
>
> 다. 그 학생은 그 책이 **있지 않다**.
>
> 라. *그 학생은 그 책이 **안 있다**.

예문(41나), (41다)에서 살펴봤듯이 '없다'는 '있지 않음'을 나타내는 형태로서 '있다'의 부정 형태라고 할 수 있다. '안' 부정법을 운용할 때 장형부정문의 형식만 허용한다. (41라)처럼 단형부정문의 형식으로 쓰이면 비문이 된다.

'있다'의 존대어인 '계시다'의 부정어는 따로 없으며, 보조용언의 '있다'도 '없다'를 취하지 않는다.

(42) 가. 지금 **안 계십니다.**

　　가'. 요즈음은 여기에 <u>계시지</u> **않습니다.**

　　나. 아이들이 <u>놀고 있지</u> **않아요.**

　　나'. *아이들이 놀고 **없어요.**

그런데 다음 예문(43)처럼 '-ㄹ 수 있다'구성의 부정형은 '있다'를 대시하여 '없다'를 쓰고 '-ㄹ 수 없다'의 구성만이 허용한다.

(43) 가. 나는 그 말을 <u>믿을 수 있다</u>.

　　나. 나는 그 말을 <u>믿을 수</u> **없다**.

2.3 '모르다' 부정법

앞에서 지적하였듯이 '알다'는 인지동사로서 '안' 부정법의 수식을 받을 수 없고 '못' 부정법의 장형부정문 형식이나 특수어휘 '모르다' 부정법과 어울린다.

(44) 가. 나는 그 사람을 잘 안다.

　　나. 나는 그 사람을 잘 **모른다**.

　　다. 나는 그 사람을 잘 <u>알지</u> **못한다**.

　　라. *나는 그 사람은 잘 **못** 안다.

예문(44나), (44다)와 같이 '알다'의 부정형은 특수어휘 '모르다' 부정법과 통사적인 '못' 부정법과만 어울린다. (44라)와 같이 '못' 부정법의 단형부정문 형식으로 나타나면 비문이 된다.

'모르다'는 '-지 못하-'의 녹은 형식으로 말할 만큼 '-지 못하-'와 의미 차이가 거의 없다. 군이 차이점을 따져보면 '모르다'가 중립적인 데 반해 '-지 못하-'는 좀 완화하는 느낌을 풍기는 것으로 보인다(이익섭 2005).

관용적인 표현 '-ㄹ 줄 알다'의 부정형도 '못' 부정법의 장형부정문 형식이나 '알다'를 대시하여 '-ㄹ 줄 모르다'의 형식으로 나타난다.

(45) 가. 나는 밥을 <u>만들 줄 알다</u>.

나. 나는 밥을 <u>만들 줄</u> **모른다**.

다. 나는 밥을 <u>만들 줄 알지</u> **못한다**.

B. 평서문·의문문의 중국어 부정법

중국어 평서문·의문문은 한국어와 달리 유일한 통사적인 부정법, '不' 부정법과 '沒(有)' 부정법만 취한다. 二分 대립 체계에 있는 '不' 부정법을 취하느냐 '沒(有)' 부정법을 취하느냐에 따라 부정문의 의미가 달라지는 것은 물론 여러 가지 선택제약도 달라진다. 그런데 선행 연구에서 지적하였듯이 '不' 부정법과 '沒(有)' 부정법의 기능분담에 대하여 동일한 방안을 제공하지 않았다. 이 절에서 두 부정법의 기능분담이 무엇인지, 기능분담에 따른 선택제약을 밝히고자 한다.

1. '不'·'沒(有)' 부정법의 기능분담

'不' 부정법과 '沒(有)' 부정법의 기능분담에 대하여 가장 알려진 관점은 주로 두 가지로 나눌 수 있는데 하나는 의미 차이설, 또 하나는 시제 차이설이다. 본 연구의 맨 처음에서는 두 부정법의 기능분담은 시제에 달려 있는 것이 아니라고 지적하였다. 그런데 '不' 부정법이 흔히 비과거시제에 쓰이고 '沒(有)' 부정법이 흔히 과거시제에 쓰이는 것은 사실이다. 이런 시간상의 차이성을 가지고 '不' 부정법과 '沒(有)' 부정법의 기능분담이 단순한 의미적인 기준에 의한 것이 아니라는 것도 알 수 있다. 또한, 두 부정법의 기능분담이 시제 범주에 의한 것이 아니라면 시간과 관련된 추가적인 하나의 범주인 상에 의한 것인지 검증하기로 한다.

'不' 부정법과 '沒(有)' 부정법의 기능분담에 대한 본격적인 논술에 들어가기 전에 '沒有'의 품사에 대하여 설명하고자 한다.

(46) 我 <u>沒</u> 有 [中文 画报]$_{NP}$。(實上:289)

I NEG have chinese pictorial

'나는 중국어 화보가 없다.'

기존논의에서는 '沒有'가 두 가지의 품사를 가지고 용언 앞에 쓰이면 부사, 예문(46)처럼 체언 앞에 쓰이면 동사라고 지적하였다. 그런데 부정소 '沒有'를 빼버린 긍정문 구문인 *[我]$_{NP}$[中文画报]$_{NP}$'은 서술어가 결여되어 있다. 따라서 본 연구의 관점은 이 문장에 첨가된 부정소는 '沒有'가 아니라, '沒'뿐이고 관계동사 '有'는 이 문장의 서술어를 담당한다는 것이다. 즉, 체언 앞에 쓰인 '沒有'는 '부정소＋서술어'의 결합체이다. 원칙적으로 부정소 '沒有'의 첨가도 되어야 하는데 관계 동사 '有' 앞에 놓이면 '沒有有'의 복잡한 형식 때문에 '沒'만 취한다. 이렇게 보면 '沒'이나 '沒有'의 품사는 단지 부정 부사이다.

1.1 상(相)적 특성에 따른 용언의 분류

Comrie(1976)은 상(相)이란 어떤 문장(명제)이 담고 있는 사건(상황)이 과거, 현재, 미래 등 특정한 시점과는 관계가 없이, 시작, 진행, 완료 등과 관련하여 어떤 상태에 있는가를 나타내는 언어적·문법적 기제라고 하였다. 예를 들면, '완료'라는 상은 과거나 현재나 미래 등 어느 시점에서도 나타날 수 있고 특정한 시점에 제한되어 있지 않는다는 뜻이다.

상은 실현 방식에 따라 어휘상(lexical aspect)과 문법상(grammatical aspect)으로 나눈다. 어휘상이란 어휘의 의미 자체에 이미 포함되어 있는 상적인 요소를 말한다. 문법상이란 하나의 문장 안에서 다양한 문법적 기제를 통해 나타나는 사건의 양상이라고 한다(송경안·이기갑 2008:19, 26).

중국어의 용언은 형태변화가 없지만 어휘 자체에 시간적 특성이 내포되어 있기에 내부 상황은 비교적으로 복잡한 편이다. 또한, 상을 나타내는 표지로는 완료의 '了', 경험의 '过', 진행의 '着' 세 개의 시태조사(时态助词)가 있는데 상 중심 언어라고 할 수 있다. 이처럼 중국어는 어휘상이나 문법상이 모두 발달한 언어인데 상의 본질을 제대로 이해하려면 어휘에 내재되어 있는 어휘상을 올바로 이해해야 한다.

따라서 이 절에서는 '不' 부정법과 '沒(有)' 부정법이 상적 특성을 따른 용언과의 결합 양상을 통하여 두 부정법의 기능분담이 상에 달려 있는지를 검토하고자 한다.

동사 어휘가 가지는 상이라는 시간적 특성을 네 가지로 나누는 것은 Vendler(1967)로부터 비롯된다(양정석 2002). 다음 〈그림 5〉와 같이 동사의 상 특성은 상태와 사건으로 나누어지고, 사건은 다시 동작성, 완성성, 성취성의 세 가지로 하위 구분된다.

〈그림 5〉 Vendler(1967)의 상에 따른 동사 분류

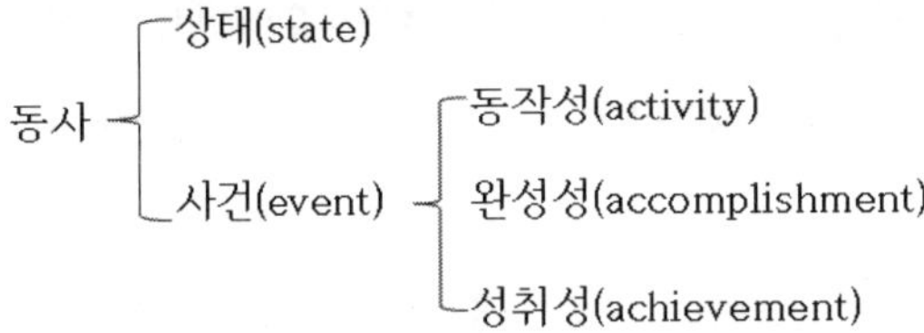

龔千炎(1995)은 Vendler(1967)의 상에 따른 동사 분류를 원용하여 다음 〈그림 6〉과 같이 중국어 동사를 분류하였다.

〈그림 6〉 龔千炎(1995)의 상에 따른 동사 분류

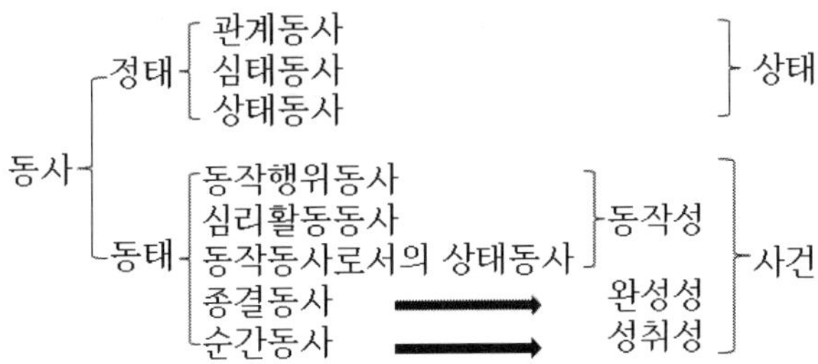

위에서 제시한 龔千炎(1995)의 상에 따른 동사 분류에서는 동사를 정태와 동태로 나누는데 각각 Vendler(1967)의 상태와 사건에 대응된다. 정태동사는 다시 관계동사, 심태동사, 상태동사로 분류하고 동태동사는 다시 동작성 동사에 해당하는 동작행위동사, 심리활동동사, 동작동사로서의 상태동사; 완성성 동사에 해당하는 종결동사; 성취성 동사에 해당하는 순간동사로 나눈다.

조동사[36]는 龔千炎(1995)의 상에 따른 동사 분류에 포함되어 있지 않았지만 '조동사'란 용언은 동사적인 특성을 어느 정도 갖고 있다. 그리고 항상 정태적인 조동사는 상태성 동사와 비슷한 속성을 가진다. 본 연구는 '不' 부정법과 '沒(有)' 부정법이 모든 용언 성분과의 결합 양상을 두루 살펴보기에 조동사와의 결합 양상도 같이 검토하고자 한다.

중국어의 형용사는 일반적으로 직접 서술어로 쓰일 수 있고 동사와 비슷한 어법특징을 많이 가진다. 형용사는 사물의 성질이나 상태를 나타내기 때문에 조동사와 같이 항상 정태적인 특성을 지닌다. 따라서 형용사를 동사의 한 종류로 보고 정태동사라고 부르는 경우도 있다.

본 연구는 항상 정태적인 조동사와 형용사를 상태성 용언의 하위 범주에 포함시키고 상에 따른 용언 분류를 다시 다음 〈그림 7〉과 같이 분류한다.

---

36 중국에서는 조동사를 흔히 능원동사(能愿動詞)라고 한다. 조동사는 동사나 형용사 앞에 와서 능력, 가능, 소망, 허가, 추정, 당위 등을 나타낸다.

〈그림 7〉 상에 따른 용언 분류

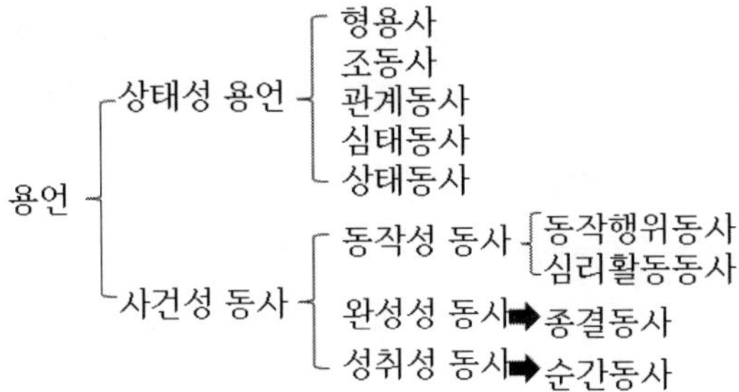

1.2 기능분담 양상

1.2.1 '不'·'沒(有)' 부정법과 상태성 용언

상태성 용언에는 형용사, 조동사, 관계동사, 심태동사, 그리고 상태동사가 있다. 이러한 용언은 시간적 고려를 완전히 떠나서도 표현될 수 있고 용언 자체는 시작점도 종결점도 갖지 않는다. 그런데 어느 시점에서의 상태에 대하여 언급하는 것은 가능하다.

a. 형용사

형용사는 사물의 성질이나 상태를 나타내기 때문에 전형적인 상태성 용언이다. 일반적으로 형용사 내부에 시작점과 종결점이 없는데 시간구나 시태조사의 도움을 받고 어느 시점에서의 상태를 가리킨다.

  (47) 가. 近来, 我们 不 忙。(實上:287)

     recently we NEG busy

     '요즘 우리는 바쁘지 않아.'

　　나. ?近来，　我们　<u>没(有)</u>　忙。

　　　　recently　we　NEG　busy

(48) 가. 你　　的　　志气　　真　<u>不</u>　小。(實上:287)

　　　　you POSS ambition really NEG little

　　　　'너의 패기는 정말 대단하다.'

　　나. *你　　的　　志气　　真　<u>没(有)</u> 小。

　　　　you POSS ambition really NEG little

(49) 가. 她　(的) 日子　　过-得　　<u>不</u>　痛快。(實上:287)

　　　　she POSS life spend-CSC NEG happy

　　　　'그녀는 늘 번거로운 일들이 생긴다.'

　　나. *她　(的) 日子　　过-得　<u>没(有)</u> 痛快。

　　　　she POSS life spend-CSC NEG happy

(50) 가. 她　长-得　　并　<u>不</u>　　漂亮。(實上:287)

　　　　she do-CSC at-all NEG beautiful

　　　　'그녀가 결코 예쁘게 생기지는 않았다.'

　　나. *她　长-得　　并　<u>没(有)</u> 漂亮。

　　　　she do-CSC at-all NEG　beautiful

　　예문(47~50)에서 살펴봤듯이 '忙(바쁘다)', '小(작다)', '痛快(즐겁다)', '漂亮(예쁘다)' 등을 비롯한 사물의 성질이나 상태를 나타내는 형용사는 일반적으로 '不' 부정법에 의하여 상태를 부정한다. (47나), (48나), (49나), (50나)처럼 '沒(有)' 부정법을 사용하여 부정하면 비문이 된다.

(51) 가. 天　**不**　　亮。

　　　　sky　NEG　bright

　　　　'날이 밝지 않다.'

　　나. 天　**沒(有)**　　亮。(實上:288)

　　　　sky　NEG　bright

　　　　'날이 밝지 않았다.'

(52) 가. 衣服　　**不**　干。

　　　　clothes　NEG　dry

　　　　'옷이 마르지 않다.'

　　나. 衣服　**沒(有)**　　干。(新:516)

　　　　clothes　NEG　dry

　　　　'옷이 마르지 않았다.'

(53) 가. 天气　　还　**不**　暖和。

　　　　weather　yet　NEG　warm

　　　　'날씨는 아직 따뜻해지지 않는다.'

　　나. 天气　　还　**沒(有)**　暖和。(新:516)

　　　　weather　yet　NEG　warm

　　　　'날씨는 아직 따뜻해지지 않았다.'

　　예문(51~53)의 '亮(밝다)', '干(마르다)', '暖和(따뜻하다)'는 예문 (47~50)에 나타난 형용사와 다른데, 형용사 내부에 예외적으로 시작하는 시점이 분명하다. (51가), (52가), (53가)처럼, '不' 부정법에 의한 '不亮(밝지 않다)', '不干(마르지 않다)', '不暖和(따뜻하지 않다)'는 단지 '亮(밝다)', '干(마르다)', '暖和(따뜻하다)'라는 상태가 아니라는 것을 뜻하는데

(51나), (52나), (53나)처럼 '沒(有)' 부정법에 의하여 '亮(밝다)', '干(마르다)', '暖和(따뜻하다)'라는 상태에 내포되어 있는 시작점의 출현에 대한 부정이다. 다시 말해서 '沒(有)' 부정법에 의한 (51나), (52나), (53나)는 '不亮(밝지 않다)'에서 '亮(밝다)', '不干(마르지 않다)'에서 '干(마르다)', '不暖和(따뜻하지 않다)'에서 '暖和(따뜻한 상태)'라는 상태 변화의 완료에 대한 부정이다.

종합해 보면, 항상 정태적인 형용사는 일반적으로 '不' 부정법에 의하여 형용사가 나타난 상태에 대한 단순한 부정이다. 가끔, 형용사 내부에 시작점이 분명할 때, '沒(有)' 부정법으로도 부정을 할 수 있는데 내포된 시작점의 출현, 즉 상태 변화의 완료에 대한 부정이다.

b. 조동사

조동사는 전형적인 상태성 용언이고 시태조사 '了, 过, 着'를 동반할 수 없다. 조동사를 의미에 따라 분류하면 다음 (54)과 같다(송경안·이기갑 2008:366).

    (54) 가. 가능 및 허가: 会, 能(能够), 可(可以), 可能, 准, 许, 应 등

          나. 소망 및 의지: 想, 要, 肯, 敢, 愿(愿意) 등

          다. 필요 및 당위: 得, 要, 当, 该, 应该(应当) 등

          라. 가치 및 자격: 值得, 配 등

    (55) 가. 怎么 追问, 他 也 不 肯 讲 下去。(新:449)

          how ask he also NEG be:willing:to talk on

          '아무리 캐물어도, 그는 말하려고 하지 않는다.'

나. *怎么 追问, 他　也　没(有)　　肯　　　讲　下去。

　　how　ask　he　also　NEG　be:willing:to　talk　on

(56) 가. 他　这样　做,　很　不　应该。(新:886)

　　he　like:this　do　very　NEG　should

　　'그는 이렇게 해서는 안 되는 것이었다.'

나. *他　　这样　做,　很　没(有)　应该。

　　he　like:this　do　very　NEG　should

(57) 가. 花　　这么　　多　时间　不　值得。(新:968)

　　take　like:this　much　time　NEG　be-worth

　　'이렇게 많은 시간을 소모할 가치가 없다.'

나. *花　　这么　　多　时间　没(有)　值得。

　　take　like:this　much　time　NEG　be-worth

예문(55~57)을 통하여 알 수 있듯이 조동사 '肯', '应该', '值得'의 부정형은 '不' 부정법에 의하여 형성되는데 '没(有)' 부정법과 어울리지 못한다. 이는 조동사의 특성과 깊이 상관된다. 전형적인 상태성 용언으로서의 조동사는 항상 정태적이고 어휘 내부에 시작하는 시점과 끝나는 시점이 전혀 없는데 '不' 부정법에 의하여 단순한 상태에 대한 부정이다. 그런데 다음 예문(58), (59)의 '能'과 '敢'의 쓰임이 조금 다르다.

(58) 가. 因为　　缺　教员,　　暂时　还　不　能　开课。(新:563)

　　because lack teacher temporarily yet NEG can state-class

　　'교원이 부족하기 때문에, 잠시 수업을 할 수 없다.'

나. 他-的　　这-个　　　愿望　始终 **没(有)** 能 实现。(新:563)

he-POSS this-CLASS wish always NEG can realize

'그의 이러한 바람은 끝내 실현되지 못했다.'

(59) 가. 他　明天　　能　不　能　来, 我 **不** 敢 肯定。(新:264)

he tomorrow can NEG can come I NEG dare sure

'그가 내일 올지 안 올지 나는 단정할 수 없다.'

나. 我们　　提-过　　　这-个　　　　要求,

we suggest-EXP this-CLASS require

他 **没(有)** 敢　　答应。(新:264)

he NEG dare promise

'우리가 그런 요구를 했었지만 그는 승낙하지 않았다.'

예문(58, 59)에서 살펴봤듯이 조동사 '能', '敢'의 부정형은 '不' 부정법이나 '没(有)' 부정법으로 모두 형성할 수 있다. '不' 부정법에 의한 (58가), (59가)는 '能', '敢'에 대한 단순한 부정인데 '没(有)' 부정법에 의한 (58나), (59나)는 '实现(실현)', '答应(승낙)'의 완료를 부정한다.

요컨대, 정태적인 조동사는 일반적으로 '不' 부정법으로 부정하는데 상황에 따라서 예외적으로 '没(有)' 부정법을 사용하여 부정하는 경우도 있다. '不' 부정법에 의한 부정형은 단지 본디 조동사에 대한 단순한 부정인데 '没(有)' 부정법에 의한 부정형은 조동사와 결합한 용언의 완료를 부정한다.

c. 관계동사

상태성 용언으로서의 관계동사도 항상 정태적이면서 어휘 내부에 시간적인 변화가 없다. 그리고 관계동사의 어휘의미는 비교적 추상적이고 주로 주어와 목적어를 연결시켜, 주어와 목적어 사이에 존재하는 어떤 관계를 표시한다. 이런 통사적·의미적인 속성 때문에 관계동사는 시태조사 및 여러 보어[37]와 제한적으로 결합한다.

대표적인 관계동사는 '是(이다), 像(닮다), 等于(…에 해당하다), 姓(성씨는 …이다), 叫(이름은 …이다), 属于(…에 속하다), 具有(가지다), 在(장소나 위치에 있다), 显得(어떤 상황이 드러나다), 当作(…으로 여기다), 作为(…으로 여기다), 有(있다)' 등이 있다.

(60) 가. 那　是　大错，　　**不**　是　　小错。(新:694)

　　　 that　be　big:mistate　NEG　be　small:mistake

　　　 '그것은 큰 잘못이지, 작은 실수가 아니다.'

　　 나. *那　是　大错，　　**没(有)**　是　　小错。

　　　　 that　be　big:mistate　NEG　be　small:mistake

(61) 가. [我　错　了]ₙₚ　并　**不**　　　等于　　他　正确。(新:188)

　　　 I　wrong　PERF　at:all　NEG　be:equal:to　he　right

　　　 '내가 틀렸다고 그가 옳다는 것은 아니다.'

　　 나. *[我　错　了]ₙₚ　并　**没(有)**　　　等于　　他　正确。

　　　　 I　wrong　PERF　at:all　NEG　be:equal:to　he　right

---

37 전형적인 보어는 동사나 형용사 뒤에 위치하는 술어성 성분으로, 주로 결과보어·방향보어·상태보어가 있다. 의미관계상 술어가 두 가지 표현을 포함하고 있고 앞의 동사나 형용사는 원인을 나타내고, 뒤의 보어는 결과를 나타낸다. 다른 언어에는 중국어의 보어와 유사한 언어현상이 드물다.

예문(60), (61)처럼 '是(이다)'와 '等于(…에 해당하다)'를 비롯한 관계동사를 부정할 때 '不' 부정법으로 관계에 대한 부정만 나타나는데 '沒(有)' 부정법과 결합하면 비문이 된다.

    (62) 가. *今天　　不　　有　　风。

         today NEG have wind

      나. 今天　　沒　　有　　风。(新:514)

      today NEG have wind

      '오늘은 바람이 불지 않는다.'

'有(있다)'의 기본적인 의미는 '소유' 및 '존재'이다. 예문(62)에서 살펴봤듯이 관계동사 '有'는 '沒'로만 부정할 수 있다. 이를 가지고 두 부정법의 기능분담이 단순한 시제에 달려 있는 것이 아니라는 것도 알 수 있다.

'有'의 독특한 의미인 '소유' 및 '존재' 때문에 시태조사와 결합할 수 있다. 시간적인 특성은 뚜렷하지 않은 상태성 용언을 부정하려면 그 상태의 존재를 부정하는 것이 더 바람직하다. 따라서 서술어가 '有'일 때 '沒'로 상태의 존재를 부정한다.

    (63) 가. 老刘　　不　　在　　家。(新:918)

        Mr.Liu NEG at home

        '老刘 집에 없다.'

      나. 他　沒(有)　在　　(家)。(新:918)

      he NEG at (home)

      '그는 없었다.'

예문(63) 관계동사 '在(장소나 위치에 있다)'의 부정형은 원칙적으로 '不' 부정법을 써야 되는데 '沒(有)' 부정법을 써도 된다. '在'는 '사람이나 사물이 존재하는 장소·위치를 나타냄'을 뜻하는데 '有'와 비슷한 의미 특성을 가진다. 즉, 상태와 존재를 표시한다. 이런 의미 특성을 가진 '在'는 '不'와 '沒(有)'로 모두 부정될 수 있는데 의미 차이가 나타난다. '不' 부정법에 의한 (63가)는 단순한 부정인데 '沒(有)' 부정법에 의한 (63나)는 상태의 존재를 부정한다.

따라서 관계동사의 부정형은 일반적으로 '不' 부정법에 의하여 형성된다. 서술어가 '有'인 경우에 '沒(有)' 부정법에 의하여 상태의 존재를 부정한다. '在'는 두 부정법과 모두 어울리는데 의미상 차이가 나타난다. '不' 부정법에 의하면 단순한 부정, '沒(有)' 부정법에 의하면 상태의 존재에 대한 부정이다.

d. 심태동사

심태동사는 사람의 심리적 상태를 나타내는 용언이다. 이렇게 심리적 국면을 표현하는 심태동사는 앞에서 본 형용사, 조동사, 그리고 관계동사와 달리 시간적 맥락과의 관련이 더 밀접하다.

심태동사는 크게 감각동사(感覺動詞)와 인지동사로 나눌 수 있는데 대표적인 감각동사는 '喜欢(좋아하다), 爱(사랑하다), 讨厌(밉다), 高兴(즐겁다), 放心(안심하다), 失望(실망하다), 担心(걱정하다)' 등, 대표적인 인지동사는 '记得(기억하다), 认得(알다), 知道(알다), 晓得(알다)' 등이 있다.

(64) 가. 我 过去　不　喜欢　你,　现在　　不　喜欢　你,
　　　　I　past　NEG　like　you　present　NEG　like　you
　　　　将来　也　　不　　　会　　喜欢　你。(實上:290)
　　　　future　also　NEG　be:likely:to　like　you
　　　　'나는 과거에 너를 좋아하지 않았고 지금도 좋아하지 않으며,
　　　　앞으로도 너를 좋아하지 않을 거야.'

　　나. *我 过去　没(有)　喜欢　你,　现在　没(有)　喜欢　你,
　　　　I　past　NEG　like　you　present　NEG　like　you
　　　　将来　也　没(有)　　会　　喜欢　你。
　　　　future　also　NEG　be:likely:to　like　you

(65) 가. 这样　治疗我　就　　不　担心　了。(新:155)
　　　　like:this　treat　I　at:once　NEG　worry　PTCLE
　　　　'이렇게 치료하면 저는 마음이 놓입니다.'

　　나. *这样　治疗我　就　没(有)　担心　了。
　　　　like:this　treat　I　at:once　NEG　worry　PTCLE

예문(64), (65)를 통하여 알 수 있듯이 감각동사도 일반적으로 '没(有)' 부정법으로 부정할 수 없고 '不' 부정법으로 심태동사가 나타난 심리 상태에 대한 단순한 부정을 한다. 또한, 예문(64)을 통하여 '不' 부정법과 '没(有)' 부정법의 가장 핵심적인 기능분담이 시제와는 무관한 것을 더 뚜렷이 알 수 있다.

(66) 가. 这些　　　　事 我　不　　知道。(新:966)
　　　　this-CLASS　matter　I　NEG　know
　　　　'나는 이 일은 모른다.'

　　나. *这些　　　事　我　<u>没(有)</u>　知道。

　　　　this-CLASS　matter　I　　NEG　　know

‘知道(알다)’를 비롯한 인지동사도 감각동사와 같이 항상 ‘不’ 부정법으로 부정을 해야 한다. 예문(66나)처럼 ‘没(有)’ 부정법으로 부정하면 비문이 된다.

e. 상태동사

상태동사는 어떠한 실체가 어떤 자세에 처해 있음을 뜻하고 그 자세를 묘사한다. 여기서 말한 실체는 유정물도 되고 무정물도 된다. 중국어에서는 상태동사가 표현된 자세에 처해 있음을 드러내기 위하여, 항상 진행상을 표시하는 시태조사 ‘着’와 결합하여 행동과 관련하여 그 행동에 의한 결과, 즉 상태의 지속을 뜻한다.

대표적인 상태동사는 ‘坐(앉다), 站(서다), 躺(눕다), 趴(엎드리다), 跪(무릎을 꿇다), 挂(걸리다), 摆(놓이다), 堆(쌓이다), 贴(붙이다), 开(열리다)’ 등이 있다.

　　(67) 가. *我 <u>不</u>　躺-着，　　坐-着　　　呢。

　　　　　　I　NEG　lie-PROG　sit-PROG　PTCLE

　　　나. 我 <u>没(有)</u>　躺-着，　　　坐-着　　　　呢。(實上:454)

　　　　　　I　NEG　　lie-PROG　　sit-PROG　　PTCLE

　　　　　‘나는 누워 있지 않아, 앉아 있어.’

　　(68) 가. *窗户　　　关上-了，　不　　　开-着。

　　　　　　window　close-PERF　NEG　open-PROG

나. 窗户　　　关上-了,　**没(有)**　　开-着。(實上:454)

window　close-PERF　NEG　open-PROG

'창문은 닫혀져 있어, 열려져 있지 않아.'

예문(67), (68)에서 살펴봤듯이 '躺着(누어 있다)'나 '开着(열려 있다)'를 비롯한 어휘에 대한 부정형은 '没(有)' 부정법으로 형성된다. (67가)와 (68가)처럼 '不' 부정법으로 부정하면 비문이 된다. 이를 통하여 '没(有)' 부정법은 상태에 대한 단순한 부정이 아니라 상태의 존재에 대한 부정이다.

위에서 제시한 '不' 부정법과 '没(有)' 부정법이 상태성 용언과의 결합 양상을 통하여 두 부정법 쓰임의 차이점을 알 수 있다. 일반적으로 상태성 용언은 어휘 자체에 시간적인 변화가 내포되어 있지 않기 때문에 시간적 고려를 완전히 떠나서도 표현될 수 있다. 이에 따라 상태성 용언의 부정형은 흔히 '不' 부정법에 의하여 상태에 대한 단순한 부정을 뜻한다. 단지, 시작점이 내포되어 있는 형용사와 관계동사 '在'는 '没(有)' 부정법에 의하여 상태의 존재에 대한 부정을 뜻한다. '能'이나 '敢' 등 몇 개의 조동사도 '没(有)' 부정법에 의하여 부정을 하는데 이런 상황에서는 조동사와 결합한 용언의 완료에 대한 부정이다. 관계동사 '有', 항상 시태조사 '着'의 도움을 받아야 되는 상태동사의 부정형은 '没(有)' 부정법에 의한 방식만 형성되는데 상태의 존재에 대한 부정이다. 따라서 '不' 부정법과 '没(有)' 부정법이 상태성 용언과 결합할 때, 가장 핵심적인 기능분담은 상태에 대한 단순한 부정인지, 상태의 존재에 대한 부정인지에 달려 있다.

1.2.2 '不'·'沒(有)' 부정법과 사건성 용언

사건성 용언은 외적인, 시간적 맥락에 위치되어야만 의미를 갖게 되는 용언의 분류이다. 사건성 용언에 포함되었던 것들은 또다시 몇 개의 기준에서 재분류될 수 있는데 그 한 가지 구분은 시간상의 한계점을 가질 수 있느냐 여부에 의한 것이다. 이에 따라서 사건성 용언은 다시 동작성 동사와 완성성 동사, 그리고 성취성 동사로 나눈다. 동작성 동사는 어휘 자체에 시간적인 한계가 되는 특정 시점이 내재되지 않은데 완성성 동사와 성취성 동사는 어휘 자체에 종결점이 내포되어 있다.

a. 동작성 동사

동작성 동사는 시작점만을 가지는 것을 특징으로 한다. 다시 말해서, 동작성 동사가 표현된 동작은 원칙적으로 시간의 제약이 없이 영원히 지속될 수 있어야 한다.

(69) 가. 我 現在　　不　　去。(實上:286)

　　　I　now　NEG　go

　　　'나는 지금 안 간다.'

　　나. 他去-了,　　我 沒(有)　去。(新:516)

　　　hego-PERF I　　NEG　go

　　　'그는 갔지만, 나는 가지 않았다.'

(70) 가. 我 问　她　哭　什么, 她　只　　哭,

　　　I　ask　her　cry　what　she　only　cry

什么　也　**不**　说。(實上:243)

what yet NEG say

'나는 그녀에게 왜 우느냐고 물었지만 그녀는 그저 울기만 할 뿐,

아무 것도 말하지 않았다.'

나. 他　**没(有)**　说话。(實上:180)

he NEG　say

'그는 말을 하지 않았다.'

(71) 가. 明天　　　我 **不**　　来。(實上:290)

tomorrow I NEG come

'내일 나는 가지 않는다.'

나. 主席　　　还 **没(有)**　来。(實上:290)

chairman yet NEG come

'회장은 아직 오지 않았다.'

예문(69~71)을 통하여 알 수 있듯이 동작성 동사 '去(가다)', '说(말하다)', '来(오다)'의 부정형은 '不' 부정법이나 '没(有)' 부정법으로 모두 형성될 수 있다. 그런데 두 부정법에 의한 부정문의 의미 차이는 분명하다.

(69나), (70나), (71나)처럼 '没(有)' 부정법으로 동작성 동사의 완료, 즉 시점에 관계없이 그 시점에서 동작성 동사가 나타난 사건이 아직 발생하지 않았거나 완료되지 않았음을 나타낸다. 그런데 (69가), (70가), (71가)처럼 동작성 동사를 '不' 부정법으로 부정할 때, 문장 주체가 '去', '说', '来' 사건에 대한 단순한 부정이다.

吕叔湘(1980)과 白筌(2000)을 비롯한 대표적인 '의미 차이설'은 '不' 부정법에 의한 (69가), (70가), (71가)의 의미는 문장 주체가 '去',

'说', '来'의 의도가 없는 것으로 보았다. 그런데 동작행위동사의 특성 중의 하나는 이 동작이 동작주의 능동적인 동작이라는 것이다. 즉, '去', '说', '来'의 동작주가 이러한 동사에 의지를 부여한다. (69가), (70가), (71가) 문장 전체의 의미는 주체가 '去', '说', '来'의 의도가 없다는 의미를 뜻할 수 있는데 '不' 부정법과 무관하다. 다시 말해서, 이런 주관적인 의지는 문맥적인 의미인지 부정소 자체의 의미가 아니다. '不' 부정법은 단지 사건에 대한 단순한 부정이다.

(72) 가. 我　什么　也　<u>不</u>　　想。(新:816)

I　what　yet　NEG　think

'나는 아무 생각도 하지 않는다.'

나. 他　　想　　都　<u>没(有)</u>　想。(實上:241)

he　think　even　NEG　　think

'그는 생각도 해 보지 않았다.'

예문(72)의 '想'를 비롯한 심리 활동 동사는 동작성 동사의 하위범주에 포함된다. 예문을 통하여 알 수 있듯이 심리 활동 동사의 부정형도 '不' 부정법이나 '没(有)' 부정법으로 형성될 수 있다. (72가)의 '不' 부정문은 단지 사건에 대한 단순한 부정인데 (72나)의 '没(有)' 부정문은 '想'가 내포된 시작점의 실현에 대한 부정이고 이 동작성 동사가 완료되었음을 부정한다.

요컨대, 동작성 동사는 '不' 부정법이나 '没(有)' 부정법으로 모두 부정되는데 전자는 사건에 대한 단순한 부정이고 후자는 동작성 동사가 내포내어 있는 시작점의 실현에 대한 부정, 즉 동작성 동사의 완료되었음에 대한 부정이다.

b. 완성성 동사

완성성 동사는 시작점과 종결점을 모두 가짐을 특징으로 하는데 어휘 자체에 시간적 지속을 내포한다. 완성성 사건은 의미적으로 다음과 같은 함의가 성립한다고 일반화할 수 있다. 이것도 완성성 동사를 다른 동사들부터 구별하는 실제적 기준의 하나로 이용할 수 있다 (Smith 1991:50).

> (73) 완성성 동사 표현에서, 사건이 종결점에 도달했으면 그 이전의
> 시점에 동일한 완성성 동사의 과정이 진행되었음이 함의된다.

중국어의 대표적인 완성성 동사는 '变为(…으로 바뀌다), 成为(…이/가 되다), 跑来(뛰어오다), 修好(복원하다), 拿出(꺼내다), 扩大(확대하다), 提高(높이다), 缩短(줄이다), 改正(고치다), 办好(잘 처리하다)' 등이 있다. 이처럼 완성성 동사는 항상 이음절의 형식으로 나타나는데 두 번째 음절이 첫 번째 음절의 결과이다.

> (74) 가. 冰　不　化　为水。
> ice NEG turn:into water
> '얼음이 물로 변화지 않는다.'
> 나. 冰　没(有)　化　为水。
> ice NEG turn:into water
> '얼음이 물로 변화지 않았다.'

(75) 가. <u>不</u>　　扩大　　生产　　设备。

NEG expand production facility

'생산설비를 확대하지 않는다.'

나. <u>没(有)</u> 扩大　　　生产　　设备。

NEG expand production facility

'생산설비를 확대하지 않았다.'

완성성 동사의 부정형도 '不' 부정법이나 '没(有)' 부정법으로 형성될 수 있다. 그런데 '不' 부정법과 어울릴 때, 사건에 대한 단순한 부정인데 특히 (74가)처럼 일반적인 자연 법칙을 표시한다. 이와 달리 '没(有)' 부정법에 의하여 부정할 때, 사건의 완료, 즉 두 번째 음절의 결과에 달성하지 않음을 뜻한다.

c. 성취성 동사

성취성 동사는 순간성을 내포하며, 한 시점에서 시작하여 바로 그 시점에서 끝난다. 즉, 어휘 자체는 시간적 범위를 갖지 않고 종결점만 가진다.

대표적인 성취성 동사는 '死(죽다), 完(끝나다), 看到(보다), 发现(발견하다), 离开(떠나다), 到达(도착하다), 毕业(졸업하다), 结束(마치다), 开始(시작하다), 认出(알아보다), 醒(깨다)' 등이 있다.

(76) 가. *我们　不　　看到　　日出。

we   NEG see-PERF sunrise

나. 我们 <u>没(有)</u>　看到　　　日出。(實上:288)

we　NEG　see-PERF　sunrise

'우리들은 웅장한 일출을 보지 못했다.'

(77) 가. *他　<u>不</u>　死。

he NEG die

나. 他 <u>没(有)</u>　死。(표[38]:402)

he　NEG　die

'그는 죽지 않았어.'

'不' 부정법이 단순한 부정 기능을 가지기 때문에 '不'와 결합할 수 없는 용언은 없는 것으로 볼 수도 있는데 성취성 동사의 부정형은 '不' 부정법에 대하여 제한적으로 쓰인다. 예문(76), (77)의 '看到(보다)'와 '死(죽다)'를 비롯한 성취성 동사는 순간성을 내포하며, 어휘 자체는 종결점만 포함한다. 성취성 동사의 이러한 독특한 속성 때문에 일반적으로 '没(有)' 부정법으로만 어휘 자체에 포함된 종결점에 달성하지 않음을 뜻한다.

그런데 성취성 동사는 '不' 부정법과 전혀 못 결합하는 것도 아니다. 예문(76가)와 (77가)는 가정이나 조건문 등 특수한 상황에서는 성립하기도 한다.

위에서 '不' 부정법과 '没(有)' 부정법의 사건성 용언과의 결합 양상에서 살펴봤듯이, '不'부정법은 단순한 사건에 대한 부정인데 반하여

---

[38] 「표준 중국어 문법」(1996)은 '표'로 약칭하였다.

'沒(有)' 부정법은 사건의 완료되었음을 부정한다. 성취성 동사는 어휘 자체에 종결점, 즉 완료되었음을 내포하고 있기에 '不' 부정법과 결합하기가 어렵고 '沒(有)' 부정법으로만 부정을 한다.

이렇게 보면 '不' 부정법과 '沒(有)' 부정법의 중요한 차이점은 상태의 존재와 사건의 완료를 포함하느냐 포함하지 않느냐에 있다. 여기서 상태의 존재도 일종의 완료로 볼 수 있고 상태나 사건에 대한 단순한 부정이라면 '不' 부정법으로, 완료되었음에 대한 부정이라면 '沒(有)' 부정법으로 두 부정법의 기능분담은 완전히 상이라는 기능적인 면에 달려 있다. 즉, '不' 부정법은 단순부정이고 '沒(有)' 부정법은 '상(相)'부정이다.

기존논의에서 '沒(有)' 부정법은 과거에 대한 부정이라고 지적하는 것은 단지 완료된 사건은 흔히 발화 시점보다 앞서 일어나기 때문이다. 그런데 다음 예문 (78)처럼, 미래의 시점에 쓰일 수도 있다.

(78) 明年　　这-个　　时候 可能 还 **没(有)** 毕业。(實上:290)

next:year　this-CLASS　time　maybe　yet　NEG　graduate

'내년 이 때쯤에 아마도 아직 졸업하지 못할 거야.'

예문(77)은 예문(2나')를 재인용한 것이다. '明年(내년)'을 통하여 문장의 시제는 미래의 한 시점인 것을 알 수 있다. '沒(有)' 부정법으로 미래의 어떤 시점에 사건이 완료되었음을 부정한다.

2. ‘不’·‘沒(有)’ 부정법의 선택제약

앞 절에서는 ‘不’ 부정법과 ‘沒(有)’ 부정법의 기능분담은 상에 달려 있다고 밝혔다. ‘不’ 부정법은 상태나 사건에 대한 단순한 부정인데, ‘沒(有)’ 부정법은 상태의 존재와 사건의 완료에 대한 부정이다.

‘不’ 부정법은 상과 무관하기에 상태동사나 성취성 동사와 같은 어휘 자체에 진행상과 완료상이 내포되어 있는 동사와 어울리지 않고 통사적으로 상을 나타내는 시태조사 ‘了’, ‘过’, ‘着’과도 결합할 수 없다. ‘沒(有)’ 부정법은 상과 관련된 부정법이라서 대부분의 상태성 용언과 결합하기가 어렵다. ‘不’ 부정법과 ‘沒(有)’ 부정법의 어휘상에 따른 용언과의 결합 양상을 이미 살펴봤기 때문에 이 절에서는 두 부정법의 통사적인 상 표지와의 결합 양상만 검토하고자 한다.

(79) 가. 我　喝-了　　点儿　酒。(新:475)

　　　 I　drink-PERF little wine

　　　 ‘나는 술을 조금 마셨다.’

　　나. *我　不　喝　酒。

　　　 I　NEG drink wine

　　다. 我 沒(有)　喝　酒。(新:475)

　　　 I　NEG　drink wine

　　　 ‘나는 술을 마시지 않았다.’

(80) 가. *我　不　学-过　英语。

　　　 I NEG study-EXP English

　나. 我 <u>没(有)</u>　学-过　　英语。(實上:464)

　　I　NEG　study-EXP　English

　　'나는 영어를 배운 적이 없다.'

(81) 가. *我 <u>不</u>　躺-着,　　坐-着　　　呢。

　　　I　NEG　lie-PROG　sit-PROG　PTCLE

　나. 我 <u>没(有)</u> 躺-着,　　坐-着　　　呢。(實上:454)

　　I　NEG　lie-PROG　sit-PROG　PTCLE

　　'나는 누워 있지 않아, 앉아 있어.'

　예문(79)의 완료상표지 '了'가 있는 문장을 부정할 때 (79다)와 같이 '了'를 없애고 '没(有)' 부정법을 쓴다. (79나)처럼 '不' 부정법으로 부정하면 비문이 된다.

　예문(80)의 경험상표지 '过'가 있는 문장을 부정할 때도 '没(有)' 부정법을 써야 된다. 경험을 나타나는 시태조사 '过' 문장도 완료되었음을 뜻하는 문장인데 완료에 대한 부정이라면 (80가)처럼 '不' 부정법으로 부정하면 비문이 된다.

　예문(81)는 예문(67)의 재인용한 예시이다. 진행상표지 '着'가 있는 문장을 부정할 때 '没(有)' 부정법을 써야 된다. '着'는 주로 묘사하는 기능을 하기 때문에 일종의 상태의 존재를 표시한다. 따라서 '着' 구문은 '没(有)' 부정법으로 상태의 존재를 부정한다.

C. 대조 분석

　이상의 논의를 바탕으로 한·중 평서문·의문문에 쓰이는 부정법을 대조하여 분석하고자 한다.

　우선, 한국어 평서문·의문문에 쓰이는 부정법은 통사적인 '안' 부정법과 '못' 부정법, 특수어휘 '아니다' 부정법, '없다' 부정법, '모르다' 부정법이 있다. 이와 달리 중국어 평서문·의문문에 쓰이는 부정법은 통사적인 부정법, '不' 부정법과 '沒(有)' 부정법만 존재한다. 이에 따라서 특수어휘 '아니다' 부정법, '없다' 부정법, '모르다' 부정법에 해당하는 중국어 부정법은 역시 통사적인 부정법이어야 한다.

　'아니다' 부정법은 '이다'구문이 부정문을 만드는 문법적인 기제이다. '이다'에 해당하는 중국어 용언은 '是'이다. 관계동사로서의 '是'는 '不' 부정법으로 부정한다. '없다' 부정법은 '있다'구문이 부정문을 만드는 문법적인 기제이다. '있다'에 해당하는 중국어 용언은 '有'이다. 관계동사로서의 '有'는 '是'를 비롯한 전형적인 관계동사와 달리 '沒(有)' 부정법으로 부정한다. '모르다' 부정법은 '알다' 구문이 부정문을 만드는 문법적인 기제이다. '알다'에 해당하는 중국어 용언은 '知道'이다. 인지동사로서의 '知道'는 '不' 부정법으로 부정한다. 〈표 4〉로 표시하면 다음과 같다.

〈표 4〉 한·중 부정법 대조

한국어		중국어
통사적인 부정법	'안' 부정법	통사적인 '不' 부정법과 '没(有)' 부정법
	'못' 부정법	통사적인 '不' 부정법과 '没(有)' 부정법
특수어휘 부정법	'아니다' 부정법	통사적인 '不' 부정법
	'없다' 부정법	통사적인 '没(有)' 부정법
	'모르다' 부정법	통사적인 '不' 부정법

둘째, 한국어의 통사적인 '안' 부정법과 '못' 부정법의 기능분담은 양태에 달려 있는데 중국어의 통사적인 '不' 부정법과 '没(有)' 부정법의 기능분담은 상에 달려 있다. 다른 기준에 의한 기능분담 때문에 한국어의 통사적인 부정법과 중국어의 통사적인 부정법은 절대로 일대일의 관계가 아니다. 본 연구는 한국어를 기초 언어로 삼기 때문에 중국어의 통사적인 부정법을 한국어의 통사적인 부정법과 대응시키고자 한다.

중국어에서 '능력'과 관련된 '양태'를 표시하려면 조동사 '能'을 써야 된다. '能'은 주관적으로 어떤 능력이 있음을 나타내거나 어떤 객관적인 조건을 갖추고 있음을 나타낸다. 이는 '못' 부정법과 관련된 내적인 요인의 '능력'과 외적인 요인의 '능력'과 맞다. 앞에서 살펴봤듯이 조동사 '能'에 대한 부정형은 '不' 부정법이나 '没(有)' 부정법에 의하여 각각 '不能'과 '没(有)能'이다. '不能'은 능력에 대한 부정인데 '没(有)能'은 조동사와 결합한 사건의 완료를 부정한다. 이에 따라서 한·중 통사적인 부정법의 대조는 다음 〈표 5〉와 같다.

〈표 5〉 한·중 통사적인 부정법의 대조

한국어		중국어
'안' 부정법	상태나 사건에 대한 단순한 부정	'不'
	상태의 존재나 사건의 완료에 대한 부정	'沒(有)'
'못' 부정법	능력에 대한 부정	'不能'
	완료에 대한 부정	'沒(有)能'

VI.

한·중 명령문·청유문 부정법의 대조

　명령문은 화자가 청자에게 자기의 의도대로 행동해 줄 것을 요구하는 문장유형이다. 청유문은 명령문과 비슷하지만 화자도 참여하여 청자와 공동으로 어떤 행동을 할 것을 제안하는 문장유형이다.

　한국어 명령문과 청유문을 비롯한 문장 유형은 문말어미의 종류에 따라 결정된다. 부정 명령문과 부정 청유문은 똑같은 부정법으로 명령문과 청유문의 서술어 뒤에 부정소 '-지 말-'을 더해서 구성한다. 이 서술어는 동사나 동사구만 제한한다.

　중국어의 고립어 성격 때문에 명령문이나 청유문은 구조적으로 평서문과 다르지 않으며, 명령문과 청유문 내부에도 한국어처럼 특별한 형식표지가 없다. 그래서 중국어 명령문이나 청유문이라는 문법용어를 명령이나 청유의 의미적인 기준으로 규정하였다. 따라서 일정한 언어 환경을 벗어나게 되면, 하나의 문장이 명령문인지 비명령문인지, 청유문인지 비청유문인지 판단하기가 어렵다. 중국어의 부정 명령문이나 부정 청유문은 다 같이 '別' 부정법으로 형성되는데 '不' 부정법으로 형성된 경우도 종종 있다. 부정 명령문과 부정 청유문에 쓰이는 서술어는 동사나 동사구뿐만 아니라 형용사도 된다.

한·중 명령문과 청유문에서 똑같은 부정법 양상이 나타나기 때문에 이 장에서 같이 다루기로 한다.

A. 명령문·청유문의 한국어 부정법

부정 명령문이나 부정 청유문에서 '안' 부정법이나 '못' 부정법은 쓰이지 못하는데, '말다' 부정법이 쓰임은 이미 앞에서 언급한 바 있다. 예문(82), (83)를 통하여 이 사실을 확인할 수 있다.

    (82) 가. 너는 집에 <u>가지 마라</u>.

        나. *너는 집에 <u>안 가라</u>./<u>가지 않아라</u>.

        다. *너는 집에 <u>못 가라</u>./<u>가지 못해라</u>.

    (83) 가. 우리 오늘은 더 이상 <u>일하지 말자</u>.

        나. *우리 오늘은 더 이상 <u>안 일하자</u>./<u>일하지 않자</u>.

        다. *우리 오늘은 더 이상 <u>못 일하자</u>./<u>일하지 못하자</u>.

(82), (83)에서 쓰인 문말어미 '-아라', '-자'를 통하여 예문(82)과 (83)는 각각 명령문과 청유문인 것을 알 수 있다. (82가)와 (83가)에서 살펴봤듯이 명령문과 청유문은 '말다' 부정법으로 부정해야 된다. 만약에 (82나), (82다), (83나), (83다)처럼 '안' 부정법이나 '못' 부정

법이 쓰이면 비문이 된다.

　‘말다’ 부정법에 의한 부정은 흔히 명령이나 청유의 경우에 쓰이는 것이기 때문에 일반적으로 평서문·의문문에는 쓰이지 않는다. 예문 (84다)와 같이 ‘-지 말-’이 평서문에 쓰이면 비문이 된다.

　　　(84) 가. 철수는 오늘 학교에 <u>안</u> 간다./<u>가지 않는다</u>.

　　　　　 나. 철수는 오늘 학교에 <u>못</u> 간다./<u>가지 못한다</u>.

　　　　　 다. *철수는 오늘 학교에 <u>가지 만다</u>.

　이처럼 ‘말다’ 부정법은 명령문과 청유문에만 가능하므로 다음 예문 (85)와 같이 명령문과 청유문의 서술어가 될 수 없는 형용사나 ‘명사 ＋이다’와는 어울리지 않는다.

　　　(85) 가. *영희는 <u>예쁘지 마라</u>.

　　　　　 나. *우리는 <u>도둑이지 말자</u>.

　그런데 부정 명령문의 서술어가 형용사인 경우도 있다.

　　　(86) 가. 오늘 <u>춥지만 마라</u>.

　　　　　 나. 집이 너무 <u>작지만 마라</u>.

　예문(86가), (86나)는 ‘말다’ 부정법이 쓰인 부정 명령문에서 형용사 가 서술어인 경우이다. 고영근·구본관(2008)은 이때는 명령의 의미가 아닌 희망이나 기원을 나타내는 경우이라고 지적하였다. 본 연구의 관점은 희망이나 기원은 모두 완곡한 명령이라는 것이다. 예문(86)는 화자가 '춥다'나 '안 춥다', '작다'나 '안 작다'를 주재할 수 있는 대상에게 완곡한 명령을 한 것이다.

앞에서 언급한 바와 같이 '말다' 부정법이 평서문·의문문에서 쓰이지 못한다. 그런데, 다음 예문(87)과 같이 평서문·의문문에서 쓰이는 듯한 경우도 있다.

(87) 나는 네가 이곳을 <u>떠나지 말기를 바랐다</u>.

채완·이익섭(1999), 남기심(2001) 등은 예문(87)과 같이 '바라다, 희망하다, 원하다, 기대하다, …' 등과 같은 서술어와 쓰여 화자의 바람이나 기대, 희망을 나타내는 문장은 명령문이나 청유문이 아니라도 '말다' 부정법을 쓸 수 있다고 지적하였다.

그런데, 내포문으로서 (87)의 구조는 다음(88)과 같이 두 문장으로 분석될 수 있다.

(88) 가. 나는 바랐다.

나. 네가 이곳을 <u>떠나지 마라</u>.

(88나)와 같은 '말다' 부정문은 명사절로서 내포문 (87)에 쓰인 서술어 '바라다'의 목적어를 담당한다. 예문 (87)전체를 부정 명령문으로 보기는 어려운데 '말다' 부정법이 쓰인 내포절은 완벽한 부정 명령문이다.

예문(87)과 같은 경우는 '-지 말-'뿐만 아니라 다음 (89)과 같이 '-지 않-'도 쓸 수 있다.

(89) 나는 네가 이곳을 떠나**지 않**기를 바란다.

고영근·구본관(2008)은 이런 경우에 '-지 말-'을 쓰는 것과 '-지 않-'을 쓰는 것은 의미상 차이가 있는데, '-지 말-'을 쓰면 주체에 대한 화자의 의지가 작용하는 것을 지적하였다. 여기서 말한 '화자의 의지'는 명령이라는 것으로 추론할 수 있다. 이렇게 보면 '말다' 부정법이 명령문이나 청유문에서만 '명령'이나 '청유'를 나타나는 명제는 타당하다.

따라서 본 연구의 관점은 '말다' 부정법이 명령문이나 청유문에서만 쓰이고 부정 명령문이나 부정 청유문의 형식적인 표지로 본다. 단지 내포절로 된 '말다' 부정문은 명령문이나 청유문의 문말어미로 끝맺어지지 않는다는 것이다.

그런데 특이한 의미를 가지는 경우는 명령문이나 청유문에도 '안' 부정법이나 '못' 부정법이 쓰일 수 있다.

(90) 가. 그 놈의 차가 움직이**지 않**아라.

　　　나. 그 놈의 차가 움직이**지 못**해라.

(91) **안** 쓰고, **안** 입고, **안** 먹자.

예문(90), (91)은 각각 저주와 다짐을 뜻하는 경우이다. 형식상으로 보면 '안' 부정법과 '못' 부정법은 명령문, 청유문에 쓰이는데 그 실제 효력은 다른 것이다. 특히, (91)과 같은 경우는 표어나 구호와 같은 특별한 경우에서만 나타난다.

요컨대, 한국어 명령문과 청유문의 부정법은 단지 통사적인 '말다' 부정법이다. 가끔 예문(90), (91)처럼 '안' 부정법이나 '못' 부정법이 쓰이는 것처럼 보이는 것도 표어나 구호를 비롯한 특별한 경우이다. '말다' 부정법이 명령문이나 청유문에만 나타나기 때문에 부정 명령문이나 부정 청유문의 형식적인 표지로 본다.

B. 명령문·청유문의 중국어 부정법

중국어 부정 명령문이나 부정 청유문은 '別' 부정법과 '不' 부정법에 의하여 모두 형성되는데 '不' 부정법과 달리 '別' 부정법은 부정의 명령문이나 청유문에만 쓰이기 때문에, 부정 명령문이나 부정 청유문임을 나타내는 형식적인 표지가 된다.

1. '別' 부정법

중국어의 부정소 '別'은 '금지'를 뜻해서 부정 명령문이나 부정 청유문과 어울린다. 중국어의 부정 명령문이나 청유문은 서술어에 '別'을 더 해서 구성한다.

(92) 가. **别**　　走-得　　那么　快! (實下:447)

　　　　NEG go-CSC　 so　 fast

　　　　'그렇게 빨리 걷지 마!'

　　나. 这-瓶　　 酒　还 没 打开, 咱们　**别**　喝-了。(實下:446)

　　　　this-CLASS wine yet NEG open we　 NEG drink-PTCLE

　　　　'이 술은 개봉 안 한 것이니 우리 마시지 마십시다.'

　　다. *他　**别**　　走-得　　那么 快!

　　　　he NEG　go-CSC　　so　 fast

　　예문(92가), (92나)는 '别' 부정법에 의하여 만든 부정 명령문과 부정 청유문이다. 그런데, 예문(92다)는 주어가 3인칭이기 때문에 명령문이나 청유문이 되지 않는다. 따라서 이 문장은 '别'과 함께 쓰이면 비문이 된다.

　　'别' 부정법이 '말다' 부정법과 같이 평서문이나 청유문에 쓰이는 듯한 경우도 있는데 주로 연동문[39]에 나타나고 '别' 구문은 첫 번째 동사구의 직접 빈어로 쓰인다.

(93) 가. 我 主张　[李四　**别**　出　 国]NP。(표: 432)

　　　　I argue　李四　NEG go　abroad

　　　　'나는 李四가 출국하지 말 것을 주장한다.'

---

[39] 서술어가 두 개 혹은 두 개 이상의 동사로 이루어지며, 동사구 사이에는 휴지가 없고 관련 어구도 없으며 두 개의 동사구가 하나의 주어를 공유하는데, 이러한 문장을 연동문이라 부른다.

　　나. 他　　命令　[我　**別**　打　　　篮球]NP。(표: 432)

　　he　command　I　NEG　play　basketball

　　'그는 나에게 농구하지 말라고 명령했다.'

　　예문(93)는 중국어의 연동문인데 한국어의 내포문과 비슷하여 문장성분 중 하나는 단어가 아니라 절로 나타난다. '別' 부정법이 예문(93)처럼 연동문에 쓰이려면 일정한 조건이 충족되어야 한다. 즉, 첫 번째 동사는 명령을 의미하는 동사이거나 주어의 견해나 희망을 나타내는 동사여야 한다.

　　예문(93)를 전체적으로 보면 평서문이지만 첫 번째 동사구의 목적어로 된 '別' 구문은 부정 명령문이다. 이렇게 보면 '別' 부정법으로 된 문장은 부정 명령문인데 단지 이 부정 명령문은 연동문에서 하나의 문장성분으로 나타날 뿐이다. 따라서 본 연구의 관점은 '別' 부정법이 부정 명령문을 형성하는 기제라는 것이 타당하다는 것이다.

　　지금까지 살펴본 '別' 부정법에 의한 부정 명령문이나 부정 청유문의 서술어는 모두 동사인데 앞에서 지적하였듯이 중국어의 부정 명령문과 부정 청유문의 서술어가 형용사도 된다.

　　(94) 가. **別**　那么　　快! (實下:455)

　　　　　NEG　so　fast

　　　　　'그렇게 빨리 하지 마!'

　　　　나. *別　　快!

　　　　　NEG　fast

예문(94가)와 같이 서술어가 형용사인 경우더라도 '別' 부정법에 의한 부정 명령문에 쓰일 수 있다. 그런데 (94가)의 '快(빠르다)'를 비롯한 형용사로 구성된 부정 명령문은 실제로 동사를 함축하고 있다. 예를 들어, (94가)는 '走'와 같은 동사를 함축하고 있는데 예문(91가)는 바로 그 예이다. 이런 동사들은 일정한 상하문(上下文)이나 언어맥락에서 생략된다.

그런데, 형용사가 서술어인 부정 명령문이나 청유문을 만들 때는 제한이 있는데 서술어인 형용사 앞에 '那么(그렇게)'를 흔히 더한다.

2. 다른 명령문·청유문 부정법

중국어의 부정 명령문이나 부정 청유문은 '不' 부정법으로도 나타낼 수 있는데 조동사 '要(가능)', '能(허가)' 등의 도움을 받아야 된다. 즉, 부정 명령문과 부정 청유문에 쓰인 '不' 부정법이 항상 '不要'[40], '不能' 등의 형식으로 나타나고 명령이나 청유를 뜻한다.

(95) 가. <u>不</u>　　<u>要</u>　　相信　　他! (實下:446)

　　　　NEG　want　trust　him

　　　　'그 사람 믿지 마!'

　　나. 我们　<u>不</u>　<u>要</u>　　罢　　工。(표:431)

　　　　we　NEG　want　go:on　strike

　　　　'파업하지 맙시다.'

---

40 '不要'의 가장 기본적인 의미는 '원하지 않는다'인데, 명령문·청유문에 쓰이면 '명령'이나 '청유'라는 의미를 갖게 된다.

예문(95)의 '不要'는 '別'의 의미와 비슷하고 어원상으로 보면 '別'과 '不要'는 서로 연관이 있는데 '別'은 '不要'의 음성적 융합물이다. 그러므로 둘이 같은 기능을 가진다고 해서 놀랄 필요가 없다.

(96) 가. 你　不　能　进　去! (實下:466)
　　　you NEG can go in
　　　'들어가면 안 돼요!'

　나. 我们 不　能　去　渔阳　　　送死。(實上:200)
　　　we   NEG can go YuYang court:death
　　　'우리는 渔阳으로 가서 그냥 죽을 수는 없소.'

예문 (96)의 '不能'도 '別'이나 '不要'의 의미 기능과 비슷하다.

일반적으로 '別', '不要'와 '不能'은 서로 대체하여 사용할 수 있다. 그런데, '別' 부정법이 구어에서는 많이 쓰이기 때문에 '別'의 어기는 자유스러운 편이다. '不要'와 '不能'은 공식적이고 정중한 표현이므로 윗사람이 아랫사람에게, 상위자가 하위자에게 사용하는 경우가 드물다.

'不' 부정법이 흔히 평서문과 의문문에서 쓰였듯이 '不要'와 '不能'는 '別'과 달리 연동문이 아닌 경우더라도 평서문·의문문에서 쓰일 수 있다. 그런데, 의미 기능이 다른데 '不要'는 '원하지 않다', '不能'는 '능력이 부족하다'를 뜻한다.

(97) 가. 我 不　要　吃 [这么　　甜　　的] 东西。(實上:194)
　　　I NEG want eat like:this sweet REL thing
　　　'나는 이렇게 단 음식은 먹고 싶지 않아.'

나. 老師, 我　　病了,　**不　能** 去　考试。(實上:205)

teacher I fall:ill-PERF NEG can go examine

'선생님, 저 병 났어요. 시험 보러 갈 수 없어요.'

예문(97가), (97나)의 1인칭 주어를 통하여 두 문장이 모두 평서문인 것을 알 수 있다. 예문 (97)를 (95), (96)와 비교해 보면 평서문·의문문에 쓰인 '不要'와 '不能'은 명령문·청유문에 쓰인 '不要'와 '不能'과 뚜렷한 의미 차이가 나타났다.

부정 명령문이나 부정 청유문에 쓰인 '不要'와 '不能'은 '別' 부정법과 같이 형용사인 서술어와 어울린다.

(98) **不　　要**　　那么　　啰嗦! (實下:455)

NEG want like:that repetitive

'그렇게 수다 떨지 마!'

예문(98)은 형용사 '啰嗦(수다스럽다)'가 서술어로 쓰인 '不要' 부정 명령문이다. '別' 부정법에 의한 부정 명령문과 같이 실제로 동사를 함축하고 있다. 일정한 언어맥락에서 생략된다는 것이다. 또한, 이런 부정 명령문을 만들 때는 흔히 '那么'를 더한다.

C. 대조 분석

이 장에서 한국어 명령문·청유문의 '말다' 부정법과 중국어 명령문·청유문의 '別' 부정법·'不' 부정법을 살펴보았다. 한국어와 중국어 명령문·청유문의 부정법 양상을 정리하면 다음과 같다.

〈표 6〉 한·중 명령문·청유문의 부정법 양상

	한국어 명령문·청유문의 부정법	중국어 명령문·청유문의 부정법	
실현방법	단일	복잡	
부정소	'-지 말-'	'別'	'不要'/'不能' 등
평서문·의문문에서 쓰이는지	X	X	○
서술어 제약	동사, 동사구	동사, 동사구, 형용사	

(가) 한국어의 명령문이나 청유문은 형식적인 기준에 의하여 규정한다. 따라서 부정 명령문과 부정 청유문은 단지 본디 명령문이나 청유문에 단일한 '말다' 부정법에 의하여 형성된다. 그런데, 중국어의 부정 명령문과 부정 청유문은 한국어와 달리 특정한 문장종결법이 없고 주로 '명령'이나 '청유'의 의미적인 기준으로 정의하기 때문에 '명령'이나 '청유'의 뜻을 가진 문장을 모두 부정 명령문이나 부정 청유문이라고 한다. 따라서 중국어 부정 명령문이나 부정 청유문은 비교적으로 다양한 부정법으로 실현되는데 주로 '別' 부정법과 '不' 부정법이 있다.

(나) 한국어 명령문이나 청유문에 쓰인 '말다' 부정법은 서술어 뒤에

부정소 '-지 말-'을 더해서 구성한다. 중국어 명령문이나 청유문에 쓰인 '別' 부정법은 서술어 앞에 부정소 '別'을 더해서 구성하는데 반하여 '不' 부정법은 주로 부정소 '不'와 조동사 '要'나 '能'의 결합형으로 서술어 앞에 나타난다.

(다) 한국어의 '말다' 부정법은 명령문이나 청유문에만 쓰이기 때문에 부정 명령문이나 부정 청유문의 형식적인 표지로 볼 수 있다. 가끔 평서문이나 의문문에 쓰인 경우라도 내포절로 나타난다. 이 내포절은 완벽한 부정 명령문이나 부정 청유문이다. 중국어의 '別' 부정법이 '말다' 부정법과 같이 명령문이나 청유문에만 쓰여서 중국어 부정 명령문이나 부정 청유문의 형식적인 표지로 본다. 가끔 평서문이나 의문문에 쓰인 경우라도 연동문으로 나타난다. 이 연동문 첫 번째 동사의 목적어로 된 '別' 부정문은 완벽한 부정 명령문이나 부정 청유문이다. 그런데 '不要'와 '不能'은 명령문이나 청유문에만 쓰이지 않고 평서문이나 의문문에도 흔히 쓰이는데 단지 의미 기능에 차이가 나타난다.

(라) '말다' 부정문의 서술어가 동사나 동사구에 제한되는데, 중국어 '別' 부정문, '不要'나 '不能' 부정문의 서술어는 동사나 동사구뿐만 아니라 형용사도 된다. 그런데, 서술어인 형용사로 구성된 '別' 부정문, '不要'나 '不能' 부정문은 흔히 동사를 함축한다고 보았다. 이런 동사들은 일정한 언어맥락에서 생략될 뿐이다. 이에 대하여 본 연구의 관점은 중국어는 고립어 성격 때문에 한국어보다 구조상 자유로운 편이라는 것이다.

Ⅴ.

결론

본 연구는 한·중 평서문·의문문, 명령문·청유문에 쓰인 부정법을 대조하여 검토하였다. 전체적으로 보면 한국어는 부정법을 적극적으로 운용하는 언어인데 평서문·의문문에 쓰인 부정법은 부정소에 의한 통사적인 부정법과 특수어휘에 의한 특수어휘 부정법으로 나누어진다. 이와 대응되는 중국어 평서문·의문문에 쓰인 부정법은 단지 통사적인 부정법만 존재한다. 한·중 명령문·청유문에 모두 통사적인 부정법은 쓰인다.

부정법은 어떤 문장에서 그 명제 내용을 부정하여 진리조건을 정반대로 바꾸도록 하는 문법적인 기제이다. 그런데 기존논의에 대한 검토를 통하여 부정법 연구와 깊이 관련된 몇 가지 기본 개념까지 면밀한 규정이 부족함을 알 수 있다. 이런 까닭에 한·중 부정법을 대조 연구하기 전에 제2장에서는 부정법 논의를 위한 몇 가지 기본 개념을 설정하였다.

부정문과 부정법 개념 자체에 포함된 '부정'은 추상적인 개념으로서 '모순'을 뜻한다. '부정'을 제대로 이해하려면 항상 '긍정'과의 관계에서 검토해야 한다.

문장은 흔히 그 표현 내용을 중심으로 어떤 사실을 긍정하는가 부정하는가에 따라 '긍정문'과 '부정문'으로 나뉜다. 그런데, 의미론적인 기준은 문제를 어렵게 하고 또한 부정문이 통사적인 충위에서의 개념으로서 '부정'과 완전한 일대일의 관계가 아니다. 한국어든 중국어든 통사적인 부정법에 의한 부정문 성립의 조건은 하나의 긍정문을 전제하고 부정소의 첨가이다. 그런데, 부정소인지 아닌지에 관한 논쟁거리가 된 항목에 의한 문장의 성격은 부정 극성 성분과의 공기 여부를 통하여 검증해야 한다. 이에 따라서 '아니다', '없다', '모르다'에 의한 문장은 부정문으로 보고 한자어 접두사 '미(未)-', '무(無)-', '비(非)-', '불(不)-', '몰(沒)-'등이 파생된 단어, '안'이나 '못'이 뒤에 오는 서술어와 결합하여 관용적인 의미를 가지게 된 합성어에 의한 문장은 부정문에서 제외하였다.

한·중 평서문·의문문에 쓰인 통사적인 부정법은 모두 二分 대립 체계를 취한다. 한국어 '안' 부정법과 '못' 부정법의 기능분담은 양태에 달려 있는데 중국어 '不' 부정법과 '沒(有)' 부정법의 기능분담은 상에 달려 있다. 다른 기준에 의한 기능분담 때문에 '안' 부정법과 '못' 부정법, '不' 부정법과 '沒(有)' 부정법이 다른 부정법 양상을 가지면서 다른 선택제약을 지닌다.

한국어 '안' 부정법과 '못' 부정법의 기능분담은 서정수(1996)의 '의미적 특질에 따른 용언의 분류'를 기초로 하여 [의도성]용언과 [-의도성]용언과의 결합 양상을 통하여 검증하였다. 한국어의 '안' 부정법은

'단순부정'인데 '못' 부정법은 '능력불급부정'이다. '안' 부정법과 '못' 부정법에 담은 '의도성'문제는 부정소 자체의 의미 자질이 아니라 문맥적인 의미이다. '안' 부정법은 순수한 부정의 의미 기능을 가진다고 해서 거의 모든 용언과 자유롭게 결합할 수 있는데 단순부정 불가능한 '인지동사'와 결합할 수 없다. 이와 달리 '못' 부정법은 선택제약이 심한데 대부분 [-의도성]용언, '의도'를 나타내는 '-려고, -고자, -고 싶-' 구성, [-긍정]용언과 어울릴 수 없다.

중국어 '不' 부정법과 '沒(有)' 부정법의 기능분담은 龔千炎(1995)의 상에 따른 동사 분류를 기초로 하여 상태성 용언과 사건성 동사와의 결합 양상을 통하여 검증하였다. 중국어의 '不' 부정법은 상태나 사건에 대한 단순한 부정인데, '沒(有)' 부정법은 상태의 존재와 사건의 완료에 대한 부정이다. '不' 부정법은 상과 무관하기에 상태동사나 성취성 동사와 같은 어휘 자체에 진행상과 완료상이 내포되어 있는 동사와 어울리지 않고 통사적으로 상을 나타내는 시태조사 '了', '过', '着'과도 결합할 수 없다. '沒(有)' 부정법은 상과 관련된 부정법이라서 대부분의 상태성 용언과 결합하기가 어렵다.

본 연구는 한국어를 기초 언어로 삼기 때문에 중국어의 통사적인 부정법을 한국어의 통사적인 부정법과 대응시켰다. 중국어에서 '능력'과 관련된 '양태'를 표시하려면 조동사 '能'을 써야 된다. '안' 부정법은 쓰일 때, 상태나 사건에 대한 단순한 부정이라면 '不'를 쓰고, 상태의 존재나 사건의 완료에 대한 부정이라면 '沒(有)'를 쓴다. '못' 부정법은 쓰일 때, 능력에 대한 부정이라면 '不能'을 쓰고, 완료에 대한 부정이라면 '沒(有)能'을 쓴다.

한국어 평서문·의문문에 쓰인 특수어휘 '아니다' 부정법, '없다' 부정법, '모르다' 부정법은 '이다', '없다', '알다'에 의한 문장의 부정형을 만드는 문법적인 기제이다. 중국어는 통사적인 부정법만 존재하기 때문에 한국어 특수어휘 부정법에 해당하는 중국어 부정법은 역시 통사적인 부정법이다. '아니다' 부정법에 의한 문장은 중국어에서 '不' 부정법을 쓰고, '없다' 부정법에 의한 문장은 중국어에서 '沒(有)' 부정법을 쓰고, '모르다' 부정법에 의한 문장은 중국어에서 '不' 부정법을 쓴다.

한·중 명령문·청유문에는 모두 통사적인 부정법은 쓰인다. '말다' 부정법은 명령문이나 청유문에만 나타나기 때문에 부정 명령문이나 부정 청유문의 형식적인 표지로 본다. 중국어 부정 명령문이나 부정 청유문은 '別' 부정법과 '不' 부정법에 의하여 모두 형성되는데 '不' 부정법과 달리 '別' 부정법은 부정의 명령문이나 청유문에만 쓰이기 때문에, 부정 명령문이나 부정 청유문임을 나타내는 형식적인 표지가 된다. '不' 부정법을 쓸 때, 조동사 '要(가능)', '能(허가)' 등의 도움을 받아야 되는데 항상 '不要', '不能' 등의 형식으로 나타난다.

위에서 기술한 바와 같이 본 연구에서는 문형을 따른 한·중 부정법을 대상으로, 한국어의 통사적인 부정법과 특수어휘 부정법의 쓰임을 살펴보았고 이에 대응되는 중국어의 부정법이 어떠한 대응관계가 있는지를 밝혔다. 특히, 기존논의에서 결여된 한·중 평서문·의문문에 쓰인 二分 체계에 있는 '안' 부정법과 '못' 부정법, '不' 부정법과 '沒(有)' 부정법의 기능분담과 선택제약을 중심적으로 대조 검토하여서 이 분야의 연구에 다소나마 도움이 되었으면 한다.

참고문헌

고영근·구본관(2008), 「우리말 문법론」, 집문당.

고은정(1999), "현대한어 부정부사 '不'와 '沒(有)'의 비교 고찰", 인하대학교 석사학위논문.

김동식(1980), "현대 국어 부정법의 연구", 「국어연구」 42, 서울대학교.

김동식(1990), "부정법", 「국어연구 어디까지 왔나」, 동아출판사, p452-466.

김석득(1971), "한국어 부정법에 대하여", 「국어국문학」 53.

김영순(2003), "한·중 양국어의 부정구조 대조연구", 울산대학교 석사학위논문.

김영화·윤항진·박갑용·장영준·이정민·김광섭(2005), 「부정과 부정어」, 한국문화사.

김혜림(1994), "동사와 '不, 沒'의 선택관계", 「중국어문학지」, 중국어문학회.

남기심(2001), 「현대 국어 통사론」, 태학사.

남기심·고영근(1993), 「표준국어문법론(개정판)」, 탑출판사.

남풍현(1976), "국어 부정법의 발달", 「문법연구」 3.

마지에(2010), "한국어와 중국어 부정문의 대조 연구", 한양대학교 석사학위논문.

박기용(1995), "現代 汉语 否定副詞 研究--不·沒(有)를 중심으로", 성균관대학교 박사학위논문.

박정규(1989), "현대국어의 부정문 연구-의미 해석을 중심으로-", 서강대학교 석사학위논문.

박정규(1996), 「국어 부정문 연구」, 보고사.

박정규(2003), 「국어 부정문의 체계적 연구」, 보고사.

박향화(2006), "한·중 부정표현의 대조 연구-한국어 '안', '못', '아니하-', '못하-'와 중국어 '不', '沒(有)'를 중심으로-", 경북대학교 석사학위논문.

박형우(2003), "단형 부정문의 부정어 '안(아니)'의 접두사 설정에 대여", 「한국어문교육」 9, 한국교원대학교 한국어문교육연구소.

서정수(1974), "국어의 부정법 연구에 대하여", 「문법연구」 1.

서정수(1996), 「국어문법(수정증보판)」, 한양대학교출판원.

성광수(1971), "부정변형에 대하여", 「국어국문학」52.

송경안·이기갑 외(2008), 「언어유형론 3」, 월인출판사.

송석중(1977), "'부정의 양상'의 부정적 양상", 「국어학」5.

송석중(1981), "한국말의 부정의 범위", 「한글」173·174.

송석중(1993), 「한국어 문법의 새 조명」, 지식산업사.

신원재(1987), "현대 국어 부정 표현에 관한 연구", 서울대학교 석사학위논문.

양정석(2002), 「시상성과 논항연결」, 태학사.

염나(2010), "한국어와 중국어 부정문의 대비 연구", 충남대학교 석사학위논문.

왕희자·권현주(1999), 「외국인 학습자를 대상으로 한 한국어 교수법--대조언
　　　　어학 접 근」, 삶과 꿈.

이경우(1983), "부정소 '아니'와 '못'의 의미", 「국어교육」, 한국국어교육연구회.

이상복(1979), "동사 '말다'에 대하여", 「연세어문학」12.

이영아(2004), "'不, 沒(有)'의 오류분석을 통한 과제중심 지도방안", 이화여자대
　　　　학교 석사학위논문.

이익섭(2005), 「한국어문법」, 서울대학교출판부.

이잠석(1991), "국어 부정문의 연구", 경북대학교 석사학위논문.

이정자(2006), "汉语和韓語否定词用法對比", 「柳州職業技術學院學報」6-3.

이창용(1990), "국어 부정문 연구--'-지 않-' '-지 못하-'의 쓰임을 중심으로",
　　　　세종대 학교 박사학위논문.

이함(2009), "한국어와 중국어의 부정문의 대조 연구", 조선대학교 석사학위논문.

임동훈(2008), "한국어의 서법과 양태 체계", 「한국어 의미학」26.

임동훈(2011), "한국어의 문장 유형과 용법", 「국어학」60.

임유종(1998), "국어 부사의 하위 분류", 「어학연구」34.1

임지룡(2010), 「국어 의미론」, 탑출판사. 다

임홍빈(1987), "국어 부정문의 통사와 의미", 국어생활 10.

임홍빈(1998), "부정법", 「문법 연구와 자료」, 태학사, p551-620.

임홍빈 외(2001), 「바른 국어생활과 문법」, 한국방송통신대학교출판부.

장경희(1984), "現代 國語 樣態範疇에 관한 硏究", 서울대학교 박사학위논문.

장현숙(2001), "現代中國語 副詞 硏究-부정부사 '不'와 '沒(有)'를 중심으로-", 대구대학교 석사학위논문.

장호득(2000), "현대 중국어의 '沒'·'有' 및 相(aspects)", 「중국어 문학」35.

장호득(2002), "한중 부정사의 통사·의미론적 패러다임 비교 연구", 「중국어 문학」40.

전염민(2004), "한국어와 중국어 부정소 대조 연구", 연세대학교 석사학위논문.

채완·이익섭(1999), 「국어문법론강의」, 학연사.

최재희(2004), 「한국어 문법론」, 태학사.

허성도(1992), 「현대 중국어 어법 연구」, 서울출판사

白荃(2000), "'不','沒(有)'敎學和硏究上的誤區", 「語言敎學与硏究」3.

陳艶敏(2009), "汉韓語否定表達淺析", 「牡丹江敎育學院學報」4.

大田辰夫 著/徐昌華 譯(1987), 「中國語歷史文法」, 北京大學出版社.

龔千炎(1995), 「汉语的时相时制时态」, 商务印书馆.

郭銳(1997), "過程和非過程--漢語謂词性成分的兩種外在時間類型", 「中国语文」3.

胡百華(1984), 「華語的句法」, 阿尔泰出版社.

黃伯荣(1991), 「現代漢語(下)」, 高等敎育出版社.

蔣琪·金立鑫(1997), "'再'与'还'重复意义的比较硏究", 「中国语文」3.

李岑锡(1991), "국어 부정문 연구", 경북대학교 석사학위논문.

李和泳(2005), "한국어와 중국어 부정사 비교 연구", 「中國學論叢」, p19-41.

李鐵根(2003), "'不','沒有'的用法及其所受的时间制约", 「汉语学习」4-2.

李裕德(1995), 「現代漢語實用語法」, 敎育科學出版社.

劉月華外 2人著(1982), 「實用現代漢語語法」, 外語敎學科硏究出版社.

劉月華外 2人著/김현철 외 3人譯(2005), 「實用現代漢語語法(개정정보판)上/下」, 송산출 판사.

呂叔湘(1980),「現代汉语八百词」,商务印书馆.

呂叔湘(1984), "否定词的反义词",「语文杂记」,上海教育出版社.

呂叔湘(1985), "疑問·否定·肯定",「中国语文」4.

呂叔湘 著/삼성물산중국IT연구회 역(2000),「新現代汉语800词(개정증보판)」, 동양문고.

聶仁發(2001),　 "否定词'不'与'没有'的语义特征及其时间意义",「汉语学习」 2-1.

彭慶達(1992), "'不'和'没有'用错",「语文月刊」7.

史存直(1982),「語法新編」, 華東師範大學出版社.

史錫堯(1995),　 "'不'否定的對象和'不'的位置－－兼談'不',副詞'沒'的语用區別",「 汉语学习」2-1.

王力(1985),「中國現代語法」, 山東教育出版社.

王欣(2007), "'不'和'没有'的认知语义分析",「語言教學与研究」4.

許建章(2004), "副词'不'和'没有'同謂词組合所受的條件制約",「河南科大學報」2.

趙元任(1979),「漢語口語語法」, 商务印书馆.

鄭劍平(1996), "副词修饰含'不'/'没有'的否定性结构情况考察",「四川师范大 学学报」33.

朱德熙 著/許成道 譯(1997),「현대 중국어 어법론」, 사람과 책.

Bradley, Francis Herbert(1983),Principles of Logic, London: K.Paul, Trench.

Comrie(1976), Aspect, The Cambridge University Press.

Charles N. Li and Sandra A. Thompson(1989), Mandarin Chinese: a functional reference grammar. University of California Press.

J. 노먼/全廣鎭 역(1996),「중국언어학총론」, 東文選.

Kurt Rein/정은이 역(2005),「대조언어학」, 인하대학교 출판부.

Smith, C.(1991), The Parameter of Aspect, Doctoral dissertation, MIT.

Vendler, Z(1967), Linguistics in Philosophy, The Cornell University Press.

한국어와 중국어의
피동문 대조 연구

Wang Duan

약어	설명
ABS	absolutive 절대격
ASSOC	associative 구조조사 '的'
AUX	auxiliary word 조사
BEI	bèi 개사 '被'
CL	classifier 양사
CRS	currently relevant state 어기조사 '了'
CSC	complex stative construction 구조조사 '得'
DUR	durative aspect 구조조사 '的'
ERG	ergative 능격
EXP	experiential aspect 동태조사 '着', 부사 '在/正在'
GEI	gěi 개사 '给'
GEN	genetive 구조조사 '的'
JIAO	jiào 개사 '叫'
NOM	nominalizer 명사화소/구조조사 '的'
PFV	perfectivizing expression 완료상 동태조사 '了'
pl.	plural 복수
p.part	past participle 과거분사
RANG	ràng 개사 '让'
REx	response to expectation 어기조사 '呢'
RF	reduced forcefulness 어기조사 '啊/呀'
SA	solicit agreement 어기조사 '吧/罢'
sg.	singular 단수
SUO	suǒ 조사 '所'
WEI	wéi 개사 '为'
1	first person 1인칭
2	second person 2인칭
3	third person 3인칭

Ⅰ.
서론

A. 연구목적 및 필요성

피동은 세계 여러 언어에서 널리 발견된 언어 현상이고 한국어와 중국어에서도 흔히 쓰이는 언어 형식 중에 하나라고 할 수 있다. 피동이 구체적으로 어떤 언어 현상을 말하는 것인지에 대하여 예전부터 많은 학자들이 계속 논의해 왔다. 고영근·구본관(2008)에서 문장의 주어로 나타난 사람이나 사물이 제 힘으로 어떤 행위를 일으키는 것이 아니라 다른 사람이나 다른 사물에 의하여 이루어지는 행동이나 작용을 피동이라 하고 이와 같은 피동이 표현된 문장을 피동문이라 한다고 하였다. 張志公(1982)에서 문장의 서술어가 동사인 경우 주어가 동작행위의 피동작주(被動作主, patient)나 대상(對象, theme)이라면 이 문장은 피동문이라고 정의를 내렸다.[1]

범언어적으로 보면 피동문의 실현 양상이 아주 다양하고 피동문의 유형도 매우 많다. 한·중 양국 언어에서 피동문의 실현 방식이나 유형도 단일하지 않다. 형태적으로 보면 한국어는 교착어이고 중국어는 고립어이므로 피동문의 실현 양상에 일정한 차이가 보인다. 한국어는 교착어로서 접사가 아주 발달되고 접사는 어근과의 결합으로 많은 문법적 의미를 나타낸다. 피동의 의미를 나타내는 데도 파생 피동접미사 '-이-, -히-, -리-, -기-' 등을 사용한다. 그런데 중국어는 고립어로서 단어의 형태 변화가 거의 없고 개사(介詞)2, 조사와 같은 허사(虛詞)가 발달되어 어순 등 수단과 함께 다양한 문장의미를 나타내는 것이다. 따라서 피동문을 만들 때 개사 '被'와 어순 변화 등에 의해 만드는 경우가 많다. 이상의 유형 외에 한국어와 중국어에서 기타 형식으로 피동문을 실현하는 경우도 있다. 한국어에서 '되다, 받다, 당하다' 구문과 '-어지다' 구문도 흔히 피동문으로 다루어지고 중국어에서 무표지 피동문의 존재도 널리 인정을 받았다.

본고의 목적은 대조 언어학적 관점에서 한국어의 피동문과 중국어의 피동문을 대조하여 공통점과 차이점을 밝히고 그 대응 관계를 찾는 데에 있다. 한국어 피동문에 대한 연구와 중국어 피동문에 대한 연구는 각각 많이 이루어져 왔지만 양쪽 간의 대조 연구는 아직 미약한 상태에 있다. 또 현재 양국의 경제, 문화 등 교류가 활발해지고 있으므로 한국어를 배우는 중국인 학습자나 중국어를 배우는 한국인 학습

---

1 중국어에서 동사 목적어 자리에 나타나는 명사구를 가리킬 때 '受事' 혹은 '受事者'란 용어가 쓰인다. 따라서 '受事'는 피동작주, 대상, 자극(stimulus) 등을 모두 포괄하는 개념이다.

2 중국어의 개사는 '전치사'라고 많이 번역되고 대부분은 동사에서 문법화 과정을 거쳐 변화되어 온 것이다. 일반적으로 동작행위나 성질과 관련된 시간, 장소, 방식, 범위, 대상 등을 나타낸다. (치月华, 潘文娛, 故韡 2007:263)

자가 많아지고 있다. 따라서 본 연구가 두 언어의 학습자들에게 도움이 되기를 바란다.

B. 연구대상 및 연구방법

본고에서 한국어와 중국어 피동문을 대상으로 그 공통점과 차이점을 밝히기 위해서 대조언어학(contrastive linguistic)의 방법론을 이용하고자 한다. 대조언어학이란 두 개 혹은 두 개 이상의 언어에 대해 음성·음운, 어휘, 문법 등의 언어 체계, 나아가서는 그것을 사용하는 행동인 언어 행동의 다양한 측면을 대조하여 어느 부분과 어느 부분이 서로 대응되는지, 혹은 대응되지 않는지를 밝히는 언어 연구의 한 분야이다. 대조언어학은 역사적인 유연관계를 생각하지 않고 언어 체계를 대조하는 것이기 때문에 어떤 언어라도 서로 대조 연구를 하는 것이 가능하다.[3] 따라서 본고에서 서로 다른 어족에 속하고 유연관계 없는 한국어와 중국어를 대상으로 양쪽 피동문의 대응관계를 모색한다는 목적을 달성하기 위하여 대조언어학적인 방법론을 사용하는 것은 적절하다고 생각된다. 본고의 구체적인 내용 구성은 다음과 같이 제시한다.

I 장에서는 먼저 한국어 피동문, 중국어 피동문, 그리고 한·중 피동문 대조 연구에 대한 기존 논의들을 검토하고 논쟁들의 문제점을 제기한다.

---

3 石綿敏雄·高田誠 저, 오미영 역(2004:13~14) 참조.

Ⅱ장에서는 피동의 개념을 정리하고 유형론적인 관점에서 피동문의 실현 양상을 살펴보며, 또 한국어와 중국어에서 흔히 피동문으로 다루어지는 문장 유형은 진정한 피동문인지 검증한다. 여기서 강조해야 할 것은 한국어에서 타동사 어간에 '-어지다'를 붙여서 만드는 문장을 피동문으로 인정하지만 본고에서 논의하지 않겠다. 또 중국어 무표지 피동문도 본고의 연구 범위에서 제외하기로 한다.

Ⅲ장에서는 먼저 피동 실현 방식에 유사성을 가진 한국어 접미 피동문과 중국어 '被'자문의 문형을 정리한다. 그 다음에 접미 피동문과 '被'자문 각자의 NP와 VP 특징을 밝히고 서로의 공통점과 차이점을 분석하고자 한다.

Ⅳ장에서는 피동 실현 방식에 공통점이 있는 한국어 '되다, 받다, 당하다' 피동문과 중국어 '遭受' 피동문에 대해서 어떤 문형이 있는지를 정리하며, 각자 NP와 VP의 특징을 밝히고 대조적 분석을 하고자 한다.

Ⅴ장에서는 앞에서 언급하는 내용을 정리하며 결론을 내리고자 한다.

C. 선행연구 검토

1. 한국어 피동문 연구

1.1. 피동의 범주에 대한 연구

한국어 피동문에 대한 문법적 기술은 최초에 서양 언어학자들에 의해 논의되었다. Ridel(1881)이나 Underwood(1890)에서는 주로 서양문법에 나타난 피동태(passive voice)에 대응하는 한국어 문법의 피동성 형태들을 추출하여 피동형이라 이름을 짓고 그 범주를 설정하였다.

주시경(1910)에서는 피동을 '태' 범주에서 기술하지 않고 품사 전성의 '기몸 바꿈'으로 다루었고 '-이-, -히-' 등 피동 접미사에 의한 피동사들을 중요하게 기술하였다. 안확(1923)에서는 피동을 타동사가 자동사로 되는 것이라 기술하였다.

박승빈(1935)에서 접미 피동사는 '수동태 조용사(受動態 助用詞)'라 하고, '-어디다(-어지다)'는 '수성태 조용사(遂成態 助用詞)'로 구분하여 기술하고 있다. 이것은 사실상 접미 피동은 본격적인 피동태임을 명시적으로 밝히고 있는 것이다.

한편으로 능동에 대응되지 않는 피동문에 대하여 박정운(1994)에서는 동작주가 뚜렷하지 않거나 상정되기 어려운 여러 경우를 중동(中動, middle) 범주에 넣어 다루었다.[4] 이에 반해 조성대(1995)에서는 중동과의 차이, 피동과의 유사성을 중시하여 이들 유형을 피동 범주에 넣었다.

이상의 논의를 통하여 피동을 '품사 전성' 등 관점으로 보는 견해도 있긴 하지만 대다수 학자들은 '태' 범주에 넣어서 다룬다는 것을 알 수 있다.

---

[4] 능동에 대응되지 않는 피동문은 주로 '이 책은 잘 팔린다.', '이 옷은 잘 빨린다.', '해가 바뀌었다', '눈이 자꾸 감긴다.' 등을 말하는 것이다.

1.2. 피동문의 범위와 유형에 대한 연구

한국어 피동문의 범위를 어디까지 설정해야 하는가 하는 문제에 대하여 19세기 말엽부터 현재에 이르기까지 끊임없이 많은 학자들이 논의해 왔다. 그러나 논란의 여지가 많아 아직도 혼선이 빚어지고 있다.

Underwood(1890)에서는 접미 피동을 중심적으로 다루고 그 외에 '-어지다'에 의한 표현들은 피동 표현에 해당한다고 언급하지 않았다.

박승빈(1935)에서 접미 피동이 본격적인 피동태라는 점을 내세우고 '-어지다'에 의한 것은 '수성태'라고 하여 접미 피동과 구분하고 있는 것이다. 즉, '-어지다'에 의한 구문은 피동태 범주에서 제외시키는 것이다.

최현배(1937)에서는 '피동성 의미'를 바탕으로 하여, 타동사에 피동 보조어간 '-히-, -기-'를 더하여 접미사에 의해 피동문을 만드는 방법을 '첫째 입음법'이라 하고, '하다'계 타동사의 '하-'를 대신하여 '되다, 받다, 당하다' 등 동사의 어간인 '되-, 받-, 당하-'가 쓰이는 방법을 '둘째 입음법'이라 하며, 동사의 자격법 부사형 어미 '-아/어'에 보조동사 '지다'를 더하여 피동문을 만드는 방법을 '셋째 입음법'이라 하였다. 이것은 한국어 문법 연구에서 처음에 이른바 통합적 피동법 개념을 내세웠으므로 피동문 연구에 중요한 의미가 있다.

이익섭·임홍빈(1983)에서 피동 접미사 '-이-' 등에 의한 피동구성을 '어휘적 피동' 또는 '접미사적 피동'이라 하며, '받다, 당하다, 맞다' 구문, '-어지다' 구성, '-게 되다' 구성 등을 '통사적 피동'이라고 하나,

통사적 피동은 의미만 피동적이어서 이들을 이질적인 구성인 것으로 보아 피동문 논의에서 제외하였다.

우인혜(1997)는 '-이-, -히-, -리-, -기-'에 의한 접미 피동법만이 한국어의 전형적인 피동법이고 그 밖의 '-어지다'나 '되다, 받다, 당하다' 등 동사에 의한 피동법은 문법적인 관점에서 보면 피동문으로 볼 수 없고 어휘적인 피동 표현에 불과하다고 하면서 접미 피동법을 피동법의 범주로 다루고 '되다, 받다, 당하다' 및 '-어지다' 등으로 이루어진 피동성 문장들을 '피동 표현'이란 범주로 살펴보았다. 이처럼 '피동법' 범주 이외에 또 '피동 표현'이란 범주를 따로 설정하는 것은 피동의 범주를 더 복잡하게 만들기 때문에 필요가 없다고 생각된다.

서정수(1994)에서는 접미 피동문을 진피동문(true passive), 불구(不具) 피동문 또는 덜갖춘 피동문, 목적격 피동문, 및 가피동문(pseudo-passive) 또는 상태성 피동문(statal passive)으로 나누었으나 가피동문은 대응되는 능동문이 없고 피동적 과정성보다 결과 상태를 나타내기 때문에 피동 범주에서 제외되었다.

    (1) ㄱ. 도둑이 주인에게 붙잡히었다.

        ㄴ. 나는 요즈음 밥이 잘 안 먹힌다.

        ㄷ. 찬우가 순이에게 옆구리를 찔렸다.

        ㄹ. 아침부터 차가 밀린다.[5]

---

5 본고에서 인용하는 한국어 예문은 참고문헌과 〈21세기 세종계획〉 형태 분석 말뭉치에서 추출한 것이고 중국어 예문은 참고문헌과 CCL코퍼스(CCL语料库)에서 선정한 것이다. 이들 대부분 예문에 대해서는 일일이 출처를 표시하지 않기로 한다.

접미 피동문에 (1ㄱ)은 능동문과의 대응 관계가 분명하고 주어와 목적어 및 서술어에 피동 변형이 이루어진 진피동문(true passive)이고, (1ㄴ)은 진피동문의 요건을 다 갖추지 못한 불구(不具) 피동문 또는 덜갖춘 피동문이고, (1ㄷ)은 대응되는 능동문의 목적격 중의 한 가지가 그대로 남아 있는 목적격 피동문, 그리고 (1ㄹ)은 피동 형식을 보이나 실제로는 피동 동작이 드러나지 않고 다만 결과 상태를 나타내는 가피동문(pseudo-passive) 또는 상태성 피동문(statal passive)이라고 하였다. 이 밖에 피동성 '-어지다' 구문, '되다, 받다, 당하다' 구문 등을 피동성 표현이라 하며, 이것은 전형적인 진피동문으로 여겨지기 어렵지만 의미로 볼 때에는 피동 표현의 구실을 하기 때문에 일종의 보충법에 해당한다고 지적하였다.

이정택(2004)에서는 동작주 표지의 분포 양상과 피동 서술어의 특징을 살펴보고 이러한 내용들을 방탕으로 한국어 피동문을 접미사 피동문, '되다' 피동문, '지다' 피동문, '받다' 피동문 및 '당하다' 피동문 등 5 가지로 분류하고 그 중에 접미사 피동문에도 두 가지 형태가 포함된다고 하였다.[6]

이상 한국어 피동문의 범위와 유형에 대한 논의를 정리해 보면 다음과 같다.

---

6 이정택(2004:183) 접미사 피동문의 형태 a. 피동주어(주격) + (능동주＋여격 형태, 능동주＋에 의해) + 파생 피동사; b. 피동주어(주격) + (능동주＋여격 형태, 능동주＋에 의해) + (목적어) + 파생 피동사.

〈표1〉 한국어 피동문의 범위와 유형

	접미 피동문	'되다, 받다, 당하다'구문	'-어지다'구문
Underwood(1890)	+	−	−
박승빈(1935)	+	−	−
최현배(1937)	+	+	+
이익섭·임홍빈(1983)	+	−	−
우인혜(1997)	+	−	−
서정수(1994)	+ (가피동문 제외)	+	+
이정택(2004)	+	+	+

1.3. 피동문 표지에 대한 연구

한국어 접미 피동문에 나타나는 서술어는 능동문에 나타나는 서술어와 다르고 대부분은 서로 대치 할 수 없는 것이다. 다시 말하면 접미 피동사는 피동문에서만 쓰일 수 있고 능동문에 나타나면 안 되는 것이다. 따라서 접미 피동사 자체는 일종의 피동문 표지라고 할 수 있다. 또한, 피동성을 지니는 '되다, 받다, 당하다' 구문과 '-어지다' 구문 등에서는 '되다, 받다, 당하다', '-어지다'도 일종의 피동문 표지로 볼 수 있다.

이처럼 피동문에 나타나는 특정한 서술어는 피동문의 표지로 여겨질 수 있다. 이외에 피동문에는 또 한 가지 중요한 표지가 있는 것이다. 즉, 동작주(agent) 표지인 '에', '에게', '로', '에 의하여' 등이다. 동작주는 능동문의 주어 자리에서 밀려가고 피동문에서 '에', '에게', '로', '에 의하여' 등을 붙은 부사어로 나타난다. 이러한 동작주 표지에 대해

서 어떤 상황에서 '에게', '에 의하여'를 붙느냐 어떤 상항에서 '에', '로'
를 붙느냐 등 논의도 이루어져 왔는데 서술어에 대한 논의처럼 많지
않았다.

남기심·고영근(1985)에서 조사 '에게, 한테, 에'를 쓰느냐, '에 의하
여'를 쓰느냐 하는 것은 피동사의 종류에 따라 결정된다고 보고, '끊기
다, 묻히다(被埋), 걸리다, 닫히다, 풀리다, 찢기다'는 '에 의하여'를,
'안기다, 잡히다, 눌리다, 보이다, 기다'는 '에게, 한테, 에'를 취한다
고 지적한 바 있다. 그러나 피동사와 동작주 표지의 어울림 관계는 환
경 변화에 따라 달라질 수 있으므로 이처럼 단순하게 동사만을 조건
으로 삼는 것은 적절하지 않다고 생각된다.

서정수(1994)에서 피동문의 동작주가 인격체나 유정성의 동물일 때
에는 '에게/한테'나 '에 의하여'와 같은 형태가 그 표지로 덧붙을 수 있
으며, 동작주가 기계나 자연물 따위 무정물일 때에는 그 표지가 수단
이나 방법을 표시하는 '로'나 '에' 등 행태가 덧붙어 일종의 기구격
(instrumental case)과 비슷한 구실을 하게 된다고 하였다.

우인혜(1997)에서 접미 피동의 범위 안에서 동작주 표지를 '에게, 한
테', '에 의하여'와 '로, 에'로 나누면서 '에게'와 '에 의하여'는 유정성 동
작주에게 쓰이고 '에'나 '로'는 무정성 동작주에 쓰인다는 것을 인정하
였다. 또는 '에 의하여'는 많은 유정 동작주와 무정 동작주 구문에 모
두 사용될 수 있지만 문체적 유연성이나 어감에 있어서 어색하고 인
위적인 느낌을 피할 수 없다고 지적한 바 있다.

이정택(2004)에서 '에 의하여'는 동작주 표지임을 확인하고 '에게,
한테' 등 여격 형태는 동작주 표지로 기능할 수 있음을 살펴보았다. 특
히 동작주 표지인 '에 의하여'가 있다는 것은 한국어 피동을 문법적으

로 범주화할 수 있는 충분한 근거가 된다고 지적하였다.

이상의 논의를 통해 피동문 동작주 표지의 선택은 동작주의 유정성, 서술어의 유형과 관계가 있음을 알 수 있다.

1.4. 피동문의 목적어에 대한 연구

한국어에서 (1ㄷ)과 같이 접미 피동문에서 조사 '을/를'을 취하는 명사구가 나타나는 현상도 있다. 일반적으로 타동사 어간에 피동 접미사를 더하여 만드는 피동사는 자동사와 비슷한 성질을 가진다고 생각되는데 다시 말해 피동사는 목적어를 취할 수 없는 것이다. 이 문제에 대해서 여러 가지 견해가 있다.

송석중(1967)에서 피동문에도 '을/를'이 출현할 수 있음을 확인하고 피동사가 타동사가 될 수 있는지 여부, 그리고 피동문에 나타나는 '을/를' 표지와 목적격 표지의 상관관계에 관하여 주로 논의가 이루어졌다.

이상억(1970)에서는 종전 논의에서 피동사를 자동사와 동일시한 것은 오류이며, 피동사도 목적어를 갖는 타동사가 될 수 있고 이 때 피동사를 '피동 타동사'라 하였다.

임홍빈(1972)에서는 이상억(1970)과 달리 피동문에 나타나는 '을/를'은 목적격 조사가 아닌 '주제화'의 조사로 보고 이 때의 '을/를'은 '은/는'과 달리 '비대조적 대립(非對照的對立)'의 특징을 가지며, '가'와 달리 '동적(動的)' 성격을 갖는 것으로 보았다. 다만 임홍빈(1980)에서는 피동문의 '을/를'이 갖는 '동적' 혹은 '대상성(對象性)'의 특성과 목적격 조사 '을/를'을 어원적으로 관련지음으로써 이상억(1970)의 논의에 일부 접근하고 있다.

이상과 같이 피동사를 목적어를 가지지 못하는 자동사로 파악하는 데에 반해 이익섭·임홍빈(1983)에서 피동사를 자동사로 파악하면서 피동문에 목적어가 나타날 수 있음을 인정하고 있다. 즉, 이중목적어 구문 등 특수한 문장이 피동문이 될 때 목적어가 그 형태를 유지한 채 피동문에 잔류함으로써 목적어를 가진 피동문이 생성되는 것으로 파악한 것이다.

서정수(1994)에서 목적어를 가지는 피동문을 목적격 피동문이라 하고, 목적격 표지 '을/를'과 함께 나타나는 명사구는 이중목적어 구문에 나타나는 둘째 목적격인데 그 자체로서 목적어가 아니라 그 선행 목적어의 일부를 한정하는 일종의 수식 기능 요소로 보는 것이 온당하다고 하였다.

우인혜(1997)에서도 이상의 관점에서 크게 벗어나지 않는다. '목적격 피동'이란 제목으로 이 문제를 다루고 피동문의 목적어는 능동문의 목적어가 잔류한 것으로 보았다. 특히 목적격 피동문에서 주어와 목적어는 대부분 불가분리성을 가진다는 사실을 강조하였다.

이정택(2004)에서 피동문을 능동문 피동 변형의 결과로 보지 않는 데도 피동문에 나타나는 '을/를'을 목적격 조사로 본다. 즉, 한국어에서는 영어와 달리 실질적 행위를 하지 않는 피동 주어와 적극적 행위인 타동이 한 문장 안에 공존할 수 있다고 지적한 것이다.

이상의 논의를 통하여 피동문에 목적어 명사구가 나타나는 현상은 그 피동문과 대응되는 이중목적어문과 관련이 있음을 알 수 있다. 뒤에서 구체적으로 논의할 것이다.

1.5. 피동문의 의미 특성이나 기능에 대한 연구

최현배(1961)에서 '입음 도울 줄기는 움직씨의 몸에 붙어서, 다른 것으로부터 그 움직임을 입음을 보이는 것이니, 제움직씨 아래에서는 붙는 일이 없느니라.'라고 하여 피동 의미에 대한 설명은 '다른 것으로부터 그 움직임을 입음'이라고만 되어 있다.

김차균(1980)에서 타동사를 동작-과정 동사로 보고 피동의 의미는 동사의 동작성을 약화시키고 상대적으로 과정성을 강화시킨다는 것이라고 하였다.

    (2) (<u>영수에 의하여</u>) <u>구멍이</u> 막히었다.

               A   B

문장에서 어떤 특정한 의미를 나타내는 형태소가 나타나지 않으면 그 형태소가 가지는 의미가 중화되거나 희미해진다면 동작주가 삭제되는 것이 더 자연스러운 (2)에서는 동사의 동작성이 매우 약화될 것이 예상된다고 하였다.

이익섭·임홍빈(1983)에서는 피동이 능동과 동일한 일을 표현한다는 것을 부정하면서 한국어 피동에 '비행동성(非行動性)' 내지 '탈행동성(脫行動性)' 혹은 '상황의존성(狀況依存性)'이 두드러진다고 지적하였다.

    (3) 철수는 옷이 못에 걸렸다.

(3)은 능동문인 '철수가 못에 옷을 걸었다'라는 표현과 그 의미 양상이 상당히 다르며 (3)는 동작주인 '철수'가 조심성이 없어 옷이 못에 걸리게 되었다는 뜻으로 쓰인다고 하였다. 즉, 문제의 최후 결정 요인이 철수의 의도에 있는 것이 아니라 상황에 있다는 것이라고 하였다.

따라서 한국어 피동문의 의미 특성에 대해서, '동작성의 약화와 과정성의 강화', '탈행동성, 상황의존성' 등이 논의되었다.

2. 중국어 피동문 연구

2.1. 피동의 범주와 기능 유형에 대한 연구[7]

중국어 피동의 범주에 대한 연구는 한국어의 연구와 아주 다르다. 앞장에서 언급한 바와 같이 한국어 피동문은 주로 '피동태'란 문법 범주에서 논의되었다. 이에 비해 중국어 피동을 다룰 때 학자들이 문법 범주 문제를 회피하는 경우가 많다. 왜냐하면 중국어는 고립어로서 동사의 형태 변화가 아예 없어 태 범주가 존재하는지에 대해서도 아직 일치된 의견이 없다. 그러나 중국어는 의미와 기능을 중요시하는 언어이므로 많은 학자들이 문장의 형식적인 의미를 기준으로 하여 중국어 문장을 분류하였다. 따라서 피동문도 이러한 기능 유형의 하나에 분류시키는 경우가 많다.

19세기 말엽 馬建忠은 고대 중국어의 자료를 가지고 단어에 중심을 두고, 이미 존재한 인구 언어의 문법규칙을 바탕으로 중국어의 문법

---

7 중국어로는 '功能分類'이다.

체계를 세웠다.[8] 그의 저서 〈馬氏文通〉(1898)에서 수동문의 개념을 언급하고 외동(外動)에서 수동, 즉 능동사에서 피동사로 전환하는 형식은 여섯 가지 있다고 지적한 바 있다. 그러나 이러한 단어 중심 문법 체계는 그 자체가 지니는 제한성 때문에 피동문에 대한 기술은 그저 개념과 능동에서 피동으로의 전환 형식밖에 없었다.

黎錦熙(1924)에서 馬建忠의 관점을 받아들이며, 피동문은 원래 동사의 목적어가 문장의 주어가 되어 서술어가 피동성을 갖게 된 문장이라고 하였다.

> (4) 这本　书　　已经　　送给　　张　　先生　了。
>
> this-CL book already give to Zhang Mister PFV
>
> (이 책은 이미 장 선생에게 드렸다.)

이 문장에서 원래의 목적어 '这本书'은 문두 자리에 올라가 주어가 되고, 동사인 '送'은 일반적인 외동사(外動詞)에서 '피동식(被動式)'으로 전환되어 주어를 설명하는 구실을 하게 된 것이다. 또 문장 유형의 관점에서 보면 피동문은 설명문(說明句)에 속한다고 지적하였다. 그러나 (4)와 같은 문장, 이른바 피동작주 주어문을 모두 피동문에 소속시킬 수 있는 것인지는 더 생각할 필요가 있다고 생각된다.[9]

20세기 40년대까지 王力, 呂叔湘 등 학자는 기존 연구의 한계점을

---

8 여기서 '단어'는 '字'를 가리킨다. 한자는 표의문자로서 글자마다 특정한 의미를 가지고 문장에서 자립적으로 쓰이는 것은 일반적이어서 다른 언어의 '단어'와 비슷한 기능을 가진 것으로 볼 수 있다.

9 '피동작주 주어문'은 중국어로 '受事主語句'이고 피동작주나 대상이 주어가 된 문장을 가리킨다.

극복하여 중국어 문법사상 처음에 체계적으로 문장 유형을 세분하였다. 王力(1943)에서는 서술어의 성질과 기능에 의하여 중국어 문장을 서술문(敍述文), 묘사문(描寫文)과 판단문(判斷文)으로 분류하며, 특히 그 중의 서술문은 주동식(主動式)과 피동식으로 나누어졌다.

(5) 가. 서술문: 宝玉　　来　　了。(보옥이 왔다.)

　　　　　　　Baoyu come-PFV

　나. 묘사문: 石头　　冷。(돌은 차다.)

　　　　　　　stone cold

　다. 판단문: 老虎 是　　猛兽。(호랑이는 맹수이다.)

　　　　　　　tiger be   beast

(6) 가. 주동식: 他　打　了　你。(그는 당신을 때렸다.)

　　　　　　　he beat-PFV you

　나. 피동식: 你　　被　他　　打　了。(당신은 그 사람에게 맞았다.)

　　　　　　　you BEI 3sg. beat-PFV.

呂叔湘(1944)에서 문장 유형을 서사문(敍事文), 표태문(表態文), 판단문 및 유무문(有無文) 등 네 가지로 나누고 王力과 비슷하게 피동문을 서사문의 일종에 귀속시켰다.

50년대 이후에 중국어 문법 연구는 구조주의 언어학의 영향을 많이 받았으며 憑勝利(1990/1997)에서 촘스키의 생성문법이론을 기초로 하고 피동문을 주동문과 동일한 심층 의미 구조에 생성한 것으로 파악하였다. 90년대까지도 일부 구조주의 관점을 가지고 있는 학자들이 중국어의 피동문과 인구어의 피동태를 동일시하며, 능동문과 피동문을 구별하는 데에 형식적인 표기가 있는지 여부를 유일한 표준으로 하는 경향이 있었다(劉叔新,1987; 范劍華, 1990). 그러나 Chao(1968)은 현대 중국어에서 능동, 피동과 같은 '태' 범주의 존재를 명백하게 부정을 하였다. 그래서 중국어 문장 구조 연구에 구조주의 언어학이 과도하게 적용되었는가 하는 문제는 제기되었다.

80년대 이후에 구조주의는 퇴조하고 기능 연구는 또 문법 연구의 주류가 되었다.

范曉(1985/1992)에서 중국어 대부분 문장은 구정보를 대표하는 주제와 신정보를 대표하는 평언[10]으로 이루어지는 것으로 보면서 '주제＋평언' 구조가 있는지의 여부에 따라 문장을 일차적으로 주제문과 무주제문으로 나누고 또 주제문을 서술문, 묘사문, 판석문(判釋文) 및 평의문(評議文)으로 분류하며 피동문이 중동문과 같이 서술문에 포함시켰다.

申小龍(1988/1991)에서 중국어 문장을 주동문[11], 주제문 및 관계문(關係文) 세 가지로 분류하고 피동문은 평론을 시점으로 하는 주제문이라고 하였다. 陽啓光(1986)에서 申小龍와 비슷한 견해를 가지며 문장을 주동문과 주제문으로 나누고 피동문을 주제문에 포함시켰다. 그 후에 薛鳳生(1994)에서 피동문을 설명문에 분류시키며, 王惠(1997)에서 '被'자문은 묘사문에 속한다는 의견도 있었다.

이상 피동문 기능 유형에 대한 견해들을 정리해 본다면 다음 표와 같다.

---

10 원문에서는 '述題'로 되어 있다.
11 원문에서는 '施事句'로 되어 있다.

〈표2〉 피동문 속하는 문장 기능 유형

黎錦熙	王力	呂叔湘	范曉	申小龍	楊啓光	薛鳳生	王惠
설명문	서술문	서술문	설명문	서술문	주제문	설명문	묘사문

2.2. 피동의 표지와 유형에 대한 연구

중국어 피동문 표지란 '被'자를 비롯해 '叫', '讓'과 '給' 등이 있다. 중국어 피동문 연구에서 가장 큰 논쟁점은 이른바 무표지 피동문이 존재하는지의 문제이다. 이와 같이 피동문의 표지 유무는 피동문 분류의 중요한 기준이므로 이 두 가지 문제는 늘 같이 논의되었다.

呂叔湘·朱德熙(1979)에서 중국어 피동문을 완전적(完全的) 피동문과 간화적(簡化的) 피동문으로 분류하였다. 문두 자리에 피동작주 성분이 나타날 뿐만 아니라 '被'자 뒤에 동작주 성분도 뒤따르는 피동문은 완전적 피동문이고 '被'자 뒤에 동작주 성분이 없는 피동문은 간화적 피동문이라고 하였다. 또 일부 간화적 피동문에서 '被'자도 생략될 수 있다고 지적하였다.

呂叔湘(1980)에서는 이상의 분류에 대해서 수정과 보충을 하였다. 완전적 피동문인 (A)유형과 간화적 피동문인 (B)유형 외에 또 한 가지 피동문 (C)유형이 존재하고 이른바 의념(意念) 피동문이라고 하였다.

傅雨賢(1986)에서 피동문은 형식적인 표지 있는 피동문과 형식적인 표지 없는 피동문으로 나누어질 수 있으며 형시적인 표지는 '被', '叫', '讓'과 '給' 등 있다고 하였다.

(7) N＋被(N)＋V, 혹은 NP＋被(NP)＋VP

(8) ㄱ. 衣服　　洗　过　了。(옷은 빨아졌다.)

　　　clothes wash-EXP-PFV

　　ㄴ. 他　　受　　了　批评。(그는 비평을 당했다.)

　　　he receive-PFV criticism

　표지 있는 피동문은 (7)과 같이 도식화할 수 있고 표지가 없는 피동문은 (8)을 예로 들었다. 특히 '受'와 같은 '遭受'류 동사가 나타나는 문장(8ㄴ)도 피동문에 포함시켰다.[12]

　趙淸永(1993)에서 늘 인정받은 '被'자문 외에 '피동동사문', 즉 '受', '遭' 등 동사를 서술어로 하는 문장도 피동문에 속한다고 傅雨賢과 비슷한 의견을 제시하였다.

　陸儉明(2004)에서는 피동문을 피동표지 '被'자 있는 것, 피동표지 '給, 叫, 讓' 등이 있는 것, 그리고 피동표지 없는 것 등 세 가지로 나누고 피동표지 없는 피동문을 무표(無標) 피동문이라고 하였다.

　張興旺(2008)에서는 피동표지가 있는지의 여부, 표지의 품사, 표지의 개수 세 가지 기준으로 중국어 피동문을 다음과 같이 분류하였다.[13]

---

12 '遭受'는 한국어의 '당하다', '받다'와 비슷한 뜻으로 쓰인다.

13 張興旺(2008)참조, '단일 전치사 표지 피동문', '복합 전치사 표지 피동문', '단일 동사 표지 피동문', '복합 동사 표지 피동문'이 원문에서는 '單介標被動句', '双介標被動句', '單動標被動句', '双動標被動句'이다.

표3: 중국어 피동문의 분류

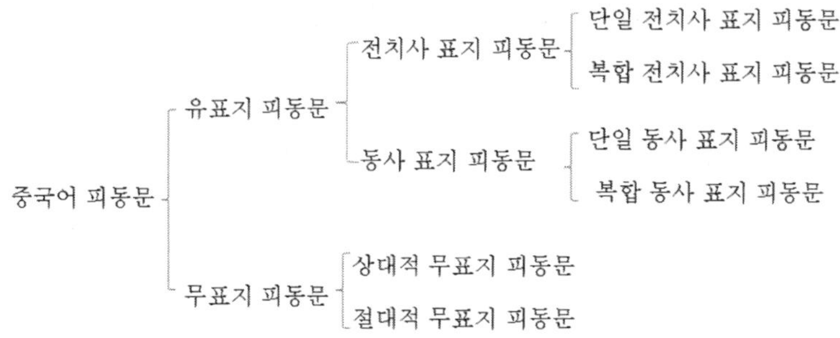

일차적으로 표지 유무에 따라 중국어 피동문은 '유표지 피동문'과 '무표지 피동문'으로 나누어지고 유표지 피동문은 피동표지의 품사에 따라 '전치사 표지 피동문'과 '동사 표지 피동문'으로 나누어졌다.

(9)腊玛古猿　　被 确认 为　　人类的　　　最早　　祖先。

　　Ramapithecus BEI affirm-be human-ASSOC earliest ancestor

　　(라마피테쿠스는 인류 최초의 조상으로 확인되었다.)

(10) 身上 奇痒　　无比,　　　渐渐　　被 剧烈的 疼痛 所　代替。

　　body itch incomparable gradually BEI acute pain SUO-replace

　　(몸을 참을 수 없을 정도로 가려웠고, 점차 극통으로 대치되었다.)

(11) 闻一多　　在 昆明　　惨遭　　　杀害。

　　Wenyiduo at Kunming cruel-suffer murdering

　　(闻一多는 곤명에서 비참하게 살해를 당했다.)

(12) 右派分子　　受　了　　无产阶级　和　小资产阶级

　　rightist　　receive-PFV proletariat　and petty-bourgeoisie

左派的　　　　　　革命　　大潮　　所　　裹挟,

leftist-ASSOC revolution spring tide SUO-coercing

也　　只得　　　附合　　着　　革命。

also have to conform-DUR revolution

(우파분자들은 무산계급과 소자산계급 좌파의 물결의 협박으로
혁명에 부화할 수밖에 없었다.)

　　전치사 표지 피동문에는 (9)과 같이 '被, 叫, 讓, 給' 등 전치사 나타
나는 '단일 전치사 표지 피동문'이 있고 (10)와 같이 전치사 하나가 조
사 '所'와 같이 나타나는 '복합 전치사 표지 피동문'도 있으며 동사 표
지 피동문에도 (11)과 같이 '遭受'류 동사가 표지로 나타나는 '단일 동
사 표지 피동문'이 있고 (12)과 같이 '遭受'류 동사는 조사 '所'와 같이
나타나는 '복합 동사 표지 피동문'이 있다고 하였다. 또한 무표지 피동
문은 피동표지인 전치사 첨가하여 유표지 피동문이 될 수 있는 '상대
적 무표지 피동문'과 아예 전치사를 첨가 못하는 '절대적 무표지 피동
문'으로 나누어졌다. 이처럼 의미와 형식 등 요소를 전면적으로 고려
하여 중국어 피동문의 범위를 설정하고 유형을 세분화하는 것은 타당
하다고 생각된다.

2.3. 피동문의 목적어에 대한 연구

　　중국어 피동문도 한국어와 비슷하게 목적어를 가지는 경우가 있다.
　　王力(1980)에서 중국어 피동문의 동사 뒤에 목적어를 붙일 수 없다
고 했는데 唐鈺明(1988)에서는 현대중국어 피동문에 동사 뒤에 목적

어는 보편적으로 나타난다고 하면서 목적어는 주어와 병렬 관계에 처하고 있다고 지적하였다.

朱德熙(1987)에서 피동문 동사는 목적어를 가진다면 이 목적어 역할을 하는 명사가 주어의 양도할 수 없는(inalienable) 부분, 혹은 주어에 부착된 물건이거나 주어 자신을 가리키는 대명사인 '自己'이라고 밝혔다.

徐杰(2003)에서는 피동문의 목적어는 동사 뒤에 나타나기도 하고 동사 앞에 나타나기도 한다고 했는데 游舒(2005)에서는 그것을 반대해 피동문의 목적어가 피동작주와 같이 나타날 수 있는지는 구 구조, 의미 등 어려 가지 제약을 받고 자유롭게 움직이지 못한다고 했다. 왜냐하면 문장성분의 이동은 문장구조 성립 여부에 영향을 주기 때문에 주어는 직적목적어이고 목적어는 간접목적어라고 지적하였다.

따라서 피동문의 목적어는 문장의 주어와 밀접한 관계가 있음을 알 수 있다. 이 문제에 대하여 Ⅲ장에서 다시 다루고자 한다.

2.4. 피동문의 의미에 대한 연구

중국어의 피동문은 대부분이 주어에게 좋지 않은 일이 생길 때 쓰이고 부정적인 감정이 포함되는 것이다. 이것은 피동문의 표지인 '被' 자가 어원적으로 보면 그 자체는 '당하다'란 의미에 기인한 것으로 생각된다. 이러한 피동문이 소극적인 의미를 나타낸다는 관점은 많은 문법가들의 지지를 받았다.

王力(1943)은 피동문에서 서술하는 내용이 주어에게 불행한 일이거나 원하지 않는 일이라고 하면서 능동문이 아닌 피동문으로 말하는 것은 몇 가지 이유가 있다고 하였다. 첫째, 능동문과 피동문은 의미와 기능 모두 차이가 있고 피동문이 선택될 때 화자가 말하려는 중점은 동작주가 아닌 피동문의 주어에 두는 것이며 둘째, 피동문으로 쓰이는지 능동문으로 쓰이는지의 문제는 때로는 맥락에 의해서 정해진 것이라고 하였다. 呂叔湘, 朱德熙(1991)에서도 피동문이 서술하는 행위는 주어에게 유쾌하지 않은 일이라고 말했다.

이에 반하여 일부 학자들이 현대중국어 피동문은 의미적으로 보면 쓰이는 범위가 매우 넓다고 한 바가 있다. 즉, 피동문 서술하는 행위는 주어에게 유쾌하지 않은 일일 수도 있고 유쾌한 일일 수도 있으며 감정적 성향이 없는 중립적인 일일 수도 있는 것이다.

祖人植(1997)에서 '被'자문에 대하여 피동작주 A가 어떤 사물을 가리키는 동시에 맥락에서 A가 종속된 사람이나 사물, 혹은 A의 관계자가 제공될 수 없거나 제공될 필요가 없을 때 피동문의 행위나 상태를 감당하는 사람이나 사물이 존재하지 않는다고 하였다.

따라서 피동문의 사용 범위가 소극적인 의미에서부터 중립적인 의미, 내지 적극적인 의미까지 확장되었음을 알 수 있다. 그 원인은 학자에 따라 다르게 논의되었지만 영어 등 외국어의 영향을 받았다는 견해를 갖는 사람이 많다. 이러한 확장은 '被'의 문법화에 기인한 것으로 생각된다. 앞에서 언급한 바와 같이 '被'자는 원래 '당하다'란 뜻이었는데 현대에 와서 문법화 과정을 거쳐 어휘적 의미가 희박해졌고 오히려 문법적인 기능이 주된 것이 되었으니 중립적이거나 적극적인 의미도 표현할 수 있게 된 것이다.

3. 한국어와 중국어 대조 연구

한국어와 중국어 피동문에 대한 대조 연구는 많지 않다고 할 수 있다.

金蓮花(2007)에서 한국어 피동문과 중국어 피동문은 공통점이 있다고 인정하면서 범위, 형식, 및 의미 세 가지 측면에서 두 언어의 피동문에 대하여 대조 분석을 하였다. 특히, 피동문에 나타나는 NP, VP의 통사적 특징 및 의미적 제약을 밝히고 두 언어 피동문의 어떤 차이점이 있는지를 논의하였다.

왕례량(2009)에서 한국어를 기준으로 설정하고 접미 피동사에 의한 피동문, '어지다'에 의한 피동문, 그리고 '되다, 받다, 당하다'에 의한 피동문은 중국어의 '被'자문으로 표현할 수 있는지를 살펴보았다. 접미 피동사에 의한 10 가지 유형의 피동문은 대부분이 중국어 피동문으로 표현할 수 있지만 규칙성이나 일관성이 없다고 할 수 있으며 '어지다'와 '되다, 받다, 당하다'에 의한 피동문은 일반적으로 중국어 피동문으로 표현할 수 없다는 결론을 내렸다.

齊穎(2010)에서 한국어와 중국어 대역자료를 통하여 피동문의 중심이 되는 서술어를 연구 대상으로 삼고 두 언어의 문장성분과 통사적 특징을 분석하였다. 중국어에서 표지가 있는 피동문에 나타나는 서술어는 'V(이음절 동사)', 'V＋了, 着, 過', 그리고 'V＋補語' 세 가지로 나누어질 수 있고 한국어 피동문에 나타나는 동사는 '타동사＋파생접미사'류, '되다, 받다, 당하다'류, 그리고 '타동사 어간＋-어지다/-게 되다'류 세 가지로 나누어질 수 있다고 하였다. 중국어의 'V(이음절 동사)'와 'V＋了, 着, 過' 두 가지 서술어는 한국어에서 대응되는 표현이 있는 반면에 'V＋補語' 서술어는 한국어에서 대응되는 것이 없다고 결론을 지었다.

　이상을 통해 한국어와 중국어 피동문의 대조 연구는 대부분이 양쪽 언어 간에 어떠한 대응관계가 존재하는지에 머물렀다는 것을 알 수 있다.

Ⅱ.
이론적 배경

A. 피동의 개념과 유형론

1. '피동태'의 개념과 피동문

1.1. '태'와 '피동태'의 개념

'태(Voice)'란 명사구의 의미적 역할이 통사적 기능으로 실현되는 방식이라고 할 수 있다(송경안 2008:447). 세계 여러 언어에서 '능동태(active voice)'와 '피동태(passive voice)'의 대립으로 '태 체계(voice system)'를 이루는 것은 가장 보편적이다.

'피동태'가 구체적으로 어떠한 언어 현상을 가리키는지에 대해 많은 문법가들이 정의를 내린다. Perlmutter & Postal(1983)에서 능동태와 비교할 때 피동태의 형태·통사적 특징을 다음 세 가지로 보았다. 하지만 이 중에 어느 것도 피동태의 절대적인 기준이 될 수 없다고 주장을 주장했다.

    (1) 수동태의 세 가지 형태·통사적 특징
      a. 어순의 변화
      b. 격표시의 변화
      c. 동사형태의 변화

Haspelmath(1990)에서 피동문이 꼭 충족시켜야 하는 5 가지 조건을 제시했다. 첫째, 이 구조에서 쓰이는 동사 형식(verbal form)은 그 동사형식과 대응된 무표적(능동) 구조의 동사 형식에서 형태적으로 파생된 것이다. 둘째, 행위자(actor)가 나타나지 않거나 파생된 동사 형식의 비의무적(non-obligatory) 사격 논항(oblique phrase)으로 나타난다. 셋째, 만약 주어가 있는 경우 그 주어가 행위자는 아니다. 넷째, 이 구조는 분포상에서 무표적 구조에 의해 제한된다. 다섯째, 이 구조의 명제적 의미(propositional semantics)가 대응된 무표 구조와 일치하고, 특히 참여자의 수와 역할이 바뀌지 않는다.

앞서 언급했듯이 '태'는 의미역이 다른 명사구들이 문장 내에서 어떠한 문법적 기능을 분담하는 방식이다. 만약 능동태는 동작주가 주어 구실을 하고 피동작주가 목적어 구실을 하는 방식이라면 피동태는 이러한 임무 분담을 재분배하는 것이라고 할 수 있다. 즉, 피동태는 피동작주가 동작주를 대신하여 주어 구실을 하고 동작주가 사격 논항의 구실을 하는 방식이다. 이 두 가지 방식으로 실현되는 문장은 각각 '능동문'과 '피동문'이라 불린다.

1.2. 피동문의 형성

전형적 피동문은 형식적으로 보면 타동사에 의해 만들어진 능동문에서 전환해 온 것이다. 이러한 전환은 피동작주의 승급(promotion)과 동작주의 강등(demotion)을 포함한다. 다시 말해 피동문의 형성 과정은 피동작주가 능동문의 목적어에서 피동문의 주어로 승급되는 것과 동작주가 능동문의 주어에서 피동문의 부사어로 강등되는 것을 포함한다.

(2) ㄱ. A snake bit John's dog.

    ㄴ. John's dog was bitten by a snake.

예문 (2)를 보면 능동문의 목적어 'John's dog'는 피동문에서 주어로 승급되며, 능동문의 주어인 'a snake'는 피동문에서 전치사 'by'와 결합하는 사격 논항으로 강등되었다.

그러나 이러한 강등과 승급 절차가 늘 함께 나타나는 것은 아니다. 피동문으로 전환할 때 능동문의 주어만 강등되는 현상이 세계의 많은 언어에서 공통적으로 발견된다.

(3) ㄱ. De jongens   fluiten. (능동문)

    the   boys   whistle

    (The boys whistle.)

    ㄴ. Er   wordt door   de jongens gefloten. (피동문)

    there   become   by   the   boys   whistle:p,part

    (There is whistling by the boys.)(송경안·이기갑 외 2008:453)

예문 (3ㄴ)과 같은 네덜란드어 피동문은 일반적으로 '비인칭피동 (impersonal passive)'이라 한다. 비인칭피동은 언어에 따라 타동사 구문이 피동화된 경우도 있지만 자동사 구문이 피동화된 경우도 있다. (3)에서 능동문의 주어가 피동문에서 사격 논항으로 강등되고 영어의 it나 there 등에 해당하는 허사가 피동문의 형식적 주어가 된다. 이처럼 능동문의 목적어가 필수적으로 피동문에서 승급되는 것은 아니다.

(4) ㄱ. 张三　　　被 他太太　哭 得 没　　　了 主意。

　　　Zhangsan BEI his wife cry-CSC not (exist) PFV idea

　　　(张三은 부인이 울어 정신이 없다.)

ㄴ. 他太太　哭 了。

his wife cry-PFV

(그의 부인이 울었다.)

예문 (4)는 중국어 예문인데 능동문의 동사는 타동사 아닌 자동사이고 능동문에 없는 새로운 논항이 피동문에 나타난다. 자동사의 주어(여기서는 동작주가 아님)가 예상대로 강등되지만 피동문 주어로 승급될 수 있는 목적어가 전혀 존재하지 않는다. 그 대신에 새로운 참여자가 피동문의 주어로 도입되고 이 새로운 참여자는 능동문에서 기술된 행위에 의해 소극적으로 영향을 받은 사람이다. 이런 문장은 杉村博文(2003)에 의해 '간접피동문'이라 불린다.

이상의 예문 (3, 4)를 통하여 알 수 있듯이 능동문에서 피동문으로 전환하는 과정에서 능동문 목적어가 피동문 주어로 승급되는 것은 필수적이지 않으나 능동문 주어가 피동문의 사격 논항으로 강등되는 것은 중심적인 절차이다.

1.3. 피동문의 의미

앞에 언급한 바와 같이 전형적 피동문은 능동문과 대응된다. 따라서 서로 대응되는 능동문과 피동문은 의미적으로 보면 동의성을 가진다고 할 수 있다. 하지만 여기서 동의성은 오직 기본의미의 동질성을 말하는 것이지 정보가치나 감정가치의 모든 측면까지 완전히 일치하는 것은 아니다.

피동문과 능동문의 의미차이에 대해 많은 논의가 이루어져 왔다. Shibatani(1985)에서 행위자(actor)에 대한 비초점화(de-focusing)가 피동태의 유일한 본질적 기능이라고 했다. Foley & Van Valin(1985)에서도 행위자의 배경화(backgrounding)와 비행위자(non-actor)의 전경화(foregrounding)가 피동태의 기능이라고 언급했다. 앞서 언급했듯이 이익섭·임홍빈(1983)에서는 한국어 피동에서는 '비행동성(非行動性)' 내지 '탈행동성(脫行動性)' 혹은 '상황의존성(狀況依存性)'이 두드러진다고 했다.

능동문에서 보통 동작주가 주어로 나타나는 반면 피동문에서는 동작행위의 영향을 받는 대상이 주어로 나타난다. 주어가 일반적으로 한 문장의 모든 체언성 성분들 가운데 층위가 가장 높고 초점이 되는 부분이다. 따라서 능동문에서는 주어 자리에 오는 동작주가 문장의 중심이 되고 피동문에서는 동작행위의 영향을 받는 대상이 주어 자리에 나나 중심이 된다. 동작주가 중심이 되는 능동문에서 동작주가 어떠한 동작을 하는지에 대해서 기술한다고 하면 동작행위의 대상이나 피동작주가 주어로 쓰이는 피동문에서 주어는 어떠한 영향을 받았는지, 어떠한 상태변화가 일어났는지에 대해서 묘사한다고 할 수 있다.

    (5) ㄱ. 경찰이 도둑을 잡았다.

        ㄴ. 도둑이 경찰에게 잡혔다.

    예문 (5)를 보면 능동문에서 화자가 '경찰'에 관심을 두고 '도둑을 잡았다'는 행위를 기술한다. 이와 달리 피동문에서 화자는 피동작주 '도둑'에 관심을 두고 도둑은 스스로 행동을 한 것이 아니라 자유 상태에서 경찰에 의해 피동적으로 자유 상태에서 '잡혔다'의 상태로 변화하게 되는 것을 드러낸다.

    따라서 피동문의 의미는 주어가 자신의 힘으로 동작하거나 상태를 변화시키지 않고 외부의 힘에 의해 영향을 받아 상태변화를 겪는 것이라고 할 수 있다. 물론 앞에 언급한 '동작주의 비초점화' 및 '피동작주의 전경화' 등의 의미도 피동문에서 표현될 수 있다. 하지만 피동문이 표현하는 핵심적 의미는 주어의 의지가 아닌 남의 동작이나 행위에 의해 변화가 생기는 것을 말한다.

    이상은 피동문의 형성과 피동문의 의미를 살펴보았다. 본고에서 논의하는 피동문은 다음 두 가지 특징이 있다.

    (6) 피동문의 특징:

        a. 형식적 특징: 타동사에 의해 만들어진 능동문에서 전환해 옴

            (동작주의 강등과 피동작주의 승급 포함)

　　b. 의미적 특징: '제힘으로 동작하거나 상태를 변화시키지 않고

　　　외부의 힘에 의해 영향을 받아 상태변화를 겪게 됨'을 나타냄.

전형적인 피동문은 위의 두 가지 특징을 모두 지닌다. 그러나 피동문의 형식적 특징을 지니지 못하고 의미적 특징만 지니는 문장도 있다. 앞장에서 언급한 예문 (4)가 바로 이러한 문장이다. 타동사 능동문에서 전환해 온 문장이 아니지만 의미적으로 보면 주어가 능동적으로 동작을 하지 않고 외부의 힘에 의해 피동적으로 영향을 받고 있기 때문에 피동문으로 인정하는 것이 타당하다.

2. '피동태'의 실현 양상

범언어적으로 보면 피동태를 실현하는 방식은 아주 다양하다. Gabelentz(1961)에서 19세기에 220개 이상 언어의 피동태를 형태론적 기준에 따라 분류했다. Keenan(1985)에서는 피동태를 엄격한 형태적(morphological) 피동태과 우언적(periphrastic) 피동태로 구분했다. 본고에서 피동태의 실현 양상을 크게 합성적 피동과 분석적 피동으로 나눠서 논하고자 한다.

2.1. 합성적 피동

동사 안에서의 형태변화로 피동태를 실현하는 방식을 합성적 피동 (synthetic passive)이라 한다. 단일한 단어로 나타난다고 해서 비우언적(non-periphrastic) 유형이라고 부르기도 한다.

a. 피동태는 굴절어에서 굴절형태소로 실현된다. 라틴어의 예를 보
면 다음과 같다.

(7)라틴어의 예(Keenan, 1985:256)

	present indicative active		*present indicative passive*	
	SINGULAR	PLURAL	SINGULAR	PLURAL
1.	amo	amamus	amor	amamur
2.	amas	amatis	amaris	amamini
3.	amat	amant	amatur	amantur

b. 피동태는 파생형태소에 의해 표현될 수 있다. 파생형태소는 접
두사, 접요사, 접미사, 모음변화 등 형식이 있다. 한국어의 경우
에는 파생 접미사 '-이-, -히-, -리-, -기-'가 일부 동사 어간
바로 뒤에 첨가되어 피동태를 실현한다.

c. 능격(ergative)구조에 나타나는 동사는 피동태를 실현할 수도 있
다. 능격언어인 에스키모어의 예를 보면 다음과 같다.

(8) ㄱ. Arna-m   neqa   irr-aa

woman-ERG fish.ABS hide-3sg.&3sg.

'The woman hides the fish.'

ㄴ. neqa   irr-tug

fish.ABS hide-3sg.

'The fish was hiden (by someone).'(송경안· 이기갑 외 2008:469)

(8)에서 보는 것처럼 이 언어에서 피동태는 능동태와 같은 동사 형태로 실현된다. 동사는 능동문에서 목적어를 취하는 타동사로 쓰이지만 피동문에서는 자동사처럼 쓰인다. 일부 학자들은 이러한 타동사로도 자동사로도 사용되는 동사들을 능격동사라 부른다.

2.2. 분석적 피동

2개 이상의 단어의 결합으로 피동태를 실현하는 양상을 분석적 피동(analytic passive)이라고 한다. 단일한 단어가 아닌 2개 이상의 단어로 풀어서 쓰는 형식이이기 때문에 우언적(perihrastic) 피동이라고 부르기도 한다.

a. 분석적 피동에서 가장 많이 발견되는 양상은 바로 '보조동사＋과거분사'의 형식이다. 이 형식의 분석적 피동은 인도유럽어에 널리 퍼져 있으며 영어의 경우도 이런 형식으로 피동태를 실현한다.

    (9) Io sono amato. (이탈리아)

       Soy amado. (스페인어)

       Sou amado. (포르투갈어)

       Je suis aimé. (프랑스어)

       I am loved. (영어)(송경안·이기갑 외 2008:474~475)

b. '동사＋동작명사'의 형식이 일종의 분석적 피동이고 특정한 동사들이 동작명사와 결합되어 피동을 표현하는 경우이다. 이때 동

사와 명사의 결합은 일종의 기능동사 구문이라고 할 수 있다. (10)과 같이 독일어에서 이러한 피동이 발견된다.

(10) Der Hund bekommt   von   seinem Herrn   Schläge.

the dog   receives from its   Master beating

(The dog was beaten by its master.)

(송경안·이기갑 외 2008:476)

한국어와 중국어의 피동문도 '동사＋동작명사'의 형식으로 실현되는 경우 있다.

(11) ㄱ. 한스가 강도에게 협박받았다.

ㄴ. 아키노가 군인에게 살해됐다.

ㄷ. 범인이 경찰에게 고문당했다.

예문 (11)은 한국어의 예문이다. 한자어 명사에 '받다, 되다, 당하다' 등 동사를 결합하여 피동을 실현한다. 이러한 피동 실현 방식은 한국어에서 매우 생산적이다.

(12) ㄱ. 听   了 这个 消息, 大伙   都 很   受   鼓舞。

listen-PFV this-CL news everyone all very receive encouragement

(이 소식을 듣고 모두들 대단히 고무되었다.)

ㄴ. 水库   修好 以后, 这里 再也   不   遭   水

reservoir repair after   here anymore NEG suffer water

淹　　　了。

submerging CRS

(저수지를 고친 이후, 이곳은 다시 침수되지 않았다.)

ㄷ. 小心　　　挨　狗　　　　　咬!

be careful suffer dog-(ASSOC) biting

(개에게 물리지 않도록 조심하세요!)

중국어에 (12)와 같은 문장이 있다. 동사 '受, 遭, 挨'가 명사를 겸하는 동사와 결합하여 피동의 의미를 표현한다. 본고에서 (12)와 같은 문장은 피동문으로 인정하고자 한다.

c. 영어에서 'have, get' 등 사역동사에 의해 피동의 의미를 표현한다.

(13) ㄱ. I had my watch stolen.

　　ㄴ. He got his arm broken.

d. '기동성(inchoative)'의 의미를 드러내는 문장도 피동태를 실현할 수 있다. 독일어에서 발달되어 있는 become-피동태를 이 유형에 포함시킬 수 있다.

(14) Das Fenster　　wird　　um 7 Uhr geschlossen.

the　window　become at　7:00　closed

(The window is closed at 7:00.) (송경안·이기갑 외 2008:475)

한국어에서 동사 어간에 '-어지다'가 첨가되어 이루어지는 동사구는 기본적으로 기동성을 드러낸다.

(15) 철수에게 우수상이 주어졌다.

예문 (15)에서 타동사 어간에 '어지다'가 첨가되었고 문장 전체는 '우수상'이 어떤 사람에 의해 피동적으로 영향을 받는다는 의미를 드러낸다.

분석적 피동은 이상의 형식 외에 'be＋부정사' 구문, 첨사 첨가 등 형식도 있다.

B. 한국어 피동문의 유형

이 장에서 한국어 피동문에 어떤 유형이 있는지에 대해 논하고자 한다.

앞장에서 본 바와 같이 한국어 피동문의 범위에 대해서 아직도 일치된 견해가 형성되지 않았다. 그렇지만 몇 가지 유형의 문장들이 흔히 피동문 범위 안에서 논의된다.

1. 접미 피동문

(16) ㄱ. 달아난 회사 대표는 오 형사에게 붙잡혔다.

ㄴ. 장독의 뚜껑이 잘 덮였다.

예문 (16)은 접미 피동사에 의해 만들어진 이른바 '접미 피동문'이
다. 접미 피동문은 한국어에서 가장 전형적 피동문이므로 모든 문법
가들이 이를 피동문으로 인정한다. 그러나 접미 피동사에 의해 만들
어진 문장들 중에서 그 피동문에 대응하는 능동문과 동작주를 전혀
상정할 수 없는 경우가 있다.

(17) ㄱ. 한강 물이 풀렸다.

ㄴ. 전화 벨소리가 울렸다.

예문 (17)은 '풀리다', '울리다' 등 접미 피동사로 만들어진 문장이지
만 대응되는 능동문과 동작주를 상정하기 어렵다. 이러한 문장을 서
정수(1994)에서 '가피동문', 혹은 '상태성 피동문'이라 부르고 우인혜
(1997)에서 '의사 피동문'이라고 부른다. 이러한 가피동문은 남의 힘에
의해 피동적으로 영향을 받는다는 의미를 드러내는 것이 아니라 주어
명사구의 현재 상태만을 드러내기 때문에 피동의 의미를 지닌다고 할
수 없다. 따라서 본고의 연구 범위에서 제외하기로 한다.

2. '되다, 받다, 당하다' 구문

(18) ㄱ. 그 사람이 경찰에게 체포되었다.

ㄴ. 그분이 학생들에게 존경받았다.

ㄷ. 거지가 아이들에게 모욕당했다.

한국어에서 '하다'계 타동사의 어근에 '되다, 받다, 당하다' 등 동사를 첨가하여 피동의 의미를 나타내기도 한다. 이때 '되다, 받다, 당하다'는 일종의 기능동사로 볼 수 있다. 형태적으로 피동을 실현하는 방식과 달리, '되다, 받다, 당하다' 등 동사로 피동을 실현하는 방식은 아직 통사적이거나 어휘적 수단에 불과하고 문법화 정도가 낮기 때문에 일부 학자들은 (18)과 같은 문장을 피동문의 범주에서 제외하기도 한다.

그러나 피동태가 형태적으로만 실현되는 것은 아니라 우언적으로 실현되는 형식도 세계 여러 언어에서 발견된다. 앞장에서 언급한 바와 같이 독일어에서 '동사＋동작명사'의 형식으로 피동태를 실현할 수 있다. 이와 유사한 형식을 가지는 한국어 '되다, 받다, 당하다' 구문도 피동태를 실현하는 문장으로 인정하는 것은 타당하다고 생각된다.

또한 파생접미사와 결합하여 피동사를 이룰 수 있는 동사는 매우 제한적인 반면, '되다, 받다, 당하다' 등 동사와 결합할 수 있는 한자어 어근은 매우 많다. 이런 측면에서 보면 '되다, 받다, 당하다' 구문이 접미 피동문의 한계성을 보완하는 구실을 하는 것이다.

(19) ㄱ. 경찰이 그 사람을 체포하였다.

ㄴ. 학생들이 그분을 존경하였다.

ㄷ. 아이들이 거지를 모욕하였다.

예문 (19)에서 동사는 모두 동작성을 지니는 명사와 기능동사 '하다'의 결합으로 형성된 것이다. 이러한 문장에 대응되는 피동문은 피동접미사로 만들어질 수 없다. 이때 기능동사 '하다'를 각각 '되다, 받다, 당하다'로 대치하면 예문 (18)과 같은 문장이 이루어진다. 형식적으로 보면 원래의 목적어는 주어로 승급되고 원래의 주어는 부사어로 강등된다. 의미적으로 보면 모두 '다른 사람의 힘에 의해 자신이 원치 않는 상태변화를 겪음'을 드러낸다. 따라서 (18)과 같은 '되다, 받다, 당하다' 구문이 피동문의 형식적 특징 및 의미적 특징을 모두 지니고 있으므로 피동문으로 보아야 한다.

> (20) ㄱ. 그 날부터 그 영악한 범도 자유를 잃게 되었다.
>
> ㄴ. 그 날부터 그 영악한 범도 자유를 잃었다.

예문 (20ㄱ)은 이른바 '-게 되다' 구문이다. 이 문장에서 '범은 자신이 원치 않는 상태가 되었다'는 의미를 드러내기 때문에 피동의 의미를 지닌다고 주장하는 학자도 있다. 최현배(1961)에서 '-게 되다'도 피동문을 이루는 문법요소라 하고 이때의 '되다'는 피동 조동사라 하였다.

그러나 (20ㄴ)을 (20ㄱ)과 대응하는 능동문으로 본다면 (ㄱ)이 피동문의 형성절차를 거치지 않은 것은 분명하다. 원래의 목적어 '자유'가 주어로 승급되지 않고 그대로 목적어로 나타나 문장의 중심적인 요소가 되지 못한다. 원래의 주어 '범'도 여전히 주어 자리에 온다. 또한 의미적으로 보아도 (ㄱ)은 전형적 피동의 의미를 지니지 않는다. 서정수(1994)에서 (ㄴ)의 서술어에 '-게 되다'라는 형태가 결합하여 동일한 주어를 능동적인 자세에서 피동적 자세로 바꾸어 놓는 과정을 통해 '예정성'이라는 뜻을 첨가하였다고 했다. 따라서 '-게 되다' 구문에서 피동문의 형식적 특징 및 의미적 특징이 모두 발견되지 않으므로 피동문의 범위에서 제외해야 한다.

3. '–어지다' 구문

용언 어간에 보조동사 '–어지다'가 첨가되어 이루어지는 동사구는 세 가지가 있는데, 타동사 어간에 '–어지다'가 붙는 것과 자동사나 형용사 어간에 '–어지다'가 붙는 것이다. 앞장에서 언급했듯이 '–어지다' 구문을 피동문으로 인정하는 문법가도 있고 인정하지 않는 문법가도 있다.

(21) ㄱ. 그의 오해가 광수에 의해 풀어졌다.

ㄴ. 광수가 그의 오해를 풀었다.

예문 (21ㄱ)에서 타동사 '풀다'의 어간에 '–어지다'가 붙어 피동문이 만들어진다. 이와 대응하는 능동문은 (21ㄴ)과 같이 상정될 수 있다. 또한 (ㄱ)이 전형적 피동의 의미를 가지는 것도 쉽게 관찰된다. 따라서 이 문장은 피동문의 형식적 특징과 의미적 특징을 모두 지니기 때문에 피동문으로 볼 수 있다.

(22) ㄱ. 국운이 날로 쇠퇴해졌다.

ㄴ. 국운이 날로 쇠퇴한다.

(23) ㄱ. 요즘은 얼굴이 점점 거칠어져.

ㄴ. 요즘은 얼굴이 거칠어.

예문 (22, 23ㄱ)에서 자동사나 형용사 어간에 '–어지다'가 첨가되어 '기동성'을 드러내는 문장이 이루어진다. 가령 (22, 23ㄴ)은 '–어지다'

구문과 대응되는 능동문이라면 능동문 주어가 피동문에서 사격 논항으로 나타나야 하지만 '-어지다' 구문에서 그대로 주어 자리에 오는 것이다. 의미적으로 보면 (22, 23)은 오직 '상태변화'만 드러내고 피동적 의미는 드러내지 않는다. 따라서 이러한 문장들을 피동문으로 여겨지기는 어렵다.

요컨대 본고에서 타동사 어간에 '어지다'가 붙는 형식만 피동문으로 인정하고 자동사나 형용사 어간에 '-어지다' 붙는 형식은 피동문으로 인정하지 않는다.

여기까지 한국어에서 흔히 피동문으로 논의되는 몇 가지 문장들이 피동문의 자격을 갖추는지를 검토하였다. 종합해 본다면 본고에서 가피동문이 아닌 접미 피동문, '하다'계 타동사의 어근에 '되다, 받다, 당하다' 등 동사가 결합해 만들어진 문장, 그리고 타동사 어간에 '-어지다'가 붙어 만들어진 문장 이 세 유형을 피동문으로 인정하고자 한다.

C. 중국어 피동문의 유형

1. '被'자문

'被'자문이란 동작주가 주어 자리에 오지 않고 개사 '被'와 결합하여 부사어로 나타나는 문장이다.

(24) 他　逐渐　　被　人们　忘记　了。

he gradually BEI people forget-PFV

(그는 점차 사람들에게 잊혀졌다.)

(25) 歪风邪气　　全　　　让　她　给　挡住　了。

bad tendency completely RANG 3sg. I block-PFV

(비뚤어지고 나쁜 풍기는 모두 그녀에 의해 저지당했다.)

(26) 他们 刚才　说　的　话　不小心　　叫 老板 听见 了。

they just now say-NOM words incautiously JIAO boss hear-PFV

(그들이 방금 한 말은 부주의로 사장에게 들렸다.)

(27) 门　给　风　吹　开　了。

door GEI wind blow-open-PFV

(문이 바람에 열렸다.)

‘被’와 비슷한 기능을 하는 개사는 ‘让, 叫, 给’ 등이 있다. 본고에서 ‘被’자문은 개사 ‘被’가 동작주를 도입하는 문장만 포함하는 것이 아니라 ‘让, 叫, 给’ 등의 개사가 동작주를 도입하는 문장도 포함한다.

(28) 人们　　逐渐　　忘记　了　他。

people gradually forget-PFV 3sg.

(사람들이 점차 그를 잊었다.)

예문 (28)는 (24)과 대응되는 능동문이다. 능동문의 목적어 ‘他’가 ‘被’자문의 주어가 되고 능동문의 주어 ‘人们’이 개사 ‘被’와 결합하여 부사어 개사구로 나타난다. 또한 ‘被’자문은 주로 피동작주나 대상이 어떤 동작행위의 영향을 받아 변화를 겪는 것을 나타내므로 전형적인 피동의 의미를 지닌다. 따라서 '被'자문은 전형적 피동문이라 할 수 있다.

2. '遭受' 구문

중국어에서 '受, 遭, 挨' 등 동사가 명사와 결합하여 피동의 의미를 드러내는 문장이 있다. 이런 문장을 본고에서 '遭受' 구문이라 할 것이다.

> (29) 他　受　　了 老师　　　　　批评。
>
> he receive-PFV teacher(-ASSOC) criticizing
>
> (그는 선생님에게 질책을 받았다.)
>
> (30) 你　　　是 遭　他　骗　　了。
>
> you.sg. be suffer 3sg. cheating PFV
>
> (너는 그에게 사기를 당했어.)
>
> (31) 小心　　　　挨 狗　　　　咬!
>
> be careful suffer dog(-ASSOC) biting
>
> (개에게 물리지 않도록 조심하세요!)

앞장에서 본 바와 같이 세계 여러 언어에서 '동사＋동작명사'의 형식으로 피동태를 실현하는 현상이 발견된다. 예문 (29)에서 동사 '受'가 '批评'이란 단어와 결합한다. '批评'는 동사와 명사의 특징과 기능을 모두 가진다. 이처럼 동작행위를 나타내기도 하고 구체적 사물을 가리키기도 하는 이른바 '동·명 겸류사(动名兼类词)'는 중국어에 많이 있다. 이 경우 '批评'은 명사로 쓰이지만 그 자체가 포함하는 동작성이 완전히 상실되는 것은 아니다. 따라서 '遭受' 등 동사와 동·명 겸류사의 결합을 '동사＋동작명사'의 형식으로 간주할 수 있다.

(32) 老师　　批评　　了　　他。

teacher criticize-PFV 3sg.

(선생님이 그를 질책했다.)

예문 (32)는 (29)과 대응되는 능동문으로 상정할 수 있다. (32)에서 목적어 '他'는 '遭受' 구문의 주어가 되고 주어 '老师'는 '遭受' 구문에 관형어 성분으로 출현하며, 동·명 겸류사 '批评'는 서술어 동사로 사용된다. 그리하여 예문 (29)은 피동문의 형식적 특징을 가진다고 할 수 있다. 의미적으로 보면 '遭, 受, 挨' 등 동사 자체가 '피동적 접수(被动接受)'의 의미를 포함하므로 문장 전체는 '주어가 스스로 동작하지 않고 피동적으로 어떤 동작행위의 영향을 받음'을 나타낸다. 따라서 '遭受' 구문도 피동문의 일종으로 여겨진다.

(33) 那儿　现在　还　　遭　　着　　旱灾　呢。

there　now　still suffer-DUR drought REx

(그곳은 지금도 가뭄에 시달리고 있다.)

예문 (33)에서 동사 '遭'는 명사 '旱灾'와 결합하여 문장의 서술어 구실을 한다. 얼핏 보기에는 이 문장이 (29~31)처럼 모두 '동사＋명사'의 구조를 가진 것으로 보일 수도 있다. 그렇지만 명사 '旱灾'는 동·

명 겸류사가 아니기 때문에 구체적 사물만 가리킬 뿐 동작성을 지니지는 않는다. 따라서 '旱災'를 서술어 동사로 하는 능동문은 상정할 수 없다. 따라서 이와 같은 '동사＋보통명사' 구조를 가진 '遭受' 구문은 피동문으로 볼 수 없다.

본고에서 '遭受' 피동문이라 하는 것은 오직 '遭受'류 동사와 동·명 겸류사의 결합에 의해 만들어진 문장만을 가리킨다.

3. 무표지 피동문

무표지 피동문은 중국어에서 아주 흔히 사용되는 문장이다. 이러한 피동문은 보통 주어가 동작행위의 대상이나 피동작주인 동시에 피동의 의미를 나타내지만 아무런 표지가 없는 것이 특징이다. 많은 타동사들이 이런 방식으로 쓰일 수 있기 때문에 무표지 피동을 중국어 피동문의 가장 기본적인 구조로 보는 견해도 많다.

(34) 任务　完成　　　了。

task　accomplish-PFV

(임무가 완성되었다.)

(35) 门　　　开　了。

door open-PFV

(문이 열렸다.)

(36) 他　　完成　　　了　任务。

he accomplish-PFV　task

(그는 임무를 완성했다.)

(37) 任务 他 完成　　　 了。

　　task he accomplish-PFV

　　(임무가 그에 의해 완성되었다.)

　예문 (36)는 (34)과 대응되는 능동문이다. 능동문에서 쓰이는 동사 '完成'은 피동문에서도 똑같이 쓰이고 아무런 표지가 없다. 그렇지만 (36)의 목적어 '任务'는 (34)에서 주어가 되고 (36)의 주어 '他'는 강등되어 (34)에서 생략된다.

　동사 '完成'은 능동문에서 목적어를 취하고 피동문에서 목적어를 취하지 않는 점을 보면 능격동사의 성질을 드러내는 것처럼 보인다. 그러나 (37)에서 본 바와 같이 동작주도 무표지 피동문에 나타날 수 있다. 만약 '完成'이 무표지 피동문에서 자동사로 쓰인다면 타동사로 사용될 때의 동작주가 출현할 수 없다. 따라서 무표지 피동문에서 '完成'은 목적어를 취하지는 않지만 여전히 타동사로 보아야 한다.

(38) *张三　　　治好 了。

　　Zhangsan cure-PFV

　　(张三이 누군가를 치유했다./张三이 치유되었다.)

(39) 病人　　治好 了。

　　patient cure-PFV

　　(환자가 치유되었다.)

　무표지 피동문의 주어가 무정물인 경우는 대부분이다. 무정물이 보통 자신의 의지가 없고 능동적으로 동작을 할 수 없기 때문에 동작행위의 대상이 된다. 따라서 주어 자리에 와도 동작주가 될 수 없고 중의성 문제가 생기지 않는다. 만약 예문 (38)과 같이 유정물 특히 사람이 주어 자리에 오면 동작주인지 피동작주인지 알 수 없기 때문에 중의적 문장이 된다. 그래서 보통 목적어가 [-인간]의 의미자질을 가지는 타동사는 무표지 피동문을 만들 수 있다.

그러나 (39)에서는 무표지 피동문의 주어 자리에 사람을 의미하는 '病人(환자)'이 온다. 이 경우 '환자'는 일반적으로 치료 행위를 하는 사람이 아니라 치료를 받는 대상이므로 중의적 문장이 되지 않는다. 따라서 무표지 피동문의 주어 자리에 [+인간]의 의미를 가진 명사구가 나타나는 경우에 그 명사구는 반드시 [+특정 신분]의 의미자질을 포함해야 한다.

여기까지 중국어 피동문에 어떤 유형이 있는지를 살펴보았다. 요약해 본다면 중국어 피동문은 우선 표지가 있는 피동문과 무표지 피동문으로 나누어질 수 있으며, 표지가 있는 피동문은 '被'자문과 '遭受' 피동문으로 나누어질 수 있다.

표4: 중국어 피동문의 유형

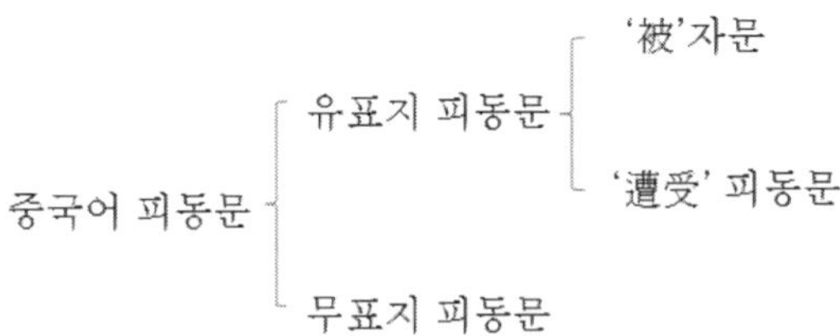

이상에서 한국어와 중국어의 피동문에 어떠한 유형이 있는지를 살펴보았다.

Ⅲ장에서 한국어 접미 피동문과 중국어 ‘被’자문에 대해서 대조적 분석을 할 것이다. 한국어의 접미 피동문과 중국어 ‘被’자문은 모두 각 언어의 가장 전형적인 피동문 유형이라고 할 수 있다. 또한 접미 피동문은 파생접미사 ‘-이-,-히-,-리-,-기-’에 의해 이루어지는 것이고 ‘被’자문은 개사 ‘被’에 이해 이루어지는 것이므로 모두 일정한 형식적 표지를 가진다. 이 처럼 한국어 접미 피동문과 중국어 ‘被’자문이 공통점을 가진다는 사실을 근거로 이들을 대조 분석을 하기로 한다.

Ⅳ장에서 한국어 ‘되다, 받다, 당하다’ 피동문과 중국어 ‘遭受’ 피동문에 대해서 대조적 분석을 하고자 한다. 이 두 유형은 피동태의 실현 전략에서 모두 ‘동사＋동작명사’의 형식으로 피동의미를 나타내며 의미적으로 보면 ‘되다, 받다, 당하다’ 등 동사와 ‘遭受’ 등 동사는 유사한 어휘 의미를 가진다. 따라서 한국어 ‘되다, 받다, 당하다’ 피동문과 중국어 ‘遭受’ 피동문은 서로 대조 대상이 될 수 있다고 생각한다.

본고에서 한국어 타동사 어간에 ‘-어지다’가 붙어 만들어진 문장도 피동문으로 인정하고 있기는 하지만 연구 범위에서 제외시키기로 한다. 이러한 문장은 접미 피동문과 의미가 같거나, 접미 피동문으로 교체될 수 있는 경우가 많다. 게다가 중국어에서 이와 비슷한 방식으로 만들어진 피동문도 없으므로 대조적 분석하기 어렵다.

중국어의 무표지 피동문은 특정한 표지가 없어 형식상으로 능동문과 차이 없기 때문에 식별하기 어렵다. 또 일부 무표지 피동문들은 ‘被’나 ‘被’ 개사구의 첨가를 통해 ‘被’자문으로 바꿀 수 있으므로 ‘被’자

문과 유사한 통사적 특징을 가진다고 할 수 있다. 따라서 무표지 피동
문도 본고에서 논의하지 않겠다.

Ⅲ.

한국어 접미 피동문과

중국어 '被'자문의 대조 연구

A. 한국어 접미 피동문의 문형

1. NP₁ 이/가＋NP₂ 에게/에＋VP 문형

한국어에서 NP₁이/가＋NP₂에게/에＋VP 문형은 가장 기본적이고
전형적인 피동문의 문형이다.

(1) ㄱ. 마음이 그 미녀에게 끌렸다.

　　ㄴ. 집이 남에게 팔렸다.

　　ㄷ. 아이가 엄마에게 업혔다.

서정수(1994)에서 NP₁이/가＋NP₂에게/에＋VP 문형과 같은 피동문, 즉 능동문과의 대응관계가 분명하며 주어와 목적어 및 서술어에 피동 변형이 이루어진 피동문을 '진피동문'이라 하고 이러한 문형은 피동성이 가장 강하다고 하였다.

> (2) ㄱ. 닭이 개에게 쫓긴다.
>
> ㄴ. 개가 닭을 쫓는다.

(2)에서 '닭'은 능동문의 목적어이고 피동문의 주어이다. 이와 같은 명사구는 본고에서 'NP₁'로 표시한다. '개'는 능동문의 주어이고 피동문에서 동작주를 나타내는 부사어가 된다. '개'와 같은 명사구는 본고에서 'NP₂'로 표시한다. '쫓기다'는 '쫓다'에 피동 접미사'-기-'가 붙어 만들어진 피동사이고 본고에서 'VP'로 표시한다.

또 동작주 표지는 동작주의 유정성과 무정성에 따라 달리 표시한다. 즉, 동작주가 유정물인 경우 '에게'로 표시하며, 무정물인 경우 '에'로 표시한다. 유정물은 보통 사람과 스스로 움직일 수 있는 존재를 말한다. 따라서 (1)에서 동작주인 '그 미녀', '남', '엄마'가 모두 사람이고 (2)에서 동작주 '개'는 스스로 동작을 할 수 있는 동물이므로 유정물로 분류하여 동작주 표지 '에게'를 붙여야 한다.

> (3) ㄱ. 그 나라가 침략자에게 짓밟히고 있다.
>
> ㄴ. 그 나라가 침략자에 의하여 짓밟히고 있다.
>
> (4) ㄱ. 사슴이 호랑이에게 먹혔다.
>
> ㄴ. ?사슴이 호랑이에 의해 먹혔다.

(3)에서 본 바와 같이 동작주가 유정물일 때, '에 의해'도 그 표지로 덧붙일 수 있는 경우가 있다. 그러나 많은 경우에 (4)와 같이 '에 의해'가 쓰이면 매우 어색한 문장이 된다. 그렇기 때문에 본고에서는 '에 의해'를 전형적 동작주 표지로 보지는 않겠다.

(5) ㄱ. 경찰이 철수를 잡았다.

ㄴ. 철수가 경찰에게 잡혔다.

ㄷ. 철수가 경찰에 잡혔다.

양금평(2008)에서 복수 유정물은 단체와 마찬가지로 일종의 무정물로 볼 수 있다고 지적하였다. (5)에서 '경찰에게'를 사용하면 단지 경찰 한명이라고 해석될 수 있고 '경찰에'를 사용하면 한명이 아니라 경찰기관 그 전체를 의미할 수 있다고 하였다.

(6) ㄱ. 나뭇잎이 바람에 날리고 있었다.

ㄴ. 온천지가 눈에 덮였다.

ㄷ. 마을이 산에 둘러싸인다.

ㄹ. 자동차가 폭설에 갇혔다.

(6)에서 동작주인 '바람', '눈', '산', '폭설'이 모두 자연계에 존재하는 현상이나 사물이며 스스로 동작을 할 수 있는 사람 및 동물과 달리 다른 사물에 작용할 수만 있다. 따라서 동작주 표지 '에'를 붙여야 한다.

위에서 본 바와 같이 조사 '에'는 피동문에서 무정물 동작주를 나타내는 표지로 여겨진다. 그러나 '에'는 동작주와 관계없이 피동문에서 나타나는 경우도 많다.

 (7) ㄱ. 꽃이 화분에 심겼다.

   ㄴ. *화분이 꽃을 심었다.

 (8) ㄱ. 고무줄이 나무에 얽혔다.

   ㄴ. *나무가 고무줄을 얽었다.

예문 (7, 8ㄱ)에서 겉으로 보면 문장은 NP₁이/가＋NP₂에＋VP 구조를 가진다. 하지만 '에'와 결합한 명사구가 능동문의 주어 자리에 오면 그 문장은 비문이 된다. 이것은 명사구 자체는 동작주가 아니라 장소를 나타내는 부사어이기 때문이다.

2. NP₁ 이/가＋VP 문형

NP₁ 이/가＋NP₂ 에게/에＋VP 문형이 한국어 피동문에서 가장 기본적인 문형이라고 하는 이유는 능동문이 피동문으로 전환되는 과정에서 일정한 통사적 절차를 거쳐 피동작주나 동작주 등의 성분이 여전히 문장에서 쓰이고 일정한 문법적 역할을 하고 있기 때문이다. 그러나 사실상 능동문의 주어였던 명사구가 늘 피동문에서 동작주로 나타나는 것은 아니다.

 (9) ㄱ. 철수가 경찰에게 잡혔다.

   ㄴ. 철수가 잡혔다.

(9)에서 (ㄱ)은 NP_1이/가＋NP_2에게/에＋VP 문형의 전형적인 예문이고 (ㄴ)은 동작주 '경찰'이 생략된 문장이다. 두 문장은 의미적으로 보면 진리치가 일치하지만 다소 화용적인 차이가 있다. 동작주가 출현한 문장은 '철수를 잡은 사람은 다른 사람이 아니라 경찰'이라는 사실을 강조하는 의미가 있는 반면, 동작주가 생략된 문장은 '철수가 잡혔다'의 동작 자체를 나타내는 것이다.

위와 같이 동작주 NP_2가 임의로 생략되는 경우도 있지만 NP_2가 피동문에 드러날 수 없는 경우도 많다.

(10) ㄱ. 그 노래가 요즈음 (?아이들에게) 많이 불린다.

ㄴ. 그 노래가 요즈음 (?아이들에 의하여) 많이 불린다.

예문 (10)에서 '아이들에게'나 '아이들에 의하여'가 출현하면 문장 전체가 어색해진다. 이 경우 자연스러운 한국어 문장이 아니라 외국어 문장을 한국어로 번역하는 과정에서 원문에 충실하기 위해 억지로 동작주를 드러낸 것이라는 인상을 준다. 의미적으로 받아들일 수는 있지만 좋은 표현이라고 할 수는 없다.

(11) ㄱ. 꽃이 화분에 심겼다.

ㄴ. 고무줄이 나무에 얽혔다.

피동문에서 나타나는 두 번째 명사구 뒤의 '에게'와 '에'의 교체 현상이 일반적으로는 명사구의 유정성에 달려 있는 것으로 여겨진다. 그렇지만 본고에서 (11)과 같은 문장들을 NP_1이/가＋NP_2에＋VP 문형으로 보지 않고 NP$_1$이/가+VP 문형으로 보기로 한다.

> (12) ㄱ. (누군가가) 꽃을 화분에 심었다.
>
> ㄴ. (누군가가) 고무줄을 나무에 얽었다.

앞에서 본 바와 같이 (11)의 두 번째 명사구가 능동문의 주어 자리에 나타날 수 없다. (11)과 대응되는 능동문은 (12)과 같이 상정할 수 있다. 즉, 피동문에 없는 '누군가'가 능동문의 주어 자리에 오는 것이다. 이 때 '화분에'와 '나무에'는 동작이 발생하는 장소를 나타내는 부사어인 것을 알 수 있다. 따라서 피동문에 나타나는 '화분에'와 '나무에'는 원래 능동문의 부사어가 그대로 남아 있는 것으로 보는 것이 더 타당하다. 다시 말해 (11)과 같은 피동문은 형성과정에서 동작이 일어나는 장소를 드러내는 부사어가 그 형태를 유지한 채 피동문에 잔류하고 동작주는 생략된 것으로 보아야 한다. 따라서 피동문의 'NP에'는 늘 동작주와 동작주 표지가 결합한 것은 아님을 알 수 있다.

> (13) ㄱ. 기름이 물에 섞이지 않는다.
>
> ㄴ. 체면이 그 일에 깎였다.
>
> ㄷ. 양 떼가 그 쪽에 몰렸다.

'NP에'는 의미와 기능에 따라 두 가지로 나눠질 수 있다. 하나는 무정물 동작주로 나타나는 것이고, 다른 하나는 동작이 발생하는 장소, 원인, 방향 등으로 나타나는 것이다(예문 13). 'NP'의 이러한 분화는 조사 '에'의 용법에 인한 것으로 생각된다. 조사 '에' 자체가 동작의 장소, 원인, 방향 등 나타내는 기능을 하기 때문이다. 여기서 강조하고 싶은 점은 본고에서 NP_2는 동작주 명사구만 가리킨다는 것이다.

    (14) ㄱ. 손발이 (누군가에게) 노끈으로 꽁꽁 묶였다.

        ㄴ. (누군가가) 손발을 노끈으로 꽁꽁 묶었다.

    (15) ㄱ. 물건이 (누군가에게) 보자기로 쌓였다.

        ㄴ. (누군가가) 물건을 보자기로 쌓았다.

    선행연구에서 언급했듯이 '에'외에 조사 '로'도 피동문의 무정물 동작주 표지로 보는 것이 일반적이다. 하지만 본고에서 '로'를 무정물 동작주 표지로 보지 않고, 동작의 장소나 원인 그리고 방향 등을 의미하는 '에'와 비슷하게 단지 '도구'나 '대상'을 의미하는 일반 조사로 처리하겠다. (14, 15)를 보면 능동문에서 피동문으로 전환하는 과정에서 '도구'를 드러내는 부사어가 피동문에 그대로 남아 있는 것을 알 수 있다. 본고에서 장소, 방향, 도구 등을 나타내는 명사구는 NPa로 표시하기로 한다.

3. NP_1 이/가＋NP_2 에게/에＋NP_3을/를＋VP 문형

    이 문형은 앞의 NP_1이/가＋NP_2에게/에＋VP 기본 문형에 'NP_3을/를' 추가한 특수한 피동문 문형이고 '목적격 피동문'이라 불린다.

    (16) ㄱ. 영수가 뱀에게 손을 물렸다.

        ㄴ. 영수가 뱀에게 손이 물렸다.

　　ㄷ. 뱀이 영수를 손을 물었다.

　(16ㄱ)에서 '영수'는 NP_1이고 '뱀'은 NP_2이며, '손'은 NP_3이다. 이 피동문과 대응되는 능동문이 (16ㄷ)으로 상정할 수 있다. (16ㄷ)은 이른바 '이중목적어문'이다. 이중목적어문을 피동문으로 전환하는 과정에서 목적어격을 취하는 두 명사구가 (ㄴ)에서 볼 수 있듯이 모두 피동문의 주어가 되고 주격조사'이/가'와 함께 나타난다.

　그런데 (16ㄱ)와 같은 피동문에서 능동문의 두 번째 목적어인 명사구는 주격조사가 아닌 목적격조사'을/를'과 함께 나타난다. 일반적으로 타동사 어간에 피동 접미사를 붙여서 만드는 접미 피동사는 자동사처럼 목적어를 취할 수 없는 것으로 생각된다. 그렇지만 이러한 '목적격 피동문'이 한국어에서 분명히 존재하고 한국어 화자도 이런 문장을 자연스럽게 만들어서 사용하며, 또한 '을/를'과 '이/가'의 교체 현상도 쉽게 일어난다. 이처럼 '을/를'로 '이/가'를 대체하는 현상이 발생하는 원인에 대해서 이익섭·임홍빈(1983)은 피동작주 하나를 부각시키고 나머지는 그대로 목적어 형식으로 두어 문장의 균형을 유지하기 때문이라고 했다.

　그래서 피동문에서 명사구와 목적격 조사 '을/를'이 함께 나타나는 것을 이중목적어 구문의 두 번째 묵적어가 주어 자리로 올라가지 않고 그대로 잔류한 것으로 파악하는 것은 더 타당한 듯하다. 이 때 '을/를'과 함께 쓰이는 명사구는 더 이상 목적어가 아니라 일종의 수식 역할을 하는 요소이다. 그리고 '을/를'도 목적격 조사가 아닌 일종의 특수조사로 보아야 할 것이다.

　또 (16)에서 '을/를'과 '이/가'의 교체 현상이 발생하는데 문장 의미에는 별 차이가 없다. 일반적으로는 이러한 교체 현상이 임의로 일어나는 것처럼 보이지만 실제로도 그러한지는 아직 의문으로 남아 있다. 본고에서 이 문제에 대해서는 논하지 않고 두 가지 문장을 한 문형으로 묶고자 한다. 또한 출현 빈도가 더 높은 목적격 피동문 'NP$_1$이/가+NP$_2$에게/에+NP$_3$을/를+VP' 구조를 이 문형의 대표로 논의를 하겠다.

(17) ㄱ. 그 사람이 외계인으로 불렸다.

ㄴ. 그 사람이 대의원으로 뽑혔다.

ㄷ. 그 사람이 우승 후보로 꼽혔다.

예문 (17)과 같은 문장이 본고에서 'NP$_1$이/가+NP$_2$에게/에+NP$_3$을/를+VP' 문형의 특별한 경우로 본다.

(18) ㄱ. 손발이 노끈으로 꽁꽁 묶였다.

ㄴ. (누군가가) 손발을 꽁꽁 묶었다.

(19) ㄱ. 그 사람이 외계인으로 불렸다.

ㄴ. (사람들이) 그 사람을 외계인으로 불렀다.

ㄷ. ?(사람들이) 그 사람을 불렀다.

언뜻 보면 이러한 문장들이 (18)과 같은 구조를 가지는 것으로 생각될 수 있다. 그러나 두 가지 문장과 대응되는 능동문을 교려하면 그 차이를 발견할 수 있다. 조사 '로'는 (18)에서 '도구'의 의미를 지니는 것이고 (17)에서 '대상'의 의미를 나타내는 것이다. 특정한 상황이 아니라면 '로'가 '도구'의 의미를 지닐 때 (18)과 같이 'NP로'가 드러나지 않아도 의미상의 큰 차이가 없다. 반면 '로'가 '대상'의 의미를 지닐 때 'NP로'가 문장에 드러나지 않으면 비록 비문이 아닐지라도 원래의 문장과 비교했을 때 의미상의 차이가 있을 수 있다. 즉, '로'가 '대상'의 의미를 나타낼 때 'NP로'가 꼭 있어야만 완전한 문장이 된다.

따라서 'NP로'가 출현하는 피동문이 두 가지로 나눠진다. 하나는 도구의 의미를 나타내는 유형으로써 본고에서 'NP₁이/가＋VP' 문형의 일종으로 보며, 또 하나는 대상의 의미를 나타내는 유형으로 본고에서 'NP₁이/가＋NP₂에게/에＋NP₃을/를＋VP' 문형의 특례로 논의하겠다. 여기서 'NP로'의 'NP'가 'NP₃'에 해당되는 것이다.

한국어 접미 피동문의 문형을 정리해 본다면 표5와 같다.

〈표5〉 한국어 접미 피동문의 문형

	한국어 접미 피동문의 문형
1.	NP₁이/가＋NP₂에게/에＋VP
2.	NP₁이/가＋VP; NP₁이/가＋NPa에/로＋VP
3.	NP₁이/가＋NP₂에게/에＋NP₃을/를＋VP; NP₁이/가＋(NP₂에게)＋NP₃(으)로＋VP

B. 중국어 '被'자문의 문형

1. NP₁＋被＋NP₂＋VP 문형

이 문형은 중국어 '被'자문의 전형적인 문형이라 할 수 있다.

(20) ㄱ. 我 被　蚊子　　叮 了。

　　　　I　BEI mosquito bite-PFV

　　　　(내가 모기에게 물렸다.)

　　ㄴ. 蚊子　　叮 了 我。

　　　　mosquito bite-PFV 1sg.

　　　　(모기가 나를 물었다.)

　　ㄷ. 蚊子　　把 我 叮 了。

　　　　mosquito BA 1sg. bite-PFV

　　　　(모기가 나를 물었다.)

(21) ㄱ. 树 叫 风 刮 倒 了。

　　　　tree JIAO wind blow-down-PFV

　　　　(나무가 바람에 넘어졌다.)

　　ㄴ. 风　刮　倒　了 树。

　　　　wind blow-down-PFV tree

　　　　(바람이 나무를 넘어뜨렸다.)

　　ㄷ. 风　把树　刮　倒　了。

　　　　wind BA tree blow-down-PFV

　　　　(바람이 나무를 넘어뜨렸다.)

(20, 21ㄱ)에서 주어 '我(나)'와 '树(나무)'를 NP$_1$로 표시하고, 동작주 '蚊子(모기)'와 '风(바람)'을 NP$_2$로 표시하며, 서술어 '叮了(물었다)'와 '刮倒(넘어뜨렸다)'를 VP로 표시한다. 피동문의 서술어인 '叮了'는 능동문의 서술어와 똑같은 형태로 나타난다. 피동문 주어 뒤에 나타나는 '被'는 동작주를 도입하는 개사이다. 도입된 동작주 명사구는 보통 개사의 목적어로 간주된다. '被'와 마찬가지로 동작주를 도입하는 기능을 지니는 개사는 '叫', '让', '给' 등 있다.

'NP$_1$+被+NP$_2$+VP' 문형은 능동문과의 대응관계가 가장 명확한 피동문이라 할 수 있다. 또한 이러한 '被'자문은 (20, 21ㄷ)과 같은 이른바 '把'자문과 대응될 수 있다.[14]

중국어 피동문 중에 한 문장 내에서 두 개의 피동표지가 짝을 이뤄 쓰이는 '복합 표지 피동문'이 존재한다.

(22) 新加坡　　为　海洋　所　　环抱，　一年之中　全　是　夏季。

Singapoe WEI ocean SUO-surround in-one-year all be summer

(싱가포르는 바다에 둘러싸여 있고 일 년 내내 여름이다.)

---

14 (20ㄷ)蚊子把我叮了。

(21ㄷ)风把树刮倒了。

'把'자문은 중국어에서 자주 쓰이는 일종의 능동문의 특수 유형이다. '把'자문의 기본 구조는 (20, 21ㄷ)과 같다. 중국어는 유형적으로는 SVO형 언어에 속하는데 능동문에서 문장의 목적어가 서술어 뒤에 나타나는 것은 일반적이다. 그렇지만 '把'자문에서 개사 '把'가 문장의 목적어를 이끌어 서술어 앞에 놓는다. 이런 문장 형식은 '처치식(處置式)'이라고도 부르는데 이 명칭은 '把'의 어휘의미에서 비롯된 것으로 생각된다. '把'는 원래 '잡다', '쥐다'라는 뜻의 동사였는데 문법화 과정을 거쳐 지금과 같은 개사로 정착되었다. 다시 말해서 '把'자문은 '어떤 사물 또는 사람을 가지고 어떻게 처리한다'는 의미를 나타낸다.

(23) 欧洲　和　美洲　北部　都　被　冰川　所　覆盖。

Europe and America north all BEI glacier SUO-cover

(유럽과 아메리카 북부는 모두 빙하에 덮였다.)

고대중국어에서 '…为…所…' 구조로 피동 의미를 나타내는 경우가 많았다. 그 중에 '为'는 동작주를 도입하는 개사이고 '所'는 동사를 이끄는 구조조사이다.[15] (22)을 보면 이런 용법의 흔적이 현대중국어에서도 여전히 남아 있음을 알 수 있다.

그러나 인간의 언어는 시간의 흐름에 따라 발전하기 마련이다. 원래 '덮다', '입다'라는 뜻을 가진 동사 '被'가 문법화 과정을 거쳐 개사가 되었고 '为'가 쓰였던 언어 영역에 침투하여 점령했다. 따라서 현대중국어, 특히 문어체에서 (23)과 같은 '…被…所…' 구조를 가진 피동문이 나타나기도 한다. 이 때는 '被'자 뒤에 꼭 동작주 명사구가 있어야 하고, '所'자 뒤에는 조사나 보어가 없이 이음절 동사가 출현하는 것은 일반적이다.[16] 이런 구조를 통해 피동문의 동작주 명사구, 즉 '被'의 목적어를 강조하는 효과를 볼 수 있다.

'…为…所…' 구조와 '…被…所…' 구조를 가지는 피동문에서 조사 '所'는 동사를 이끄는 표지일 뿐, 실제적인 어휘적 의미가 없다. 따라

---

[15] 중국어의 조사는 구조조사, 동태조사와 어기조사 등 세 가지를 포함한다. 조사는 대부분 단독으로 쓰일 수 없고, 실사, 구, 문장에 부가되어 쓰인다. 또 조사는 어휘적 의미는 없고 문법적 기능만 하는 것이다. 그 중에 구조조사란 단어와 어구를 연결시켜 통사론적 기능을 갖도록 하는 역할을 한다.

[16] 중국어에서 보어는 동사나 형용사 뒤에 나타나는 용언성 성분인데 주로 결과보어, 방향보어, 상태보어 등을 포함한다. 다른 언어에는 중국어의 보어와 유사한 언어현상이 거의 없어서 중국어에서 보어를 가진 문장은 다른 언어에서 다른 방식을 사용하는데, 두 개의 문장으로 표현할 가능성이 크다. (刘月华, 潘文娱, 故韡 2007:533 참조)

서 이러한 문장들 'NP$_1$＋被＋NP$_2$＋VP' 구조를 가진 문장들과 같은 문형으로 묶어도 무방할 듯하다.

위의 '…为…所…' 구조와 '…被…所…' 구조 외에 '복합 표지 피동 문'에 속하는 또 다른 한 가지의 구조가 있다.

    (24) …天鹅肉　　经常　真的　被　癞蛤蟆　给　吃　了。

        swan meat often really BEI toad　AUX eat-PFV

      (…백조 고기는 진짜로 자주 두꺼비에게 먹혔다.)

(24)에서 '被'자와 '给'자가 함께 짝을 이루어 '…被…给…' 구조를 구성한다. 여기서 '给'는 동작주를 도입하는 개사로 쓰인 것이 아니다. 실제적인 의미가 없는 구조조사이어서 '给'자를 빼도 문장의미에 아무런 영향이 없다. 다만 구조조사 '给'가 있는 문장은 구어체의 느낌이 더 강하다. 따라서 '…被…给…' 구조도 'NP$_1$＋被＋NP$_2$＋VP' 문형에 속하는 것으로 간주할 수 있다.

2. NP$_1$＋被＋VP 문형

'NP$_1$＋被＋VP' 문형은 'NP$_1$＋被＋NP$_2$＋VP'에서 동작주 'NP$_2$'가 생략되어 생성된 문형이다.

    (25) 小偷　被 (警察)　抓住　了。

       thief　BEI (police)　catch-PFV

      (도이 경찰에게 잡혔다.)

(26) 古典文学　　　　　的　研究目的　　　和　方法　　也

classical literature-ASSOC research purpose and method also

反复　　　　被 (学者们) 讨论　过。

repeatedly BEI scholars discuss-EXP

(고전문학의 연구목적과 연구방법도 학자들에 의해

반복적으로 토론되었다.)

(25, 26)에서 주어 '小偷(도둑)'와 '古典文学的研究目的和研究方法(고전문학의 연구목적과 연구방법)'은 'NP₁'이고 서술어 '抓住了(잡았다)'와 '讨论过(토론되었다)'는 'VP'이며, '警察(경찰)'과 '学者们(학자들)'은 생략된 'NP₂'이다.

이때 NP₂가 생략되었지만 '被'자가 그대로 남게 되어 서술어 동사가 '被'자의 바로 뒤에 붙게 된다. 그러나 모든 'NP₁＋被＋NP₂＋VP' 문형 피동문의 NP₂가 다 생략되어 'NP₁＋被＋VP' 문형이 될 수 있는 것은 아니다. NP₂ 생략 가능한 조건에 대해서는 뒤에서 다시 논의하겠다.

3. NP₁＋被＋NP₂＋VP＋NP₃ 문형

한국어에서 '목적격 피동문'이 존재하는 것과 비슷하게 중국어에서도 목적어를 가지는 피동문이 있다.

(27) 有　个　人　　　昨天　　被　强盗 砍断 了　一 只 胳膊。

exist-CL person yesterday BEI robber break-PFV one-CL arm

(한 사람이 어제 강도에게 팔을 하나 잘렸다.)

(28) 那个 孩子　　被　　虫子 咬　　了 胳膊。

that　child　BEI　bug　　bite-PFV arm

(그 아이가 벌레에게 팔을 물렸다.)

예문(27, 28)에서 '有个人(한 사람)'과 '那个孩子(그 아이)'는 'NP₁'이
고, '强盗(강도)'와 '虫子(벌레)'는 'NP₂'이고, '一只胳膊(한 팔)'과 '胳膊
(팔)'은 'NP₂'이며, '砍断了(잘랐다)'와 '咬了(물었다)'는 'VP'이다. 그 중
에 두 'NP₂' 명사구는 모두 'NP₁' 명사구의 일부분이고, 다시 말해
'NP₁'과 'NP₂'는 전체와 부분의 관계를 이루는 것이다.

(29) 那　绿色的 草地　　上　　已然　　被 他

that green　grass-above already BEI 3sg.

踏　　出　　了　一　条 小路。

step-out-PFV one-CL path

(그 푸른 풀밭은 이미 그에 의해 밟혀 작은 길이 났다.)

중국어에서 (29)와 같은 '被'자문도 발견된다. 여기서 '那绿色的草
地上(그 푸른 풀밭)'는 NP₁이고, 3인칭 대명사 '他(그)'는 NP₂이며, '一
条小路(하나의 작은 길)'은 NP₂이다. 그 중에 NP₁과 NP₂은 전체-부분
의 관계 혹은 소유관계가 아닌 다른 의미관계를 이룬다. 명사구 사이
의 이러한 관계는 뒤에서 다시 논의할 것이다.

이상은 중국어 '被'자문에 어떤 문형이 있는지를 살펴보았다. 정리
해 보면 표6과 같다.

〈표6〉 중국어 '被'자문의 문형

	중국어 '被'자문의 문형
1.	NP_1＋被/叫/让/给＋NP_2＋VP; NP_1＋被/为＋NP_2＋所＋VP
2.	NP_1＋被/叫/让/给＋VP
3.	NP_1＋被/叫/让/给＋NP_2＋VP＋NP_3

C. 한국어 접미 피동문과 중국어 '被'자문의 특징 대조

1. NP_1의 특징

1.1. 한국어 접미 피동문 NP_1의 특징

첫째, 일반적으로 NP_1에는 동작의 대상이나 동작에 의해 직접적으로 영향을 받은 피동작주가 나타난다. 이러한 명사구는 보통 피동문과 대응되는 능동문에서 직접목적어 역할을 하는 성분이다. 이 자리에 유정성 명사구와 무정성 명사구, 즉 [±생물], [±인간]의 의미자질을 가진 성분이 모두 올 수 있다.[17]

(30) 아이가 엄마에게 업혔다.

(31) 마을이 산에 둘러싸인다.

---

[17] 최재영·임미나(2008) 참조

예문(30)에서 NP_1은 [+생물, +인간]의 의미자질을 가진 명사 '아이'이고 (31)에서 NP_1은 [-생물, -인간]의 의미자질을 가진 명사구 '마을'이다.

또한 능동문에서 목적격이 아닌 소격, 여격, 또는 시원의 모습을 띠는 명사구도 피동문의 NP_1 자리에 올 수 있다.

    (32) ㄱ. 우리는 산에서 내려온 범에게 소를 먹히었다.

         ㄴ. 산에서 내려온 범이 우리의 소를 먹었다.

    (33) ㄱ. 그 여자가 사람들에게 여사라 불리었다.

         ㄴ. 사람들이 그 여자에게 여사라 불렀다.

    (34) ㄱ. 그이가 주인에게 자유를 빼앗기었다.

         ㄴ. 주인이 그이에게서 자유를 빼앗았다.

예문 (32~34)는 이른바 '목적격 피동문'이다. (32)에서 능동문의 소격이 피동문의 주어 자리에 오고, (33)는 흔히 나타나는 상황은 아니지만 능동문의 여격 성분이 피동문의 주어 자리에 오는 것이며, (34)에서는 능동문에서 시원을 나타내는 부사어가 피동문의 NP_1이 된다.

둘째, 일정한 상황에서 한국어 피동문의 주어 NP_1은 생략 가능하다. 만약 문맥에 의해 주어가 쉽게 유추될 수 있거나 주어 없이도 오해의 여지가 없다면 NP_1이 생략될 수 있다.

    (35) 사람을 대신해 한평생 죽도록 일만 하고 늙어서 기력이 다하면 사람들한테 잡아먹히고 마는 것이다.

(35)에서 NP₁에 해당하는 명사구는 앞뒤 문맥에 의해 명확하게 알수 있기 때문에 생략된 것이다. 이처럼 생략된 NP₁은 발화 현장의 상황 및 전후 맥락에 의해 복원될 수 있는 것이 대부분이다.

1.2. 중국어 '被'자문 NP₁의 특징

첫째, 한국어 피동문의 NP₁과 마찬가지로 중국어 피동문의 NP₁도 주로 동작의 대상이나 동작에 의해 영향을 받은 피동작주에 해당한다. 즉, [±생물], [±인간]의 의미자질을 갖는 명사구는 모두 출현이 가능하다.

> (36) 我 被　蚊子　　叮 了。
>
> I　BEI mosquito bite-PFV
>
> (내가 모기에게 물렸다.)
>
> (37) 新加坡　　为　　海洋 所　　环抱，　　一年之中　全 是 夏季。
>
> Singapoe WEI ocean SUO-surround in-one-year all be summer
>
> (싱가포르는 바다에 둘러싸여 있고 일년 내내 여름이다.)

위의 예문 (36)에서 NP₁ 자리에는 [+생물, +인간]의 의미자질을 갖는 '我(나)'가 나타나고, 예문 (37)에서는 [−생물, −인간]의 의미자질을 갖는 '新加坡(싱가포르)'가 나타난다.

> (38) 张三　　　　被 他太太　哭 得　没　　　　了主意。
>
> Zhangsan BEI his wife cry-CSC NEG (exist)-PFV idea
>
> (张三은 부인이 울어 정신이 없다.)

중국어에서 예문 (38)과 같은 '被'자문도 발견된다. NP1인 '张三'은 동작 '哭(울다)'의 대상은 아니라 그의 부인의 어떤 영향을 받은 대상이 된다. '没了主意(정신이 없다)'의 상태로 변한 것은 NP₁ '张三'이 능동적인 행위의 결과가 아니라 어떤 영향을 받아 피동적으로 변한 것이기 때문에 '被'자문 형식으로 표현하는 것이다.

둘째, 중국어 '被'자문의 NP₁ 자리에는 일반적으로 특정적(definite) 명사구만 올 수 있고 불특정정적(indefinite) 명사구는 올 수 없다.[18]

(39) 那个 孩子　被 虫子 咬　了　胳膊。

　　 that child BEI bug bite-PFV arm

　　 (저 아이가 벌레에게 팔을 물렸다.)

(40) 他 给 车　撞　　伤　了。

　　 he GEI car collide-injure-PFV

　　 (그 사람이 차에 치여서 다쳤다.)

(41) ?一　只 青蛙 被　蛇　　吃 掉 了。

　　 one-CL frog BEI snake eat-off-PFV

　　 (개구리 한 마리가 뱀에게 먹혔다.)

---

18 'definite'이라는 술어는 중국어에서는 '有定的', '定指的','限定的' 등 용어로 번역된다. 영어에서 정관형사는 'definite article'이라고 부르는데 앞에서 이미 출현한 바 있는 성분을 지시할 때 사용하는 장치이다. 이처럼 영어의 정관형사가 어떤 특정한 성분을 지시하는 것을 '특정적'이라고 말할 수 있으므로 본고에서 이 특징을 중국어의 주어에 도입하여 주어의 특정성(definiteness)을 설명하고자 한다. (김윤정 2004:29 참조)

(39)에서 NP_1 '那个孩子(저 아이)'는 지시대명사 '那个(저)'와 인물 명사 '孩子(아니)'의 결합체로서 문장의 주어가 다른 아이 아닌 특정한 '저 아이'를 드러낸다. 이런 '특정성'은 지시대명사가 내포한 지시적 의미에서 온 것으로 생각된다. 예문 (40)에서 인칭대명사도 지시대명사와 마찬가지로 지시적 의미를 지니므로 그 자체는 특정적 표현으로 판단된다.그러나 예문 (41)에서 NP_1 '一只青蛙(한 마리의 개구리)'는 수사 '一', 양사 '只' 및 명사 '青蛙'로 이루어진 명사구인데 불특정한 대상을 지칭하므로 비문이 된다.

> (42) 欧洲　和　美洲　北部都被冰川　所　覆盖。
>
> Europe and America north all BEI glacier SUO-cover
>
> (유럽과 아메리카 북부는 모두 빙하에 덮였다.)
>
> (43) 有　一只青蛙被　蛇　吃了。
>
> exist one-CL frog　BEI snake eat-PFV
>
> (개구리 한 마리가 뱀에게 먹혔다.)

예문 (42)에서 NP_1 명사구인 '欧洲和美洲北部(유럽과 아메리카 북부)'는 고유명사이다. 고유명사는 특정한 인물, 단체, 지역, 국가, 사물의 명칭을 지칭하는 명사로서 그 자체가 '특정성'의 의미를 내포하기 때문에 NP_1의 위치에 출현할 수 있다.

또한 중국어 피동문에서 (43)과 같은 '겸어(兼语)문'도 있다.[19] 이

문장은 '有一只青蛙'와 '一只青蛙被蛇吃了' 두 문장이 합병되어 만들어진 것으로 볼 수 있다. 즉, '개구리 한 마리가 있는데 이 개구리는 뱀에게 먹혔다'의 뜻으로 해석되는 것이다. 이 때 뱀에게 먹힌 개구리는 임의의 개구리가 아닌 특정한 '그 개구리'이므로 NP_1이 '특정적'이라 할 수 있다.

(44) 小偷　被　抓住　了。

thief　BEI catch-PFV

(도둑이 잡혔다.)

(45) 行李　　很快地　被　装　上　　了 卡车。

luggage quickly　BEI load-onto-PFV truck

(짐이 아주 빨리 트럭에 실렸다.)

그러나 (44, 45)과 같은 피동문은 많이 사용되는 것 또한 사실이다. NP, '小偷'와 '行李'는 원형보통명사(bare noun)이고 앞에 지시의미를 나타내는 수식성분이 없어 '불특정적' 명사구로 보인다. 따라서 '특정적'과 '불특정적'이라는 개념은 다시 검토할 필요가 있다.

陈平(1987b)에서 체언성을 띠는 구조들이 형식에 의해 '특정성'의 강약 정도가 다르다고 지적하며 '특정성'의 강도 순서를 아래와 같은 표로 제시했다.

〈표7〉 체언성 성분의 특정성

A	인칭대명사
B	고유명사
C	'这/那' (+ 양사) + 명사[20]
D	원형 보통명사[21]
E	수사 (+ 양사) + 명사
F	'一' (+ 양사) + 명사
G	양사 + 명사

陈平(1987b)는 위의 7 가지의 구조는 A부터 G까지 '특정성'이 점차 약해지고 '불특정성'은 강해지는 것이며, 특히 A, B와 C는 전형적으로 '특정성'을 갖는 구조이라 하였다. 따라서 앞에서 언급한 것처럼 예문 (39), (40), (42)의 NP₁은 모두 특정적인 성분이므로 문장이 성립한다.

그러나 본고에서 말하고 있는 '특정적'과 '불특정적'이라는 개념은 문장 차원에서만의 것이 아니다. 문장 차원에서 명사구가 '특정성'을 가지기 위해서는 위의 A, B, C와 같은 형식을 갖춰야 하지만 문장 차원을 넘어서는 꼭 그런 것은 아니다. 다시 말해 발화 차원에서 명사구가 A, B, C와 같은 구조를 가지지 않더라도 '특정성'을 지닐 가능성이 있다. 张伯江・方梅(1996)에서 "화자가 어떤 체언성 성분을 사용할 때, 만약 청자가 이 체언성 성분이 가리키는 대상을 언어 환경 속에서 어떤 특정한 사물과 동일시할 수 있고, 아울러 그 성분을 같은 언어 환경 중에 존재 가능한 기타 동류 실체와 구별할 수 있다고 판단할 수 있

---

20 '这/那'는 지시대명사이다.

21 '光杆普通名词'

다면 이 체언성 성분은 특정적이다"라고 언급했다. 본고에서 이러한 관점을 받아들이고, 즉 '특정성'은 정보상의 '이지(已知)성'과 인지상의 '식별 가능성(identifiability)'을 포함하는 것으로 인정한다.

따라서 중국어 '被'자문의 NP_1이 위의 표의 DEFG 형식에 해당하는 명사구이더라도 발화 현장의 상황이나 전후 맥락에 의해 식별될 수 있다면 '특정직'인 것으로 판단해야 한다. (44), (45)의 NP_1인 '小偷'와 '行李'는 원형 보통명사이지만 발화할 때 화자와 청자가 모두 어느 도둑인지, 그리고 누구의 짐인지를 알고 있다면 피동문이 성립된다.

셋째, 중국어 문장의 주어가 처소를 나타내는 성분으로 충당될 수 있다. 그래서 '被'자문의 NP_1 자리에도 처소를 나타내는 성분이 나타날 수 있다.

(46) 墙　　上　　被挖　了 一 个　洞。

wall-above BEI dig-PFV one-CL hole

(벽에 구멍이 하나 뚫렸다.)

(47) 大门　上　　被　　人　　上　　了　锁。

door-above BEI people lock(v.)-PFV lock(n.)

(대문에 열쇠가 잠기었다.)

예문 (46, 47)의 주어는 '墙上(벽에)'와 '大门上(대문에)'이다. 이러한 명사구는 명사와 방위사(方位词)로 구성된다.[22] 이처럼 처소 명사구가 문장 주어를 충당하는 것은 중국어의 특징 중 하나이다.

넷째, 중국어 문장에서 만약 오해의 소지가 없는 경우라면 주어를 생략해도 무방하다. '被'자문의 NP$_1$도 맥락이나 화용적인 지식에 의해 보충이 가능하면 생략될 수 있다.

(48) 你　在这　破　　土瓶中　虽然　不免　　　要
you in this broken clay-vase though unavoidable will

凄凄寂寂地 飘零。 但　比　遗弃　在　路旁　被
lonely　　wither but than abandon at roadside BEI

人　　　践踏　　了　的　好　罢?
people trample-CRS NOM good SA

(너는 이 깨진 토기병 속에서 비록 쓸쓸하게 꽃잎이 지는 것을
피할 수는 없겠다. 그렇지만 길가에 버려져 사람들에게
밟히는 것보다야 낫지 않겠느냐?)

예문 (48)의 두 번째 문장에서 NP$_1$에 해당하는 성분 '你'가 생략된 것으로 볼 수 있으며 맥락에 의해 복원할 수 있다.

---

22 중국어의 '方位词'이란 방향이나 상대적인 위치 관계를 나타내는 명사의 하위 부류인데 단순방위사와 합성방위사를 포함하는 것이다. 전자는 보통 단음절사이고 上, 下, 左, 右, 前, 后, 里, 外 등 있다. 후자는 단순방위사 앞에 '以', '之'를, 뒤에 '边', '面', '头' 등이 붙어 만들어진 합성어이고 '以前', '之后', '里面', '左边' 등 있다. 방위사는 명사의 하위 부류이긴 하나 의미와 기능면에서 다소 보통명사와 차이가 보인다. (刘月华, 潘文娱, 故韡 2007:50~60 참조)

1.3. 한국어 접미 피동문과
중국어 '被'자문 NP₁의 특징 대조

여기까지 한국어와 중국어의 NP₁이 어떠한 특징이 있는지 살펴보았다. 한국어 접미 피동문과 중국어 '被'자문의 NP₁에는 큰 차이가 있다.

첫째, 한국어 접미 피동문의 NP₁은 특정적 성분으로 충당해도 되고 불특정적 성분으로 충당할 수도 있다. 이와 달리 중국어 '被'자문의 NP₁은 꼭 특정적 성분이어야 된다.

(51) ㄱ. 양 한 마리가 범에게 먹혔다.

ㄴ. *一只羊被老虎吃掉了。

ㄷ. 有　一只羊　被 老虎 吃掉　了。

exist one-CL sheep BEI tiger eat-off-PFV

(52) ㄱ. 옷 한 벌이 그에게 찢겼다.

ㄴ. *一件衣服被他撕破了。

ㄷ. 那　件 衣服 被　他　撕破　了。

that-CL cloth　BEI　3sg. tear-PFV

예문 (51, 52ㄱ)에서 한국어 접미 피동문의 NP₁은 불특정한 명사구이다. 이러한 경우의 한국어 문장이 그대로 (ㄴ)과 같은 중국어 문장과 대응될 수는 없다.

둘째, 한국어 접미 피동문의 NP₁은 처소를 나타내는 성분으로 충당할 수 없다. 반면에 중국어 '被'자문에서는 처소를 나타내는 성분이

NP$_1$으로 쓰일 수 있다.

> (53) ㄱ. 墙　上　被　挖　了　一　个　洞。
>
>   wall-above BEI dig-PFV one-CL hole
>
>   ㄴ. *벽이 구멍을 하나 뚫렸다.
>
>   ㄷ. 벽에 구멍이 하나 뚫렸다.
>
> (54) ㄱ. 大门　上　被　人　上　了　锁。
>
>   door-above BEI people lock(v.)-PFV. lock(n.)
>
>   ㄴ. *대문이 열쇠를 잠기었다.
>
>   ㄷ. 대문에 열쇠가 잠기었다.

　예문 (53, 54ㄱ)은 중국어 '被'자문의 NP$_1$＋被＋NP$_2$＋VP＋NP$_3$ 문형이고 주어 NP$_1$은 각자 처소를 나타내는 '墙上(벽에)'와 '大门上(대문에)'이다. 하지만 이러한 성분들은 한국어 피동문에서 주어가 될 자격이 없고 단지 부사어로 출현할 수만 있다. 만약 주어 자리에 나타나면 비문이 된다.

　이상의 논의에 의하면 한국어 접미 피동문과 중국어 '被'자문의 NP$_1$의 공통점과 차이점은 아래 표와 같다.

〈표8〉 한국어 접미 피동문과 중국어 '被'자문 NP$_1$의 특징 대조

NP$_1$의 특징	±인간	±생물	생략 가능성	특정적	불특정적	처소 명사구
접미 피동문	○	○	○	○	○	×
'被'자문	○	○	○	○	×	○

(가능함: ○불가능함: ×)

2. NP₂의 특징

2.1. 한국어 접미 피동문 NP₁의 특징

첫째, 본고에서 말하는 NP₂는 능동문의 주어 자리에 있었던 명사구, 즉 동작주와 동일한 것이다. 동작주는 피동작주나 대상에게 능동적으로 어떠한 영향을 주는 것이 일반적이므로 NP₂는 유정성을 지닌 존재, 특히 사람인 경우가 대부분이다.[23] 예문 (55)에서 NP₂인 '여성들'과 '목수'는 모두 사람이다.

> (55) ㄱ. 그 잡지는 여성들에게 많이 읽힌다.
>
>   ㄴ. 못이 목수에 의해 똑바로 박혔다.
>
> (56) 도둑이 경찰에 잡혔다.
>
> (57) 모든 것이 안개에 휩싸였다.

또한 단체기관이나 자연현상을 나타내는 명사구가 무정성을 지니지만 NP₂ 자리에 올 수도 있다. 예문 (56)의 NP₂ '경찰'은 한 명의 경찰이 아닌 기관 전체를 가리키는 것이고 예문 (57)의 NP₂ '안개'는 자연현상이다. 단체기관과 자연현상은 스스로 움직일 수 있는 인격체는 아니지만 추상적으로 보면 다른 사람이나 사물에 작용을 할 수 있기 때문에 동작주가 될 수 있다.

---

[23] 서정수 1994:959 참조

(58) ㄱ. 산이 저 기계로 깎였다.

　　ㄴ. 저 기계가 산을 깎았다.

(59) 산이 저 기계에 깎였다.

(60) (누군가가) 저 기계로 산을 깎았다.

(61) ㄱ. 손발이 노끈으로 꽁꽁 묶였다.

　　ㄴ. *노끈이 손발을 꽁꽁 묶었다.

　예문 (58)에서 피동문의 두 번째 명사구인 '기계'는 능동문 (ㄴ)에서 주어 자리에 놓일 수 있다. 그렇기 때문에 대부분 문법가들은 한국어 피동문의 동작주 NP_2은 도구를 나타내는 명사구도 담당할 수 있다고 본다. 그러나 예문 (61)에서 도구를 나타내는 '노끈'은 무정성 명사구이다. 능동적으로 동작을 할 수 없는 '노끈'은 능동문의 주어가 될 수 없다. 따라서 피동문의 '노끈'은 동작주 명사구로 보기 어렵다.

　본고의 관점에서 보면 도구를 나타내는 명사구는 피동문에 출현하는 경우 동작주의 자격을 가지지 못한다는 것이다. 예문(59)처럼 '기계'가 조사 '로'가 아닌 '에'와 결합하여 피동문에 나타나는 경우도 있다. 여기서 '기계'가 주어인 능동문 (58ㄴ)과 대응하는 피동문이 (58ㄱ) 아니라 (59)인 것으로 보고, (58ㄱ)과 대응되는 능동문은 '기계로'가 나타나는 (60)인 것으로 보는 것 더 타당하다.

　이때 (58ㄱ)과 (60)의 '기계'는 도구를 의미하고 (58ㄴ)과 (59)의 '기계'는 동작주 NP_2의 역할을 한다. 이러한 점은 명사 '기계'의 특수성과 관련 있다고 생각된다. 한편 '기계' 자체는 인격체가 아닌 무정물이기 때문에 대부분 상황에서 '행위의 도구'로 쓰인다. 다른 한편으로는 '기계'가 인격체의 동작과 유사한 작용을 할 수 있기 때문에 의인화된

존재로 여겨질 수 있다.[24]

앞에서 본 바와 같이 본고에서 한국어 접미 피동문에 도구를 나타내는 명사구가 NP_2가 될 수 없는 것으로 본다. 위의 예문은 오직 명사구의 특성에 인한 특례라고 생각된다.[25]

둘째, 한국어 접미 피동문에서 NP_2는 생략되는 경우가 많다.[26] 맥락에 의해 복원 가능하거나 화자와 청자 모두 그 대상을 명확히 알고 있을 때 NP_2가 생략될 수 있다. 또한 가리키는 대상을 구체적으로 설명하기 어렵거나 설명할 필요가 없을 때 NP_2가 생략된다. 이는이해될 수 있는 성분은 되도록 생략하고자 하는 한국어의 특성 때문이다.

(62) 김 형사는 범인을 잡기 위해 쉴 새 없이 뛰어다녔다. 그리고 어제 저녁 드디어 범인이 잡혔다.

(63) 이 소설은 많이 읽힌다.

예문 (62)에서 피동문의 동작주 NP_2가 생략되는데 문맥에 의해 NP_2는 '김 형사'인 것을 추출할 수 있다. 예문 (63)에서 동작주는 특정

---

24 동상

25 '기계'와 비슷한 성질을 가진 명사구 '전기 톱'이 있는데 서정수(1994)에서 아래와 같은 예문을 제시했다.
    a. 전기 톱이 나무를 잘랐다.
    b. 나무가 전기 톱에 잘렸다.
  그러나 〈21세기 세종계획〉 형태 분석 말뭉치에서 검색한 결과 '전기톱'을 포함하는 용례는 8 항목에 주격조사 '이'와 함께 나타나는 항목이 전혀 없고 거의 모두 목적격조사 '을'과 '도구'를 나타내는 조사 '(으)로'와 함께 나타난다. 따라서 기계 따위 명사구는 의인화되어 동작주 역할을 하기 하나 흔한 일이 아니다.

26 동작주 명사구가 피동문에서 생략되는 현상이 세계 여러 언어에서도 아주 흔한 일이다.

한 사람이 아닌 '독자들'이라는 점을 파악할 수 있을 뿐만 아니라 '독자들'이 광범위한 의미를 지니기 때문에 생략된 것이다.

셋째, NP₂은 상대적으로 자유롭게 생략되는 반면 아예 출현하면 안 되는 경우도 있다.

    (64) ㄱ. 가게 주인이 그 물건을 싸게 팔았다.
         ㄴ. 그 물건이 (?가게 주인에 의하여) 싸게 팔렸다.

예문 (64)에서 보면 피동문과 대응되는 능동문이 분명 존재한다. 이때 동작주가 분명히 있음에도 피동문에 NP₂가 나타나면 문장이 어색해진다. 따라서 NP₂가 필수적으로 생략되는 것이다. 이와 같은 한국어 피동문에서 동작주가 잘 드러날 수 없는 원인에 대해 서정수(1994)에서 세 가지 이유를 제시를 했다. 첫째로는 한국어에서 피동구문이 비교적 덜 발달되었기 때문이고, 둘째로는 동작주 표지가 일정한 형식이 없고 있기 때문이고, 셋째로는 역시 이해될 수 있는 성분이면 되도록 생략하는 한국어의 특성과 관련 있다고 지적했다.

본고에서 이런 NP₂의 표면화를 기피하는 현상을 화용적으로 해석하고자 한다. 피동문을 능동문과 대응되는 형식으로 보긴 하나 화용적으로 양자 간에 차이가 있다. 피동문의 주어는 능동적으로 동작을 하는 동작주가 아니라 피동적으로 동작의 영향을 받는 피동작주이다. 따라서 피동문은 주로 주어인 피동작주가 영향을 받아 원래의 상태에서 어떤 새로운 상태로 변화했는지를 드러낸다. 물론, 피동문에서 동작주의 동작성도 표현한다. 하지만 피동문은 동작주와 동작성보다 피

동작주와 상태성을 더 강조하는 것이다. 한국어 피동 형식에서 이런
특성이 더욱 뚜렷하게 나타난다.

(65) ㄱ. 꽃병에 이름을 알 수 없는 꽃이 몇 송이 꽂혀 있다.

　　ㄴ. *꽃병에 이름을 알 수 없는 꽃이 몇 송이 철수에 의해 꽂혀 있다.

예문 (65)는 주어 '꽃'이 '꽂혀 있다'는 상태를 드러낸다. 이와 같이
한국어에서는 피동의 형식을 통해 상태성을 표현하는 경우가 많다.
이 때 동작행위를 하는 동작주가 나타나면 피동문이 표현하는 상태성
과 연관이 적어 문장 전체가 어색해지고, 더 나아가 비문이 되는 경우
가 많다.

2.2. 중국어 '被'자문 NP₂의 특징

중국어에서 개사는 목적어를 취할 수 있는 품사이다. 따라서 일반
적으로 '被'자문에서 '被'자 뒤의 명사구를 '被'의 목적어라고 한다. 본
고에서 말하는 중국어 '被'자문의 NP₂는 '被'의 목적어이면서 피동문
과 대응되는 능동문의 주어도 될 수 있는 명사구이다.

첫째, 중국어 '被'자문의 동작주 NP₂ 자리에 유정물 명사구와 무정
물 명사구 모두 올 수 있다.

(66) 有　　个　　人　　昨天　　被　　强盗　　砍断　了　　一只　胳膊。

exist-CL person yesterday BEI robber break-PFV one-CL arm

(한 사람이 어제 강도에게 팔을 하나 잘렸다.)

(67) 我 被　 蚊子　 叮　 了。

I　BEI mosquito bite-PFV

(내가 모기에게 물렸다.)

(68) 汽车　被　暴　　雪　困　住　了。

car　BEI heavy snow box-up-PFV

(자동차가 폭설에 갇혔다.)

예문 (66)의 NP$_2$는 사람인 '强盜(강도)'이고 (67)의 NP$_2$는 유정물이
지만 인격체가 아닌 '蚊子(모기)'이다. 예문 (68)의 NP$_2$는 자연현상인
'暴雪(폭설)'이다.

(69) ㄱ. 他的脚　被 斧子 砍　 伤　 了。

　　　his foot BEI　axe　chop-injure-PFV

　　　(그의 발이 도끼에 찍혔다.)

　　ㄴ. 斧子　 砍　 伤　 了 他的脚。

　　　axe　chop-injure-PFV his foot

　　　(*도끼가 그의 발을 찍었다.)

　　ㄷ. 有　 人　　 用 斧子 砍　 伤　 了 他的脚。

　　　exist person use axe　chop-injure-PFV his foot

　　　(누군가가 도끼로 그의 발을 찍었다.)

예문 (69ㄱ)에서 '被'자의 목적어인 '斧子(도끼)'는 무정물이고 행위
의 도구를 나타내는 명사구이다.[27] (ㄴ)에서 '斧子(도끼)'는 스스로 움
직일 수 없는 무정물임에도 불구하고 능동문의 주어 자리에 출현한

다. 즉, '斧子'는 (ㄱ, ㄴ)에서 동작주 역할을 하는 것이다. 물론 '斧子(도끼)'가 (ㄷ)처럼 도구를 도입하는 개사 '用'과 결합하여 능동문의 부사어로 나타날 수도 있는데 (ㄱ)과 (ㄷ)은 의미상의 차이가 보이므로 대응관계가 성립하지 않는다. 그러므로 중국어 '被'자문의 NP$_2$ 자리에 도구를 나타나는 명사구도 쓰일 수 있다고 말할 수 있다.

둘째, 중국어 '被'자문의 NP$_2$가 일정한 상황에서 생략될 수 있다. 발화 현장에서 말하지 않아도 화자나 청자 다 알고 있어서 굳이 말할 필요 없거나 말할 수 없는 경우 NP$_2$를 생략한다, 또는 문장의 중점이 NP$_1$에 있어서 NP$_2$를 나타낼 필요가 없는 경우에도 NP$_2$ 생략이 가능하다.

(70) 昨天　　发生　山体滑坡,　去　天山　　的　路被
yesterday happen landslide 　go Tianshan NOM way BEI
堵住 了。
block-PFV
(어제 산사태가 일어나서 천산 가는 길이 막혔다.)

(71) 我们 要是 给 抓住 了, 可 也 都 得 挨 罚 啊。
we 　if GEI catch CRS may also all must suffer punishment RF
(우리가 만약 집힌다면, 모두 벌을 받아야 해.)

---

27 范晓(2006)에서 '被'자 뒤에 동작주가 아닌 성분(도구, 경험주, 원인, 재료 등)이 나타나는 현상을 '비동작주성분의 동작주화(非施事成分的施事化)'라 부른다. 그러나 본고에서 이런 관점을 동의하지 않는다.

예문 (70)에서 앞뒤 문장의 맥락을 통해 피동문의 NP₂가 '山体滑坡 (산사태)'임을 충분히 추측할 수 있으므로 생략하는 것이 바라믹하다. 예문 (71)에서 문장이 말하는 중점이 NP₁인 '我们(우리)'이므로 NP₂ 가 생략된다.

셋째, NP₂가 위와 같은 상황에서는 생략될 수 있지만 모든 경우에 생략 가능한 것은 아니다.

金允经(1996)에서 중국어 문법체계에도 격이 존재한다고 하면서 격문법의 관점(case grammar)을 운용하여 중국어 '被'자문의 '被'자 뒤 에 나타나는 명사구를 세 가지로 나누었다. 적극적으로 행동에 참여하 거나 사건을 일으키는 '주사격(主事格, agent)', 지각 및 감정과 관련된 사건으로부터 심리적 영향을 받는 '경험격(经验格, experiencer)', 동작 주가 사용하는 수단이나 기구를 나타내는 '공구격(工具格, instrument)' 으로 나누었다. 그리고 개사 '被'를 이 세 가지 격의 표지로 여기는 것 이다. 본고에서는 金允经(1996)의 관점을 기초로 삼아 '격' 범주에 떠 나 '의미역(semantic role)'이란 개념으로 NP₂의 생략 제약을 설명하고 자 한다.

(72) ㄱ. 气球　　被风　吹　　走　　了。

　　　　balloon BEI wind blow-away-PFV

　　　　(풍선이 바람에 날려갔다.)

　　ㄴ. 气球　　被　　吹　　走　　了。

　　　　balloon BEI blow-away-PFV

　　　　(풍선이 날려갔다.)

(73) ㄱ. 他们 讲 的 话 被 我们 听到 了。

they say NOM words BEI 1pl hear-PFV

(그들의 말이 우리에게 들렸다.)

ㄴ. *他们 讲 的 话 被 听到 了。

they say NOM words BEI hear-PFV

(그들의 말이 들렸다.)

예문 (72)의 NP₂ '风(바람)'은 동작주 역할을 하고, (73)의 NP₂ '我们(우리)'는 경험주 역할을 한다. 여기서 동작주와 경험주를 구별해야 할 필요가 있다. 동작주는 사건의 원인이 되는 자, 혹은 발기자를 말하는 것인데 동작동사와 함께 나타난다. 경험주는 어떤 자극을 인지하거나 특수한 정신적·감정적인 과정 혹은 상태를 기록하는 유정물 실체를 말하는 것이고 주로 인지동사와 함께 출현한다.[28]

위 예문에서 NP₂가 경험주일 때 생략되면 문장은 비문이 된다는 것을 알 수 있다. 이와 달리 '被'자문의 NP2는 동작주일 때 생략이 가능하다.

또는 동작주를 도입하는 개사에 따라 NP₂가 생략되지 못하는 경우도 있다.

---

[28] 동작주와 경험주의 개념 Paul R. Kroeger 2004:9 참조.
동작동사란 동작이나 행위를 표현하는 동사를 말하는 것이고 예를 들어 "打(때리다),吃(먹다),骂(욕하다),砍(베다),咬(물다),剪(자르다)" 등이다. 인지동사란 인지활동을 표현하는 동사를 가리키는 것이고 "看见(보다),听到(듣다),知道(알다),想到(생각하다),学(배우다),忘(잊다)" 등이 이러한 동사에 속한다.

(74) 鱼　叫　猫　给　吃　了。

fish JIAO cat   eat-PFV

(물고기가 고양이에게 먹혔다.)

(75) 你们　走　后　不大一会儿, 孩子就　让　蛇　咬　了。

you.pl. go after a little while child then RANG snake bite-PFV

(너희들이 가자마자 아이는 뱀에게 물렸다.)

　　예문 (10, 11)에서 동작주 표지는 '被'가 아닌 '叫'와 '让'이다. 이때 뒤에 나오는 NP₂는 생략될 수 없고 반드시 명시적으로 드러나야 한다. 이처럼 '叫'와 '让' 뒤에 NP₂ 꼭 출현하는 이유는 최재영·임미나 (2008)에서 이 두 개사는 모두 사역동사에서 문법화된 것이기 때문에 그 뒤에 반드시 명사구가 출현해야 하는 겸어문의 통사적 특성을 여전히 지니고 있기 때문이라고 했다.

2.3. 한국어 접미 피동문과
　　　중국어 '被'자문 NP2의 특징 대조

　　우선 한국어 접미 피동문과 중국어 '被'자문의 NP₂의 공통점부터 논한다.

　　첫째, NP₂는 일반적으로 유정물이며, 특히 사람인 경우가 대부분이다. 그 밖에 기관단체나 자연현상 등도 NP₂를 충당할 수 있다.

(76) ㄱ. 길가의 풀이 사람들에게 밟혔다.

　　　ㄴ. 路边的　小草　被　人们　踩　倒　了。

　　　wayside grass BEI people trample-down-PFV

(77) ㄱ. 그는 경찰에 1 시간 동안 갇혔다.

　　ㄴ. 他 被 公安　　关 了　　一个 小时。

　　　　he BEI police detain-PFV one-CL hour

(78) ㄱ. 우리 마을이 산에 둘러싸인다.

　　ㄴ. 我们的 村庄　　被　群山　　环抱。

　　　　our　 village BEI mountains surround

예문 (76)에서 NP₂는 '사람들'이고 (77)에서는 기관단체인 '경찰'이
며 (78)에서는 자연현상인 '산'이다.

둘째, 한국어 접미 피동문과 중국어 '被'자문의 NP₂는 일정한 조건
하에서 생략될 수 있다.

(79) ㄱ. 그 청년들이 지원자로 불리었다.

　　ㄴ. 那些 青年　被　称为 志愿者。

　　　　those youth BEI call　volunteer

(80) ㄱ. 어제 산사태가 일어나서 천산 가는 길이 막혔다.

　　ㄴ. 昨天　　发生　山体滑坡, 去　天山　　的

　　　　yesterday happen landslide　go Tianshan NOM

　　　　路　被　堵住 了。

　　　　way BEI block-PFV

예문 (79)의 NP₂는 특정한 한 사람이 아니고 두루 가리키는 대상이
므로 굳이 밝힐 필요성이 없다. 예문 (80)에서 앞뒤 문장을 통하여

NP$_2$를 명확하게 알 수 있기 때문에 NP$_2$를 생략한 것이다.

한국어 접미 피동문의 NP$_2$와 중국어 '被'자문의 NP$_2$는 이상와 같은 공통점이 있지만 차이점 더 많다.

첫째, 한국어에서는 도구 명사구가 NP$_2$ 될 수 없지만 중국어에서는 가능하다.

> (81) ㄱ. 그는 가슴이 칼로 찔렸다.
>
> ㄴ. 他的 胸口　被 利　刀　刺中。
>
> his　chest BEI sharp knife stab
>
> (82) ㄱ. *칼이 그의 가슴을 찔렸다.
>
> ㄴ. 利　刀　刺中 了 他的 胸口。
>
> sharp knife stab-PFV　his　chest

예문 (81ㄱ)과 (ㄴ)는 모두 도구 명사구가 NP$_2$를 충당하는 구조의 문장인 것처럼 보인다. 그렇지만 (82)을 보면 한국어에서 도구를 나타내는 무정물 명사구가 능동문의 주어가 될 수 없음을 알 수 있다. 따라서 (ㄱ)의 '칼'은 접미 피동문의 NP$_2$가 아니지만, '利刀'는 '被'자문의 NP$_2$이다.

한국어와 중국어의 이러한 차이는 양쪽 언어의 특성과 관련이 있는 것으로 파악된다. 무정물이 사람과 달리 주관적 의지를 가지지 못하고 능동적으로 동작을 할 수 없으므로 한국어에서 동작동사의 동작주가 되기 어렵다. 그래서 예문 (82ㄱ)은 비문이다. 그러나 중국어는 한국어와 다른 양상이 보인다. 木村英樹(1997)에서 능동적 동작성이 부족한 사람이나 사물도 오직 결과에 대해 '직접 책임을 진다'면 동작주가 될 수 있다고 지적했다. 즉, 무정물은 주관적으로 동작을 할 수 없지만 개관적으로는 피동작주나 대상에 작용을 하고 실제적인 동작주-피동작주/대상 관계를 이루는 것이다. 그리하여 (82ㄴ)은 올바른 중국어 문장이고 중국어 '被'자문에서 도구 명사구도 NP_2가 될 수 있음을 보여준다. 이를 통해 중국어에서는 명사구 사이의 상호 관계를 객관적으로 묘사하는 경향이 있음을 알 수 있다.

둘째, 한국어에서는 NP_2가 출현할 수 없는 경우가 있지만 중국어에서는 NP_2가 모두 출현 가능하다.

(83) ㄱ. ?그 노래가 요즈음 아이들에 의해 많이 불린다.

　　 ㄴ. 这首　歌　　最近　　被　孩子们　广　为　传唱。

　　 this-CL song recently BEI children wide WEI sing

한국어 피동문에서는 동작주를 표면화시키는 것을 기피하는 특징이 발견된다. 이것은 한국어 피동문의 가장 중요한 특성이라고 할 수 있다. 중국어 '被'자문에서 NP_2의 출현빈도는 한국어 접미 피동문의 NP_2 출현빈도보다 훨씬 높다. 이것도 중국어 화자의 사유방식과 관련이 있다. 객관적 세계에서 모든 동작의 발생에는 다 시원이 되는 사물이나 발기하는 사람이 있기 마련이다. 이러한 사물과 사람이 바로 동작행위의 주체이고 언어체계에서도 중요한 지위를 갖는다. 따라서 피동작주나 동작의 영향을 받은 대상을 출발점으로 삼아 문장을 서술하는 피동문에서도 동작의 주체인 동작주를 명시하는 것이 일반적이다.

이것도 중국어의 객관세계를 충실하게 묘사하는 성향에서 비롯된 것으로 생각된다.

셋째, 한국어 접미 피동문에서는 NP_2의 생략이 상대적으로 자유롭지만 중국어 '被'자문에서 NP_2가 동작의 경험자일 때 생략되는 것은 제약을 받는다.

(84) ㄱ. 그들이 말이 우리에게 들렸다.

ㄴ. 他们的 话　　被 我们 听到 了。

　　their　words BEI 1pl　hear-PFV

(85) ㄱ. 그들의 말이 들렸다.

ㄴ. *他们的 话　　被　听到 了。

　　their　words BEI　hear-PFV

요컨대, 한국어 접미 피동문은 NP_2를 생략하는 경향이 강한 반면, 중국어 '被'자문에서는 NP_2를 드러내는 경향이 더 강한 것이다.

여기까지 한국어 접미 피동문과 중국어 '被'자문의 NP_2에 대해서 대조적 분석을 하였는데 이를 정리하면 다음과 같다.

<표9> 한국어 접미 피동문과 중국어 '被'자문 NP_2의 특징 대조

NP_2의 특징	인간	기관/단체	자연현상	도구	생략 가능성		표면화 기피
					동작주	경험주	
접미 피동문	○	○	○	×	○	○	○
'被'자문	○	○	○	○	○	×	×

(가능함: ○ 불가능함: ×)

3. NP₃의 특징

3.1. 한국어 접미 피동문 NP₃의 특징

NP₃는 목적격 피동문에 나타나는 조사 '을/를'과 결합하는 명사구이다. NP₃는 피동문 주어인 NP₁과 불가양도성의 의미관계를 이루는 것이다.

(86) 토끼가 개에게 다리를 물린다.
(87) 아가씨가 소매치기에게 지갑을 빼앗겼다.

예문 (86)에서 NP₁ '토끼'와 NP₃ '다리'는 전체-부분의 관계를 이루고, 예문 (87)에서 NP₁ '아가씨'와 NP₃ '지갑'은 소유자-소유물의 소유 관계를 이루고 있다.

(88) 산낙지가 '세계 10대 별난 음식'으로 뽑혔다.

한국어에서 (88)과 같은 피동문도 존재한다. 여기서 자격의 의미를 지니는 조사 '로'와 결합하는 명사구는 NP₃이고 이러한 NP₃은 일부 학자들에 의해 '전성 목적어'로 불린다. 즉 NP₃는 NP₁에서 전화된 것이고 피동문 전체는 어떤 사람 또는 어떤 사물이 어떤 무언가가 된다는 의미를 갖는다. 이러한 피동문을 이룰 수 있는 접미 피동사는 '뽑히다, 불리다' 등을 예로 들 수 있고, 그 수량이 매우 적다.

3.2. 중국어 '被'자문 NP₃의 특징

중국어에서 NP₃을 가진 '被'자문은 상당히 많다. 朱德熙(1987)에서 피동문 동사가 목적어를 가진다면 이 목적어 역할을 하는 명사는 주어의 양도할 수 없는(inalienable) 부분, 혹은 주어에 부착된 물건이거나 주어 자신을 가리키는 대명사인 '自己'이라고 밝혔다. 이처럼 NP₃는 NP₁과 매우 다양한 의미관계를 이룬다. 이제 NP₁과 NP₃의 각종 의미관계를 살펴보겠다.

첫째, NP₁과 NP₃ 사이에 흔히 나타나는 의미관계는 '전체-부분'의 관계와 '소유자-소유물'의 관계이다.

(89) 他 被　骆百千　　抓住 了　把柄。

　　　he BEI Luobaiqian catch-PFV tripping

　　　(그는 骆百千에게 꼬리를 잡히었다.)

(90) ㄱ. 他 被 小偷 抢走 了　钱包。

　　　he BEI thief　rob-PFV　wallet

　　　(그는 도둑에게 돈지갑을 빼앗겼다.)

　　ㄴ. *我们 被　　土匪　　烧　毁 了　房屋。

　　　we　 BEI rapparee burn-out-PFV house

　　　(우리는 토비놈들에게 집을 소각당했다.)

예문 (89)에서 NP₃ '把柄(꼬리)'는 NP₁ '他'의 일부분이며 양자가 전체-부분의 의미관계를 이룬다. (90ㄱ)에서는 NP₃ '钱包(지갑)'는 NP₁

'他'의 소유물로서 양자가 소유관계를 이룬다. 그런데 (90ㄴ)에서 NP_3 '房屋(집)'는 NP_1 '我们'과 소유관계를 이룬데도 불구하고 문장이 비문이 된다.

NP_1과 NP_3는 같은 소유관계를 이루는데 (90ㄱ)은 성립되지만 (90ㄴ)은 성립되지 않는 원인은 NP_1과 NP_3의 공간적 관계와 관련이 있다. (ㄱ)에서 NP_3 '钱包(지갑)'는 NP_1 '他'가 휴대하는 것이고 공간적으로 보면 NP_3는 NP_1에 부착되어 있는 것이다. 이와 달리 (ㄴ)에서 NP_3 '房屋(집)'는 NP_1 '我们(우리)'과 떨어져 있고 공간적인 부착관계가 없다. 따라서 NP_3를 가지는 '被'자문이 형성되는 가장 중요한 요건은 NP_3가 공간적으로 NP_1에 부착되는 것임을 알 수 있다.

둘째, NP_1과 NP_3는 집단과 수량의 관계를 이루기도 한다.

(91) 羊　　被　狼　吃了　两只。
　　 sheep BEI wolf eat-PFV two-CL
　　 (양이 이리에게 두 마리 먹혔다.)

예문 (91)에서 NP_3 '两只(두 마리)'는 수량을 나타내는 명사구이고 NP_1 '羊(양)'은 NP_3가 속하는 집단이다.

셋째, NP_3이 NP_1과 동등관계를 이루기도 한다.

(92) 钱守仁　　　 被　人们　称为 傻瓜。
　　 Qianshouren BEI people　call　fool
　　 (钱守仁은 사람들에 의해 바보라고 불리었다.)

(93) 他 被 大家 选 为 生产 队 长。

he BEI everyone elect-be production-team-leader

(그는 여러분들에 의해 생산대장으로 뽑혔다.)

예문 (92)에서 NP_3 '傻瓜(바보)'는 NP_1 '钱守仁'과 같은 지위를 지닌다. 또한 (93)에서 NP_3 '生产队长(생산대장)'은 NP_1 '他'와 같은 지위를 지닌다. 즉, 두 경우 모두 NP_3와 NP_1는 '동등관계'를 이룬다고 볼 수 있다. 이러한 '被'자문은 NP_1이 NP_3로 변하였음을 표현한다.

넷째, NP_3가 NP_1의 접수자(recipient)인 경우도 있다.

(94) 他 被 一 个 贩卖 人口 的 卖 给 了

he BEI one-CL traffic human NOM sell to-PFV

一 家 姓米的 农民。

one-CL　Mi's　farmer

(그는 인신매매자에 의해 米씨라는 농민에 팔렸다.)

예문 (94)에서 동사 '卖给'는 '주다'라는 의미를 지니는 동사이고, 이러한 동사는 목적어 두 개를 가진다. 즉, 동작주가 직접목적어인 사물이나 사람을 간접목적어인 어떤 사람에게 준다는 의미이다. 그리하여 간접목적어는 직접목적어의 접수자이다. '被'자문에서 동사의 직접목적어가 주어 자리에 오고 간접목적어는 그대로 동사 뒤에 놓이는 것이 일반적이다. 따라서 (94)에서 NP_1 '他'와 NP_3 '一家姓米的农民(米씨라는 농민)'은 대상−접수자의 의미관계를 이룬다.

다섯째, NP$_3$가 NP$_1$에 부착되고 NP$_1$ 상태 변화의 결과로서 나타나기도 한다.

(95) 脖子　上　　被　剃刀　割　开　　了　　一个　大　口子。

neck-above BEI razor cut-open-PFV one-CL big wound

(목은 면도칼에 베어 큰 상처가 났다.)

(96) 我的 手　　　被　　刺儿　扎　　　出　　　了　　血。

my　hand BEI thorn penetrate-bleed-PFV blood

(내 손이 가시에 찔려서 피가 났다.)

예문 (95)에서 NP$_3$인 '一个大口子(하나의 큰 상처)'가 NP$_1$ '脖子上(목에)'에 부착되고 (96)에서 NP$_3$ '血(피)'가 NP$_1$ '我的手(내손)'에 부착되며, 모두 결과를 나타내는 명사구이다. 柳英绿(2000)가 이러한 NP$_3$를 '결과목적어'라는 이름을 지었다. 이러한 결과목적어는 늘 '출현'의 의미를 내포하는 단음절 동사 '出, 起, 开, 下' 등과 결합하여 앞의 동사의 보어 성분으로 드러난다.

여섯째, 중국어 '被'자문에서 도구를 나타내는 명사구도 NP$_3$ 자리에 올 수 있다. 이 때 NP$_3$는 '도구 목적어'라고 부른다.

(97) 箱子　被　他　　捆上　了　绳子。

box　BEI 3sg.　tie-up-PFV rope

(그가 노끈으로 상자를 동이여 놓았다.)

(98) 墙　　被　糊　上　了　墙纸。

wall BEI paste-up-PFV wallpaper

(벽이 벽지로 발렸다.)

　　예문 (97)의 NP₃ '绳子(노끈)'와 (10)의 NP₃ '墙纸(벽지)'는 모두 동작행위의 도구이다. 그러나 도구의 의미를 지닌 명사구가 모두 '被'자문의 NP₃ 될 수 있는 것은 아니다.

(99) ㄱ. 脚　　被 斧子 砍　　伤　　了。

　　　　foot BEI axe　 chop-injure-PFV

　　　　(발이 도끼에 찍혔다.)

　　ㄴ. *脚　被　砍　伤　　了 斧子。

　　　　foot BEI chop-injure-PFV axe

　　예문 (99)에서 도구 명사구 '斧子(도끼)'는 NP₃가 될 수 없고 피동문 전체는 NP₃를 가진 구조를 이루지 못한다. 도구를 나타내는 명사구가 어떤 상황에서 NP₃가 될 수 있는지의 문제에 대해 柳英绿(2000)에서 확인할 수 있다. 柳英绿(2000)에서 술어동사의 의미에 따라 '被'자문에서 도구를 나타내는 명사구가 NP₃로 쓰일 수 있다고 밝혔다. 예를 들어 '被'자문에서 도구 목적어를 취하는 동사 혹은 동사구는 '捆上(묶다), 铐上(수갑을 채우다), 系(매다), 锁上(잠그다), 拴上(빗장을 지르다), 箍上(테를 씌우다), 蒙上(씌우다), 压着(짓누르다), 堵上(막히다)' 등이 있고 모두 [＋폐쇄성]의 의미자질을 가진 동사라고 언급했다.

　　본고에서 이처럼 도구 명사구가 NP₃ 되는 현상은 NP₃가 공간적으로 NP_1에 부착됨에서 기원한 것으로 생각된다. 이것은 NP_3를 포함한 '被'자문이 형성되는 가장 중요한 요건이기도 하다. 도구목적어를 취하는 동사나 동사구가 [+폐쇄성]의 의미자질을 가지는 것 또한 명사구 NP_3와 NP_1의 부착관계와 의미적으로 일치한다고 생각된다.

3.3. 한국어 접미 피동문과 중국어 '被'자문 NP_3의 특징 대조

먼저, 한국어 접미 피동문과 중국어 '被'자문 NP_3의 공통점부터 대조하고자 한다. 첫째, NP_1과 NP_3가 '전체-부분'의 의미관계를 이룬다면 두 언어에서 모두 NP_3가 용인되는 것으로 볼 수 있다.

(100) ㄱ. 병아리가 고양이에게 다리를 물렸다.

ㄴ. 小鸡 被 猫 咬 伤 了 腿。

chick BEI cat bite-injure-PFV leg

ㄷ. 병아리의 다리가 고양이에게 물렸다.

ㄹ. 小鸡 的 腿被猫 咬 伤 了。

chick GEN leg BEI cat bite-injure-PFV

예문 (12)에서 NP_3 '다리'는 NP_1 '병아리'의 일부분이고 양도할 수 없는 성질이므로 NP_3를 가지는 피동문을 구성할 수 있다.

둘째, NP_1과 NP_3는 동등관계를 이룰 때 한국어 접미 피동문과 중국어 '被'자문이 모두 성립된다.

(101) ㄱ. 그는 사람들에 의해 바보라고 불리었다.

　　　ㄴ. 他　被　人们　　称为 傻瓜。

　　　　 he BEI people　call　fool

예문 (101)에서 NP₃ '바보'는 NP₁ '그'에서 전환된 것이다. 즉, NP₁ 과 NP₃는 동등관계를 이룬다.

그러나, NP₁과 NP₃이 다른 의미관계를 이룰 때 한국어 접미 피동문 과 중국어 '被'자문은 아주 큰 차이를 보인다.

첫째, NP₁과 NP₃가 '소유자-소유물'의 소유관계를 이룰 때 한국어 에서는 접미 피동문을 만들 수 있지만 중국어에서 '被'자문은 이루어 지기가 어렵다.

(102) ㄱ. 우리는 산에서 내려온 범에게 소를 먹히었다.

　　　ㄴ. *我们被　　从　山上　　　下来　　　　的

　　　　 we　BEI from mountain come-down NOM

　　　　 老虎　吃掉了　　牛。

　　　　 tiger eat-off-PFV cattle

예문 (102)에서 NP₁ '우리'와 NP₃ '소'는 소유관계를 이룬다. 이때 한국어 접미 피동문은 성립되지만 중국어 '被'자문은 성립되지 않는 다. 한국어와 중국어의 이런 차이는 각 언어 화자들의 다른 사유방식 에서 기인한 것이라고 생각된다. 한국어 화자는 소유물의 손실이 소 유자에게 영향을 끼친다는 점에 착안하여 이 소유물의 소실을 소유자가 직접 감당하게 하면 된다고 여긴다.[29] 그런데 중국어는 객관적으로 존재하는 상호 관계를 충실하게 묘사하는 경향이 있다고 앞서 언급했다. 만약 '소가 먹혔다'고 하면 먹힌 것은 소이지 소유자인 '우리'가 아니다. 소유자는 이러한 동작의 동작주도 피동작주도 아니기 때문에 이 동작행위와 직접적 관계가 없고 따라서 중국어 '被'자문은 성립되지 않는다.

둘째, 동사나 동사구가 두 개의 목적어를 취할 때, 간접목적어인 접수자가 한국어 접미 피동문의 NP_3가 될 수 없는 것과 반해 중국어 '被'자문의 NP_3가 될 수 있다.

(103) ㄱ. *그는 인신매매자에 의해 미씨라는 농민을 팔렸다.

ㄴ. 他　被　一个　贩卖　人口　　的　卖给了
he BEI one-CL traffic human NOM sell to-PFV

一家　姓米的 农民。
one-CL　Mi's　farmer

예문 (103)에서 간접목적어였던 '米씨라는 농민'은 한국어 접미 피동문에서 NP_3의 자격을 갖지 못한다. 이와 달리 '一家姓米的农民'은 중국어 '被'자문에서 NP_3로 출현할 수 있다.

셋째, '결과목적어'가 NP_3로 나타날 수 있는 것은 중국어 '被'자문이

---

[29] 金莲花 2007:15 참조

갖는 일종의 고유한 특성이다. 한국어에서 결과를 나타낼 때 단문이
아닌 복문으로 설명하는 것은 일반적이다.

> (104) ㄱ. 창문은 사람의 손가락에 찔려 수많은 구멍이 났다.
>
> ㄴ. 窗子　　　上　被　人　　用 手指
>
> window-above BEI people use finger
>
> 捅　　出　数不清的　洞眼。
>
> stab-out countless　hole

예문 (104)에서 결과를 나타내는 '수많은 구멍'은 중국어 '被'자문에
NP$_3$로 출현하지만 한국어 접미 피동문에 NP$_3$로 나타날 수 없고 복문
후행절의 주어로 나타난다.

넷째, 도구를 나타내는 명사구가 만약 피동문의 주어인 NP$_1$에 공간
적으로 부착되면 NP$_3$로 나타날 수 있는 것도 중국어 특유한 현상이
다. 한국어 접미 피동문에서 도구 명사구는 NP$_1$에 부착되어도 NP$_3$가
될 수 없다.

> (105) ㄱ. 길이 피치로 깔렸다.
>
> ㄴ. 路　被　铺　上　了沥青。
>
> road BEI spread-up-PFV pitch

예문 (105)에서 도구인 '피치'는 접미 피동문에서 NP$_3$가 되지 못하
는 반면, '被'자문에서 NP$_3$로 나타난다.

여기까지 우리가 한국어 접미 파동문의 NP$_3$와 중국어 '被'자문의 NP$_3$가 갖는 특징들을 대조 분석해 보았는데 이를 아래 표10과 같이 정리할 수 있다.

〈표10〉 한국어 접미 피동문과 중국어 '被'자문 NP$_3$의 특징 대조

NP$_3$의 특징	NP$_1$와의 의미관계					
	전체-부분	동등관계	소유관계	접수자	결과목적어	도구
접미 피동문	○	○	○	×	×	×
'被'자문	○	○	×	○	○	○

(가능함: ○ 불가능함:×)

4. VP의 특징

4.1. 한국어 접미 피동문 VP의 특징

한국어 접미 피동문의 서술어는 보통 고유어 타동사 어간에 접미사 '-이-, -히-, -리-, -기-'를 붙여서 만든 이른바 접미 피동사이다. 이러한 접미 피동사의 분포는 아주 제한적이고 그 수효도 많지 않다. 우인혜(1997)에서 대부분 사전에서 혼선 없이 접미 피동사로 인정받은 동사를 제시했는데 아래 표와 같다.

<표11> 한국어 피동사 목록(우인혜 1997:74)

접미사	피동사
리	(교감이)갈리다 (칼이)갈리다 (논이)갈리다 (팀이)갈리다 (그림이)걸리다 (바닥이)깔리다 (수염이)꺼둘리다 (마력에)끌리다 (눈발이)날리다 (빨래가)널리다 (힘에)눌리다 (문패가)달리다 (몸이)들리다 (시름이)덜리다 (포장이)둘리다 (구멍이)뚫리다 (풀이)발리다 (가시가)발리다 (꽃가루가)불리다 (이름이)불리다 (도둑이)붙들리다 (빨래가)빨리다 (액즙이)빨리다 (개에게)물리다 (인파에)밀리다 (글이)실리다 (무우가)썰리다 (낙엽이)쓸리다 (입술이)아울리다 (꼬리가)잘리다 (아이에게)졸리다 (목이)졸리다 (축구공이)질리다 (바늘에)찔리다 (먼지가)털리다 (나사가)틀리다 (집이)헐리다 (실이)헝클리다
이	(예산이)깎이다 (잠이)깨이다 (기가)꺾이다(새끼가)꼬이다 (말에)꾀이다 (바늘이)꿰이다 (반지가)끼이다(세계가)나뉘다 (고기가)낚이다 (신발이)놓이다 (거울이)닦이다(눈이)덮이다 (앞뒤가)바뀌다 (나무가)베이다 (콩이)볶이다(돌이)섞이다 (포장이)싸이다 (나무가)쌓이다 (벌에)쏘이다(비용이)쓰이다 (편지가)쓰이다 (재료가)쓰이다 (굴비가)엮이다(모이가)쪼이다 (길이)트이다 (볼우물이)패이다
히	(손등이)갉히다 (돈이)걷히다 (얼굴이)긁히다(살이)꼬집히다 (화살이)꽂히다 (문이)닫히다 (구멍이)막히다(매듭이)맺히다 (대마가)먹히다 (장독이)묻히다 (가시가)박히다(뿔에)받히다 (발이)밟히다 (배가)부딪히다 (껌이)씹히다(아이가)업히다 (사슬이)얽히다 (책이)읽히다 (범인이)잡히다(이름이)적히다 (종이가)접히다 (집게에)집히다
기	(눈이)감기다 (실이)감기다 (줄이)끊기다(과일이)담기다 (모기에)뜯기다 (재물을)빼앗기다 (재산을)앗기다(접시가)씻기다 (옷이)찢기다

표11에 있는 동사들은 전형적인 접미 피동사의 예이다. 그 밖에도 비전형적인 접미 피동사들이 존재한다.

(106) ㄱ. 바람이 불어 치마가 다리에 휘감긴다.

ㄴ. 그들은 침략자에게 억눌려 산다.

예문 (106)에서 서술어 동사인 '휘감기다'와 '억눌리다'는 전형적 접미 피동사 '감기다', '눌리다'에 각각 '휘-', '억-'과 같은 접두사와 결합된 형태들이다. 이처럼 접미 피동사에 접두사가 결합된 형태가 한국어에는 많지 않다. 우인혜(1997)가 사전에서 흔히 피동으로 인정받고 있는 형태들의 목록을 제시했다.

표12: 접두사 결합 피동 형태 (우인혜 1997:105)

접두사	피동 동사 어휘
내-	내둘리다, 내떨리다, 내뚫리다
데-	데삶기다
뒤-	뒤덮이다
붙-	붙잡히다
비-	비틀리다
사로-	사로잡히다
억-	억눌리다
엇-	엇걸리다, 엇바꾸이다/엇바뀌다, 엇베이다, 엇섞이다
엿-	엿보이다
옥/욱-	옥죄이다/욱죄이다
잗-	잗갈리다
짓-	짓밟히다, 짓눌리다
처-	처박히다
치-	치먹히다, 치받히다
헛-	헛잡히다
휘-	휘둘리다
휩-	휩쓸리다, 휩싸이다

접두사와 결합된 피동 형태들의 형성 방식은 두 가지가 있는데 하나는 접두사가 접미 피동사에 직접 결합된 것이고 다른 하나는 반대로 기본형에 접두사가 먼저 결합된 뒤에 피동 접미사와 결합된 것이다. 그런데 어느 방식으로 형성되든 위 표의 대부분 형태가 접두사와 결합되기 이전이나 이후 모두 피동사를 이루는 특성을 보인다.

4.2. 중국어 '被'자문 VP의 특징

중국어에서는 대부분의 타동사가 '被'자문에 들어갈 수 있고 그 수효가 매우 많다. 이러한 동사들은 다른 성분과 결합하여 '被'자문의 서술어가 된다.[30] 아래에서 중국어 '被'자문의 서술어인 VP의 의미특징과 형식특징을 구체적으로 살펴보도록 한다.

4.2.1 VP의 의미특징

'被'자문 VP는 의미적으로 보면 두 가지 중요한 특징이 있다.

첫째, '被'자문 VP를 구성하는 동사는 [＋동작성]의 의미자질을 지닌다.

(107) 那 绿色的 草地上　　已然 被他 踏 出 了 一 条 小路。

　　　that green grass-above already BEI 3sg. step-out-PFV one-CL path

　　　(그 푸른 풀밭은 이미 그에 의해 밟혀 작은 길이 났다.)

---

30 여기서 다른 성분은 보어, 목적어, 동태조사 등을 가리킨다.

(108) 罪犯　　　被 捆 在 树　上　　或是 岩石 上。

criminal BEI tie at tree-above or 　　rock-above

(죄수가 나무나 바위에 묶인다.)

예문 (107, 108)에서 동사 '踏(밟다)', '捆(묶다)'는 모두 [＋동작성]을 지니는 타동사이다. '被'자문 VP는 이러한 특징이 있어야 하기 때문에 아래 유형의 동사는 '被'동문을 만들지 못한다.

  a. 관계동사: 주어와 목적어 사이에 모종의 관계가 존재하는 것을 드러내는 동사(是, 姓, 属于, 等于 등)[31];

  b. 능원동사(能愿动词): 의지를 나타내거나 사리, 조건과 가치에 대한 주관적 판단을 나타내는 동사(要, 应该, 能够, 可以, 值得 등), 또한 가능성을 표현하는 동사(可能, 会 등)[32];

  c. 일부 심리동사: 인간이나 동물의 심리적 상태를 표현하고 그 자체로는 동작성이 약한 동사(害怕, 可怜, 图谋, 赞同 등)[33];

  d. 일부 형용사에서 발달된 동사: 상태성이 강한 반면 동작성은 결핍되는 동사(热心, 友好, 擅长, 适合 등)[34].

  둘째, '被'자문 VP가 반드시 [＋결과성]의 의미자질을 지녀야 한다. 여기서 말하는 '결과성'이란 주체의 행위가 객체에게 어떤 영향(변화, 이동, 손실 등)을 끼쳐서 객체에게 확실한 상태 변화가 생긴 것을 가

---

31 是(이다), 姓(성이…이다), 属于(…에 속하다), 等于(수량이 …와 같다).
32 要(원하다), 应该(…해야 하다), 能够(…할 수 있다), 可以(…해도 되다), 值得(할 만하다), 可能(가능하다), 会(…을 것이다).
33 害怕(무서워하다), 可怜(동정하다), 图谋(도모하다), 赞同(찬성하다).
34 热心(적그적이다), 友好(우호적이다), 擅长(어떤 방면에 잘하다), 适合(적합하다).

리킨다.

---

a. 동사 자체가 [＋결과성]의 의미를 지니는 경우

    (109) 领队　　及 教练员 全部 被　　撤职　　了。

       leader and coach　　all　BEI dismiss-PFV

       (팀 리더와 코치들이 모두 해직되었다.)

    (110) 公路　　建设　　　　　　的　　成绩 被　　局长

       road construction ASSOC result BEI　director of a bureau

       夸大　　　　　了。

       exaggerate-PFV

       (도로건설의 성과가 국장에 의해 과장되었다.)

예문 (109, 110)에서 동사 '撤职(해직하다)'와 '夸大(과장하다)'는 모두 그 자체가 뚜렷한 [＋결과성] 의미를 지니는 것이다.

'撤职'가 이른바 '이합사'이며 앞의 요소 '撤'자가 [＋동작성]을 드러내고 뒤의 요소 '职'자 [＋결과성]을 드러낸다. [35] 즉, '해직되었다'는 것은 '직업 있음'의 상태에서 '직업 없음'의 결과 상태로 변한 것이다. '撤职'와 같은 유형에 속하는 동사는 '免职, 降职, 罢官' 등 더 있다. [36]

---

[35] 이합사(离合词)는 일반적으로 이음절로 구성되고 중국어의 특수한 언어 형식이다. 그 전체가 하나의 어휘 단위처럼 쓰일 수 있으며, 이음절이 떨어져서 그 사이에 다른 성분이 끼어들어 쓰이기도 한다. 따라서 이합사를 복합어로 보는 견해가 대부분이지만 단어가 아닌 구로 간주하는 경우도 있다. 현대중국어에 이합사의 수량은 상당히 많아 〈现代汉语词典〉 제5판(2005)에서 이합사에 대해 전면적으로 정리를 했는데 총 3400여 항목에 이르렀다.

[36] 免职(면직하다), 降职(강직되다), 罢官(파면하다).

‘夸大’와 같은 동사는 일반적으로 ‘동결식 복합동사(动结式复合动词)’로 불린다. 이 동사는 ‘夸’와 ‘大’ 이음절로 이루어지는데 전자는 [＋동작성]을 지니는 요소이고 후자는 [＋결과성]을 지니는 요소이다. 이와 같은 동사는 ‘推翻, 提高, 缩小, 改正, 解散’ 등이 더 있다.[37]

> (111) 孩子　被　狗　咬　了。
>
> child BEI dog bite-PFV
>
> (아이가 개에게 물렸다.)
>
> (112) 他　被　那　婆娘　辱骂　了。
>
> he BEI that woman abuse-PFV
>
> (그가 저 아줌마한테 욕설을 들었다.)

예문 (111, 112)에서 ‘咬(물다)’와 ‘辱骂(욕하다)’는 모두 잠재적인 [＋결과성]을 지니는 동사이다.

단음절 동사 ‘咬’의 [＋동작성]이 아주 뚜렷하고 동작을 한 후에는 반듯이 일정한 결과를 불러온다. 즉, ‘아이가 개에게 물렸다’고 하면 아이는 반드시 일정한 영향을 받았을 것이고 ‘다쳤다, 아팠다’와 같은 결과가 있을 것이다. 따라서 이런 단음절 동사에는 결과를 표현하는 요소가 없지만 실제적으로 [＋결과성] 함축되어 있다. ‘咬’와 비슷한 동사는 ‘吃, 撞, 偷, 捕, 杀, 扔, 丢, 骗’ 등이 있다.[38]

동사 ‘辱骂’는 두 개의 동사성 요소로 구성된 ‘병렬복합동사’인데

---

37 推翻(뒤집다), 提高(제고하다), 缩小(축소하다), 改正(개정하다), 解散(해산하다).

38 吃(먹다), 撞(부딪치다), 偷(훔치다), 捕(잡다), 杀(죽이다), 扔(버리다), 丢(잃다), 骗(속이다).

'辱'와 '骂'가 어휘 의미가 거의 똑같다. 이런 동사들도 잠재적인 [＋결과성]을 포함하고 있다. '욕설을 당했다'고 하면 필연적으로 '화가 났다, 울었다'와 같은 결과를 가져올 것이다. 이와 같은 동사는 '欺负, 压迫, 剥削, 批评' 등이 더 있다.[39]

b. 동사 자체는 [＋결과성]의 의미를 포함하지 않는데 결과를 나타내는 보어와 결합하여 '被'자문의 서술어로 나타나는 경우

(113) 克伦威尔　　被　选为　　最高审判官。

　　　Cromwell　BEI　elect　supreme judge

　　　(크롬웰이 최고 판사로 뽑혔다.)

(114) 他　已　　　被 我们　介绍　　给 用人单位 了。

　　　he already BEI 1pl.　introduce-to employer PFV

　　　(그는 이미 우리에 의해 기업에 소개되었다.)

예문 (113, 114)의 동사 '选'와 '介绍'는 [＋동작성]의 의미를 분명히 지니지만 [＋결과성]을 포함하지 않는다. 이러한 동사들은 '被'자문에 들어가면 반드시 보충설명의 역할을 하는 동사나 개사와 결합해서 '동보식(动补式)' 동사구가 되어야 한다. 따라서 '选'가 관계동사 '为'와 결합하여 나타나고 '介绍'가 방향을 표현하는 개사 '给'와 결합해서 '被'자문의 서술어가 된다.

---

39 欺负(괴롭히다), 压迫(압박하다), 剥削(착취하다), 批评(비판하다).

4.2.2 VP의 형식특징

중국어 '被'자문에는 VP가 단순한 동사로 나타나면 안 되고 반드시 동사 뒤에 다른 성분을 수반하는 복잡 동사의 형태가 와야 한다.[40]

첫째, VP는 동사 뒤에 동태조사(动态助词) '了, 过, 着'를 수반하는 형식이 있다.[41]

(115) ㄱ. 小偷 被　警察　抓　了。

　　　　thief BEI police catch-PFV

　　　　(도둑이 경찰에게 잡혔다.)

ㄴ. *小偷　被 警察　抓。

　　　thief BEI police catch

(116) ㄱ. 妹妹　　　　被 伤 过 多少　　次 啊?

　　　younger sister BEI hurt-EXP how many-CL Q

　　　(동생은 몇 번이나 다쳤니?)

ㄴ. *妹妹　　　　被 伤 多少　　次 啊?

　　　younger sister BEI hurt how many-CL Q

(117) ㄱ. 这　两 个 女孩 刚才　　被 混混　　围　着。

　　　this two-CL　girl　just now BEI lowlife surround-DUR

　　　(이 두 여자애는 방금 건달들에게 둘러싸여 있었다.)

---

40 중국어 '被'자문 VP의 이러한 성질은 보통 '非光杆性'이라 한다. 이 술어와 대응된 적절한 한국어 술어는 아직 없는 듯하다. '光杆动词'(bare verb)를 양금평(2009)에서 '홑동사'로 변역한 바가 있다. 본고에서 '光杆动词'를 '원형동사'란 용어로 지칭하고자 한다.

41 동태조사(动态助词)란 중국어에서 동사 뒤에 나타나 시제, 상 등 의미를 드러내는 조사이다. 중국어는 이도유럽어와 같은 동사의 형태변화가 없고 동태조사에 의해 다양한 의미를 나타낸다. 동태조사는 주로 '了, 着, 过' 등이 있다.

ㄴ. *这　两　个　女孩　刚才　　被　　混混　　围。

this two-CL girl　　just now BEI lowlife surround

예문 (115~117)에서 동사가 뒤에 조사 '了, 过, 着'와 결합하여 나타날 때 '被'자문이 성립되지만 동사가 조사 없이 홀로 남으면 비문이 된다.

둘째, 동사와 결과보어, 정도보어, 시간보어, 개사구 보어 등 성분과 결합하여 '被'자문의 VP로 나타나기도 한다.

(118) 水果　被　我　　吃完了。

fruit　BEI 1sg. eat-up-PFV

(과일이 나에게 다 먹혔다.)

(119) 教室　　　　被我　打扫　　得　干干净净。

classroom BEI 1sg. sweep CSC　　clean

(교실이 나에게 깨끗하게 청소되었다.)

(120) 因为　　　偷　东西,　他被　关　　了　　三年。

because steal goods　he BEI detain-PFV three-year

(물건을 훔쳤기 때문에 그가 삼 년 동안에 갇혔다.)

(121) 春生　　　　被 他们　打　　倒　　在　地上。

Chunsheng BEI 3pl.　beat-down on ground

(春生은 그들에게 땅바닥에 때려눕혔다.)

예문 (118)에서 동사 '吃(먹다)'가 결과보어 '完了(버렸다)'와 결합하는 것이다. 예문 (119)에서 구조조사 '得'와 정도부사 '干干净净(깨끗하다)'가 정도보어를 이루어 동사 '打扫(청소하다)' 뒤에 붙어서 '被'자문 서술어가 된다. 예문 (120)에서 동사 '笑'과 동태조사 '了'의 결합이 시간보어 '三年(삼년)'과 함께 나타난다. 예문 (121)에서 동결식 복합동사 '打倒(타도하다)'가 개사구 '在地上(땅바닥에)'과 결합하여 문장의 서술어로 나타난다.

그러나 '被'자문에서 동사가 조사나 보어와 결합하지 않고 원형으로 VP를 하는 경우도 있다. 다만 이러한 상황은 일정한 조건 하에서만 일어날 수 있다.

(122) ㄱ. 你 这 句 话　很 容易 被 人　误解。

　　　you this-CL words very easy BEI people misunderstand

　　　(너의 말은 남에게 쉽게 오해를 받을 수 있다.)

　　ㄴ. *他 忽然　被 敌人　捕。

　　　he suddenly BEI enemy arrest

　　　(그는 갑자기 적에게 잡혔다.)

(123) 辩论　持续 了 三 个 小时, 谁　也　没　被 说服。

　　debate last-PFV three-CL hour who either NEG BEI persuade

　　(토론회가 세 시간 동안 지속되었는데 그 누구도 설득되지 않았다.)

(124) 唐明皇　　　　　和 杨贵妃　　的 恋爱 生活,

　　Tangminghuan and Yangguifei-ASSOC love　　life

　　也　曾 被 人　羡慕。

　　also ever BEI people admire

(당명황과 양귀비의 연애 생활도 사람들의 부러움을 샀었다.)

(125) 我　深深地 被　　 赵大叔　　 的　　 话　 所　 感动。

I deeply BEI Zhao uncle-ASSOC words SUO-touch

(나는 赵씨 아저씨의 말에 깊이 감동되었다.)

예문 (122ㄱ)은 이음절 동사 '误解(오해하다)'가 원형으로 '被'자문 의 서술어가 된 것이다. 이것은 동사 앞에 부사어 '很容易(아주 쉽다)' 가 있기 때문이다. 그러나 이 경우에는 단음절 동사가 서술어가 될 수 없다. 예문 (123)은 부정 부사 '没'로 만들어진 부정 '被'자문이다. 동 사 '说服(설득하다)'가 원형으로 서술어가 되는 것도 앞에 부사어가 있 기 때문인 것으로 생각된다.

예문 (124)에서 동사 '羡慕'는 조사나 보어 없이 원형으로 '被'자문 의 서술어가 된다. 이 동사는 '羡'과 '慕' 두 요소로 이루어지는데 전자 와 후자가 모두 동사성 요사이고 어휘적 의미도 거의 똑같다. 이와 같 은 등위관계를 이루는 '병렬복합동사'는 어원적으로 보면 단순한 동사 형식이 아니라 복잡한 동사구 형식이다. 비록 현대중국어에서 이미 하나의 동사처럼 쓰이지만 동사구의 통사적 특징이 아직도 흔적으로 남아 있다고 생각한다. 따라서 등위 복합동사는 원형으로 '被'자문의 서술어가 될 수 있는 것이다.

예문 (125)는 '…被…所…' 형식의 '被'자문이다. 이 구조형식에 조 사 '所'는 실제적인 어휘의미가 없지만 구조적으로 동사구를 복잡 구 조로 만들어낸다. 따라서 '…被…所…' 형식에서 동사가 뒤에 조사나 보어 없이 원형으로 나타날 수 있다.

4.3. 한국어 접미 피동문과
중국어 '被'자문 VP의 특징 대조

　한국어 접미 피동문과 중국어 '被'자문의 VP가 의미적으로 보면 모두 [＋동작성]의 의미자질을 지니는 것은 공통점이다.

(126) ㄱ. 그 아이는 개에게 다리를 물렸다.

　　　ㄴ. 那个 孩子　被 狗　咬 了 腿。

　　　　 that　child　BEI dog bite-PFV leg

(127) ㄱ. 손가락이 칼에 베었다.

　　　ㄴ. 手指　　叫　刀子 划　破　了 皮。

　　　　 finger JIAO knife cut-injure-PFV skin

　한국어 접미 피동사가 모두 타동사 어간에 접미사를 붙여서 만들어진 것인데 이것은 [＋동작성] 의미를 지닌 동작동사에는 타동사가 대부분이기 때문이다. 중국어에서도 [＋동작성] 의미를 지니는 동사는 대부분 타동사이므로 '被'자문이 일반적으로 타동사에 의해 만들어진다.

　그러나 중국어 '被'자문에서 간접피동문도 발견된다. 이러한 피동문과 대응되는 능동문의 동사는 타동사가 아니지만 [＋동작성]의 의미자질을 지닌다.

(128) ㄱ. 张三被　　他　太太哭　　得 没　　　　了 主意。

　　　　 Zhangsan BEI his wifecry-CSC not (exist) PFV idea

　　　　 (张三은 부인이 울어 정신이 없다.)

ㄴ. 他太太　哭　了。

his wife cry-PFV

(그의 부인이 울었다.)

예문 (128)에서 동사 '哭(울다)'는 자동사이지만 [＋동작성]의 의미 자질을 지니므로 간접피동문을 만들 수 있다.

형식의 측면에서는 한국어 접미 피동문의 VP와 중국어 '被'자문의 VP가 완전히 다른 것으로 보인다.

첫째, 한국어 접미 피동문에서 타동사 어간에 접미사 '-이-, -히-, -리-, -기-'를 붙여서 만들어진 접미 피동사가 VP의 역할을 한다. 이러한 접미 피동사는 능동동사에서 형태 변화를 거쳐 생성된 것으로 볼 수 있다. 이와 달리 중국어 '被'자문에 나타나는 동사는 대응되는 능동문에 나타나는 동사와 형태적인 차이가 전혀 없다. 이것은 양쪽 언어가 각자 다른 언어 유형에 속하는 것에서 기인한다.

(129) ㄱ. 여러분들이 그를 생산대장으로 뽑았다.

ㄴ. 그는 여러분들에 의해 생산대장으로 뽑혔다.

(130) ㄱ. 大家　　選　他　为　生产　　队　长。

everyone elect 3sg. be production-team-leader

ㄴ. 他　被　大家　　選　为　生产　　队　长。

he BEI everyone elect-be production-team-leader

예문 (129)에서 능동문의 동사 어간 '뽑-' 뒤에 접미사 '-히-'와 결합해 접미 피동사 '뽑히-'가 되어 피동문의 VP로 나타난다. 그런데 예문 (130)에서 피동문의 동사 '选'는 능동문의 동사와 형태가 똑같다.

> (131) ㄱ. 气球　被　风　吹　走　了。
>
> balloon BEI wind blow-away-PFV
>
> (풍선이 바람에 날려갔다.)
>
> ㄴ. 气球　被　吹　走　了。
>
> balloon BEI blow-away-PFV
>
> (풍선이 날려갔다.)

일부 학자에 따라 중국어 '被'자문 'NP₁＋被＋VP' 문형의 '被＋VP' 형식을 피동사로 여겨진다. 다시 말해, '被'자를 한국어의 피동 접미사와 유사하게 일종의 능동사를 피동사로 만드는 문법 장치로 보는 견해이다. 그러나 본고에서 이런 관점을 동의하지 않는다. (131ㄱ)에서 '被'는 동작주 명사구를 도입하는 개사이다. (ㄴ)에서 동작주 명사구가 생략되지만 '被'는 그대로 남아 있다. 만약 '被'와 동사 '吹(불다)'는 피동사를 이룬다면 그 사이에 동작구가 출현할 수 없어야 한다. 하지만 동작주 명사구는 드러날 수 있고, 드러날 때 꼭 '被' 등 개사와 결합해야 한다. 따라서 '被'는 피동사를 만드는 요소로 볼 수 없고 '被＋VP' 형식도 피동사로 볼 수 없다.[42]

---

42 '被'는 일부 단음절 동사 앞에 붙어 '被捕, 被害' 등 피동의 의미를 지닌 동사가 생성되기도 한다. 그러나 이러한 동사의 수효가 매우 적고 '동사＋동사' 형식으로 이루어진 합성동사로 보는 것은 더 타당하다.

둘째, 한국어 접미 피동문에서 접미 피동사와 시제나 상 등을 나타내는 어미와 결합한 단순한 형식이 VP 역할을 할 수 있다. 중국어 '被'자문에서 보어나 목적어를 가진 동사구가 VP를 하는 경우가 대부분이다. 원형동사가 VP로 나타나는 것은 심한 제약을 받는다.

(132) ㄱ. 도둑이 경찰에게 잡혔다.

　　　ㄴ. 小偷　被　警察　抓　　了。

　　　　　thief BEI police catch-PFV

(133) ㄱ. 노인이 자동차에 부딪혔다.

　　　ㄴ. 老人　　被　车　撞　　了。

　　　　　old man BEI car collide-PFV

일부 문법가에 의해 '被'자문에서 원형동사가 서술어를 할 수 없는 것은 중국어 특유한 특징으로 여겨지며, 한국어 피동문에 이러한 특징이 없다고 한다. 하지만 예문 (132, 133)에서 볼 수 있듯이 접미 피동사 뒤에 선어말어미 '-었-'이 결합되어 함께 VP로 나타난다. 이처럼 원형동사가 한국어 접미 피동문의 서술어도 될 수 없고 시제 등을 나타내는 어미와 결합해야 한다.

그러나 (132, 133)과 같은 서술어 형식은 한국어 접미 피동문에서 대부분이지만 중국어 '被'자문에서 많지 않다. '단음절 동사 ＋ 了'의 VP 형식에 단음절 동사는 꼭 [＋동작성], [＋결과성] 또한 [＋손상시킴]의 의미를 포함해야 한다. 이와 같은 동사는 '吃, 偷, 捕, 杀, 咬, 扔, 丢, 骗' 등이 있다.

(134) ㄱ. 사과가 아주 넉넉하게 담겼다.

　　　 ㄴ. 사과가 담겼다.

(135) ㄱ. 苹果　 被 装 得　满满的。

　　　　 apple BEI fill-CSC full

　　　 ㄴ. *苹果　 被 装。

　　　　 apple BEI fill

　　예문 (7)에서 한국어 접미 피동문의 VP는 단순한 동사 형식이며, 보충설명을 할 때 VP 앞에 부사어가 나타나는 것이다. 부사어는 서술어의 일부로 간주할 수 없다. 그러나 예문 (8)에서 중국어 '被'자문의 원형동사가 정도를 나타내는 보어 성분과 결합하여 동보식 동사구를 형성하고 '被'자문의 VP 역할을 한다. 만약 보어 성분이 출현하지 않으면 비문이 된다.

(136) ㄱ. 갑자기 그의 머리 위의 모자가 한 바탕 거센 바람에 날려 갔다.

　　　 ㄴ. 갑자기 그의 머리 위의 모자가 한 바탕 거센 바람에 날렸다.

(137) ㄱ. 突然　　　 他 头 上　　 的　 帽子 叫

　　　　 suddenly he head-above-ASSOC hat　JIAO

　　　　 一 阵　大风　　　 吹　　跑　 了。

　　　　 one-CL strong wind blow-away-PFV

　　　 ㄴ. *突然　　　 他 头 上　　 的　 帽子 叫

　　　　 suddenly he head-above-ASSOC　hat　JIAO

　　　　 一 阵　大风　　　 吹。

　　　　 one-CL strong wind blow

예문 (9)에서 접미 피동사는 다른 성분과의 결합 없이 VP를 할 수 있다. 이와 달리 중국어 '被'자문에서 동사 뒤에 결과를 나타내는 성분 '跑了'가 반드시 와야 하고, 그렇지 않으면 비문이 된다.

(138)ㄱ. 그는 자신이 마치 강력한 힘에 의해 앞으로 밀리고 있는 것 같이 느꼈다.

　　　ㄴ. 그는 자신이 마치 강력한 힘에 의해 밀리고 있는 것 같이 느꼈다.

(139) ㄱ. 他　觉得　自己　好像　正在　　被　一股　　强大的　力量

　　　　　he feel self like DUR BEI one-CL strong power

　　　　　推　　向 前方。

　　　　　push-to front

　　　ㄴ. *他　觉得　自己　好像　正在　被　一　股　强大的　力量　　推。

　　　　　he feel self like DUR BEI one-CL strong power push

예문 (11)에서 방향을 나타내는 성분이 부사어로 되어 임의적으로 접미 피동문에 나타난다. 이와 달리 '被'자문에서 방향을 나타내는 개사구 '向前方(앞으로)'은 동사의 보어가 되어 동사와 같이 동보식 동사구를 형성해서 VP가 된다. 만약 개사구가 드러나지 않으면 비문이 된다.

여기까지 한국어 접미 피동문과 중국어 '被'자문의 VP에 대해서 그 공통점과 차이점을 자세히 분석을 하였다. 이상의 내용을 표로 정리하면 다음과 같다.

〈표13〉 한국어 접미 피동문과 중국어 '被'자문 VP의 특징 대조

VP의 특징	+동작성	피동사 파생 요소	시제, 상 요소	보어		
				정도	결과	방향
접미 피동문	○	○	○	×	×	×
'被'자문	○	×	○	○	○	○

(있음: ○ 없음: ×)

IV.

한국어 '되다, 받다, 당하다' 피동문과 중국어 '遭受' 피동문 대조 연구

A. '되다, 받다, 당하다' 피동문의 문형

1. NP₁이/가＋NP₂에게/에＋[NP₄＋VP] 문형

II장에서 논한 바와 같이 본고에서 '하다'계 타동사의 어근에 '되다, 받다, 당하다' 등 동사가 결합해 만들어진 문장들을 피동문으로 본다.

(1) ㄱ. 문제의 무장 강도는 김 경장에게 결국 생포되었다.

ㄴ. 김 경장은 문제의 무장 강도를 결국 생포를 했다.

(2) ㄱ. 우리 학회도 그들에게 공격을 받았다.

ㄴ. 그들이 우리 학회도 공격을 했다.

(3) ㄱ. 그 아이가 계모에게 구박당했다.

　　 ㄴ. 계모가 그 아이를 구박했다.

　예문 (1~3)에서 볼 수 있듯이 이러한 문장들은 능동문과의 대응관계가 분명하고 생략된 성분이 없다. 피동문 주어인 '문제의 무장 강도', '우리 학회'와 '최전방의 고지들' 등은 NP_1으로 표시하며, 동작주인 '김 경장', '그들'과 '적군' 등은 NP_2로 표시한다. 그리고 동작성을 가진 명사구 '생포', '공격' 및 '구박' 등은 각각 '되다', '받다', '당하다'와 결합해 피동문의 서술어가 된다. 이러한 동작성 체언은 본고에서 NP_4로 표시하고 기능동사 '되다, 받다, 당하다'는 VP로 표시한다.

(4) ㄱ. 그분이 학생들의 존경을 받았다.

　　 ㄴ. 학생들이 그분을 존경한다.

　　 ㄷ. 그분이 학생들에게 존경받았다.

(5) ㄱ. 지난해 1월에도 구글은 중국 해커의 공격을 당했다.

　　 ㄴ. 중국 해커가 지난해 1월에 구글을 공격했다.

　　 ㄷ. 지난해 1월에도 구글은 중국 해커에게 공격을 당했다.

　'받다, 당하다' 피동문에서 예문 (4, 5ㄱ)과 같은 문장도 발견된다. 이와 대응되는 능동문이 (4, 5ㄴ)으로 상정할 수 있다. 그런데 피동문 (4, 5ㄷ)도 (4, 5ㄴ)에서 전환해 온 것인데 NP_1이/가＋NP_2에게/에＋[NP_4＋VP] 문형에 속한다. 본고에서 (4, 5ㄱ)과 같은 문장을 NP_1이/가＋NP_2에게/에＋[NP_4＋VP] 문형의 특례로 보고자 한다. (4, 5ㄱ)에서 NP_2 '학생들'과 '중국 해커'는 동작주 표지인 '에게'와 결합한 형태로 나타나지 않으며 속격 조사 '의'와 결합해 NP$_4$의 관형어 형태로 출현한다.

2. NP$_1$이/가+[NP$_4$+VP] 문형

NP$_1$이/가+NP$_2$에게/에+[NP$_4$+VP] 문형에 동작주가 출현하지 않으면 NP$_1$이/가+[NP$_4$+VP] 문형이 되는 것이다.

    (6) 그의 목표가 달성되었다.

    (7) 65세 이상의 노인들은 특별히 배려받아야 한다.

    (8) 그리고 선배들의 경우 그러한 믿음이 크게 배반당하지 않았다.

(6~8)에서 피동문 주어인 '그의 목표', '65세 이상의 노인들', '그러한 믿음'은 NP$_1$이며, 동작성 명사 '달성', '배려', '배반'은 NP$_4$이다.

    (9) ㄱ. 저 다리가 (균열에 의해) 붕괴할 것이다.

        ㄴ. 저 다리가 (공병에 의해) 붕괴될 것이다.

일부 '하다'계 자동사는 그 '하다'가 '되다'로 대치되어 피동의 의미를 나타내기도 한다. 예문 (9)는 이러한 '하다'와 '되다'의 교체 현상을 보여준다. (ㄱ)과 (ㄴ)은 동사 '하다'와 '되다'의 의미 차이 때문에 완전히 동일하다고 할 수는 없다. 이정택(2004)에서 (ㄱ)은 '붕괴'의 원인이 주어인 '다리' 내부에 있는 반면에 (ㄴ)의 경우 붕괴의 원인이 '다리' 밖의 능동적인 힘에 있다고 지적한 바 있다. 하지만 그렇다고 해서 이러한 문장에 쓰이는 '하다'와 '되다' 각각 '능동'과 '피동'을 나타낸다고 단정하기는 어렵다. 왜냐하면 (9ㄴ)은 피동문의 형성 절차를 따르지 않을뿐더러 (ㄱ)과 (ㄴ)의 의미도 크게 다르지 않기 때문이다. 따라서 (9ㄴ)과 같은 문장은 본고에서 피동문으로 인정하지 않는다.

3. NP₁이/가＋NP₂에게/에 ＋NP₃을/를＋[NP₄＋VP] 문형

'목적격 피동문'이 접미 피동문에 존재할 뿐만 아니라 '되다, 받다, 당하다' 피동문에도 존재한다.

> (10) ㄱ. 어머니는 오 과장에게 다리를 치료받았다.
>
> ㄴ. 오 과장이 어머니를 다리를 치료했다.
>
> (11) ㄱ. 김씨는 강도들에 의해 현금을 모두 탈취당했다.
>
> ㄴ. 강도들이 김씨를 현금을 탈취했다.

예문 (10, 11)에서 피동문 주어 '어머니'와 '김씨'는 NP₁이고 동작주 '오 과장'과 '강도들'은 NP₂이며, '다리'와 '현금'은 NP₃이다. 예문 (10)에서 동작명사가 '받다'와 결합해 서술어 역할을 하는 문장이고 예문 (11)에서는 동작명사가 '당하다'와 결합해 서술어 구실을 하는 문장이다. 여기서 주의할 만한 것은 이러한 NP₃를 가지는 구조가 기능동사 '받다, 당하다'에 의해 만들어질 수 있지만 기능동사 '되다'에 의해 이루어질 수 없는 것이다.

한국어 '되다, 받다, 당하다' 피동문의 문형을 아래 표에서 제시된 것과 같다.

〈표14〉 한국어 '되다, 받다, 당하다' 피동문의 문형

	한국어 '되다, 받다, 당하다' 피동문의 문형
1.	NP$_1$이/가+NP$_2$에게/에+[NP$_4$+VP]; NP$_1$이/가+[NP$_2$의 NP$_4$+VP]
2.	NP$_1$이/가+[NP$_4$+VP]
3.	NP$_1$이/가+NP$_2$에게/에+NP$_3$을/를+[NP$_4$+VP]

B. 중국어 '遭受' 피동문의 문형

1. NP$_1$+[VP+NP$_2$的+NP$_4$] 문형

NP$_1$+[VP+NP$_2$的+NP$_4$] 문형은 중국어 '遭受' 피동문의 기본 문형 이다.

   (12) 莎拉波娃　的　　父亲 在 该 场　比赛中

       Shalabowa-GEN father at this-CL competition

       受到　　了　　裁判　　的　　警告。

       receive-PFV referee-ASSOC warning

       (샤라포바의 아버지가 이 경기 중에 심판의 경고를 받았다.)

   (13) 西藏…遭受　　了　西方列强　　　　　的　　侵略。

       Tibet suffer-PFV Western Power-ASSOC invasion

       (티베트는 서양 열강의 침략을 받았다.)

(14) 杨汉兴…　　常常　挨　　杨森　　的　　训斥。

Yanghanxing often suffer Yangsen-ASSOC rebuking

(杨汉兴은 자주 杨森에게 혼난다.)

예문 (12~14)에서 주어 '莎拉波娃的父亲(샤라포바의 아버지)', '西藏(티베트)'과 '杨汉兴' 등은 NP$_1$으로 표시하며, 동작주 '裁判(심판)', '西方列强(서양 열강)'과 '杨森' 등은 NP$_2$로 표시한다. 동작명사 '警告(경고)', '侵略(침략)'과 '训斥(꾸중)'는 각각 '遭受'류 동사 '受到', '遭受', '挨' 등에 의한 동사구와 결합하여 문장의 서술어가 된다. 이때 동작명사는 NP$_4$로 표시하고 '遭受'류 동사에 의해 이루어진 동사구는 VP로 표시한다. 이 문형에서 동작주 NP$_2$는 구조조사 '的'와 함께 나타난다.[43]

2. NP$_1$＋[VP＋NP$_4$] 문형

NP$_1$＋[VP＋NP$_2$(的)＋NP$_4$] 문형의 동작주 NP$_2$가 출현하지 않으면 NP$_1$＋[VP＋NP$_4$] 문형이 된다.

(15) 其　　　想象力　和　创造力 都　受到　　很 大　束缚。

his/her imagination and creativity all receive very big constraint

(그의 상상력과 창조력이 모두 크게 속박된다.)

---

43 구조조사 '的'는 중국어에서 관형어와 명사나 명사구를 연결하는 문법적 장치이고 한국어의 속격조사 '의'와 유사한 문법적 기능을 갖고 있다.

(16) 她　遭到　　指责。

she suffer censuring

(그녀는 비난을 받는다.)

(17) 郭小川　　　　挨　　批评　　　了。

Guoxiaochuan suffer criticizing PFV

(郭小川는 야단맞았다.)

예문 (15~17)에서 '其想象力和创造力(그의 상상력과 창조력)', '她(그녀)'와 '郭小川'은 주어 NP_1이고, '束缚(속박)', '指责(비난)'와 '批评(비판)'은 동작명사 NP_4이다. 앞서 언급한 바와 같이 '遭受'류 동사 '受到', '遭到'와 '挨' 등에 의해 이루어진 동사구는 VP로 표시한다.

중국어 '遭受' 피동문의 문형은 정리해 본다면 다음 표와 같다.

〈표15〉 중국어 '遭受' 피동문의 문형

	중국어 '遭受' 피동문의 문형
1.	$NP_1 + [VP + NP_2的 + NP_4]$
2.	$NP_1 + [VP + NP_4]$

C. 한국어 '되다, 받다, 당하다' 피동문과 중국어 '遭受' 피동문의 특징 대조

Ⅲ장에서 한국어 접미 피동문과 중국어 '被'자문 각 성분의 특징에 대해 대조적 분석을 해 보았다. 이와 유사하게 본장에서는 한국어 '되다, 받다, 당하다' 피동문과 중국어 '遭受' 피동문의 각 성분의 특징에 대한 분석을 할 것이다. 한국어 '되다, 받다, 당하다' 피동문은 각 성분의 특징적 측면에서 볼 때 접미 피동문과 많은 공통점을 갖는다. 중국어 '遭受' 피동문도 '被'자문과 많은 공통점을 갖고 있다. 예를 들어 명사구의 생략 가능성, 특정성, 명사구 사이의 의미관계 및 동사의 형식적 특징 등 여러 측면에서의 공통점이 있다. 따라서 논의의 간결성을 위하여 이 장에서 한국어 '되다, 받다, 당하다' 피동문과 중국어 '遭受' 피동문이 지니는 특유한 성질만을 살펴보도록 하겠다.

1. NP₁, NP₂ 및 NP₃의 특징

1.1. 한국어 '되다, 받다, 당하다' 피동문 NP₁, NP₂ 및 NP₃의 특징

비록 모두 '동작명사＋기능동사' 형식으로 피동문을 이루는 것이지만 '되다' 피동문은 '받다, 당하다' 피동문과 여러 측면에서 다른 양상이 보인다.

첫째, NP₁의 특징을 보면 '되다' 피동문에서 유정물이든 무정물이든 상관없이 모두 주어가 될 수 있다. 이와 달리 '받다, 당하다' 피동문은 일반적으로 인격체 주어와 어울린다.

(18) ㄱ. 무고한 시민들은 정부에 의해 모두 석방되었다.

ㄴ. 그 공장이 이곳에 건설되었다.

(19) ㄱ. 아이가 유괴범에게 협박받았다.

ㄴ. ?가정이 도적들에게 공갈받았다.

(20) ㄱ. 그가 상대자에게 논박당했다.

ㄴ. ?논문이 상대자에게 논박당했다.

ㄷ. 그의 논문이 상대자에게 논박당했다.

예문 (18)을 보면 사람인 '무고한 시민들'과 무정물인 '그 공장'은 모두 '되다' 피동문의 NP_1이 될 수 있음을 알 수 있다. 예문 (19, 20)에서 사람인 '아이'와 '그'는 '받다, 당하다' 피동문의 주어가 될 수 있지만 무정물인 '가정'과 '논문'은 NP_1이 될 수 없다. 다만 (20ㄷ)의 '그의 논문'에서처럼 '논문'이 사람과 관련된 것이라는 사실이 명시될 때에는 무정물이 주어 자리에 나타날 수 있다.

(21) ㄱ. 우리 학회도 그들에게 공격을 받았다.

ㄴ. 어머니의 다리는 오 과장에게 치료받았다.

(22) 이런 기업들은 도태당할 수밖에 없다.

예문 (21, 22)에서 '받다, 당하다' 피동문의 주어가 사람이 아님은 분명하다. 그러나 (21ㄱ)의 주어 '우리 학회'와 (22)의 주어 '이런 기업들'이 모두 기관단체로서 복수 인물의 성격을 갖는다고 할 수 있으며,

(21ㄴ)에서 '어머니의 다리'가 인체의 일부분이기 때문에 '우리 학회', '어머니의 다리', '이런 기업들' 모두 피동문의 주어로 쓰일 수 있다. 따라서 '받다, 당하다' 피동문의 주어가 '사람'에 한정되어 있지만 때로는 사람과 관련된 사물도 주어가 될 수 있다.

둘째, 접미 피동문과 같이 '되다, 받다, 당하다' 피동문에서도 동작주가 모두 '에, 에게, 에 의해'와 결합해 나타날 수 있다. 하지만 '되다' 피동문과 달리 '받다, 당하다' 피동문의 동작주에는 '에게서, 로부터'등이 이어질 수 있다.

> (23) *그 사람은 {친척들에게서, 친척들로부터} 백안시되었다.
> (24) 그 사람은 {친척들에게서, 친척들로부터} 천대를 받는다.
> (25) 어머니는 {아버지에게서, 아버지로부터} 구박을 당했다.

예문 (24, 25)에서 동작주 '친척들'과 '아버지'는 동작주 표지인 '에게'와 결합하지 않고 '에게서, 로부터'와 결합해 출현한다. 따라서 '에게서, 로부터'를 동작주 표지로 여기는 견해도 있다.

> (26) 태아는 의사에 의해 어머니에게서 분리되었다.
> (27) 김씨는 일본 헌병대로부터 고등계 형사에게 협박을 받았다.

그러나 예문 (26, 27)에서 확인할 수 있듯이 '에게서, 로부터'는 동작주 표지인 '에게, 에 의해' 등과 함께 출현할 수 있다. 따라서 이들은 진정한 동작주 표지가 아님을 알 수 있다. 이러한 동작주 뒤에 '에게서, 로부터'가 이어지는 현상은 기능동사 '받다, 당하다'의 의미적 특징과 관련이 있다고 생각된다. '받다'와 '당하다'는 원래 '접수'의 의미를 가진 동사이므로 일반적으로 '시원(始原)'을 나타내는 명사구를 가지기 마련이다. (26, 27)과 같은 문장에서 동작주가 '시원'을 표시하는 '에게서, 로부터'와 결합하는 것은 피동문 주어에 가해지는 작용의 근원지가 동작주임이 표시되기 때문인 것으로 해석될 수 있다.[44] 한편, '받다, 당하다'와 달리 동사 '되다'는 '접수'의 의미를 가지지 않기 때문에 '시원'의 의미도 함축하지 않는다. 따라서 동작주가 작용의 근원지가 될 수 없으므로 '시원'을 표시하는 '에게서, 로부터'와도 결합하지 못한다.

셋째, 앞서 언급했듯이 '받다, 당하다' 피동문에서 동작주 NP_2가 속격조사 '의'와 결합해 NP_4의 관형어로 나타나는 경우가 있다. 반면에 '되다' 피동문에서 동작주 NP_2는 속격 형식으로 출현할 수 없다.

> (28) ㄱ. 그이가 사람들에게 주목되었다.
>
> ㄴ. *그이가 사람들의 주목이 되었다.
>
> (29) ㄱ. 그는 한 달 동안 유능한 의사에게 치료를 받았다.
>
> ㄴ. 그는 한 달 동안 유능한 의사의 치료를 받았다.
>
> (30) ㄱ. 그는 어머니에게 경제봉쇄를 당했다.
>
> ㄴ. 그러자 어머니의 경제봉쇄를 당했다.

---

44 이정택(2004:150) 참조.

예문 (28)을 보면 '되다' 피동문에서 동작주 NP_2 '사람들'이 '에게'와 결합해 나타날 수 있지만 속격조사 '의'와 결합하면 비문이 됨을 알 수 있다. 이와 달리 '받다, 당하다' 피동문 (29, 30)에서 동작주 NP_2 '유능한 의사'와 '어머니'는 모두 속격조사 '의'와 결합한 형태로 나타날 수 있다. '되다' 피동문과 '받다, 당하다' 피동문의 이러한 차이가 서술어 역할을 하는 '동작명사＋동사' 구조의 내부 긴밀도와 관련 있다고 생각한다. 이는 뒤에서 다시 논의할 것이다.

넷째, '되다' 피동문에 목적격 피동문이 없는 반면에 '받다, 당하다' 피동문에는 목적어 NP_3를 가지는 경우가 있다.

(31) *검사에 의해 증인이 위증을 강요되었다.

(32) 검사에 의해 증인이 위증을 강요받았다.

(33) 그 사람은 고문 전문가들에게 손가락을 절단당했다.

예문 (31~33)에서 볼 수 있듯이 '되다' 피동문에 NP_3가 출현하면 무조건 비문이 되는 반면에 일부 '받다, 당하다' 피동문은 NP_3를 가진 구조를 이룰 수도 있다. '되다' 피동문과 '받다, 당하다' 피동문의 이러한 차이는 각각 동사의 통사적 특징에 기인한다. '되다'는 본래 주어와 함께 보어를 필요로 하는 자동사이다. 기능동사로서 동작명사와 결합해 피동문의 서술어가 될 때 '동작명사＋되다' 전체는 자동사처럼 목적어를 취할 수 없는 하나의 용언성 단위가 된다. 그런데 '받다'와 '당하다'는 목적어를 취할 수 있는 타동사이므로 동작명사와 결합해 한 동사처럼 쓰여도 원래 타동사로서의 통사적 특징이 여전히 유지되기 때문에 목적어를 취하는 구조를 이룰 수 있다고 생각한다.

1.2. 중국어 '遭受' 피동문 NP$_1$, NP$_2$의 특징

우선, 중국어 '遭受' 피동문 NP$_1$의 특징부터 설펴보겠다.

(34) 伊拉克 战俘　　　　受到　　了　虐待。

Iraq　　prisoner of war receive-PFV maltreatment

(이라크 전쟁 포로들이 학대를 당했다.)

(35) 无数　　　　居民　　　遭到　屠杀。

innumerable inhabitant suffer massacre

(수많은 사람들은 살해를 당했다.)

(36) 范英明　　　挨　　了　处分。

Fanyingming suffer-PFV punishment

(范英明은 처벌을 받았다.)

(37) 环保问题　　　愈益　　　　　　受到

environmental issue more and more receive

各界　　　　　　　关注。

all circles (-ASSOC) attention

(환경보호 문제는 더욱 각 계의 관심을 받는다.)

(38) 他的　提议 遭到 众　人　　的　　一致　反对。

his proposal suffer all people-ASSOC united objection

(그의 제의는 하나같이 뭇 사람들의 반대에 부딪혔다.)

예문 (34~36)에서 '遭受' 피동문의 주어가 사람인 '伊拉克战俘(이라크 전쟁 포로)', '无数居民(수많은 사람들)'과 '范英明'이다. 에문 (37, 38)에서 주어는 무정물인 '环保问题(환경보호 문제)'와 '他的提议(그의 제의)'이다. 따라서 '遭受' 피동문의 NP_1 자리에 유정물과 무정물은 모두 드러날 수 있음을 알 수 있다.

그러나 예문 (36)과 같이 동사 '挨'에 의해 이루어진 문장의 경우 사람을 나타내는 명사구만 주어 자리에 올 수 있다.

다음에는 '遭受' 피동문 NP_2의 특징을 살펴볼 것이다.

'遭受' 피동문의 NP_2는 출현할 때 구조조사 '的'와 결합한 형태로 나타난다.

(39) ㄱ. 波兰　　再一次　　　遭到　了　两　个
　　　　Poland once again suffer-PFV two-CL

　　　大国　　　　　的　　侵略。
　　　big country-ASSOC invasion

　　　(폴란드가 또 두 강국의 침략을 당했다.)

　　ㄴ. 两　个　大国　　　　再一次　　　侵略　　了　波兰。
　　　　two-CL big country once again invade-PFV Poland

　　　(두 강국이 또 폴란드를 침략했다.)

예문 (39)에서 동작주 '两个大国(두 강국)'가 피동문에서 구조조사 '的'와 결합해 동작명사 '侵略(침략)'의 관형어 형식으로 출현한다.

1.3. 한국어 '되다, 받다, 당하다' 피동문과 중국어 '遭受' 피동문 NP₁, NP₂ 및 NP₃의 특징 대조

앞 장에서 한국어 '되다, 받다, 당하다' 피동문의 NP₁, NP₂, NP₃과 중국어 '遭受' 피동문의 NP₁, NP₂의 특징을 살펴보았다. 이제 '되다, 받다, 당하다' 피동문과 중국어 '遭受' 피동문의 명사구들의 특징을 대조 분석할 것이다.

우선, 한국어 '되다, 받다, 당하다' 피동문과 중국어 '遭受' 피동문의 NP₁, NP₂, NP₃의 공통점을 찾도록 하겠다.

첫째, 한국어 '되다, 받다, 당하다' 피동문과 중국어 '遭受' 피동문의 NP₁ 자리에는 유정물 명사구가 모두 올 수 있다.

(40) ㄱ. 유죄 판결을 받는다면 그는 감금될 수도 있다.

ㄴ. 如果 罪名成立　　　　的话, 他 会　遭到　监禁。

if　guilty as charged AUX　　he will suffer imprisonment

(41) ㄱ. 그는 염직한 사람으로 존경을 받고 있다.

ㄴ. 他 以　清廉正直　而 受　　　人　尊敬。

he　as　integrity　　and receive people respect

(42) ㄱ. 나는 직무 태만으로 견책당했다.

ㄴ. 我　因　　怠工　　　遭到　了　斥责。

I　because slowdown suffer-PFV rebuking

예문 (40~42ㄱ)은 각각 '되다'피동문, '받다' 피동문, '당하다' 피동문이고 (40~41ㄴ)은 중국어 '遭受'피동문인데 피동문의 주어는 모두 사람을 나타내는 대명사이다.

둘째, 한국어 '받다, 당하다' 피동문의 동작주 NP_2가 속격조사 '의'와 결합하여 NP_4의 관형어로 나타날 수 있다. 이와 유사하게 중국어 '遭受' 피동문의 동작주 NP_2도 구조조사 '的'와 결합한 형태으로 NP_4의 관형어가 될 수 있다.

(43) ㄱ. 그는 세인의 추앙을 받고 있다.

　　 ㄴ. 他 受到世　人　　的　　　仰慕。

　　　　 he receive people-ASSOC admiration

(44) ㄱ. 탐험대가 아프리카 밀림에서 야수의 습격을 당했다.

　　 ㄴ. 探险队　　在 非洲的 密林中 遭到　了　野兽　的　袭击。

　　　　 expedition in African jungle suffer-PFV beast-ASSOC attack

예문 (43)은 '받다' 피동문과 '受到'에 의한 피동문의 예문인데 NP_2 '세인/世人'이 각각 '의'나 '的'와 결합하여 NP_4 '추앙/仰慕'의 관형어로 나타난다. 예문 (44)는 '당하다' 피동문과 '遭到'에 의한 피동문의 예문이고 NP_2 '야수/野兽'도 '의'나 '的'와 결합하여 NP_4 '습격/袭击'의 관형어로 나타난다.

셋째, 한국어 '되다' 피동문과 중국어 '遭受' 피동문은 마찬가지로 NP_2를 가지는 목적격 피동문이 존재하지 않는다. 앞서 언급한 바와 같이 '되다'가 기능동사로서 동작명사와 결합해 피동문의 서술어가 될 때 '동작명사＋되다' 전체는 자동사처럼 목적어를 취할 수 없는 하나의 용언성 단위가 된다. 이와 유사하게 중국어 '遭受' 피동문에서 '동사＋동·명 겸류사'의 결합체도 하나의 자동사와 같은 용언성 단위가 된다. 자동성 용언 단위는 목적어를 취할 수 없기 때문에 한국어 '되다' 피동문과 중국어 '遭受' 피동문에는 목적격 피동문이 없다.

다음에는 한국어 '되다, 받다, 당하다' 피동문과 중국어 '遭受' 피동문의 NP_1, NP_2, NP_3의 차이점을 분석하고자 한다.

첫째, 한국어 '되다' 피동문과 대부분 중국어 '遭受' 피동문에는 무정물 명사구가 NP_1으로 출현할 수 있지만 한국어 '받다, 당하다' 피동문과 동사 '挨'에 의해 만들어진 중국어 '遭受' 피동문에 무정물 명사구는 NP_1으로 출현하는 것은 제약을 받는다.

(45) ㄱ. 그 귀추가 매우 주목된다.

　　ㄴ. 其 结局　十分　受　　人　　注目。

　　　　its ending very receive people attention

(46) ㄱ. ?가정이 도적들에게 공갈받았다.

　　ㄴ. 家庭　　受到　　了　匪徒　　的　　　恐吓。

　　　　family receive-PFV gangster-ASSOC threatening

(47) ㄱ. ?논문이 상대자에게 논박당했다.

　　ㄴ. 这篇　论文　　　遭到　了　对方　　　　的　驳斥。

　　　　this-CL dissertation suffer-PFV opposite side-ASSOC refution

(48) ㄱ. 他 又　挨　父亲　　　　批评　　　了。

　　　　he again suffer father(-ASSOC) criticizing PFV

　　　　(그는 아버지한테 또 비판을 받았다.)

　　ㄴ. *那 篇 小说 挨　父亲　　　　批评　　　了。

　　　　that-CL fiction suffer father(-ASSOC) criticizing PFV

　　예문 (45ㄱ)에서 무정물 명사구 '그 귀추'가 한국어 '되다' 피동문의 NP$_1$이 되며, (45~47)에서는 무정물 명사구 '其结局', '家庭', '这篇论文'은 중국어 '遭受' 피동문의 NP$_1$가 된다. 이와 달리 (46, 47ㄱ)에서 무정물 명사구 '가정'과 '논문'은 한국어 '받다, 당하다' 피동문의 주어가 될 수 없다. 예문 (48)는 동사 '挨'에 의해 만들어진 피동문으로써 사람을 나타내는 명사구만 주어가 될 수 있으며, 만약 무정물이 주어 자리에 출현하면 그 문장은 비문이 된다.

　　둘째, 한국어 '되다' 피동문의 동작주 NP$_2$가 '에게, 에, 에 의해' 등 조사와만 결합할 수 있고 속격조사 '의'와 결합한 형태로 나타날 수 없다. 이와 달리 중국어 '遭受' 피동문의 동작주 NP$_2$는 생략되는 경우가 아니라면 반드시 구조조사 '的'와 결합하여 NP$_4$의 관형어로 출현해야 한다.

　　(49) ㄱ. 그녀가 세상 사람들에게 주목된다.

　　　　ㄴ. *그녀가 세상 사람들의 주목이 된다.

　　(50) 她　受到　天下人　　的　　瞩目。

　　　　she receive all people-ASSOC attention

예문 (49)을 보면 동작주 NP_2 '세상 사람들'이 '에게'와 결합한 형태로 '되다' 피동문에 나타날 수 있지만 속격조사 '의'와 결합해서 출현하면 비문이 된다. 예문 (50)에서 중국어 '遭受' 피동문의 동작주 NP_2 '天下人(세상 사람들)'은 NP_4 '瞩目(주목)'의 관형어로 출현한다. 이와 같은 현상을 통하여 한국어 '동작명사＋되다' 구조가 중국어 '遭受류 동사＋동·명 겸류사' 구조에 비해 내부의 긴밀성이 더 높음을 알 수 있다.

셋째, 한국어 '받다, 당하다' 피동문에는 NP_3를 가지는 목적격 피동문이 있는 반면에 중국어 '遭受' 피동문에 목적격 피동문은 없다.

(51) ㄱ. 어머니는 오 과장에게 다리를 치료받았다.

　　　ㄴ. *妈妈　受到　了吴　科长　　　　　的　　治疗　腿。

　　　　　mother receive-PFV Wu section chief-ASSOC treatment leg

　　　ㄷ. 妈妈　　的　腿受到　了吴　科长　　　　的

　　　　　mother-GEN leg receive-PFV Wu section chief-ASSOC

　　　　　治疗。

　　　　treatment

(52) ㄱ. 김씨는 강도들에 의해 현금을 모두 탈취당했다.

　　　ㄴ. *金 先生　　遭到了　　强盗　的　　　抢劫　现金。

　　　　　Jin mister suffer-PFV robber-ASSOC robbing cash

　　　ㄷ. 金 先生　　的　现金 遭到了　　强盗　的　抢劫。

　　　　　Jin mister-GEN cash suffer-PFV robber-ASSOC robbing

예문 (51, 52)을 보면 한국어 '받다, 당하다' 피동문이 목적어를 취할 있지만 중국어 '遭受' 피동문은 목적어를 취할 수 없음을 알 수 있다. 그런데 (51, 52ㄷ)과 같이 NP₃는 주어 자리에 오면 올바른 문장이 된다. 양쪽 언어의 이러한 차이는 각각의 NP₄ 특징과 관련되어 있다고 생각된다. 한국어 '받다, 당하다' 피동문의 NP₄는 타동성을 지니는 단위이므로 NP₄와 기능동사 '받다, 당하다'의 결합체도 타동성을 갖는다. 이와 달리 중국어 '遭受' 피동문의 NP₄는 일부 동사 특징을 지니는 동·명 겸류사이지만 이런 문장에서는 명사로만 쓰이기 때문에 목적어를 취할 수 없는 것이다.

여기까지 한국어 '되다, 받다, 당하다' 피동문과 중국어 '遭受' 피동문의 NP₁, NP₂, NP₃의 특징을 대조 분석해 보았고, 정리해 보면 아래 표와 같다.

〈표16〉 한국어 '되다, 받다, 당하다' 피동문과 중국어 '遭受' 피동문
NP₁, NP₂, NP₃의 특징 대조

NP₁, NP₂, NP₃의 특징		NP₁		NP₂	NP₃
		유정물	무정물	속격조사'의'/구조조사'的'	
한국어	'되다' 피동문	○	○	×	×
	'받다, 당하다' 피동문	○	×	○	○
중국어	'受, 遭' 등에 의한 피동문	○	○	○	×
	'挨'에 의한 피동문	○	×		

(가능함: ○ 불가능함: ×)

2. NP₄ 및 VP의 특징

2.1. 한국어 '되다, 받다, 당하다' 피동문 NP₄와 VP의 특징

2.1.1. 한국어 '되다, 받다, 당하다' 피동문 NP₄의 특징

첫째, 한국어 '되다, 받다, 당하다' 피동문의 NP₄는 모두 [＋동작성]의 의미자질을 지닌다.

앞서 언급한 것처럼 '되다, 받다, 당하다' 피동문에서 서술어는 '동작명사＋동사'의 형식으로 이루어진 것이다. 여기서 말하는 '동작명사'가 구체적으로 어떠한 명사를 가리키는 것인지를 검토할 필요가 있다.

이병규(2002)에서 용언은 시간적인 전개과정에서 어떤 성격을 나타내는지에 따라 '상태 동사', '작용 동사'로 구분된다고 했다. 최정애(2008)은 명사에서도 이러한 어휘상적 특성을 내포하고 있는 명사가 있으며, 즉 의미론적으로 용언과 같은 의미적 특성을 갖고 있는 부류의 단어들은 '±동작성(상태성)'의 함의여부에 따라서 동작성 명사와 상태성 명사로 구분한다고 언급한 바가 있다. 본고에서 [＋동작성]의 의미자질을 갖는 명사는 '동작명사'라고 하겠다.

(53) 그에 의해 목적이 달성되었다.

(54) 남편이 아내에게 사랑받았다.

(55) 소녀가 불량배에게 강간당했다.

예문 (53~55)에서 '되다'와 결합한 '달성', '받다'와 결합한 '사랑', '당하다'와 결합한 '강간'은 모두 [＋동작성]의 의미자질을 내포하고 있는 명사이다. 이들은 기능동사 '하다'와 결합한 후에 모두 타동사가 된다.

(56) ㄱ. 술 때문에 간암이 발병하였다.

ㄴ. 술 때문에 간암이 발병되었다.

예문 (56)에서 명사 '발병'이 [＋동작성]의 의미를 갖는 것은 분명하다. 그러나 앞서 언급했듯이 '되다'가 의미변화 없이 임의로 '하다'를 대치하는 문장은 피동문으로 보기 어렵다. 명사 '발병'은 [＋동작성]의 의미를 지니지만 '하다'와 결합할 때 자동사가 된다. 또한 '되다' 구문은 피동문의 전형적 형성절차를 거치지 않을 뿐만 아니라 피동의 의미를 드러낸다고 할 수도 없다. 따라서 '되다, 받다, 당하다' 피동문의 NP_4는 [＋동작성]의 의미자질과 더불어[＋타동성]의 의미자질도 내포해야 한다.

둘째, 한국어 '되다, 받다, 당하다' 피동문의 NP_4 대부분은 이음절로 이루어진 한자어이지만 한자어나 이음절 단어가 아닌 경우도 있다.

(57) 그 사건은 매끄럽게 갈무리되었다.

(58) 어떤 아저씨의 반들거리는 구두코를 밟아 나는 호된 꾸중을 받기도 했다.

(59) … 주인공 케리 그란트가 비행기에서 추격당하는 장면이 가위질당했다.

앞의 예문들에서 '되다, 받다, 당하다' 피동문의 NP$_4$는 모두 한자어이고 이음절 명사이다. 그러나 실제로, 일부 명사는 한자어나 이음절 명사가 아니지만 [＋동작성]과 [＋타동성]의 의미자질을 가지므로 '되다, 받다, 당하다' 피동문을 이룰 수 있다. 예문 (57)에서 고유어 삼음절 명사 '갈무리'는 '되다'와 결합하고, (58)에서 고유어 이음절 명사 '꾸중'은 '받다'와 결합하며, (59)에서 고유어 삼음절 명사 '가위질'은 '당하다'와 결합해서 피동문을 이루는 것이다.

2.1.2. 한국어 '되다, 받다, 당하다' 피동문 VP의 특징

1) '하다'계 타동사의 피동 양상

본고에서 '하다'계 타동사의 '하다'를 '되다, 받다, 당하다'로 대치하여 만든 문장은 피동문인 것으로 본다. 그렇다고 해서 '하다'계 타동사는 모두 이러한 방식으로 피동화될 수 있는가에 대한 문제가 제기된다. 또한 모든 '하다'계 타동사는 '되다, 받다, 당하다' 세 동사로 다 대치되어 피동문을 이룰 수 있는가에 대한 문제도 제시될 수 있다.

〈표17〉 '하다'계 동사의 피동 표현(우인혜 1997:149)

피동 유형 ＼ 결합형	되다	받다	당하다	비피동형	유형별 수 (비율)
하다1(되,받,당)	143	143	143		143 (10.91%)
하다2(되)	569				569 (43.43%)
하다3(되,당)	231		231		231 (17.63%)
하다4(되,받)	209	209			209 (15.95%)
하다5(당,받)		26	26		26 (1.98%)
하다6(당)			15		15 (1.14%)

하다7(받)		37			37 (2.82%)
하다8(비피동형)				80	80 (6.10%)
각 형태별 수	1152	415	415	80	1310 (100%)
(비율)	55.9%	20.1%	20.1%	3.3.%	100%

우인혜(1997)에서 '하다'계 타동사 1310개를 대상으로 삼아 '되다, 받다, 당하다' 중 어느 기능동사와 결합해 피동문을 이룰 수 있는지를 조사해 보았다. 조사의 결과가 표17에서 제시된다.

a. '하다'계 타동사 1310개 중에 143 개만이 '되다, 받다, 당하다' 3 가지 동사와 모두 결합할 수 있고 약 10.91%의 비율을 차지하고 있다. 그래서 3가지 동사와 고루 어울려 피동문을 이루는 경우가 많지 않음을 알 수 있다.

   (60) ㄱ. 미국의 북한 핵에 대한 입장이 갈라지기 시작한 것으로 나타나 주목된다.

       ㄴ. 연구분야에서 해외청년과학자가 주목을 받고 있다.

       ㄷ. 그이가 사람들에게 주목당했다.

예문 (60)에서 타동사 '주목하다'는 '되다, 받다, 당하다'로 피동문을 이룸을 알 수 있다. 이밖에 '되다, 받다, 당하다'로 모두 피동문을 이룰 수 있는 '하다'계 타동사는 '검사하다', '단속하다', '비판하다', '재촉하다', '압박하다' 등이 있다.

b. '하다'계 타동사 1310개 중에 약 569 개로 약 43% 정도가 '되다' 만으로 피동문을 이룬다.

(61) … 아버지가 쓰시던 검은 바이올린 케이스가 그대로 먼지 속에 (간직되어 있다/ *간직받고 있다/ *간직당하고 있다).

예문 (61)에서 타동사 '간직하다'는 '되다'만으로 피동문을 이룰 수 있음을 알 수 있다. 이밖에 '되다'만으로 피동문을 이룰 수 있는 '하다' 계 타동사로는 '건축하다', '마감하다', '참고하다', '가상하다', '논술하 다', '달성하다' 등이 있다. 이 동사들은 일반적으로 주어가 무정물이 며 동사 자체는 특정한 의미 색채를 드러내지 않는다.

c. 일부 '하다'계 타동사는 '되다'와 '당하다'만으로 피동문을 이룰 수 있다.

(62) ㄱ. … 이진경 씨가 국가 보안법 위반 혐의로 최근에 구속되었다.
　　 ㄴ. 그리하여 이 지역 사족 50여 명이 이 사건에 연루되어 줄줄이 구속당했다.

예문 (62)에서 타동사 '구속하다'의 '하다'는 '되다'와 '당하다'로 대치 되어 피동문이 된다. 이런 타동사에는 '감금하다', '견제하다', '매장하 다', '강타하다', '폐간하다' 등이 있다.

d. 1310개 '하다'계 타동사 중에 약 209 개는 '되다'와 '받다'로만으 로 피동문을 이루고 있으며 약 15.95%를 차지하고 있다.

(63) ㄱ. 피해자의 인권은 절대로 보호되어야 한다.

ㄴ. … 거기에서 일하는 사람들의 인격도 보호받을 수 있다.

예문 (63)에서 '하다'계 타동사 '보호하다'의 어근은 '되다'와 '받다'와 만 결합해 피동문을 이룬다. 이런 타동사에는 '공급하다', '감형하다', '치료하다', '배려하다', '인정하다' 등이 있다.

(64) ㄱ. 버스운행 관련 정보가 버스정보관리시스템에 의해 제공된다.

ㄴ. 시민들이 버스운행 관련 정보를 실시간 제공받는다.

ㄷ. 버스정보관리시스템은 버스운행 관련 정보를 시민들에게 제공한다.

'되다'와 '받다'로 피동문을 이룰 수 있는 일부 '하다'계 타동사는 목적어 두 개를 취할 수 있다. 예문 (64ㄷ)에서 '제공하다'가 대상 역할을 하는 직접목적어 '버스운행 관련 정보'와 접수자 역할을 하는 간접목적어 '시민들'을 모두 취하는 것이다. 이러한 능동문이 피동문으로 바뀔 때 '되다'가 선택되는지 '받다'가 선택되는지는 피동문 주어의 의미역에 따라 결정된다. 만약 대상역을 하는 직접목적어가 피동문의 주어로 나타나면 (64ㄱ)과 같이 기능동사 '되다'가 선택된다. 이와 달리 접수자역을 하는 간접목적어가 피동문의 주어로 나타나면 (64ㄴ)과 같이 '받다'가 선택되는 것이다.

e. '하다'계 타동사에 '되다'가 개입될 수 없고 '받다'와 '당하다'로만 피동문을 이루는 경우가 있다.

(65) ㄱ. 세상에 태어나서 이토록 모욕을 받아보기는 처음이었다.

　　　ㄴ. 정의로운 사람들은 모욕을 당했다.

예문 (65)에서 '모욕하다'의 어근 '검문'은 '받다'와 '당하다'와 결합하여 피동문을 이룬다. 이와 같은 동사는 조사의 결과에 따르면 26 개밖에 없고, '논박하다', '면박하다', '협박하다', '검문하다', '박해하다' 등이 있다.

f. 1310 개 '하다'계 타동사 중에 약 15 개가 '당하다'로만 피동문을 이룰 수 있다.

(66) 많은 국민들의 민의는 (배반당했다/ ?배반되었다/ *배반받았다).

예문 (66)에서 '배반하다'는 '당하다'로만 피동문을 이루고 '되다'나 '받다'가 개입되면 비문이 되거나 어색한 문장이 된다. 이런 동사는 '겁탈하다', '공갈하다', '강간하다', '고문하다', '날치기하다' 등도 있다. 이런 동사들의 피동작주는 일반적으로 피해를 입는 사람임이 관찰될 수 있다.

g. '하다'계 타동사 중에 '받다'로만 피동문을 이루고 '되다'와 '당하다'는 개입될 수 없는 것도 있다.

(67) 그는 간호원의 부축으로 겨우 진찰을 받았다.

예문 (67)에서 동사 '진찰하다'는 '받다'로만 피동문을 이룰 수 있다. 이와 같은 동사에는 '사랑하다', '동정하다', '공경하다', '왕진하다', '존경하다' 등도 있다. 이 동사들은 보통 주어에게 이익을 준다는 의미를 드러낸다.

이상의 조사 결과를 통해 '되다'로 피동문을 이룰 수 있는 '하다'계 타동사는 1310 개 중에 1152 개가 있으며, '받다'와 '당하다'로 피동문을 이루는 동사는 각각 415개 있다. 따라서 '되다' 또는 '받다' 및 '당하다' 중에 피동문으로 가장 널리 사용되는 것은 '되다'인 것을 알 수 있다.

2) '되다' 피동문과 '받다, 당하다' 피동문의 의미

앞장에서 본 것처럼 '되다', '받다' 및 '당하다' 중에 피동문으로 가장 활발히 쓰이는 것은 '되다'이고 주어가 사람인 경우는 물론 사물인 경우에도 두루 쓰인다.

(68) 박 실장은 경찰에 체포되었다.
(69) 중요한 변화가 진행되었다.

예문 (68)에서 피동문의 주어는 사람인 '박 실장'이고, (69)에서 주어는 사물인 '중요한 변화'이다. 우인혜(1997)에서 이것은 동사 '되다' 의미의 '중립성' 때문이라 여겨진다고 논한 바가 있다. 즉, '되다' 피동문에서 주어의 의지나 감정 등 주관적 요소와 관계없이 오직 '주어가 외적인 힘에 의해 변화를 겪음'이 객관적으로 묘사되고 이러한 변화는 피동문 주어에게 이익을 주거나 손상을 입힘 등의 의미가 드러나지

않는다.

(70) ㄱ. 그가 경찰에 감금되었다.

ㄴ. 그가 경찰에 감금당했다.

그런데 예문 (70)처럼 피동문 주어가 원하지 않거나 피해를 입는 상황에서 '되다'가 가끔 사용되는 경우가 가끔 있다. '감금'이라는 사건은 주어에게 부정적 영향을 끼치므로 '감금당하다'로 피동 의미를 나타내는 것이 가장 적절하다. '감금되다'도 쓰일 수 있는 이유는 화자가 발화할 때의 착안점이 다르기 때문이라고 생각한다. '감금되다'로 피동의 의미를 나타낼 때 화자는 그저 '감금되었다'는 사실을 객관적으로 표현하는 것일 뿐이지 피동문 주어의 태도와 의지에 중점을 두는 것은 아니다.

따라서 '되다' 피동문은 단순하게 '주어가 외적 힘에 의해 변화가 생김'을 객관적으로 드러내는 '중립적 피동문'이다.

'되다' 피동문과 달리 '받다, 당하다' 피동문은 피동의 기본적 의미를 나타내며 사건이 주어에게 어떤 영향을 끼치는지도 함께 나타낸다. 다시 말해 피동문 주어의 이해관계를 강하게 드러내고자 할 때는 주로 '받다'와 '당하다'를 쓴다.

(71) ㄱ. 그녀는 미성년이라는 이유로 감형받았다.

ㄴ. *그녀는 미성년이라는 이유로 감형당했다.

(72) ㄱ. 그 아이가 계모에게 구박받았다.

ㄴ. 그 아이가 계모에게 구박당했다.

예문 (71)에서 피동문 주어에게 유익한 사건을 나타내는데 '감형'은 '받다'와만 결합할 수 있으며 '당하다'와 결합하면 비문이 된다. 예문 (72)에서 피동문 주어가 피해를 입는 상황인데 '구박'은 '받다', '당하다'와 둘 다 결합할 수 있다.

(73) ㄱ. … 여자는 불가피하게 배반당하곤 했다.

ㄴ. … *여자는 불가피하게 배반받곤 했다.

그러나 피해를 입는 모든 상황에서 '받다'가 쓰일 수 있는 것은 아니다. 예문 (73)에서 '배반'은 '당하다'와 결합해 피동문을 이룰 수 있는 반면에 '받다'와 결합하면 비문이 된다.

따라서 '받다'와 '당하다'는 주로 피동문 주어의 이해관계를 강하게 드러낼 때 쓰인다. '받다'는 주어에게 유익한 상황에게 많이 쓰이고 때로는 주어가 피해를 입는 경우에도 쓰일 수 있다. '받다'와 달리 '당하다'는 오직 주어의 피해 입음을 강하게 표현할 때만 쓰이고 주어에게 유익한 상황에서는 쓰일 수 없다.

3) NP$_4$와 VP의 긴밀도

앞서 언급했듯이 '되다' 피동문과 '받다, 당하다' 피동문이 피동을 실현하는 방식은 모두 '동작명사＋기능동사'이지만 많은 측면에서 차이를 보인다. 여기서 피동문을 이루는 '동작명사＋기능동사' 구조의 동작명사 NP$_4$가 기능동사 '되다, 받다, 당하다'와의 긴밀도를 살펴볼 것이다.

우선 '되다' 피동문 NP$_4$와 '되다'의 긴밀도를 살펴보겠다.

(74) ㄱ. 물이 완벽하게 얼음이 되었다.

　　　ㄴ. 물이 완벽한 얼음이 되었다.

'되다'는 원래 주어와 보어를 함께 필요로 하는 동사이다. 예문 (74)에서 볼 수 있듯이 피동의 의미를 나타내지 않는 '보어 명사＋되다' 구조가 부사어와 관형어의 수식을 모두 받을 수 있다. 부사어 '완벽하게'는 '얼음이 되었다' 전체를 수식하는 것이므로 가능하며, 관형어 '완벽한'은 '얼음'을 수식하는 것이므로 허용된다.

(75) ㄱ. 우리의 생활 환경은 획기적으로 개선된 것이다.

　　　ㄴ. *우리의 생활 환경은 획기적인 개선된 것이다.

그러나 피동의 의미를 나타내는 '동작명사＋되다' 구조는 (74)와 다른 양상을 보인다. 예문 (75)에서 '개선되다'는 부사어의 수식을 받을 수 있지만 관형어의 수식을 받을 수 없다. 이것은 '동작명사＋되다' 구조가 단순한 '보어 명사＋되다'의 구조가 아니라 하나의 동사처럼 쓰인다는 것을 의미한다. 따라서 동작명사 NP$_4$는 '되다'와 통사적으로 결합될 뿐만 아니라 'NP$_4$＋되다' 구조는 내부적으로 긴밀히 연결되어 있음을 알 수 있다.

(76) ㄱ. 고려를 건국하고 후삼국을 통일한 중심 세력인 무신들은 이
　　　　　제는 사회적으로 냉대를 받았다.

　　　ㄴ. 고려를 건국하고 후삼국을 통일한 중심 세력인 무신들은 이
　　　　　제는 사회적 냉대를 받았다.

(77) ㄱ. 이라크가 미군에 의해 대대적으로 공격을 당했다.

　　　ㄴ. 이라크가 미군에 의해 대대적 공격을 당했다.

한편 '동작명사＋받다/당하다'는 '동작명사＋되다'와 다른 양상을 보인다. 예문 (76, 77)에서 '냉대'와 '받다'의 결합, '공격'과 '당하다'의 결합은 부사어의 수식을 받을 수 있고, 또한 관형어의 수식도 받을 수 있다. 따라서 '동작명사＋받다/당하다' 구조는 '동작명사＋되다' 구조에 비해 내부의 긴밀도가 크지 않음을 알 수 있다.

만약 동작명사에 '되다, 받다, 당하다' 등 기능동사를 붙이는 것을 접미피동사에 의해 피동사를 만드는 것과 유사한 과정으로 본다면 '동작명사＋되다/받다/당하다'를 일종의 피동사로 간주할 수 있다. 그중의 '되다, 받다, 당하다'는 어휘적 의미가 약화되고 문법적 의미가 강화된 것으로서 문법화 과정을 겪는 것이라고 할 수 있다. 예문 (75~77)에서 본 바와 같이 '동작명사＋되다'는 '동작명사＋받다/당하다'보다 구조 내부의 각 요소 사이의 관계가 더욱 긴밀하다. 따라서 '받다, 당하다'에 비해 '되다'의 문법화 정도가 더 높다고 할 수 있다.

2.2. 중국어 '遭受' 피동문 NP$_4$와 VP의 특징

2.2.1. 중국어 '遭受' 피동문 NP$_4$의 특징

앞서 언급했듯이 중국어 '遭受' 피동문의 NP$_4$는 동사의 특징과 명사의 특징을 부분적으로 지니는 동·명 겸류사이다.

(78) 张权　　　　遭到　蒋介石　　　的　　　迫害。

Zhangquan suffer Jiangjieshi-ASSOC oppression

(张权은 蒋介石에게 박해를 당한다.)

예문 (78)에서 동·명 겸류사 '迫害' 앞에 동작주 NP$_2$ '蒋介石'가 구조조사 '的'와 결합해 관형어의 형태로 나타난다. 모두 알다시피 관형어는 체언성 성분만을 수식할 수 있는 것이다. 따라서 여기서 '遭受'류 동사와 결합하는 동·명 겸류사는 명사로 사용된다는 것을 알 수 있다. 본고에서는 이러한 단어를 동작성을 갖는 명사로 보고 NP$_4$로 표시한다. 이들은 '遭受'류 동사와의 결합을 '기능동사＋동작명사' 형식으로 본다.

NP$_4$의 특징을 아래와 같은 몇 가지가 있다.

첫째. 중국어 '遭受' 피동문 NP$_4$는 이음절 명사가 대부분이다.

(79) 现在,　　　保护　　野生动物　已　　受到　世界

nowadays protecting wildlife　already receive world

各国　　　　　的　　重视。

every country-ASSOC attention

(현재, 야생동물의 보호 문제는 세계 여러 국가에 의해 중요하다

고 여겨진다.)

(80) 革命　　　失败 后,　　同盟　成员　遭到 残酷　迫害。

revolution fail after alliance member suffer cruel oppression

(혁명 실패 후에 동맹의 구성원들이 참혹한 박해를 당했다.)

(81) 我 挨 了　爸爸　的　　批评。

I   sffer-PFV father-ASSOC criticizing

(나는 아버지에게 혼났다.)

예문 (79~81)에서 이음절 NP$_4$ '重视(중요시)', '迫害(박해)', '批评
(비평)' 등이 각각 이음절 동사 '受到', '遭到' 및 단음절 동사 '挨'와 결
합한다. 그런데 NP$_4$ 자리에는 이음절 NP$_4$만 나타날 수 있는 것은 아
니다.

(82) 他 昨天　　　挨 了　一 顿 骂。

he yesterday suffer-PFV one-CL scolding

(그는 어제 한바탕 꾸중을 들었다.)

(83) ㄱ. 犯人　受　了　罚,　　　也 该　　让 他

criminal receive-PFV punishment also ought to let 3sg.

重新 做　人。

again do people

(범인이 처벌을 받았으니까 새 사람이 되도록 해 줘야 한다.)

ㄴ. *犯人　　受到　了　罚，　　也　该　　让 他

criminal receive-PFV punishment also ought to let 3sg.

重新　做　人。

again do people

　예문 (82, 83ㄱ)에서 단음절 NP₄ '骂(꾸중)', '罚(벌)'가 단음절 동사 '挨', '受'와 결합해 문장의 서술어가 된다. 이와 달리 (83ㄴ)에서 단음절 NP₄ '罚'는 이음절 동사 '受到'와 결합하면 비문이 된다. 따라서 단음절 '遭受'류 동사가 단음절이나 이음절 NP₄와는 모두 결합할 수 있지만 이음절 '遭受'류 동사는 이음절 NP₄와만 결합할 수 있음을 알 수 있다.

　둘째, NP₄가 '遭受' 피동문에서 명사로 쓰이지만 동사의 [＋동작성]의 자질을 지닌다.

(84) ㄱ. 他 遭到 "四人帮"　　的　　残酷　迫害。

　　he suffer Gang of Four-ASSOC cruel oppression

　　(그는 '사인방'의 참혹한 박해를 당했다.)

ㄴ. "四人帮"　　残酷 迫害　他。

Gang of Four cruel oppress 3sg.

('사인방'이 그를 참혹하게 박해했다.)

(85) ㄱ. 我父亲　受　了 老 张　的　骗。

my father receive-PFV old Zhang-ASSOC cheating

(우리 아버지가 老张에게 사기를 당했다.)

ㄴ. 老张　　　骗　了　我父亲。

old Zhang cheat-PFV my father

(老张이 우리 아버지를 속였다.)

　앞장에서 언급했듯이 중국어 '遭受' 피동문의 NP₄는 보통 '동·명 겸류사'이며, 동사의 일부 특징과 명사의 일부 특징을 가지는 것이다. 예문 (84, 85)를 보면 '迫害(박해)', '骗(사기)'가 '遭受' 피동문에서 동사 '遭到', '受'의 목적어로 나타나 명사로 쓰인다. 반면에 '遭受' 피동문과 대응되는 능동문에서 '迫害', '骗'은 동작동사로 쓰인다. 그래서 '迫害', '骗'은 두드러진 [+동작성] 자질을 갖고 있다. 또한 '迫害', '骗'의 논항 구조를 분석하면 피동문 주어 '他(그)'와 '我父亲(우리 아버지)'는 피동 작주 논항이다. 따라서 NP₄는 '遭受' 피동문에서 명사로 사용되지만 동사의 일부 특징을 여전히 가지고 있는 것이다.

　셋째, '遭受' 피동문의 NP₄는 수량사나 형용사의 수식을 받을 수 있다.[45]

(86) 为　此　　事　　他　遭到　国王　一　顿　　斥责。

for this matter he suffer king one-CL rebuking

(이 일로 그가 국왕에게 한 바탕 견책을 당했다.)

(87) 大少奶奶　　　　受　　了　过分　　刺激。

big housewife receive-PFV excessive stimulus

(아가씨가 과도한 자극을 받았다.)

---

45 수량사란 수사와 양사의 결합을 말한다. 수사는 수효를 나타내는 품사이며, 양사는 사물이나 동작의 단위를 나타내는 품사이다.

예문 (86)에서 NP₄ '斥責(견책)'가 수량사 '一頓'의 수식을 받는
다.⁴⁶ 예문 (87)에서 NP₄ '刺激(자극)' 앞에 형용사 '过分(과도한)'이 관
형어로 나타난다. 이것은 동·명 겸류사가 '遭受' 피동문에서 명사로
쓰인다는 것을 뒷받침할 수 있다.

2.2.2. 중국어 '遭受' 피동문 VP의 특징

1) '遭受' 피동문의 동사 및 NP₄과의 결합 양상

'遭受'류 동사는 중국어 동사의 하나의 폐쇄적 하위부류이며 그 수
효는 아주 적다. 王一平(1994)에서 '遭受'류 동사를 4 가지로 분류하
고 사전과 현대문학작품 등 자료를 이용해 각 동사가 취할 수 있는 목
적어를 열거하였다.

(88) 那儿 现在 还 遭 　 着 　 旱灾 　 呢。
there now still suffer-DUR drought REx
(그곳은 지금도 가뭄에 시달리고 있다.)

그러나 '遭受'류 동사에 의해 만들어진 문장이 모두 피동문인 것은
아니다. (88)은 앞에서 언급한 예문인데 동사 '遭'는 보통명사 '旱灾
(가뭄)'와 결합한다. 보통명사는 [＋동작성]을 지니지 않기 때문에 이
러한 결합은 '기능동사＋동작명사'로 볼 수 없다. 따라서 (88)은 피동
문이 아니다.

---

46 '一頓'과 '一次'에서 양사 '頓'와 '次'는 모두 동량사(动量词)이다. 동량사란 동작이나
변화의 횟수의 단위를 나타내는 양사이다.

(89) 这 架　飞机　经受 过　　零下 65度

this-CL plane stand-EXP minus 60-degrees

和　零上 120度　　　　　的　考验.

and plus 120-degrees-ASSOC test

(그 비행기는 마이너스 65도와 플러스 120도를 견디게 되어 있었다.)

예문 (89)에서 동사 '经受'는 '遭受'류 동사의 하나일뿐더러 동·명 겸류사 '考验(시련)'와 결합한다. 그러나 '经受'는 어휘의미가 상대적으로 강해 기능동사로 보기 어렵기 때문에 문장 전체는 피동문으로 여길 수 없다.[47]

본고는 王一平(1994)의 결론을 바탕으로 피동문을 이룰 수 있는 '遭受'류 동사와 그들의 목적어 NP$_4$를 조사해 보았고 피동문을 이룰 수 있는 '遭受'류 동사를 아래와 같이 3가지로 분류하고자 한다.

〈표18〉 피동문을 이룰 수 있는 '遭受'류 동사

	피동문을 이룰 수 있는 '遭受'류 동사
제1류	受, 受到
제2류	遭, 遭到, 遭受
제3류	挨

다음에는 부류별 동사들의 특징, 그리고 그들과 결합할 수 있는 NP$_4$를 살펴보겠다.

---

[47] 王一平(1994)에서 '经受'와 같은 부류에 속하는 '遭受'류 동사는 '蒙, 蒙受, 禁受, 承受, 承蒙' 등이 있다.

a. 피동문을 이루는 '遭受'류 동사의 제1류는 '受'와 '受到'이다. 이 두 동사는 '받다', '얻다'와 비슷한 의미를 지닌다.

> (90) 犯人　　受　　了　罚,　　　也　　　该让 他
>
> criminal receive-PFV punishment also ought to let 3sg.
>
> 重新　做　人。
>
> again do people
>
> (범인이 처벌을 받았으니 새 사람이 되도록 해 줘야 한다.)
>
> (91) 宋飞琼　　　深　受　　学生　的　爱戴。
>
> Songfeiqiong deep-receive student-ASSOC love
>
> (宋飞琼은 학생들로부터 깊은 추앙을 받는다.)

예문 (90)에서 단음절 동사 '受'는 단음절 목적어 '罚(벌)'를 취하고 (91)에서는 이음절 목적어 '爱戴(추앙)'을 취한다. (90)에서 '受'는 동태조사 '了'와 결합한 형태로 나타나며, (91)에서 '受'는 정도를 드러내는 '深(깊다)'와 결합한 형태로 나타난다. 따라서 '受'는 단음절과 이음절 NP4 모두 취할 수 있으며, 문장의 서술어일 때 원형으로 나타날 수 없고 반드시 다른 성분과 결합해 이음절 이상의 동사구로 나타나야 한다.[48]

---

48 만약 '受'에 의해 이루어진 명사구가 문장의 관형어일 때 동사 '受'는 원형으로 나타날 수 있다.

예문: 两　个　女儿　大学　　毕业,　　都 成　了

two-CL daughter university graduate all become-PFV

受　　人　尊敬　的　人民　教师。

receive people respect-ASSOC people's teacher

(92) 他　已　　受到　社会的　严厉　制裁。

he already receive　social　　severe sanction

(그는 이미 충분한 사회적 제재를 받았다.)

예문 (92)에서 이음절 동사 '受到'는 이음절 NP$_4$ '制裁(제재)'와 결합한다. 이음절 동사는 이음절 NP$_4$와만 결합할 수 있다.

b. 피동문을 이루는 '遭受'류 동사의 제2류는 '遭' 및 '遭'가 들어 있는 '遭到', '遭受'이다. 이 두 동사는 '당하다', '부닥치다'와 비슷한 어휘의미를 지닌다.

(93) 村庄　遭　了　水　　淹。

village suffer-PFV water submerging

(마을이 물에 잠겼다.)

(94) 闻一多　　在 昆明　　惨遭　　杀害。

Wenyiduo at Kunming cruel-suffer murdering

(闻一多는 곤명에서 비참하게 살해를 당했다.)

예문 (93, 94)에서 볼 수 있듯이 단음절 동사 '遭'는 단음절 NP$_4$ '淹(잠김)'과 결합할 수 있고, 이음절 NP$_4$ '杀害(살해)'와도 결합할 수 있다. 또 '遭'는 문장의 서술어일 때 원형으로 출현할 수 없다.

(95) 革命　　失败 后, 同盟　　成员　遭到 残酷　迫害。

revolution fail after alliance member suffer cruel oppression

(혁명 실패 후에 동맹의 구성원들이 참혹한 박해를 당했다.)

(96) 由于　　经济　　没　能　摆脱　　　衰退，　英镑

duo to economy NEG-can get rid of recession pound

遭受　　　了　重创。

receive-PFV heavy toll

(경제가 경기 침체에서 벗어나지 못함에 따라 영국 파운드화가
타격을 입었다.)

　　예문 (95)에서 이음절 동사 '遭到'는 이음절 NP₄ '迫害'와 결합하는
것이고 (96)에서 이음절 동사 '遭受'는 이음절 NP₄ '重创'와 결합하는
것이다.

　c. 피동문을 이루는 '遭受'류 동사의 제3류는 단음절 동사 '挨'이다.
　　제1, 2류 동사는 구어나 문어 모두에서 쓰이지만 '挨'는 주로 구
　　어에서만 쓰인다고 할 수 있다.

(97) 小心　　挨　狗　　　　咬!

be careful suffer dog-(ASSOC) biting

(개에게 물리지 않도록 조심하세요!)

(98) 范英明　　　　挨　了　处分。

Fanyingming suffer-PFV punishment

(范英明은 처벌을 받았다.)

예문 (97)에서 '挨'는 단음절 NP_4 '咬'와 결합하고 (98)에서는 이음절 NP_4 '处分'과 결합한다. '挨'와 결합할 수 있는 동·명 겸류사는 많지 않다.

2) '遭受' 피동문의 의미

'遭受' 피동문에서 표현되는 의미 색채는 서술어 동사에 따라 달라진다. 우선, 앞 절에서 언급한 제1류 동사에 의해 만들어진 문장부터 살펴보겠다.

(99) 赫比·汉考克　　　小时候　　　　受到家人

Herbie Hancock youthful times receive family

鼓励　　　　　去 学　音乐。

encouragement to study music

(허비 핸콕은 어렸을 때 그의 가족의 격려를 받아 음악을 배우게 되었다.)

(100) 一些　选手　　可能 偶尔　　　会 犯规

some contestant may occasionally will foul

并　受到　　处罚。

and receive punishment

(일부 선수들이 규칙을 어기고 처벌을 받을 수도 있다.)

예문 (99)에서 동사 '受到'는 이음절 NP_4 '鼓励(격려)'와 결합해 주어에게 유익한 일을 서술하고 있다. (100)에서는 동사 '受到'는 이음절 NP_4 '处罚(처벌)'와 결합해 주어에게 피해를 주는 일을 서술하고 있다. 따라서 제1류 동사가 서술어일 때는 주어에게 유익한 상황이나 주어가 피해를 입는 상황을 모두 표현이 가능하다. 다시 말해 제1류 동사에 의해 만들어진 피동문은 적극적 의미나 소극적 의미를 모두 드러낼 수 있다.

(101) 语序　　　要　受　上下文　　　制约。

word order need receive context(-ASSOC) restriction

(어순은 맥락에 의해 제약된다.)

한편, 예문 (101)에서 동사 '受'는 이음절 NP4 '制约(제약)'와 결합할 때 주어의 이해관계를 표현하지 않는다. 실제적인 언어 자료를 보면 동사 '受'와 '受到'에 의한 피동문은 주어의 이해관계를 떠나서 사건을 객관적으로 기술하는 경우가 많다. 즉, '受'와 '受到'에 의한 피동문은 적극적이나 소극적 의미를 드러낼 수 있을 뿐 아니라 중립적 의미도 드러낼 수 있는 것이다.

다음에는 제2, 3류 동사의 경우를 살펴보겠다.

(102) 你　是　遭　他　骗　　了。

you be suffer 3sg. cheating PFV

(너는 그에게 사기를 당했어.)

(103) 无数　　　居民　　　遭到　屠杀。

innumerable inhabitant suffer massacre

(수많은 사람들은 살해를 당했다.)

(104) 他 遭受 了 一 帮 白人 　　　　青年 凶残的 攻击.

he suffer-PFV one-CL white people youth brutal attack

(그는 백인 청년 패거리에게 잔인한 공격을 당했다.)

예문 (102~104)에서 동사 '遭', '遭到', '遭受'는 각각 NP₄ '骗(사기)', '屠杀(도살)', '攻击(공격)'와 결합해 문장의 서술어가 된다. 이러한 문장들에서 표현되는 사건은 모두 주어에게 불행함을 나타낸다는 점을 쉽게 관찰될 수 있다.

(105) 如果 老师 　　 知道 了 这 件 事, 你 一定

if　　　teacher know-PFV this-CL thing you must

挨　　　　批评。

suffer criticizing

(만약에 선생님이 이 일을 아신다면, 너는 틀림없이 야단맞을 것이다.)

예문 (105)에서 동사 '挨'는 NP₄ '批评(비평)'과 결합하고 문장 전체는 주어가 원하지 않는 일을 기술하고 있다.

따라서 제2류 동사와 제3류 동사에 의해 만들어진 '遭受' 피동문은 모두 주어에게 불행한 일을 표현할 수 있음을 알 수 있다. 그런데 '挨'는 주어가 원하지 않는 일을 표현하는 것이고 이에 비해 제2류 동사는 일반적으로 재앙이나 심각한 불행을 표현한다고 볼 수 있다.

3) '遭受'류 동사의 문법화 정도

앞서 언급했듯이 '遭受'류 동사가 동·명 겸류사와 결합해 피동문을 만들 수 있으며 구체적인 사물을 나타내는 보통명사와도 결합할 수 있다.

> (106) 今年　　那儿　遭　　了　灾,　年光　不　　好。
>
> this year there suffer-PFV disaster harvest NEG good
>
> (올해 그곳은 재해를 겪어서 작황이 좋지 않다.)

예문 (106)에서 동사 '遭'는 보통명사 '灾(재해)'와 결합하므로 피동의 의미를 나타내지 않는다. 이런 문장은 피동문이 아닌 능동문이다. 이때 동사의 어휘적 의미가 상대적으로 뚜렷하고 통사적으로 보면 목적어에 대한 의존도는 높지 않다.

그러나 '遭受'류 동사는 동·명 겸류사와 결합할 때 상황이 달라진다. 특히 동·명 겸류사 앞에 수식 성분이 없을 때 '遭受' 피동문은 '被'자문으로 바뀔 수 있다.

> (107) ㄱ. 她　遭到　指责　　了。
>
> she suffer censuring PFV
>
> (그녀가 비난을 받았다.)
>
> ㄴ. 她　被　指责　了。
>
> she BEI censure-PFV

예문 (107ㄱ)에서 '遭受'류 '遭到'는 이음절 동·명 겸류사 '指责'과 결합하여 피동문을 이룬다. '遭到'는 '被'로 대치되면 (107ㄴ)과 같은 '被'자문을 얻을 수 있으며, 두 문장의 의미는 거의 차이가 없다. 앞서 본 바와 같이 '被'자문에서 '被'는 허사인 개사이므로 실제적인 어휘적 의미는 희박하고 문법적 기능을 하는 요소일 뿐이다. 예문 (107)에서 '遭到'가 '被'로 대치될 수 있는 것은 여기서 '遭到'는 '被'와 비슷한 기능을 하고 있음을 의미한다. 다시 말해 여기의 '遭到'는 문법화 과정을 거쳐서 어휘적 의미가 이미 약해졌고 목적어에 대한 의존도가 상대적으로 높아진 것이다. 문장 전체의 중점도 '遭受'류 동사에서 목적어인 동·명 겸류사로 변화되었다.

따라서 '遭受'류 동사는 어휘적 의미가 다른 동사보다 희박하고 문법적 기능을 더 많이 하고 있는 것이다. 일부 학자가 이 점을 근거로 하여 '遭受'류 동사를 '被'와 마찬가지로 개사로 분류하였다. 그러나 '被'는 동사로서의 어휘적 의미가 거의 완전히 사라진 것과 달리 '遭受' 류 동사는 아직 보통명사를 목적어로 취할 수 있는 동사의 통사적 특징을 지니고 있다. 그래서 '遭受'류 동사를 개사 '被'와 동일시할 수 없다. 만약 개사 '被'가 완전히 문법화된 것이라고 한다면 '遭受'류 동사는 문법화 과정을 겪고 있다고 할 수 있다.

2.3. 한국어 '되다, 받다, 당하다' 피동문과 중국어 '遭受' 피동문 NP와 VP의 특징 대조

위에서 우리는 한국어 '되다, 받다, 당하다' 피동문과 중국어 '遭受' 피동문에서 서술어 역할을 하는 'NP$_4$＋VP'나 'VP＋NP$_4$'의 특징을 살펴보았다. 이제 우선 양쪽 언어 NP₄의 공통점을 찾도록 할 것이다.

첫째, 한국어 '되다, 받다, 당하다' 피동문과 중국어 '遭受' 피동문의 NP₄는 대부분이 이음절 명사이다.

(108) ㄱ. 가련한 소녀가 박정한 남자에게 기만을 당했다.

      ㄴ. 可怜的 少女 受　　　了 薄幸的 男子 的　　　欺绐。

        pitiful　girl　receive-PFV fickle man-ASSOC deflowering

(109) ㄱ. 얼마 지나지 않아 조나라 군대는 진나라 군대에 포위되었다 …

      ㄴ. 不久 赵军　　　遭到　秦军　　　　　包围 …

        soon Zhao's army suffer Qin's army(-ASSOC) surrounding

예문 (108, 109)에서 NP₄인 '기만/欺绐'과 '포위/包围'는 모두 이음절 명사이다. 또한 본고에서 제시하는 한국어 '되다, 받다, 당하다' 피동문과 중국어 '遭受' 피동문의 NP₄는 대부분은 이음절로 이루어진 단어이다.

둘째, 한국어 '되다, 받다, 당하다' 피동문과 중국어 '遭受' 피동문의 NP₄는 명사로 쓰이지만 모두 [＋동작성]의 의미자질을 지니고 동사의 일부 특징을 가지는 단어이다.

(110) ㄱ. 그 아이가 계모에게 구박받는다.

      ㄴ. 계모가 그 아이를 구박한다.

(111) ㄱ. 那个 孩子 遭到 后 母　　　的　　　虐待。

       that childs uffer step mother-ASSOC maltreatment

ㄴ. 后　母　　虐待　　那个 孩子。

step mother maltreat that child

　예문 (110)을 보면 NP4 '구박'은 능동문에서 기능동사 '하다'와 결합해 타동사를 형성한다. 예문 (111)를 보면 NP4 '虐待'는 피동문에서 명사의 용법으로 쓰이지만 능동문에서 형태변화 없이 똑같은 형태로 등장해 타동사의 기능을 하는 것을 알 수 있다. 따라서 '구박'과 '虐待'는 모두 [+동작성]의 의미자질을 지닌다는 것은 확인할 수 있다.

　NP4의 특징에는 위와 같은 공통점도 있지만 두 언어 사이에 차이점도 있다. 한국어 '되다, 받다, 당하다' 피동문의 NP4는 단음절 단어가 없는 반면에 중국어 '遭受' 피동문의 NP4는 단음절 단어가 있다.

(112) 你　　　是 遭 他 骗　　 了。

you.sg. be suffer 3sg. cheating PFV

(너는 그에게 사기를 당했어.)

(113) 小心　　　 挨 狗　　　　 咬!

be careful suffer dog-(ASSOC) biting

(개에게 물리지 않도록 조심하세요!)

　예문 (112)에서 동사 '遭'는 NP4 '骗(사기)'와 결합하며, (113)에서는 동사 '挨'는 단음절 NP4 '咬(물음)'와 결합한다. 이와 달리 한국어 '하다'계 타동사 '감하다', '구하다', '권하다', '금하다' 등이 '되다, 받다, 당하다' 등의 기능동사로 피동문을 이룰 수 없다.

다음에는 한국어 '되다, 받다, 당하다' 피동문과 중국어 '遭受' 피동문 VP의 특징에 대해 대조적 분석을 하겠다.

우선, 한국어 '되다, 받다, 당하다' 피동문을 이루는 동사와 중국어 '遭受' 피동문을 이루는 동사의 수효가 많지 않음을 밝히겠다.

한국어의 '하다'계 타동사에 의한 능동문이 피동문으로 바뀔 때 주로 '되다', '받다', '당하다' 세 가지 동사가 사용된다. 이밖에 '듣다', '맞다', '입다', '얻다' 등 동사가 가끔 사용되기도 한다. 피동문을 이룰 수 있는 기능동사의 수효는 모두 합쳐서 10여 개밖에 없다.

한편, 중국어 '遭受'류 동사도 10여 개만 있는데 그 중에 '遭受' 피동문을 이룰 수 있는 것은 '受', '受到', '遭', '遭到', '遭受', '挨' 등 6가지만이다.

피동문의 의미 색채를 보면 양쪽 피동문에는 일정한 대응관계가 존재하고 있다.

첫째, 한국어 '되다' 피동문과 중국어 '受, 受到'에 의한 피동문 모두 주어의 이해관계와 상관없는 중립적 의미를 드러낼 수 있다.

    (114) ㄱ. 동사는 부사에 의해 수식되기도 한다.

        ㄴ. 动词也 受　　　副词　　的　　修饰。

        verb also receive adverb-ASSOC modification

예문 (114)에서 피동문의 주어는 무정물 명사 '동사/动词'로 충당하는 것이므로 기술된 사건은 주어에 유익하거나 피해를 주는 일이라고 할 수 없다. 또 동사 '되다/受'와 결합하는 NP₄ '수식/修饰'가 특정한 의미 색채를 드러내지 않기 때문에 문장 전체는 중립적 피동 의미를 나타내는 것이다.

둘째, 한국어 '받다' 피동문과 중국어 '受, 受到'에 의한 피동문은 모두 주어에게 유익하거나 피해를 주는 일을 기술할 수 있다. 즉, 적극적 의미와 소극적 의미를 모두 나타낼 수 있는 것이다.

(115) ㄱ. 그들은 검소함과 진취성으로 당연한 찬사를 받았다.

ㄴ. 他们 因　勤俭节约 和　开创精神 而　受到　了

they because thrifty　and initiative　then receive-PFV

应得的　表扬。

deserving praise

(116) ㄱ. 존은 아버지로부터 끊임없이 신체적 및 정신적 학대를 받았다.

ㄴ. 约翰　受到　来自　他父亲　的

John receive come from his father-ASSOC

不断的　身　心　摧残。

continuous body-heart damaging

예문 (115)에서 동사 '받다/受到'가 적극적 의미를 나타내는 NP$_4$ '찬사/表扬'과 결합해서 주어에게 유익한 일을 기술한다. 반면에 (116)에서 '받다/受到'는 소극적 의미를 나타내는 NP$_4$ '학대/摧残'과 결합함으로써 주어가 피해를 입는 상황을 기술한다.

셋째, 한국어 '당하다' 피동문과 중국어 '遭, 遭到, 遭受' 및 '挨'에 의한 피동문이 소극적 의미만 드러낼 수 있다. 즉 주어가 피해를 입은 상황만을 기술하는 것이다.

(117) ㄱ. 그는 칼을 휘두르는 한 남자로부터 피습당했다.

ㄴ. 他 遭到 一 名 持 刀 男子 的 　 袭击。
he suffer one-CL hold-knife man-ASSOC attack

(118) ㄱ. 그는 술주정꾼 패거리들에게 영문도 모른 채 구타를 당했다.

ㄴ. 他 莫名其妙地 　 　 揍 了 一 帮
he without rhyme or reason suffer-PFV one-CL

酒鬼 　 的 揍。
drunkard-ASSOC beating

예문 (117)에서 동사 '당하다/遭到'가 소극적 의미를 드러내는 NP_4 '피습/袭击'와 결합해서 주어에게 피해를 주는 일을 묘사한다. 마찬가지로 (118)에서 '당하다/遭到'는 소극적 의미를 드러내는 NP_4 '구타/揍'와 결합함으로써 주어가 피해를 입는 경우를 기술한다.

이상 한국어 '되다, 받다, 당하다' 피동문과 중국어 '遭受' 피동문 NP_4와 VP의 특징에 대한 대조 분석을 해 보았다. 이를 종합해 보면 아래 표와 같다.

〈표19〉 한국어 '되다, 받다, 당하다' 피동문과 중국어 '遭受' 피동문 NP$_4$와
      VP의 특징 대조

NP$_4$와 VP의 특징		NP$_4$			VP의 의미 색채		
		단음절	이음절	[+동작성]	중립적	적극적	소극적
한국어	'되다' 피동문	×	○	○	○		
	'받다' 피동문				×	○	○
	'당하다'피동문				×	×	○
중국어	제1류 동사에 의한 피동문	○	○	○	○	○	○
	제2류 동사에 의한 피동문				×	×	○
	제3류 동사에 의한 피동문				×	×	○

(가능함: ○불가능함: ×)

V.

결론

여기까지 한국어 접미 피동문과 중국어 '被'자문을 대조 분석하고 한국어 '되다, 받다, 당하다' 피동문과 중국어 '遭受' 피동문에 대한 대조 분석을 해 보았다.

한국어 접미 피동문과 중국어 '被'자문에 대한 대조 분석의 결과는 다음과 같다.

주어 NP_1의 특징을 보면 한국어 접미 피동문과 중국어 '被'자문은 두 가지 차이점이 있다. 첫째, 한국어 접미 피동문의 NP_1은 특정적 성분으로 충당해도 되고 불특정적 성분으로 충당할 수도 있다. 이와 달리 중국어 '被'자문의 NP_1은 꼭 특정적 성분이어야 한다. 둘째, 한국어 접미 피동문의 NP_1은 처소를 나타내는 성분으로 충당할 수 없는 반면에 중국어 '被'자문에서는 처소를 나타내는 성분이 NP_1으로 쓰일 수 있다.

동작주 NP_2의 특징을 보면 한국어 접미 피동문과 중국어 '被'자문의 동작주는 일반적으로 유정물이며, 특히 사람인 경우가 대부분이다. 이러한 공통점이 있음에도 불구하고 한국어 접미 피동문과 중국어 '被'자문에 많은 차이점이 있다.

첫째, 한국어에서는 도구 명사구가 NP_2로 쓰일 수 없지만 중국어에서는 가능하다. 둘째, 한국어에서는 NP_2가 출현할 수 없는 경우가 있지만 중국어에서는 NP_2가 언제나 출현 가능하다. 셋째, 한국어 접미 피동문에서는 NP_2의 생략이 상대적으로 자유롭지만 중국어 '被'자문에서 NP_2가 동작의 경험자인 경우 생략이 불가능하다. 이것을 통해 한국어 접미 피동문은 NP_2를 생략하는 경향이 강한 반면, 중국어 '被'자문에서는 NP_2를 드러내는 경향이 더 강하다고 할 수 있다.

한국어 접미 피동문과 중국어 '被'자문 모두 목적격 피동문이 존재한다. 목적격 피동문에 목적어 형식으로 나타나는 명사구 NP_3는 주어와 다양한 의미관계를 이룬다. 한국어 접미 피동문에서 명사구 NP_3와 주어가 '전체-부분'의 의미관계이거나 동등의 의미관계인 경우, 중국어 '被'자문의 경우와 그 특징 및 쓰임이 같다. 그러나 이 외에 NP_1과 NP_3가 다른 의미관계를 이룰 때 한국어 접미 피동문과 중국어 '被'자문은 아주 큰 차이를 보인다.

첫째, NP_1과 NP_3가 '소유자-소유물'의 소유관계를 이룰 때 한국어에서는 접미 피동문을 만들 수 있지만 중국어에서는 '被'자문이 이루어지기 어렵다. 둘째, 동사나 동사구가 두 개의 목적어를 취할 때, 간접목적어인 접수자가 한국어 접미 피동문의 NP_3가 될 수 없는 것에 비해 중국어 '被'자문에서는 NP_3가 될 수 있다. 셋째, '결과목적어'가 NP_3로 나타날 수 있는 것은 중국어 '被'자문이 갖는 일종의 고유한 특성이다. 한국어에서 결과를 나타낼 때 단문이 아닌 복문으로 설명하는 것은 일반적이다. 넷째, 도구를 나타내는 명사구가 만약 피동문의 주어인 NP_1에 공간적으로 부착되면 NP_3로 나타날 수 있는 것도 중국어 특유한 현상이다. 한국어 접미 피동문에서 도구 명사구는 NP_1에 부착되어도 NP_3가 될 수 없다.

서술어 VP의 특징에 대해서도 논하였다. 한국어 접미 피동문과 중국어 '被'자문의 VP는 의미적으로 보았을 때 [＋동작성]의 의미자질을 지니는 것이 공통점이다. 그러나 다른 측면에서 보면 양자의 VP가 완전히 다른 것으로 보인다.

첫째, 한국어 접미 피동문에서는 타동사 어간에 접미사 '-이-, -히-, -리-, -기-'를 붙여서 만든 접미 피동사가 VP의 역할을 한다. 이러한 접미 피동사는 능동동사가 형태 변화를 거쳐 생성된 것이다. 이와 달리 중국어 '被'자문에 나타나는 동사는 대응되는 능동문에 나타나는 동사와 형태적인 차이가 전혀 없다. 둘째, 한국어 접미 피동문에서 접미 피동사와 시제나 상 등을 나타내는 어미가 결합한 단순한 형식이 VP 역할을 할 수 있다. 중국어 '被'자문에서는 보어나 목적어를 가진 동사구가 VP를 하는 경우가 대부분이다. 이 경우의 VP는 상대적으로 복잡한 형식으로 볼 수 있다. 중국어 '被'자문에서 원형동사가 VP로 나타나는 것은 심한 제약을 받는다.

한국어 '되다, 받다, 당하다' 피동문과 중국어 '遭受' 피동문에 대한 대조 분석의 결과는 다음과 같다.

우선, 한국어 '되다, 받다, 당하다' 피동문과 중국어 '遭受' 피동문 사이에는 NP_1, NP_2, NP_3이 가지는 세 가지 공통점이 있다. 첫째, 한국어 '되다, 받다, 당하다' 피동문과 중국어 '遭受' 피동문 모두 NP_1 자리에는 유정물 명사구가 올 수 있다. 둘째, 한국어 '받다, 당하다' 피동문의 동작주 NP₂가 속격조사 '의'와 결합하여 NP₄의 관형어로 쓰일 수 있다. 이와 유사하게 중국어 '遭受' 피동문의 동작주 NP₂도 구조조사 '的'와 결합하여 NP₄의 관형어가 될 수 있다. 셋째, 한국어 '되다' 피동문뿐만 아니라 중국어 '遭受' 피동문에서도 NP₃를 가지는 목적격 피동문이 존재하지 않는다.

한국어 '되다, 받다, 당하다' 피동문과 중국어 '遭受' 피동문의 NP₁, NP₂, NP₃의 차이점 또한 세 가지가 있다. 첫째, 한국어 '되다' 피동문과 중국어의 대부분 '遭受' 피동문에는 무정물 명사구가 NP₁으로 출현할 수 있지만, 한국어 '받다, 당하다' 피동문과 동사 '挨'에 의해 만들어진 중국어 '遭受' 피동문에 무정물 명사구가 NP₁으로 출현하는 것은 제약받는다. 둘째, 한국어 '되다' 피동문의 동작주 NP₂는 '에게, 에, 에 의해' 등 조사와만 결합할 수 있고 속격조사 '의'와 결합한 형태로는 나타날 수 없다. 이와 달리 중국어 '遭受' 피동문에서는 동작주 NP₂가 생략되지 않는다면 반드시 구조조사 '的'와 결합하여 NP₄의 관형어로 출현해야 한다. 셋째, 한국어 '받다, 당하다' 피동문에는 NP₃를 가지는 목적격 피동문이 있는 반면에 중국어 '遭受' 피동문에 목적격 피동문은 없다.

그리고 기능동사와 결합하여 서술어가 되는 동작명사 NP₄의 공통점에 대해 분석해 보았다. 첫째, 한국어 '되다, 받다, 당하다' 피동문과 중국어 '遭受' 피동문의 NP₄는 대부분이 이음절 명사이다. 둘째, 한국어 '되다, 받다, 당하다' 피동문과 중국어 '遭受' 피동문의 NP₄는 모두 명사로 쓰이지만 [＋동작성]의 의미자질을 지니고 동사의 일부 특징을 가지는 단어이다.

한편, 한국어 '되다, 받다, 당하다' 피동문의 NP₄는 단음절 단어가 없지만 반면에 중국어 '遭受' 피동문의 NP₄는 단음절 단어가 있다는 차이점도 있다.

마지막으로 한국어 '되다, 받다, 당하다' 피동문과 중국어 '遭受' 피동문 VP의 특징을 살펴보았다. 한국어 '되다, 받다, 당하다' 피동문을 이루는 동사는 10여 개가 있고 중국어 '遭受' 피동문을 이루는 동사 또한 6개 정도로 그 수효가 많지 않다.

피동문에서 표현되는 의미 색채를 보면 첫째, 한국어 '되다' 피동문과 중국어 '受, 受到'에 의한 피동문 모두 주어의 이해관계와 상관없이 중립적 의미를 드러낼 수 있다. 둘째, 한국어 '받다' 피동문과 중국어 '受, 受到'에 의한 피동문은 적극적 의미와 소극적 의미를 모두 나타낼 수 있다. 셋째, 한국어 '당하다' 피동문과 중국어 '遭, 遭到, 遭受' 및 '挨'에 의한 피동문이 소극적 의미만 드러낼 수 있다.

본고에서 한국어 피동문과 중국어 피동문을 이루는 각 성분들의 특징을 살펴보았고, 양쪽 언어 간의 공통점과 차이점을 분석해 보았다. 이것을 바탕으로 실제 언어 자료에서 한국어 피동문과 중국어 피동문의 각 문형 사이에 서로 어떠한 대응관계가 존재하는지에 대해 더욱 많은 조사가 이루어져야 할 것이다. 또한 본고는 한국어 타동사 어간에 '-어지다'가 붙어 만들어진 문장, 및 중국어의 무표지 피동문을 피동문으로 인정하지만 연구 범위에서는 제외하였다. 한국어의 '-어지다' 피동문과 중국어의 무표지 피동문도 각각의 피동문 체계에서 큰 비율을 차지하고 있기 때문에 이들에 대한 연구도 진행되어야 할 것이다.

참고문헌

고광주(2001),『국어의 능격성 연구』, 도서출판 月印.

김경석 편역(2004),『중한대역문고 중국 역사 인물선』, 다락원.

김미형(2009),『인지적 대조언어학의 방법론 연구 —한국어와 영어를 대상으로』, 한국문화사.

김시준 편역(2004),『중한대역문고 중국 현당대 수필선』, 다락원.

김차균(1980), "국어의 사역과 수동의 의미",『한글』168, 5-49.

김윤경(2000). "'NP$_1$＋被(＋NP$_2$)＋VP＋NP$_3$' 연구",『中國語文學』 제36집 383-413.

김윤정(2004), "현대중국어의 정보 변화 —'把'구문과 수동자주어 구문의 비교를 중심으로",『언어과학연구』제28집 25-42.

김윤정(2004), "현대중국어 결과보어의 중간문 기제로서의 가능성 탐색",『언어과학연구』제29집, 67-88.

김흥수(1998), "피동과 사동",『문법연구와 자료』, 621-664, 태학사.

남기심·고영근(1985),『우리말 문법론』, 집문당.

남기심(2001),『현대 국어 통사론』, 태학사.

남수경(2007), "國語 被動에 대한 考察",『語文研究』제35권, 제2호, 89-113.

박승빈(1935),『朝鮮語學』, 조선어학연구회.

박양규(1978), "사동과 피동",『국어학』7, 47-70.

박종호(2010), "'X하다'의 결합 유형에 관한 연구"『새국어 교육』제84호, 321-339.

박진호(2009), "재귀사",『학여와 함께하는 국어학—임홍빈교수 정년퇴임기념』, 45-64,태학사.

서정수(1994),『국어문법』, 뿌리깊은나무.

石綿敏雄·高田誠 저, 오미영 역(2004).『대조언어학』, 제이앤씨.

송경안·이기갑 외(2008),『언어유형론Ⅲ』, 도서출판 月印.

양금평(2008), "한·중 피동문 문형의 비교 연구 –접미 피동문과 '被'자문을 중심
　　　으로", 『문법 구성의 범주와 유형』311–335, 보고사.

왕례량(2009), "한국어와 중국어의 피동 표현에 대한 대조적 연구", 『한국인문학
　　　연구』28, 447–480.

우인혜(1997), 『우리말 피동 연구』, 한국문화사.

유동준(1983), "국어의 능동과 피동", 『국어학』12, 193–212.

이상억(1970), "국어의 사동·피동구문 연구", 『국어연구』26.

이익섭·임홍빈(1983), 『國語文法論』, 學硏社.

이익섭·채완(1999), 『국어문법론강의』, 學硏社.

이정택(2004), 『현대 국어 피동 연구』, 박이정.

이지현(2008), "피동태는 능동태의 상반되는 형식 범주인가? –현대 중국어 피동
　　　태의 인지언어학적 분석", 『中國語文學論集』50, 215–241.

임지룡(1992), 『국어 의미론』, 탑출판사.

임홍빈(1972), "國語의 主題化 硏究", 서울대학교 석사학위논문.

제영(2010), "한·중 피동문 대조 연구", 부산대학교 박사학위논문.

주시경(1910), 『국어문법』(고영근·이현의 교주. 탑출판사. 1986).

최재영·임미나(2008), "중·한 피동문 대조 연구", 『중국어문논역총간』 22,
　　　81–111.

최정애(2008), "'동작성명사＋하다'구성의 몇 가지 문제", 『중국조선어문 류계』
　　　154호, 5–11.

陈平(1987b), "释汉语中与名词性成分相关的四组概念", 《中国语文》 第2期
　　　81–84.

邓思颖(2004), "作格化和汉语被动句", 《中国语文》第301期 291–301.

范晓(1996), "被字句谓语动词的语义特征", 《长江学术》 2006年第2期
　　　79–89.

范中华(1991), "论遭受类动词及遭受句", 《社会科学战线》 1991年第02期
　　　311–317, 339.

冯胜利(1990), "'管约'理论与汉语的被动句", 《汉语的韵律、词法与句法》 北

京大学出版社.

傅雨贤(1986), "被动句与主动句式的变换问题",《汉语学习》第2期 1-7.

胡裕树、范晓(1985), "试论语法研究的三个平面",《新疆师范大学学报》 第2
　　期 7-15.

金莲花(2007), "韩汉语被动句对比研究", 东北师范大学硕士学位论文.

金允经(1996), "被字句中'被＋NP'的特点",《汉语学习》1996年第03期 24-28.

黎锦熙(1924/1992),《新著国语文法》商务印书馆.

林祥楣 主编(1991),《现代汉语》 语文出版社.

刘德辉(2002), "施受同辞例说",《学术交流》第102期 105-108.

刘月华、潘文娱、胡韡(2007),《实用现代汉语语法》商务印书馆.

柳英绿(2000), "韩汉语被动句对比-韩国留学生'被'动句偏误分析",《汉语学
　　习》第6期 33-38.

陆俭明(2004), "有关被动句的几个问题",《汉语学报》2004年第02期.

吕叔湘(1944/1982),《中国文法要略》商务印书馆.

吕叔湘(1980),《现代汉语八百词》商务印书馆.

马建忠(1898),《马氏文通》 商务印书馆.

杉村博文(2003), "从日语的角度看汉语被动句的特点",《语言文字应用》2003
　　年第2期 64-75.

邵桂珍(2002), "汉语被动句功能研究述评",《暨南大学华文学院学报》 2002
　　年第2期 66-72.

申小龙(1988/1991),《中国句型文化》东北师范大学出版社.

王力(1943/1985),《中国现代语法》商务印书馆.

王一平(1994), "从遭受类动词所带宾语的情况看遭受类动词的特点",《语文
　　研究》1994年第4期 28-34.

王月华(2010), "汉语话题突出和中介语假被动结构",《宁波大学学报》 第23
　　卷第5期 58-61.

谢筱莉(1999), "英汉语被动态对比研究",《湖南大学学报》 第13卷第3期
　　43-47.

熊仲儒(2003), “汉语被动句句法结构分析”,《当代语言学》第5卷2003年第3期 206-221.

徐杰(1999), “两种保留宾语句式及相关句法理论问题”, 1999年01期.

薛凤生(1994), “‘把’字句和‘被’字句的结构意义-真的表示‘处置’和‘被动’?”《功能主义与汉语语法学》, 北京语言学院出版社.

游舒(2005), “现代汉语被字句研究”, 武汉大学博士学位论文.

张伯江、方梅(1996),《汉语功能语法研究》江西教育出版社.

张兴旺(2008), “现代汉语被动句的界定及其分类”,《阴山学刊》第21卷第1期 47-50.

赵清永(1993), “对被动句的再认识”, 《北京师范大学学报》1993年第6期 98-103.

郑媛(2009), “汉语被动式界定研究”,《安庆师范学院学报》2009年10月第28卷 第10期, 116-123.

周宝宽(1995), “现代汉语受事主语句研究(上)”,《辽宁大学学报》1995年 第6期, 89-93.

朱乐红、彭智勇(2010), “汉语中动句的认知阐释及其启示”,《哈尔滨工业大学学报》第12卷第6期 106-114.

祖人植(1997), “‘被’字句表义特性分析”, 《汉语学习》1997年03期.

Chao, Yuen Ren(1968), A grammar of spoken Chinese. University of California Press.

Charles N. Li and Sandra A. Thompson(1989), Mandarin Chinese: a functional reference grammar. University of California Press.

Charles N. Li and Sandra A. Thompson(1994), On "Middle Voice" Verbs in Mandarin. Voice, Form and Function, 231-246. John Benjamins Publishing Company.

H. G. Underwood(1890), An Introduction to the Korean Spoken Language, The MacMillan company.

Konstantin I. Kazenin(2001), The Passive Voice. Language Typology and Language Universals, Volume 2, 899-916. Walter de Gruyter.

Konstantin I. Kazenin(2001), Verbal Refelexives and the Middle Voice. Language Typology and Language Universals, Volume 2, 916-927. Walter de Gruyter.

Leonid Kulikov(2011), Voice Typology. The Oxford Handbook of Linguistic Typology, Chapter 18. Jae Jung. Song.Oxford University Press.

Paul R. Kroeger(2004), Analyzing Syntax, A Lexical-functional Approach. Cambridge University Press.

Siewierska, A(1984), The Passive: A Comparative Linguistic Analysis. London: Croom Helm.

Song, Seok Choong(1967), Some Transformational Rules in Korean, Indiana University.

William Croft(1994), Voice: Beyond Control and Affectedness. Voice, Form and Function, 89-117. John Benjamins Publishing Company.

꼬꼬마 세종 말뭉치 활용 시스템: 124.137.201.234:8080

국립국어원 〈21세기 세종계획〉 형태 분석 말뭉치:

www.korean.go.kr/09_new/dic/example/simplesearch.jsp

네이버 뉴스라이브러리: newslibrary.naver.com

네이버 중국어 사전: cndic.naver.com

北京大学中国语言学研究中心语料库: ccl.pku.edu.cn:8080/ccl_corpus

부록:

중국어 '遭受'류 동사와 결합하여 피동문을 이룰 수 있는 NP₄

1) 제1류 동사와 결합하는 NP₄

제1류 동사와 결합하는 NP₄	
受	罚、挫、辱、赏、托、聘、骗、迫害、危害、损害、伤害、陷害、暗害、残害、戕害、糟害、妨害、毒害、污染、亏损、磨损、挤压、拦阻、阻挡、堵塞、惩罚、处分、处罚、苛待、限制、监视、冲击、蹂躏、讥笑、嘲弄、责备、打击、压迫、虐待、欺侮、剥削、指责、诘问、贿赂、埋怨、引诱、唆使、蒙弊、庇护、奴役、包围、怀疑、制约、恐吓、威胁、刺激、束缚、摧残、诅咒、批评、批判、批斗、奚落、训斥、杀害、损伤、阻击、截击、歧视、污蔑、攻击、围攻、围剿、破坏、阻挠、折磨、惊吓、委托、修饰、训练、影响、指挥、注意、重视、重奖、指示、保护、恩赐、感动、鼓励、鼓舞、启发、教育、优待、照顾、关心、关怀、爱护、帮助、重用、表扬、夸奖、奖赏、表彰、赞赏、称赞、歌颂、欢迎、培养、垂青、尊敬、器重、审查、检查、监禁、支配、吩咐、治疗、招待、款待、整顿、感召、招安、宣传、派遣、调遣、勾引、操纵、恭维、关照、褒奖、熏陶、锻炼、挑战、竞争、遏制、亵渎、抬举、拥挤
受到	迫害、危害、损害、伤害、陷害、暗害、残害、戕害、糟害、妨害、毒害、污染、亏损、磨损、挤压、拦阻、阻挡、堵塞、惩罚、处分、处罚、苛待、限制、监视、冲击、蹂躏、讥笑、嘲弄、责备、打击、压迫、虐待、欺侮、剥削、指责、诘问、贿赂、埋怨、引诱、唆使、蒙弊、庇护、奴役、包围、怀疑、制约、恐吓、威胁、刺激、束缚、摧残、诅咒、批评、批判、批斗、奚落、训斥、杀害、损伤、阻击、截击、歧视、污蔑、攻击、围攻、围剿、破坏、阻挠、折磨、惊吓、委托、修饰、训练、影响、指挥、注意、重视、重奖、指示、保护、恩赐、感动、鼓励、鼓舞、启发、教育、优待、照顾、关心、关怀、爱护、帮助、重用、表扬、夸奖、奖赏、表彰、赞赏、称赞、歌颂、欢迎、培养、垂青、尊敬、器重、审查、检查、监禁、支配、吩咐、治疗、招待、款待、整顿、感召、招安、宣传、派遣、调遣、勾引、操纵、恭维、关照、褒奖、熏陶、锻炼、挑战、竞争、遏制、亵渎、抬举、拥挤、好评、支持、信任、信赖、爱戴、警告、惩戒、惊呼、待遇、厚爱

2) 제2류 동사와 결합하는 NP_4

	제2류 동사와 결합하는 NP_4
遭	抢、打、劫、偷、砍、(水)淹、(雷)击、(雷)劈、报复、迫害、镇压、暗杀、残害、破坏、歼灭、失败、打击、仇恨、暗算、算计、咒骂、批判、处分、批斗、非难、非议、嘲笑、奚落、拒绝、查禁、诽谤、反对、凌辱、冷落、怨恨、怀疑、侮辱、嫉妒、歧视、猜忌、褒贬、误解
遭到	侮辱、迫害、报复、算计、抢劫、暗算、杀害、流放、查禁、压迫、剥削、戏弄、损害、谴责、训斥、奚落、偷袭、袭击、破坏、恐吓、威胁、谩骂、嘲笑、诽谤、批斗、埋怨、拒绝、否定、欺骗、议论、惩罚、逮捕、镇压、枪决、屠杀、监禁、反抗、审判、拘留、搜查、洗劫、反对、侵略、瓜分、攻击、重创、歼灭、包围、轰炸、抵抗、失败、空袭、占领、忌恨、冷落、怨恨、怀疑、讨厌、可怜、仇恨、压抑、歧视、冤枉、孤立、凌辱,指责
遭受	侮辱、欺压、凌辱、迫害、糟蹋、调戏、打骂、摧残、剥削、奴役、危害、折磨、处分、指摘、驳斥、责骂、批判、批评、讽刺、攻讦、恫吓、威胁、抱怨、欺骗、通缉、逮捕、监禁、软禁、审判、镇压、压制、暗害、埋伏、侵略、打击、袭击、轰炸、蹂躏、包围、屠杀、宰割、瓜分、攻击、毁灭、遗弃、轻视、忌妒、怨恨、怀疑、嫌弃、腐蚀、牵连、影响、反对

3) 제3류 동사와 결합하는 NP_4

	제3류 동사와 결합하는 NP_4
挨	打、骂、揍、掐、整、斗、批、训、挤、说、(蛇)咬、(雨)淋、(水)浇、毒打、臭骂、批判、批评、训斥、处分

한국어와 중국어의 거절 화행 전략 비교 연구

Wu Xiao

이화다문화총서 언어 2 한·중 언어 비교 연구

I.

서론

A. 연구의 목적 및 의의

한-중 양국은 가까운 나라로서 수천 년에 걸친 교류의 역사를 갖고 있다. 90년대 초반정식으로 국교를 맺은 이후 중한간의 교류는 여러 면에서 활발해 지고 있다. 이에 양국 사람들이 서로의 나라에 대해 관심을 갖게 되었고, 서로의 언어에 대해 더 깊이 이해하고자 하는 양국의 언어 학습자들 또한 날이 갈수록 늘어가고 있다.

외국어로 성공적인 의사소통을 하려면 문법적 규칙의 습득 뿐만아니라 화용[1] 규칙 습득이 요구된다. 외국인 한국어 학습자가 어떻게 거절해야 하고 상대방이 난감하지 않게 하고 어떻게 요청해야 무례하지도 않은지, 또 어떻게 말해야 상황에 걸맞지 않게 언행하는 것을 피할 수 있는지를 아는 것은 쉽지 않다. 문법적 정확성에 대한 지식을 가지고 있는 최상급 수준의 한국어 학습자일지라도 화용적 적절성에는 자신이 없기 마련이다.

화행(speech act)에 대한 연구는 화용론의 연구에 포함된다. 화행이란 발화를 통해서 자신을 표현하는 일체의 행위를 가리키며(Schmit & Richards, 1985), 화행이론은 실제로 사용된 언어 형식인 발화가 수행하는 행위에 관한 이론이다. Austin(1962)은 언어의 행위 특성을 강조하여, 말하는 것 자체가 행위가 될 수 있다고 주장하였다. 이로부터 알려진 화행 이론은 언어연구가 문장 표현을 넘어서 담화, 테스트 및 대화의 층위로 나아가도록 하는 출발점이 되었다.

본 연구를 거절 화행으로 선택한 이유는 거절화행이 상대의 요청이나 초대에 대해 동의하지 않는 행동으로 청자의 체면을 손상할 위험이 많은 화행이며 따라서 다양한 체면보호 전략이 따르기 때문이다.

이에 본 연구의 목적은 첫째, 한국어 모국어 화자와 중국어 모국어 화자가 각각 거절 화행에서 어떠한 언어적 표현들을 사용하는가, 또한 청자의 사회적 지위나 청자와의 친밀도, 성별, 연령에 등에 따라 이러한 언어적 표현의 사용이 어떻게 달라지는가를 밝혀보는 것이다. 둘째, 같은 조건에서 중국어 모국어 화자가 언어적 장치를 사용하는 언어형태와 한국어 모국어 화자와 어떤 차이를 나타내는가를 살피는 것이다.

같은 동양권, 같은 유교문화의 영향 속에서 형성된 한·중 양국의

---

1 현대 언어학의 많은 이론들은 크게 다음 세 가지 기본 관점에 귀속된다. 첫째는 언어 체계에 대한 이론인 구조주의이다. 구조주의에서는 언어적 형태와 그 언어적 형태가 언어 체계 안에서 갖는 지위에 대해 설명하려 하였다. 두번째 관점은 언어능력에 대한 이론인 생성언어학이다. 생성언어학자들은 새로운 문장을 생성하기 위해 필요한 인간의 언어 능력에 바탕을 두는 규칙들을 설명할려 하였다. 마지막으로 언어 사용에 관한 이론인 화 용론(pragmatics)이다.

거절 화행은 비슷한 형태를 가지고 있는 것이 적지 않지만, 차이점도 많아 양국의 문화적 차이를 이해하는 데 더 보탬이 될 것이다. 왜냐하면 양국의 언어, 사회배경, 문화배경, 사고방식 등이 다르기 때문이다. 본 연구를 통해서 한국어를 학습하는 중국인이나 중국어를 학습하는 한국인들에게 상대방의 문화에 대한 진일보된 이해를 도와주는 데 유용한 기초 자료로서 의미가 있을 것이다.

B. 선행 연구 검토

한국어와 중국어의 화용적인 차이 분석에 대한 연구는 문법적인 차이 분석에 대한 연구에 비해서 활성화되지 않았다. 최근 들어 이에 대한 관심이 증가하고 있는데, 대부분은 한국어와 영어나 중국어와 영어의 화행적인 분석에 대한 연구인데 반해 한국어와 중국어의 거절 화행 전략에 대한 대조 분석은 많이 부족하다.

거절 화행에 관한 연구는 크게 두 유형으로 나누어진다. 첫 번째 유형은 공손의 관점에서 거절을 할 때 상대방의 체면을 세우기 위한 전략적 방법에 대한 논의이다. 공손의 원리란 대화 참여성들이 인간의 상호작용 과정에 본질적으로 내재된 갈등과 충돌의 기능성을 최소화하려는 의도로 대화를 한다는 이론이다. Lakoff(1973), Leech(1983)에 이어 공손의 원리는 Brown& Levinson(1987)에서 심도 있게 다루어졌다. Brown& Levinson은 영어, Tzeltal어, Tamil어를 분석 대상으로 삼아 대화상대의 체면을 세우려는 의도, 즉 공손성이 언어적 상호작용을 지배하는 기제임을 밝히고 언어 보편적인 공손전략들을 제시했다.

강소영(2004), 윤은미(2004), Liu Bao(2006), He Saiping(2007), Wang Yinghua(2008) 등도 여기서 속한다.

강소영(2004)에서는 대학생들이 프로포즈를 받았을 때 협력>회피>명시>절충의 방법으로 거절을 하고 있음을 밝히면서 이 상황에서도 상대방에게 상처가 되지 않는 공손의 전략이 사용된다고 했다.

윤은미(2004)에서는 한국인과 한국어 학습자가 거절을 하는 상황에서 상대방의 체면을 상하지 않게 하기 위한 공손의 양상에 대해 설명하고 있다.

Liu Bao(2006)에서는 공손원리를 바탕으로 중국어의 진실 거절 화행과 거짓 거절 화행을 어떻게 사용하는가, 진실 거절 화행과 거짓 거절 화행의 관계는 무엇인가를 연구하여, 일반적으로 일상생활에 거짓 거절 화행은 예의 기능을 가지고 다른 사람에게 손상을 줄일 수 있음을 밝혔다.

He Saiping(2007)에서는 담화완성형 테스트를 이용하여 남성과 여성의 거절 화행을 연구하였다. 여성은 상대편을 거절할 때 다양한 여성 특징을 가진 어휘단어들을 사용하고, 거절 화행이 남성보다 더 복잡하고 완곡함을 밝혔다. 이에 여성은 거절할 때 남성보다 청자의 체면을 더 세우기를 중시한다고 생각된다.

Wang Yinghua(2008)는 중국인 여대학생 26명을 대상으로 성별에 따라 다르게 나타나는 공손의 특징을 여성과 남성의 특징으로 구분 설명하고 있다. 그리고 예의는 공식적인 표현을 통하여 청자의 체면을 중시하는것을 밝히고 체면에 대한 요구는 집단생활에서 나온다는 것을 밝혔다.

두 번째 유형은 거절 화행을 수행하는 데에 나타나는 문화나 규범의 차이를 규명하려는 연구이다. Beebe et al(1985), 박용예(1990), 이해영(2003), 蔡曉丽(2006), 최훈호(2007), 김유향(2008) 등이 이에 속한다.

Beebe et al(1985)에서는 일본인 영어학습자를 대상으로 요청, 초대, 제안, 제의의 화행에 대하여 거절할 때 모국어가 어떤 관련성이 있는지 설명하고 있다.

박용예(1990)는 요청과 거절을 대상으로 한국어와 영어의 화행 실현의 차이를 모국어와의 관련성을 통해 보여 주고 있다.

이해영(2003)도 담화완성형 테스트를 이용하여 일본인 한국어 학습자의 거절 행위의 모양이 본인의 일본어 거절 행위에 나타나는 특징과 한국인의 한국어 거절 행위에 나타나는 거절 행위와의 비교를 통하여 언어 및 문화적 바탕에 따른 화용작전 현상에 대해 설명하고 있다.

蔡曉丽(2006)는 담화완성형 테스트를 이용하여 일본인 중국어 학습자, 한국인 중국어 학습자 및 동남아시아 사람 중국어 학습자의 거절 행위에 나타나는 특징과 중국어 모국어 화자의 거절 행위에 나타나는 특징을 비교하여, 언어및 문화적 바탕에 따른 화용 작전 현상에 대해 설명하고 있다. 대부분의 동남아시아 사람은 중국인 교포이기 때문에, 그들의 거절 화행은 한국인과 일본인 중국어 학습자보다 중국어 모국어 화자의 거절 화행과 비슷함을 밝혔다. 이는 언어 및 문화적 바탕에 따른 화용적 전이가 발생하기 때문이다.

최훈호(2007)는 드라마 대본을 가지고 거절 유형을 설정하고 그에 따른 거절 전략을 분류하였다. 그리고 손익 관계, 부담 정도, 호감도, 친소 관계, 성별, 사회적 지위, 소속 집답(가족, 학교, 직장)의 사회-문화적 변인을 두어 각 변인에 대하여 어떠한 거절 전략이 선호되는지 살펴보았다.

김유향(2008)은 담화완성형 테스트를 이용하여 한국인 및 중국인 한국어 학습자를 대상으로 거절 전력을 비교하고, 한국어 교재에 나타난 거절 화행을 분석하였다. 그리고 분석을 바탕으로 하여 실제 수업에서 활용할 수 있는 방안을 제시하였다.

이상의 연구를 통해 거절 화행은 단지 단순한 말로 상대방의 요청이나 요구를 거부의 표현으로 사용하는 정도가 아니라 자신의 사회문화적 배경을 바탕으로 이루어지는 행위임을 확인할 수 있다.

그럼에도 불구하고 아직까지는 매우 적은 수의 논문들이 발표됐을 뿐이며 분석에 사용된 전략의 체계화나 기준 설명이 명확하지 못한 경우도 있었으며, 피험자 구성에서의 세밀함이나 자료 수집 방식에 대한 설명이 부족한 경우도 있었다. 또 주로 영어권·일본어권 화자를 중심으로 연구가 이루어져 그 외 언어권에 대한 연구는 아직도 매우 적은편이다.

그리고 한-중의 거절 화행을 연구한 논문 또한 주로 한국인과 한국어를 배우고 있는 중국인 습득자를 대상으로 하는 것이었고, 각자의 모국어를 근거로 하여 거절 화행을 연구한 논문은 아직 없었다. 따라서 본 연구에서는 그동안 많이 연구되지 못한 한-중 모국어 화자를 대상으로 하여 거절 화행을 분석하고, 연구 대상의 선택에서도 각별히 신중을 기하여 서로의 언어에 대해 습득한 적이 없는 원어민을 피대상자로 연구하여 언어의 습득으로 인한 영향을 최소화하고자 하였다.

II.
거절 화행의 정의 및 전략

A. 거절 화행의 정의

화행 이론(speech act theory)에서는 언어를 행위의 한 형태로 보고 일상적인 언어들이 현실에서 어떠한 통찰력을 갖는가에 관심을 가지고 있다. 이러한 화행 이론은 Austin(1962)과 Searle(1969)에 의해 정립되고 이론화 되었다. Austin(1962)은 진리 조건(truth condition)을 통해 언어의 의미만을 이해하려는 견해를 뒤엎는 이론을 제시했다. 그는 진위여부를 판단할 수 없는 문장들이 존재한다는 점을 지적했으며, '수행문(performative)'이라는 개념을 제시했다. 그에 따르면, 모든 발화는 그 본래 의미에 더하여 특정한 힘(話力, force)을 통해 특정한 행동을 행하고, 의미도 달라질 수 있다는 것을 제시했으며, 또한 Austin은 이러한 화자가 무엇인가를 발화함을 통해 그 어떤 화행 행하는 것에 대해 세 가지 의미를 분리하여 다음과 같이 제시하였다.

1) 발화 행위(언표적 행위, locutionary act): 일정한 의의와 지시를 가진 문장을 발화하는 것.

2) 발화 수반 행위(언표내적 행위, illocutionary act): 발화를 통해 그것과 관련된 (혹은 명시적 수행 해석에 의한) 고정적 말힘으로 진술, 제의, 약속 등을 하는 것.

3) 발화 효과 행위(언향적 행위, perlocutionary act): 발화를 통해 청자에게 영향을 주는 것. 이것은 발화의 상황에 따라 특수성을 가질 수 있다.

이러한 Austin의 논의를 체계화한 Searle(1969)은 일반적으로 널리 사용되는 '화행'이란 용어를 본격적으로 도입했으며, 발화 수반 행위를 다음의 다섯 가지 범주로 분류하였다.

1) **단언행위**(assertives) - 화자가 주장이나 진술 등을 하며 명제의 진리치에 위임하는 행위. 단언하기, 결론짓기 등.

2) **지시행위**(directives) - 화자가 청자로 하여금 무엇인가를 하도록 시도하는 행위. 명령하기, 요청하기, 질문하기 등.

3) **위임행위**(commissives) - 화자로 하여금 어떤 미래의 행동을 취하게 하고 책임을 갖게 하는 행위. 약속하기, 경고하기, 제의하기 등.

4) **표현행위**(expressives) - 화자의 심리적 상태를 표현하는 행위. 감사하기, 사과하기, 축하하기, 환영하기, 생각 말하기 등.

5) **선언행위**(declarations) - 사회적 사실을 선포하는 행위. 제도적 상태 속에서의 즉각적 변화에 영향을 끼친다. 혼인 서약, 명명/제명하기, 직장에서의 해고, 선전포고 등.

본고에서 다루고자 하는 '거절 화행'은 Austin의 분류에 따르면 '발화 수반 행위'에 속하며, Searle의 분류에 의하면 '약속하기', '경고하기', '제의하기'와 같은 더불어 '위임행위'에 속한다.

거절은 '상대편의 요구, 제안, 선물, 부탁 따위를 받아들이지 않고 물리침'으로 정의된다(표준국어대사전). 이에 거절은 본질적으로 상대편의 체면을 손상시킬 수 있는 행위라고 할 수 있다. 선행연구에 따르면, 거절은 다음 셋 가지 특징을 가지고 있다.

- Brown& Levinson(1987): 거절은 본질적으로 상대편의 체면을 위협하는 행위
- Levinson(1983): 거절은 인접쌍에 '기대되지 않은 제2부분'
- Leech(1983): 거절 화행은 본질적으로 무례한 화행

다른 화행과 달리 거절 화행은 단독으로 나타날 수 없으며, 반드시 다른 화행의 수행 후에 나타나고, 그 화행과 같이 회화 구조의 대응쌍을 구성된다. Beebe(1985)에서는 사람들은 일상소통에서 요청, 초대, 제안, 제의 화행에 대해 거절함을 밝혔다. 아래 1), 2), 3), 4) 각각 상대방의 요청, 초대, 도움, 제안을 거절하는 예시이다. 이 예시를 통해서 거절 화행은 단독으론 나타날 수 없다는 것을 확실하게 알 수 있다.

1) A: 컴퓨터를 좀 빌릴 수 있어?

   B: 미안, 컴퓨터가 고장이 나서 아직 고치지 않았는데…

(요청을 거절)

2) A: 내일은 제 생일인데요. 저녁을 같이 먹을 수 있을까요?

   B: 내일이요? 어떡하죠? 제가 내일 약속이 있는데요.

(초대를 거절)

3) A와B가 같이 슈퍼마켓에 가서 물건을 샀는데, B는 A보다 많이 샀다.

   A: 내가 들어줄까?

   B: 아니야, 괜찮아.　　　　　　　　　　　　　　(도움을 거절)

4) A는 며칠 전에 수술을 받았던 B에게

   A: 집에서 좀 더 쉬어요.

   B: 괜찮아요. 이제 학교에 다닐 수 있어요.　　　　(제안을 거절)

B. 거절 화행의 전략

거절 발화 행위에 대해 가장 많은 연구를 수행한 Beebe와 Takahashi (1990)는 거절의 주된 행위 전략을 직접적인 것과 간접적인 것으로 나누었다.

직접적인 거절 화행은 의미적으로 원래 거절의 뜻이 아니라 거절의 의미로 쓰인 의미적 거절 화행과 문법적으로 거절의 의미를 가지는 문법적 거절 화행으로 나눌 수 있다. 간접적인 거절화행은 거절의 중심 의도에서 조금 벗어나 간접적인 표현으로 거절을 하는 것이다. 이 것은 상대의 거절을 당할 때 느낄 체면 손상을 낮추려는 행동으로 볼 수 있으며 실제 언행에 따라 조금의 차이는 있지만 직접적인 거절보다 더 많이 사용되는 전략이었다.

Beebe와 Takahashi는 거절 전략을 다음과 같이 나누었다(김경석, 1999에서 재인용).

직접적인 전략	간접적인 전략
•수행문 •불수행 의사표시	•근거 제시 •원칙 제시 •미래에 수용 약속 •우회 •유감표현 •철학 제시 •요청의 일부분 반복 •비난 •대안 제시 •자기방어 •최초 요청 반복 •소망 •조건 설정 •과오 언급 •화제 전환 •농담 •관심 결여 •비언어적 회피 •곤경에서 구조 •연기 •불명확한 응답 •도움 또는 감정이입 요청

본 연구의 분류는 Beebe와 Takahashi의 의미전략과 강소영(2004)의 논문에서 거절 전략을 분류한 것 그리고 최훈호(2007)에서 분류한 거절 화행 전략들을 주로 참고하였다. 최훈호(2007)에서 거절 유형은 대안제시하기, 이유제시하기, 상대방입장고려하기, 자기탓하기, 주장하기, 조건수락하기, 사과하기, 감사하기, 단언하기, 금지하기, 되묻기, 비난하기, 부담줄이기, 화제 바꾸기, 침묵하기, 핑계대기, 상대방탓하기 등 17개 유형으로 나누었다.

본 연구에서는 예비조사에서 실제로 나타난 거절 표현과 각 선행연구의 거절 화행 분류를 바탕으로 거절 행위를 12개 유형별로 분류하였다. 금지하기, 비난하기와 상대방 탓하기는 '비난하기'로 통합하고, 되묻기와 핑계대기는 '회피하기'로 통합하였다. 침묵하기는 '비언어적 표현하기'로 변경하였으며, 이유제시하기는 근거를 추가하여 '이유나 근거 제시하기'로 변경하고, 감사하기 역시 축하하기를 추가하여 '감사하기와 축하하기'로 변경하였다. 상대방 입장 고려하기와 부담줄이기는 제외하였다.

12개 거절 화행의 사용 전략은 각각 단언하기, 이유나 근거 제시하기, 대안 제시하기, 조건 수락하기, 자기탓하기, 회피하기, 비난하기, 주장하기, 사과하기, 감사하기와 축하하기, 화제 바꾸기, 비언어적 표현하기였다. 12개 거절 화행의 사용 전략은 정리하여 다음과 같다.

① 단언하기

단언하기는 거절 의사를 직접적으로 명확히 표현하여 거절을 행하는 데 우선을 두는 전략이다. 단언하기는 지위나 연령이 청자보다 높은 화자가 상대방이 싫거나 요구가 마음에 들지 않을 때 주로 사용된다. 왜냐하면 단언하기는 '됐어요, 아니요" 등의 명시적인 표현을 사용하여 거절의사를 적극적으로 알리는 데는 용이하지만 자칫하면 상호 간에 오해를 불러 일으켜 관계 유지를 어렵게 하고, 상대방의 체면까지 손상시킬 수 있기 때문이다. 다음 예를 통해 구체적으로 살펴보도록 한다.

> 5) 낯선 사람: 실례합니다. 설문조사 한 장만 해 주실래요?
>   나: **됐어요.**

5)에서 나는 설문조사를 부탁하는 낯선 사람에게 단호하게 제안을 거절하고 있다.

지위나 연령이 상대방보다 높지 않은 경우에는 단언하기에 뒤이어 체면 손상을 막기 위한 이유제시하기, 수락하기 등의 화행이 나타나기도 한다.

6) 친구 어머니: 밥 먹고 가.

　나: **아니요**. 오늘 집에 일이 있어서요.

6)에서는 나는 친구 어머니의 제안을 거절하면서 "아니요"라는 명시적인 표현을 사용하고 있다. 그러면서 집에 일이 있다는 후속발화를 통해 이유를 제시하여 사회적 지위가 높은 친구 어머니의 재요청을 막고 있다.

② 이유나 근거 제시하기

이유나 근거 제시하여 거절하기는 어떤 사정 때문에 거절을 할 수밖에 없다고 변명을 하거나 이유를 들어 상황을 설명한다는 거절 전략이다. 상대방에게 자신이 거절해야 하는 상황에 대한 이유를 제시하여 자신의 입장을 설명한다. 이를 통해 상대방을 납득시키고, 서로의 관계유지에 긍정적으로 작용할 수 있는 방법이다. 그리고 이유나 근거 제시하기 전략은 단독적으로 사용되기도 하나 대부분은 다른 전략과 병행하여 사용된다.

7) 학교 후배(연상): 길동아! 과제 좀 도와줄래?

　나: 미안해요 형. 요즘 내가 **알바 때문에 정신없어요.**

7)에서는 나는 학교 후배의 제안을 거절하면서 그에 대한 이유를 제시하고 있다. 이 장면은 나보다 세살 많은 친한 학교 후배가 바쁘다

며 나에게 자신의 과제를 부탁하는 상황을 보여준다. 나는 나이는 나보다 연상이지만 후배인 상대방의 요청을 거절하는 상황에서 거절할 수 밖에 없는 근거를 제시함으로써 상대방이 납득할 수 있도록 하고 있다.

③ 대안 제시하기

대안 제시하기는 상대방의 요구를 거절하면서 생기는 갈등을 화자가 새로운 대안을 제시함으로써 해결하는 전략이다. 대안 제시하기는 거절 이유를 대신할 새로운 해결책을 찾는 것이 어렵지만 거절 화행에서 가장 효과적인 전략으로 볼 수 있다. 왜냐하면 상대방의 요청을 단호하게 거절하거나 회피하지 않고 상대방의 체면을 세우면서 관계 유지에도 도움을 주기 때문이다. 다음 예를 통해 구체적으로 살펴보도록 한다.

8) 엄마: 방 청소 좀 해라.

　　나: 엄마! 나 지금 나가야 하는데. **있다가 갔다와서 하면 안될까요?**

8)의 상황에서 나는 엄마의 요청을 거절하면서 그 대신 집에 돌아와서 하겠다는 제안을 제시하고 있다. 이 장면은 주말에 이미 친구들과 선약이 있는데 대청소를 같이 하자고 엄마가 부탁하는 상황에서 엄마에게 대안을 들어 거절을 표현하고 있다. 거절에 대한 근거를 제시하면서도 다른 대안을 제시하여 청소를 하기 싫어서 핑계를 대는 것이 아니라는 인상을 주고 있다.

④ 조건 수락하기

　조건 수락하기는 상대방의 요구에 대해 과거에는 받아들일 수 있었다는 과거 수락, 미래에는 받아들일 수 있다는 미래 수락, 요구에 대한 대답을 다음으로 미루는 확답 연기하기 등으로 나타나는 전략이다. 이 전략은 상대방의 요청에 대해 수락하는 의미를 담고 있는 표현을 사용하여 거절함으로써 상대방의 이해를 구하고, 관계를 유지시키기 위한 전략이다. 다음 예를 통해 구체적으로 살펴보도록 한다.

　9) 친한 친구: 길동아, 넌 일본어 잘하잖아. 나에게 가르쳐줘.

　　나: 미안해. 내가 요즘 시험 때문에 힘들 것 같아.

　　시험 끝나고 가르쳐 줄게.

　9)에서 나는 외국어를 가르쳐 달라는 친한 친구의 요청을 거절하면서 시험이 끝난 뒤로 미루고 있다. 이 상황에서 나는 시험 때문에 자신도 매우 바쁜 상황에 처해 있고, 이런 이유로 친구에게 일본어를 가르쳐주지 못하는 미안한 마음을 갖고 있다. 따라서 조건수락하기의 전략을 통해 친구의 부탁을 거절하고 있다.

　10) 학교 후배: 선배님, 오늘 제 생일인데 학교 친구끼리 생일 파티를

　　　　　　하려구요… 선배님도 오실래요?

　　나: **조금 일찍 말하지 그랬어.** 오늘은 내가 일이 있어서 힘들겠어.

　　　생일 축하해.

10)에서 나는 생일파티에 초청하는 학교 후배의 요청을 거절하면서 과거에는 받아들일 수 있었다는 과거 수락하기 전략을 사용하고 있다. 이 상황은 생일파티에 초대는 받았지만 별로 가고 싶지 않은 상황에서 과거라면 갈 수 있었을 것이라는 과거 수락하기를 통해 후배와의 관계를 유지하면서 후배의 초청을 거절하고 있다.

⑤ 자기탓하기

자기탓하기는 상대방의 요구에 대한 거절로써 자신의 능력이 요구 내용에 부족함을 들며 거절의 이유를 자신의 탓으로 돌려 상대방에게 이해를 구하는 전략이다. 이는 상대방의 부탁에 대한 거절로 인해 발생할 수 있는 관계의 긴장감을 해소하기 위해 거절의 원인이 자신에게 있다고 표현함으로써 관계 유지에 도움을 주고자 하는 방법이다.

11) 교수님: 이따가 내일의 발표 준비 좀 도와줄래요?
　나: 제가 지금 너무 정신이 없어서 교수님의 발표를
　　잘 도와 드릴 수 없을 것 같아요. 죄송합니다.

11)에서 나는 발표 준비를 도와달라는 교수님의 부탁을 자신의 능력 부족을 들어 거절하고 있다. 이 상황은 내가 이과학생으로서 하루 종일 실험실에서 실험을 해서 빨리 집에 가서 쉬고 싶기 때문에 교수님의 부탁에 대해 망설이고 있는 상황이다. 이 상황에서 나는 거절의 이유를 자신에게 돌림으로서 상대방의 이해를 구하면서 요청을 거절하고 있다.

⑥ 회피하기

회피하기는 확실한 응답을 미루거나 농담, 반문을 하여 거절의 의도를 표현하는 거절 전략이다. 이는 상대방의 요청이나 부탁을 거절하면서 관계 유지에 초점을 두어 거절하는 방법이다. 예를 통해 구체적으로 살펴보도록 한다.

12) 후배: 형, 보험 가입해요.
    나: 응, **생각해 볼게.**

12)에서 나는 보험에 가입을 부탁하는 후배의 부탁에 대해 생각해 보겠다며 회피하기 전략을 통해 거절하고 있다. 이 상황은 보험회사에 취직한 학교 후배가 찾아와 보험 가입을 권유하는 상황에서 별로 가입하고 싶지 않지만 마땅한 이유를 찾기 어렵고, 자칫하면 관계 유지에 어려움을 줄 수 있기 때문에 회피하기를 통해 관계를 유지하면서 거절을 표현하고 있다.

⑦ 비난하기

비난하기는 상대방의 요청에 대한 불만이나 부정적인 입장을 직접적으로 말하는 것으로 거절 의사를 밝히는 전략이다. 이 전략은 상대방을 비난하는 표현을 사용하기 때문에 상대방의 체면을 크게 손상시킬 수 있으며 상대방과의 관계에 악영향을 미칠 수 있다.

13) 부하직원: 제가 개인적인 사정이 있어서 일주일 동안 휴가를 받고
    싶습니다.
    나: **그만 두고 싶으면 휴가를 쓰세요.**

13)에서 휴가를 쓰고 싶다는 부하직원의 요청을 그만두고 싶으면 휴가를 쓰라며 거절하고 있다. 이 상황은 월 마감 때문에 회사가 바쁜 상황에서 일주일동안이나 장기간 휴가를 쓰겠다는 부하직원에게 직장 상사로서 무리한 요구라는 판단 하에 비난하기 전략을 통해 거절하고 있는 장면이다.

⑧ 주장하기

주장하기는 자신의 생각이나 취향을 주장하거나 자신의 생활 원칙이나 철학을 제시하여 거절하는 전략이다. 상대방에게 자신의 거절 의도를 명확히 해둠과 동시에 상대에 대해 미안함 마음을 전달하기도 하여 앞으로의 관계 유지에 대해 노력하는 모습을 보여준다.

14) 친구: 길동아, 100만원 있어? 급한 일이 생겨서 돈을 빌려줄래?
　　나: 미안, **나는 원래 남에게 돈을 안 빌려주는데.**

14)에서 나는 친구의 요청을 거절하면서 그 이유로 자신의 원칙을 들고 있다. 이 상황은 급한 일이 있다며 100만원을 빌려달라고 친구에게 돈을 남에게 빌려주는 것은 자신의 원칙에 어긋나므로 빌려주기 힘들다며 주장하기 전략을 사용하여 거절하는 장면이다.

⑨ 사과하기

사과하기는 상대방의 요구를 거절함으로써 생기는 미안한 마음을 적극적으로 표현하여 상대방의 이해를 구하는 전략이다. 이 전략은 부탁을 들어 줄 수 없는 미안한 마음을 사과를 통해 상대방에게 전달하고 서로의 관계 유지에 도움을 주며 긴장감을 해소시키려는 거절 화행이다.

> 15) 친구: 수업 끝나고 같이 영화나 볼래?
> 나: **미안해,** 선약이 있어서…**친구가 오랜만에 만나자는데 어떡하지?!.**

15)에서 나는 영화를 같이 보자는 친구의 부탁을 거절하면서 미안한 마음을 표현하기 위해 먼저 사과를 하고 있다. 나는 친구의 불편한 마음을 이해하기 때문에 사과 후에 후속 표현으로서 자신의 상황을 친구에게 설명하는 이유제시하기 전략을 병행하여 사용함으로써 관계 유지를 위해 노력하고 있다.

⑩ 감사하기와 축하하기

감사하기와 축하하기는 거절에 앞서 제안에 대한 감사나 상대방의 상황에 대해 축하를 표현하는 거절 화행 전략이다. 이 전략은 상대방의 호의적인 제안을 물리침으로써 상대방이 가질 수 있는 섭섭한 마음을 풀려는 방법이다.

> 16) 후배: 어머나! 죄송해요. 선배님, 새 컵 하나 사 드릴 게요.
> 나: **고마워,** 마음만 받을 게.

16)에서 나는 후배의 제안에 대해 거절하면서 고마움을 표현하고 있다. 이 상황은 나의 컵을 깨뜨린 후배가 미안한 마음에 새컵을 사 준다고 하나 비싼 컵도 아닌데 부담 갖지 말라는 뜻에서 감사하기 전

락을 통해 거절을 표현하고 있다. 감사하기 전략은 대부분 상대방의 호의적인 제안, 제공의 표현에 대한 거절로서 많이 사용된다.

⑪ 화제 바꾸기

화제 바꾸기는 문제 해결을 회피하는 방법으로 말을 돌리거나 다른 화제의 질문을 함으로써 주위를 분산시키는 거절 전략이다.

17) 엄마:방 청소 좀 해라.
나:(TV를 보면서)엄마, 이 드라마 괜찮네.

17)에서 나는 엄마의 요청에 대해 거절의사를 나타내기 위해 TV 내용에 대해 언급하고 있다. 이 상황은 내가 TV를 보고 있는데 엄마가 방 청소를 하라고 요청하는 상황이다. 나는 엄마의 말을 못 들은 척하고 드라마가 재밌다고 대화의 주제를 바꾸는 전략을 사용하여 엄마의 요청을 거절하고 있다.

⑫ 비언어적 표현하기

비언어적 표현하기는 침묵, 무시로 거절 의사의 표현을 하는 방법이다. 상대방의 체면을 손상시키지 않는 범위 내에서 문제해결 상황을 피해 가는데 가장 쉽게 취할 수 있는 전략이다. 상대방의 요구와는 상관없이 딴청을 피우거나 자신의 하던 일을 계속 진행하기도 하며, 요구에 불만이 있는 경우 상대방을 노려보거나 거절하기 어려운 경우 상대의 눈을 피하는 행동이 나타나기도 한다. 또한 거절의 표정을 지음으로써 자신의 감성을 전달하여 거절 표현을 대신하기도 한다. 그리고 표정을 통해 자신의 의사를 전달함으로써 거절을 하기도 한다.

18) 노숙자: 한 번만 도와주세요.

　　나: (아무 말 하지 않고 그냥 지나간다)

18)에서 나는 구걸을 하는 노숙자에게 침묵을 통해 물질적인 도움에 대해 거절의 의사를 표현하고 있다.　이 장면은 전철을 타고 학교에 가는 길에 노숙자가 금전적인 도움을 요청하는 상황에서 도와 주지는 않지만 측은한 마음 때문에 명시적으로 거절을 표현하지는 않고 침묵으로써 거절의 의사를 표현하고 있다.

III.

조사 대상 및 방법

본 연구에 앞서 이화여자대학교 재학생20명(한국어 모국어 화자10명, 중국어 모국어 화자 10명)을 대상으로 예비조사를 실시했다. 예비조사는 중국어를 습득한 적이 없는 한국 학생 10명과 이화여자대학교 어학당을 다니는 중국인 유학생 10명을 대상으로 하였다. 한국어 모국어 화자 10명은 모두 20대였으며, 중국어 모국어 화자도 모두 20대 였지만, 언어 전이의 상황을 피하기 위하여 어학당 학생 중 한국어를 배운지 3개월 미만의 초급 학생만을 대상으로 하였다. 그리고 한국어 모국어 화자는 모두 여학생이었으나 중국어 모국어 화자는 남자 3명, 여자 7명이었다. 마지막으로 예비조사의 기간은 2009년10월1일에서 10월 20일까지 20일간이었다.

이 예비조사를 통해 한국어 모국어 화자와 중국어 모국어 화자인 설문 응답자들의 거절화행에 대한 실현 전략의 차이를 확인할 수 있었고, 이를 바탕으로 본 조사를 위한 설문 내용을 일부 보완●수정하여 설문지를 작성했다. 그리고 본 조사는 2010년 5월18일에서 7월31일까지 수행했다.

먼저 설문조사의 분석에 앞서 본 연구에서 어떠한 방법과 절차를 사용하여 설문조사를 하였는지에 대해서 알아보겠다.

A. 조사 대상

본 연구의 실험에는 한국어 모국어 화자 30명과 중국어 모국어 화자 30명이 각각 참여였다. 그리고 한국어 모국어 화자는 언어 전이의 상황을 피하기 위해 중국어를 습득한 적이 없는 한국인을 대상으로 하였고, 중국어 모국어 화자 또한 한국어를 습득한 적이 없는 중국인을 대상으로 하였다.

한국어 모국어 화자는 남자가 15명, 여자가 15명이었고, 중국어 모국어 화자 또한 남자가 15명, 여자가 15명이었다. 연령별 차이를 두기 위해 한국어, 중국어 모국어 화자 모두 20대 10명(남자5명, 여자5명), 30대 10명(남자5명, 여자5명), 40대 10명(남자5명, 여자 5명)을 대상으로 하였다. 설문조사 대상자로서 연령을 20대 대학생과 30, 40대 고등교육을 받은 층으로 한정한 것은 이들 집단이 사회언어학적으로 볼 때 표준어 구사 집단이기 때문이다(이익섭(2000), 사회언어학, 민음사).

설문 대상자의 학력은 고등학교 졸업, 대학 재학 및 졸업, 대학원 재학 및 졸업 이상자를 대상으로 하였고, 한국어 모국어 화자와 중국어 모국어 화자 모두 각 국가의 수도인 서울과 북경에 거주하고 있는 사람을 대상으로 하였다. 그 이유는 표준국어대사전에 따라 한국어의

표준어 정의는 '교양있는 사람들이 두루 쓰는 현대 서울말'이고, 现代
汉语词典에 따라 중국어의 표준어 정의는'普通话就是现代汉民族共
同语,是全国各民族通用的语言。普通话以北京语音为标准音,以北
方话为基础方言,以典范的现代白话文著作为语法规范。(현대 한족
의 공동어이며, 중국 모든 민족에서 통용될 수 있는 언어를 일컫는다. 표준어
는 북경발음을 표준으로 하여, 북방방언을 기초방언, 모범적인 현대 구어문
학작품을 문법규범으로 삼은 한족공통어)'이기 때문에 한국어와 중국어를
동일한 기준으로 비교하기 위해 설문대상자 또한 동일한 기준으로 선
택하였다.

한국어 모국어 화자와 중국어 모국어 화자 모두 설문 내용은 동일
하지만 한국어 모국어 화자에게는 한국어로, 중국어 모국어 화자에게
는 중국어로 된 설문지를 배포하였다. 그 이유는 각 화자의 모국어를
통해 보다 자연스럽고, 일상에 가까운 거절화행을 연구할 수 있으며,
그래야만 언어 전이를 피하면서 한국어 모국어 화자와 중국어 모국어
화자의 거절화행의 차이를 분석할 수 있기 때문이다.

구체적인 피험자의 상황은 다음과 같다.

- 구성: 한국 30명(남,녀 각 15명)
- 중국 30명(남,녀 각15명)
- 연령: 20~40대
- 학력: 고졸, 대학 재학 및 졸업, 대학원 재학 및 졸업
- 거주지: 한국-서울
  중국-북경

B. 조사 방법

본 연구는Beebe et al(1985)에서 이용한 담화완성형 테스트를 이용하여 한국어와 중국어 거절 화행의 이동에 대해 연구하고자 한다. 담화완성형 테스트, 즉DCT는 Discourse Completion Test의 약칭으로 짧은 대화 상황과 도출하고자 하는 화행 부분을 빈 칸으로 제시하여 대화문을 피실험자에게 완성하도록 요구하는 설문조사 방법이다. DCT 는 비언어적인 표현을 모두 담을 수 없는 것과 실제 생활을 녹음을 하거나 역할극을 할 때처럼 자연스러운 발화를 표현하기가 어렵다는 단점이 있다. 또 거절 화행의 경우 실제 상황에서는 단번에 이루어지기보다 몇 번의 제안과 거절 및 협상의 조율이 이루어진다는 점을 감안하연 이 연구의 제한점이 될 수 있을 것이다. 그렇지만 짧은 시간에 많은 자료를 얻을 수 있는 장점이 있고, 설문 대상자의 시간적, 지리적 여건을 감안하여 본 연구에서는 DCT 설문지를 사용하였다.

본 연구에 DCT 설문지는 요청, 초대, 제안, 제의 화행에 대해 여러 가지 거절 상황을 포함되어 있고, 각 거절 상황들은 변인에 따라 설정되었다. 거절 화행의 전략을 영형을 미치는 요소는 주로 3가지로, 즉 사회적 거리(친밀도)[2], 사회적 힘(사회지위), 성별이다. 따라서 본 연구에 DCT 설문지는 사회적 거리(친밀도), 사회적 힘(사회지위), 성별 등 3가지 변인을 고려하여 작성되었다. 설문지의 문장별 내용은 다음

---

2 본래 친밀도란 상대적이고 주관적인 것이기 때문에 본 연구에서는 상, 중, 하를 다음과 같이 분류하였다. 단, 친밀도의 선택은 피설문자의 주관에 따라 결정하도록 하였다.
- 상: 가족, 친하다고 생각하는 친구, 후배, 선배, 동료, 동창
- 중: 일반적인 친구, 후배, 선배, 동료, 동창, 직장 상사, 부하직원, 선생님
- 하: 안면이 없는 낯선 사람

〈표1〉과 같다.

〈표1〉 DCT 상황 개요[3]

	변인		설문내용	번호
성별과 친밀도	동성	친밀도 상	외국어를 가르쳐달라는 이성의 요청	1
		친밀도 중	노트를 빌려 달라는 부탁	2
		친밀도 하	모르는 사람의 설문조사 부탁	3
	이성	친밀도 상	같이 영화를 보자고 권유	4
		친밀도 중	귀중한 선물을 제공	5
		친밀도 하	낯선 사람이 집에 바래다 주겠다는 제안	6
사회적 지위 및 성별	상대방의 지위가 높음	상대 남	남성 교수님의 도움을 구하는 요청	7
		상대 여	친구 어머니의 식사 초대	8
	사회적 지위가 동등	상대 남	학과 모임에서 남성 친구의 술 권유	9
		상대 여	친구집의 파티에서 여성 친구의 음식 권유	10
	나의 지위가 높음	상대 남	남성 후배의 보험 가입 부탁	11
		상대 여	여성 후배의 생일 파티에 초대	12
	나의 지위가 높음 (상대가 연상)	친밀도 상	(3살 연상)후배가 과제를 해달라고 부탁	13
			(10살 연상) 선물을 주겠다는 후배의 제안	14
		친밀도 중	(3살 연상)부하직원의 임금인상 요청	15
			(10살 연상) 도움을 주겠다는 후배의 제안	16
친밀도 및 사회적 지위	친밀도 상	지위 높음	어머니께서 집안 청소를 하라고 요청	17
		지위 같음	친구가 나의 헤어스타일에 대해 제안	18
		지위 낮음	깨진 컵에 대해 후배가 보상을 제안	19
	친밀도 중	지위 높음	교수님께서 귀중한 책을 빌려달라고 부탁	20
		지위 같음	친구가 100만원을 빌려달라고 부탁	21
		지위 낮음	부하직원의 조퇴 요청	22
	친밀도 하	지위 같음	판매원이 옷을 사라고 권유	23
		지위 낮음	노숙자의 구걸 요청	24

---

3 DCT 상황의 선정은 김유향(2008)논문을 참고하여 완성하였다.

　설문지를 작성 하였을 때는 친밀도, 사회적인 지위, 성별의 요인을 고려하였으나 실제 설문지를 분석하여 보면 피험자가 거의 상대방의 성별을 고려하지 않는 것으로 나타났다. 따라서 이하에서 본 연구를 할 때에는 피험자의 성별만을 고려하여, 각각 부담정도, 친밀도, 공사 구분, 성별, 연령별의 다섯가지 방면에서 구체적으로 연구하였다.　공과 사를 추가로 분석한 이유는 본 연구를 진행하면서 거절 화행 전략 중 공과 사의 구분이 필요하다는 것이 부각되어 추가적로 다룬 것이다.

IV.

한국어와 중국어의 거절 화행 전략

A. 전체 거절 화행 전략

1. 한국어와 중국어의 거절 화행 전략 양상

한국어 모국어 화자와 중국어 모국어 화자를 대상으로 총 24개의 문항으로 설문조사를 하였다. 설문조사에서 사용된 답변을 보면 한 문장에서 하나의 전략만 사용을 한 것은 아니었다. 거절 전략이 하나만 사용된 문장도 있고 여러 가지가 함께 사용된 문장도 있었다. 그래서 본 연구에서 복수의 거절 전략을 사용한 것은 어느 하나만 사용한 것으로 규정하기 어려움으로 각 전략들을 모두 개별적인 것으로 분류하여 분석하였다.

우선 전체적인 한국어와 중국어의 거절 화행 전략을 살펴보면, 거절 화행 전략 순위는 다음 〈표2〉와 같다.

〈표2〉 한국어와 중국어의 거절 화행 전략 순위표

	한국어	중국어
1	이유나 근거 제시하기	이유나 근거 제시하기
2	사과하기	조건 수락하기
3	조건 수락하기	주장하기
4	대안 제시하기	대안 제시하기
5	단언하기	감사하기와 축하하기
6	주장하기	단언하기
7	비언어적 표현하기	사과하기
8	감사하기와 축하하기	자기탓하기
9	비난하기	회피하기
10	회피하기	화제바꾸기
11	자기탓하기	비언어적 표현하기
12	화제바꾸기	비난하기

위의 표를 보면 거절화행의 12개 전략 중에서 한국어와 중국어 모두 같은 순위에 있는 거절 전략은 2개로서 1위인 '이유나 근거 제시하기'와 4위 인 '대안 제시하기' 뿐이다. 그리고 단순히 순위로만 보았을 때는 한국어와 중국어에서 '회피하기'가 각각 10위와 9위를, '조건 수락하기'가 각각 3위와 2위, '단언하기'가 5위와 6위를 각각 차지하지만 세부내용으로 들어가 각각의 빈도수를 보면 한국어와 중국어의 거절 전략은 상당한 차이가 있다는 것을 알 수 있다.

다음 한국어와 중국어의 거절 전략 사용에 대한 비교표를 통해서 더 자세히 알아보자.

〈그림 1〉 한국어 거절 화행 전략의 사용 빈도

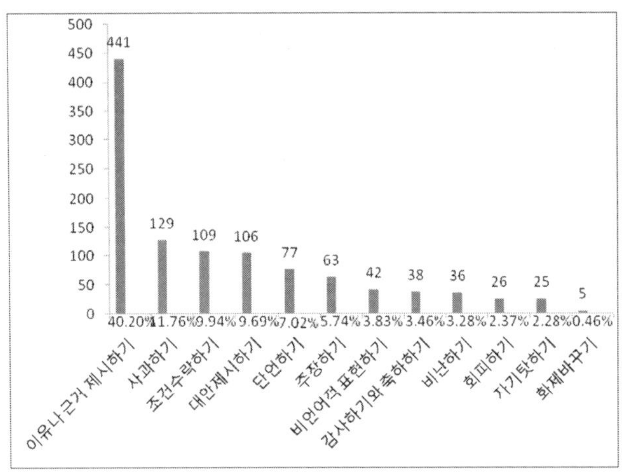

〈그림 2〉 중국어 거절 화행 전략의 사용 빈도

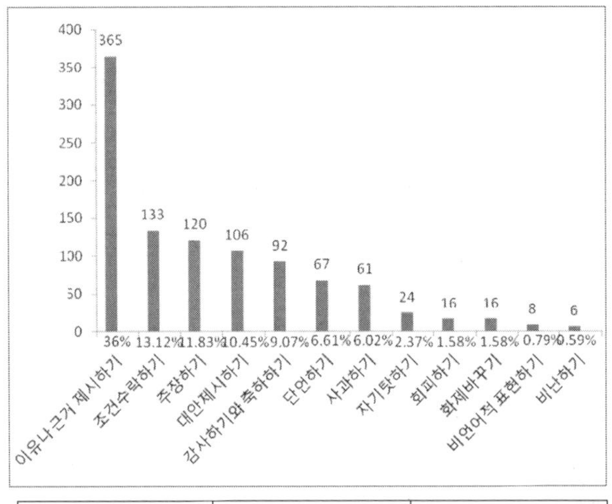

x^2=124.403	P=.000	*P〈.05

통계적으로는 x^2=124.403, P=.000으로 나왔다. 유의확률의 0.05보다 작기 때문에 한국어 모어 화자와 중국어 모어 화자간에 통계적으로 매우 유의미한 차이가 있음을 알 수 있다.

앞서 말듯이, 본 연구의 설문조사에서 사용된 답변 중 한 문장에서 다수의 전략을 사용한 경우에는 모두 개별적인 것으로 분류하여 분석하였다. 한국어 모국어 화자와 중국어 모국어 화자 각각 30명 중 한국어 모국어 화자는 총720개 답변에서 총 1,097개 거절 전략을 사용하였고, 중국어 모국어 화자 또한 720개 답변에서 총1,014개 거절 전략을 사용하여 한국인이 사용한 거절 전략은 총 답변의 1.52배이고, 중국인이 사용한 거절 전략은 총 답변의 1.41배였다. 다시 말하면, 한국인은 거절할 때 평균 1.52개 거절 전략을 사용하고, 중국인은 거절할 때 평균 1.41개 거절 전략을 사용하여 한국인이 중국인보다 거절할 때 더 많은 거절 전략을 사용한다는 것을 알 수 있다.

한국어 모국어 화자와 중국어 모국어 화자는 모두 거절의 전략으로 이유나 근거를 제시하는 방법을 가장 많이 사용하였다. 순위로도 1위이지만 2위나 3위의 다른 거절 전략과 빈도수에서 큰 차이를 보였다.

설문조사에 나타나는 거절 전략들을 살펴보면 '이유나 근거 제시하기'는 단독으로 쓰이는 경우도 간혹 있었지만 대체로 다른 전략과 함께 쓰였다. 먼저 거절하는 이유를 설명하고 다른 대안을 제시하거나 또는 조건 수락을 하는 경우 등이 많았기 때문이다.

'이유나 근거 제시하기'가 단독으로 쓰이는 예는 다음과 같다.

19) 질문: 在学校的聚会上, 您并不想喝酒。但是坐在旁边的朋友一直劝您喝酒。请问这种情况下您会怎样拒绝?

(학과 모임에 갔습니다. 당신은 별로 술을 마시고 싶지 않은데 옆에 앉은 친구가 자꾸 술을 마시라고 강요합니다. 당신을 어떻게 거절하겠습니까?)

답변: 我最近胃不好正在吃药。

(나 요새 위가 안 좋아서 약을 먹고 있어.)

20) 질문: 길에서 낯선 사람이 다가와서 설문조사를 부탁합니다. 당신을 별로 하고 싶지 않다면 어떻게 거절하겠습니까?

답변: 저 지금 급한 일이 있어서요.

19)와 20)은 각각 한국어와 중국어의 거절 전략 중 '이유나 근거 제시하기' 전략을 단독적으로 사용한 예이다. 19)는 술자리에서 술을 권유하는 친구에게 속이 좋지 않아 약을 먹고 있다고 화자의 최근 신체의 상태를 이유로 제시하고 있고, 20)은 길에서 설문조사를 부탁하는 낯선 사람에게 급한 일이 있다는 이유를 제시하여, 이유나 근거를 제시하는 것만으로도 거절의 의사를 전달하는 데는 충분하다는 것을 보여주고 있다. 하지만 거절할 때 단독적으로 이유나 근거 제시하기 전략만을 사용하는 경우는 그리 많지 않았다. 대부분은 다른 전략과 병행하여 사용하는 경우가 많았다.

21) '사과하기'와 함께 쓰인 경우

질문: 당신보다 3 살 많은 친한 학교 후배가 바쁘다며 당신에게 대신 자신의 과제를 해달라고 부탁을 합니다. 당신을 해주고 싶지 않습니다. 이 때 당신은 후배에게 어떻게 말하겠습니까?

답변: 미안해요. 지금 저도 과제가 많아서요.

22) '조건 수락하기'와 함께 쓰인 경우

질문: 您去朋友家做客,朋友的妈妈想招待您吃晚饭,可是您想早点回家。这个时候您该怎样拒绝呢?

(당신은 친구집에 갔습니다. 친구의 어머님이 당신에게 저녁을 먹고 가라고 하는데 당신은 일찍 집에 가고 싶습니다. 이 때 당신은 어머님에게 어떻게 말하겠습니까?)

답변: 阿姨,我今天有事,下次再来。

(어머님, 오늘은 일이 있어서 다음에 올 게요.)

23) '대안 제시하기'와 함께 쓰인 경우

질문: 다음주는 기말고사 시간인데 친구가 당신에게 노트를 빌리고 싶습니다. 그러나 당신도 복습해야 하기 때문에 빌려주기가 어렵다면 당신은 친구의 부탁을 어떻게 거절하겠습니까?

답변: 나도 복습해야 돼. 네가 복사해.

이상 21), 22), 23)은 이유나 근거 제시하기가 다른 전략과 병행하여 사용된 예이다. 이 결과를 보면 한국어 모국어 화자의 경우 사과하기와 이유나 근거 제시하기를 병행하여 사용하는 경우가 가장 많았으며, 중국어 모국어 화자의 경우 이유나 근거 제시하기와 조건 수락하기를 병행하여 사용하는 경우가 가장 많았다. 한국어 모국어 화자와 중국어 모국어 화자 모두 가장 많이 사용하는 거절 전략은 이유나 근거 제시하기 이지만 앞에 언급하였듯이 단독적으로 쓰이기 보다는 사

과하기 또는 조건 수락하기 등의 전략과 함께 쓰였다. 그중에서도 한
국어에서는 거절할 때 상대방의 입장을 고려하고 거절에 따른 심적
부담을 덜기 위해 '사과하기'를 많이 사용하고, 중국인은 거절을 한다
고 해도 상대방이 그 일을 해결할 수 있는 방안을 제시함으로써 상대
방의 체면을 세우려 한다는 것을 알 수 있었다.

다음은 이유나 근거 제시하기와 두가지 전략을 병행하여 함께 사용
하는 경우로 "사과하기+이유나 근거 제시하기+조건 수락하기" 또는
"사과하기+이유나 근거 제시하기+ 대안 제시하기"가 사용된 거절
화행 전략의 예이다.

24) '사과하기+이유나 근거 제시하기+조건 수락하기' 경우
　　질문: 당신은 친구 집에 갔습니다. 친구의 어머님이 당신에게 저녁
　　　　을 먹고 가라고 하는데 당신은 일찍 집에 가고 싶습니다. 이
　　　　때 당신은 어머님에게 어떻게 말하겠습니까?
　　답변: 어머니, 미안해요. 이미 선약이 있어서요. 일찍 말하셨으면
　　　　좋았을 텐데…

24)에서 나는 저녁을 먹고 가라는 친구 어머니의 부탁을 이유나 근
거 제시하기 전략을 사용하여 거절하고 있다. 이 상황은 친구집에 놀
러갔다가 집에 돌아가려는데 친구의 어머니가 저녁까지 먹고 가라고
하는 상황이다. 우선 나이가 나보다 많은 친구 어머니와의 관계 유지
를 위해 사과하기와 이유나 근거 제시하기를 사용하면서 조건 수락하
기 전략을 사용하였다.

25) '사과하기＋이유나 근거 제시하기＋ 대안 제시하기' 경우

질문: 假如您是理科学生,已经在实验室里做了一天的实验,想赶快回家休息。这时候教授希望您能帮他准备一下明天发表的PPT。请问您该如何拒绝教授?

(당신은 이과학생인데 하루 종일 실험실에서 실험을 해서 빨리 집에 가서 쉬고 싶습니다. 그런데 교수님께서 내일 발표준비 때문에 당신에게 도움을 구합니다. 이 때 당신은 교수님을 어떻게 거절하겠습니까?)

답변: XX导师,实在是抱歉啊,我的试验还有一部分没有做完呢,不能帮到您真是不好意思了。要不我帮您找别的同学来帮忙吧。

(선생님. 너무너무 죄송합니다. 제가 아직 실험이 다 끝나지 않아서 선생님을 도와드리기가 힘들 것 같아요. 아니면 제가 다른 친구를 찾아서 도와드릴까요?)

25)에서는 내일 발표 준비를 도와 달라는 교수님의 요청을 이유나 근거 제시하기 전략을 사용하여 거절하고 있다. 이 상황은 이과학생이 하루 종일 실험실에서 실험을 하고 빨리 집으로 돌아가서 쉬고 싶은데 교수님이 내일 있을 발표 준비를 도와달라고 하는 상황이다. 상대적으로 사회적인 지위나 학생보다 높은 교수와의 관계유지를 위해 사과하기와 병행하여 이유나 근거 제시하기 전략을 사용하였다. 그리고 후속 발화로서 대안 제시하기를 통해 상대가 언짢아 할 수 있는 상황을 모면하고 관계의 긴장감을 해소하려 하고 있다. 그리고 설문 대상자 중 한국어 모국어 화자와 중국어 모국어 화자 모두 특히 교수님

의 요청 또는 부탁에 대해 거절할 때에는 매우 세가지 이상의 전략을 병행하여 사용하였으며 심지어는 거절하지 못한다는 답변도 있어 사회적 지위가 거절 전략의 복잡성 및 거절 여부에 까지 영향을 미친다는 것을 알수 있었다.

이상의 세가지 전략을 병행하여 사용하는 경우는 매우 드문 예이다. 왜냐하면 일반적으로 상대방의 요청 및 제안 부탁 등에 대해 거절할 경우 두가지 정도 전략을 사용하면 거절의 의사를 전달하는 데는 충분하기 때문이다. 앞에 언급하였듯이 한국어 모국어 화자가 평균적으로 1.52개의 전략을 사용하였고, 중국어 모국어 화자는 1.41개의 전략을 사용하기 때문에 3개를 사용하는 경우는 매우 드문 경우라는 것을 알 수 있었다. 설문 조사를 분석한 결과 상대방의 지위가 높거나 나이가 많은 경우에 3개 이상 다수의 거절 화행 전략을 사용하는 경우를 볼 수 있었다. 특히 중국어 모국어 화자 중 여성의 경우 다수의 거절 전략을 사용하는 경우를 볼 수 있었다. 이에 비해 한국어 중국어 모국어 화자 모두 남성의 경우에는 3가지 전략을 동시에 사용하는 경우는 거의 볼 수 없었다.

한국어의 거절 전략 중에서 10%이상을 차지하는 전략은 2개로서 '이유나 근거 제시하기'와 '사과하기' 뿐이었다. 그러나 중국어에서는 10%이상의 비율을 차지하는 거절 전략이 4개로 '이유나 근거 제시하기' 외에 '조건 수락하기', '주장하기', '대안 제시하기'가 각각 13.12%, 11.83%, 10.45%로 2위에서 4위를 차지하였다. 다시 말하면, 중국인은 한국인보다 자주 사용하는 거절 전략이 더 많다는 것을 알 수 있었다.

일상적인 대화 중에 거절한다는 것은 상대방의 입장을 난처하게 하거나 체면을 손상시킬 수 있기 때문에 화자는 상대방의 체면을 손상시키지 않는 방식으로 거절을 하고자 한다. 따라서 한국어에서는 거절할 때 상대방의 입장을 고려하고 거절에 따른 심적 부담을 덜기 위해 '사과하기'를 많이 사용하여 거절 전략의 순위 중에서 2위를 차지하였다. 이에 반해 중국어에서는 '사과하기'가 거절 화행 전략의 순위 중에서 7위로, '사과하기'보다는 '이유나 근거 제시하기', '조건 수락하기', '주장하기', '대안 제시하기', '감사하기와 축하하기', '단언하기' 등의 다른 거절 전략을 상대적으로 많이 사용하였다. 이는 한국인은 거절에 따른 자신의 심리 상태를 표현함으로써 상대방의 체면을 유지하는 데 반해 중국인은 거절을 한다고 해도 상대방이 그 일을 해결할 수 있는 방안을 제시함으로써 상대방의 체면을 세우려 한다는 것을 나타낸다. 예는 다음과 같다.

26) 질문: 주말에 집안 대청소를 해야 하는데 당신은 이미 친구들이랑 약속을 했습니다. 이 때 당신은 어머니에게 어떻게 말하겠습니까?

  답변: 엄마, 미안. 친구랑 약속이 있는데 어떡해.

27) 질문: 周末全家大清扫,但是您已经跟朋友有约会了。这个时候该怎样跟妈妈说?

  (주말에 집안 대청소를 해야 하는데 당신은 이미 친구들이랑 약속을 했습니다. 이 때 당신은 어머니에게 어떻게 말하겠습니까?)

  답변: 妈,我有事,回来帮你打扫厕所。

  (엄마, 나 오늘은 약속 있는데 갔다와서 화장실 청소 할게.)

26), 27)는 각각 한국어 모국어 화자와 중국어 모국어 화자가 엄마가 방을 청소하자고 하는 요청에 대한 답변이였다. 위에서 알 수 있듯이, 한국어 모국어 화자와 중국어 모국어 화자는 엄마의 명령을 거절했을 때 모두 이유를 제시했는데, 한국어 모국어 화자는 덧붙여 미안하다고 사과를 하여 자기의 미안한 마음을 엄마에게 보여주어 엄마의 체면을 유지하려 하였다. 반대로 중국어 모국어 화자는 이유를 제시한 후 갔다와서 화장실 청소 할게라는 미래 조건 수락을 통해 지금 당장 거절한 일에 대해 해결책을 제시하였다. 26), 27)는 모두 엄마의 명령을 거절하면서 서로 다른 거절 전략을 사용함으로써 한국어와 중국어의 거절 화행 전략의 차이를 나타냈다.

중국어에서는 거절할 때 상대방에게 자기의 주장이나 원칙을 제시하는 '주장하기'를 많이 사용하여 전체 전략 중에서 11.83%로 거절 전략의 순위 중 3위를 차지하였다. 이에 반해 한국어에서는 '주장하기'가 거절 화행 전략의 순위 중에서 6위로, '주장하기'보다는 '이유나 근거 제시하기', '사과하기', '조건 수락하기', '대안 제시하기', '단언하기' 등의 다른 거절 전략을 상대적으로 많이 사용하였다. 이는 중국인은 상대방의 요청을 거절할 때 자기의 거절 의도를 명확히 해둠과 동시에 상대에 대한 미안함 마음을 전달하기도 하여 앞으로의 관계유지에 대해 신경 쓰는 모습을 보여주는 특징을 알 수 있다. 이에 반해 한국인은 거절에 따른 자신의 심리 상태를 표현함으로써 상대방의 체면을 유지하는 것을 나타낸다.

28) 질문: 在您的生日聚会上, 一个并不是很熟悉的朋友想要送您一件很贵重的礼物。因为不是很亲近的朋友, 而且东西让您感到

负担,因此想要把东西还给朋友。这个时候你该怎样对朋友说?

(당신의 생일 파티에서 별로 친하지 않는 친구가 너무 비싼 선물을 주었습니다. 가까운 사이도 아니고 부담스러워서 친구에게 돌려주고 싶습니다. 이 때 당신은 이 친구에게 어떻게 말하겠습니까?)

답변: 谢谢,今天不收礼。

(고마워. 근데 오늘은 선물은 안 받기로 했어.)

29) 질문: 당신의 생일 파티에서 별로 친하지 않는 친구가 너무 비싼 선물을 주었습니다. 가까운 사이도 아니고 부담스러워서 친구에게 돌려주고 싶습니다. 이 때 당신은 이 친구에게 어떻게 말하겠습니까?

답변: 아이고~ 그런건 나 말고 여자친구(남자친구)한테나 사주세요. .^^

28)은 생일파티에서 비싼 선물을 주는 친구에게 자신의 원칙을 주장하며 거절하고 있다. 이 장면은 자신의 생일 파티에 초대받은 친구의 선물이 서로 간의 친밀도를 고려하였을 때 지나치게 고가의 선물이라 심적으로 부담스러운 상황이다. 이에 중국어 모국어 화자는 심적인 부담을 피하기 위해 오늘 생일파티에서는 모든 참석자에게서 선물을 받지 않기로 했다는 원칙을 상대방에게 주장하는 전략을 사용하여 친구의 선물을 거절하고 있다. 특히 중국어 모국어 화자 중 여성의 경우 거절할 때 주장하기 전략을 선호한다는 것으로 나타났다.

29)에서는 동일한 상황에서 한국어 모국어 화자가 심적인 부담을

피하고 관계를 유지하기 위해 해당 선물을 여자친구에게 선물하라며 회피하기 전략을 사용하여 거절하고 있다.

한국어와 중국어의 거절 화행 사용 전략에서 또 하나의 큰 차이점은 '감사하기와 축하하기'의 사용이다. '감사하기와 축하하기'는 한국어에서 3.46%로 8위를 차지였는데 중국어에서 9.07%로 5위를 차지였다. 비율 면에서는 무려 5.61%의 차이를 보였다. 중국인이 한국인보다 '감사하기와 축하하기'를 더 많이 사용하는 이유는 중국인은 상대방의 초대, 선물 등을 거절할 때 항상 '谢谢,不用了(고맙지만 괜찮아요)'와 같이 '사과하기'+'단언하기'나 '사과하기'+'이유나 근거 제시하기'등 거절 전략을 선호하기 때문이다. 예를 들면.

30) 질문: 在朋友家的聚会上,朋友一直劝您再吃一块蛋糕。假如您已经很饱了,该怎样对朋友说?

   (친구집의 파티에서 친구가 당신에게 케이크를 하나 더 먹으라고 권합니다. 당신은 이미 많이 먹어서 더 이상 먹고 싶지 않을 때 당신은 친구에게 어떻게 말하겠습니까?)

   답변: 谢谢,我真饱了。

   (고마워, 난 배불러.)

31) 질문: 친구집의 파티에서 친구가 당신에게 케이크를 하나 더 먹으라고 권합니다. 당신은 이미 많이 먹어서 더 이상 먹고 싶지 않을 때 당신은 친구에게 어떻게 말하겠습니까?

   답변: 너무 배불러서 못 먹겠다. 니가 더 먹어!

30), 31)은 장면은 친구의 집에 놀러가 음식을 더 먹으라고 권유하는 친구에게 거절하는 상황이다. 30)에서 중국어 모국어 화자는 먼저 친구에게 감사하기와 축하하기 전략을 사용하여 상대방의 체면을 유지해주면서 이유나 근거 제시하기 전략을 사용하여 친구의 권유를 거절하여 관계를 유지하려 하고 있다.

그러나 31)에서 알 수 있듯이 한국어 모국어 화자는 감사하기와 축하하기 전략 보다는 이유나 근거 제시하기, 자기 탓하기, 제안 제시하기 등의 전략을 통해 상대와의 관계를 유지하면서 상대방의 요청이나 제안을 거절하는 것으로 나타났다.

한국인은 중국인보다 '단언하기'를 더 많이 사용하였다. 한국인은 중국사람보다 거절할 때 더 많은 전략을 사용하여 더 완곡한 표현을 하지만, 직접적인 거절인 '단언하기'는 오히려 중국인 보다 더 많이 쓰는 것으로 나타났다. 설문조사에 따르면, 한국인은 특히 친분이 두터울수록 단언하기를 많이 사용하는 것으로 나타났으며 이때 대부분 '단언하기'와 다른 거절 전략을 같이 병행하여 사용하였다.

32) 질문: A씨는 당신의 친한 친구입니다. 어느 날 A씨와 같이 미용실
      에 갔는데A씨가 자신의 헤어 스타일을 당신에게 추천합니
      다. 이 때 A씨의 제의를 어떻게 거절하겠습니까?
    답변: 싫어~ 너한텐 잘 어울려서 예쁜데, 내 얼굴형엔 안맞을꺼 같아~

33) 질문: 您跟朋友出去玩,现在在车站等回家的汽车。这时有陌生人
      说可以送您回家,请问您该怎样拒绝?
      (당신은 친구랑 같이 소풍을 갔다가 오는 길에 버스 정류장에

서 버스를 기다리고 있습니다. 이 때 낯선 사람이 집에 바래

다 준다고 합니다. 이 때 당신은 어떻게 거절하겠습니까?)

답변: 不用,谢谢。

(아니에요. 감사해요.)

32)는 미용실에서 친구가 자신의 맘에 들지 않는 헤어스타일을 권하자 단언하기 전략을 사용하여 거절하고 있다. 이 장면은 친한 친구와 미용실에 갔는데 자신의 헤어스타일이 어울릴 거라며 권유하는 상황에서 싫다고 단언하면서 근거를 함께 제시하는 전략을 통해 거절을 표현하고 있다.

33)은 버스정류장에서 집까지 바래다 준다고 하는 낯선 사람에게 단언하기 전략을 사용하여 거절하고 있다. 이 장면은 친구들과 함께 소풍을 갔다가 돌아오는 길에 낯선 사람이 자신의 차로 집까지 바래다주겠다고 하자 화자는 단언하기와 감사하기와 축하하기 전략을 사용하여 거절을 표현하고 있다.

32)와 33)을 비교해보면 한국어 모국어 화자의 경우 친밀도가 매우 높은 경우에 단언하기 전략을 자주 사용하는 반면에 중국어 모국어 화자의 경우 친밀도가 낮은 경우 일수록 단언하기 전략의 사용 빈도가 높다는 것을 알수 있다.

'비난하기' 전략의 사용에서도 한국어와 중국어는 뚜렷한 차이를 보인다. '비난하기'는 한국어에서 3.28%로 9위를 차지였는데 중국어에서 0.59%로 가장 낮은 12위를 차지였다. 특히 한국인은 사회적인 지위가 자기보다 낮은 사람들의 요청을 거절할 때, '비난하기'를 많이 사용하였다. 여기서 한국사회는 중국사회보다 계급이나 등급을 더 중시

한다는 것을 알 수 있다. 그리고 한국인은 친한 친구의 부탁을 거절할 때도 '비난하기'를 자주 쓰는 것으로 나타났다. 예를 들면 다음과 같다.

34) 질문: 졸업 후에 보험회사에 취직한 후배가 찾아왔습니다. 보험에 가입하라고 권유합니다. 당신은 별로 가입하고 싶은 생각이 없다면 어떻게 거절하겠습니까?

답변: 평소에 연락 좀 하지 그랬니?! 벌써 지난 달에 같은 상품 가입했는데.

34)에서 화자는 보험 가입을 권유하는 후배의 요청을 단언하기 전략을 사용하여 거절하고 있다. 이 장면은 졸업 후에 보험 회사에 취직한 친한 후배가 찾아와 새로 나온 보험 상품에 가입해 달라고 부탁하는 상황이다. 이 때 별로 가입하고 싶지 않은 화자는 평소에 연락이 없는 후배를 비난하며 거절을 표현하고 있다. 그렇지만 화자는 직접적인 표현보다는 완곡한 화법을 구사하여 상황의 긴장감을 해소하고, 상대방의 체면을 유지하고자 하였다.

'비언어적 표현하기'는 한국어에서 3.83%로 9위를 차지였는데 중국어에서 0.79%로 11위를 차지였다. 한국인은 노숙자, 매장의 판매원 등 안면이 없는 사람의 요청을 거절할 때 '비언어적 표현하기'를 중국인보다 많이 선호하였다. 예를 들면.

35) 질문: 길을 가는데 주머니에 돈이 없습니다. 그런데 길에서 노숙자가 당신에게 구걸한다면 당신은 어떻게 거절하겠습니까?

　　　답변: 무시하고 지나간다.

　　36) 질문: 假设您在路上走, 兜里没有零钱。这时有个乞丐向您乞讨,
　　　　您该怎样拒绝?

　　　　(길을 가는데 주머니에 돈이 없습니다. 그런데 길에서 노숙
　　　　자가 당신에게 구걸한다면 당신은 어떻게 거절하겠습니까?)

　　　답변: 没钱。

　　　　(돈이 없어요.)

　　예문 35)처럼 한국어 모국어 화자가 낯선 사람에게 거절을 표현할
때 비언어적 표현하기를 자주 사용하였지만 중국어 모국어 화자의 경
우에는 35)처럼 다른 거절 전략을 많이 선호했다.

　　중국인은 한국인보다 '화제바꾸기'를 더 많이 사용하였다. 특히 직
장에서 상대방을 거절할 때 '화제바꾸기'를 많이 사용하였다. 그리고
1% 미만을 차지하는 전략이 한국어의 경우에는 1개로 나타났지만 중
국어는 2개로 나타나 한국어는 '화제바꾸기'가 0.46%였고, 중국어에
서는 '비언어적 표현하기'가 0.79%와 '비난하기'가 0.59%였다.

2. 성별에 따른 거절 화행 전략 양상

2.1 한국어 거절 화행 전략 양상

　　이제 한국어 남녀별 거절 화행 전략의 사용 빈도에 대해 살펴보겠다.
우선, 한국어 남녀별 거절 화행 전략의 사용 빈도표는 다음과 같다.

〈그림 3〉 한국 남성의 거절 화행 전략 사용 빈도

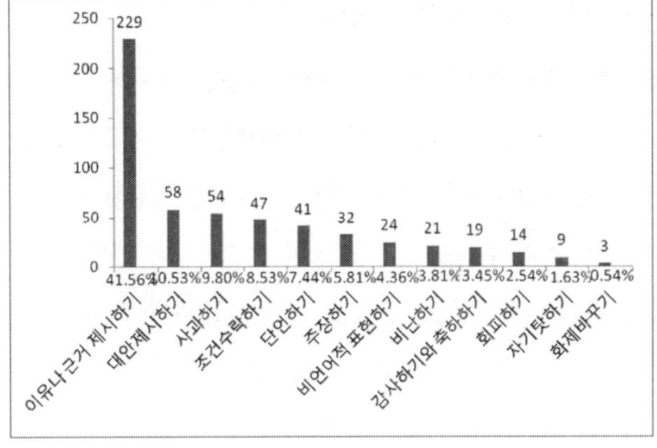

〈그림 4〉 한국 여성의 거절 화행 전략 사용 빈도

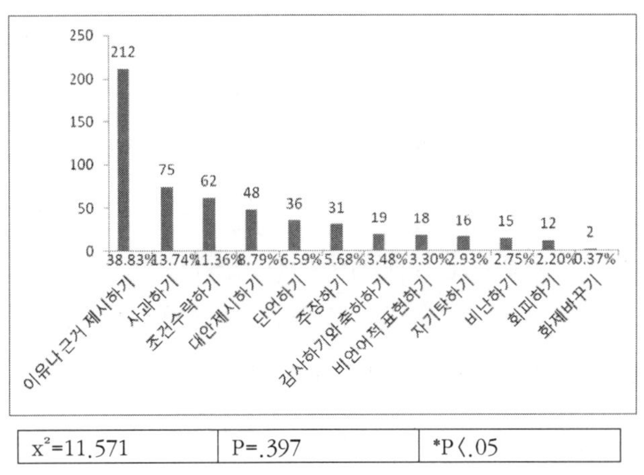

x^2=11.571	P=.397	*P〈.05

한국 남성과 한국 여성의 거절 화행 전략은 통계적으로 유의미한 차이가 없다.

한국어의 거절화행을 분석한 결과 한국 남녀 모두 '이유나 근거 제시하기'가 1위를 차지하였다. 그러나 비율에는 다소 차이가 있어 한국

남성은 41.56%, 한국여성은 38.83%를 나타내어 한국남성이 한국여성보다 자주 사용한다는 것을 알 수 있었다.

2위는 한국남성은 '대안 제시하기'이고 한국여성은 '사과하기'로 각각 10.53%와 13.74%를 차지 했다. 이는 한국여성이 상대적으로 한국남성보다는 상대방에게 자신의 심리 상태를 표현함으로써 상대방의 체면을 살리고, 마음의 위안을 얻으려 한다는 것을 나타낸다. 반대로 한국남성은 거절한다고 해도 상대방이 그 일을 해결하 수 있는 방안을 제시하여 상황을 모면하려 한다는 것을 알 수 있다.

'대안 제시하기'의 경우 한국남성에 비해 한국여성은 4위에 머무른다. 이는 '조건 수락하기'보다 낮은 순위로서 한국여성의 경우 거절할 때 조건을 제시함으로써 상대방의 체면을 세우고 인간 관계를 유지해 나가려 한다는 것을 나타낸다. 반대로 한국남성은 '대안 제시하기'가 '조건 수락하기'보다 높게 나타나고 있다.

그리고 10% 이상의 비율을 차지하는 전략을 분류해 보았을 때 한국남성이 2개, 한국여성이 3개로서 한국여성이 상대적으로 다양한 거절 전략을 구사한다. 또 이들을 분석해 보았을 때 한국남성은 거절의 이유를 상대방에게 납득시키고 문제를 해결하는 데 초점을 맞추는 데 반해, 한국여성은 거절의 이유를 상대방에게 납득시키면서 상대방의 체면을 고려함으로써 인간 관계를 유지하는 것을 더 중시한다는 것을 알 수 있다.

'단언하기'의 경우 한국 남녀 모두 5위를 차지하고 있으나 한국남성은 7.44%로 한국여성의 6.59% 보다 0.85% 더 높았다. 그리고 한국남성의 경우 '단언하기'를 단독으로 쓰는 경우가 많고, 한국여성의 경우 대부분 다른 전략과 병행하는 사용하는 경우가 많았다. 특히 친분이 두터울수록 한국남성은 단언하기를 단독으로 사용하였으나 오히려 한국여성은 친분이 두터울수록 단언하기를 다른 전략들과 병행하여 사용하였으며 안면이 없는 사이에서 '단언하기'를 단독하였다.

6위는 한국 남녀 모두 '주장하기'로서 비율에서도 한국남성은 5.81%, 한국여성은 5.68%로 큰 차이를 보이지 않고 있다. 그러나 7위의 경우 한국남성은 '비언어적 표현하기'로 전체 거절 전략 중에서 4.36%를 차지하였고, 한국여성은 '감사하기와 축하하기'로서 3.48%를 차지하였다. 한국여성의 '비언어적 표현하기'는 전체 사용 전략 중에서 3.3% 뿐으로 전체 순위 중에서는 8위를 차지하여 한국남성의 4.36%보다 상대적으로 낮았다. 한국여성은 한국남성보다 '감사하기와 축하하기'를 많이 사용하여 상대방의 입장을 중시하고 체면을 세워주려 한다는 것을 알 수 있었다.

한국여성의 9위는 '자기탓하기'로서 한국남성의 1.63% 보다 1.3% 높은 2.93%로 나타나 거절의 상황을 자신의 잘못으로 돌리는 데 반해 한국남성의 9위는 '회피하기'로 나타났다. 그리고 한국 남녀 모두 공통적으로 '화제바꾸기'는 1% 미만으로 나타나 사용 빈도가 많지 않은 것으로 나타났다.

2.2 중국어 거절 화행 전략 양상

다음에 중국어 남녀별 거절 화행 전략의 사용 빈도에 대해 살펴보겠다. 중국어 남녀별 거절 화행 전략의 사용 빈도표는 다음과 같다.

〈그림 5〉 중국 남성의 거절 화행 전략 사용 빈도

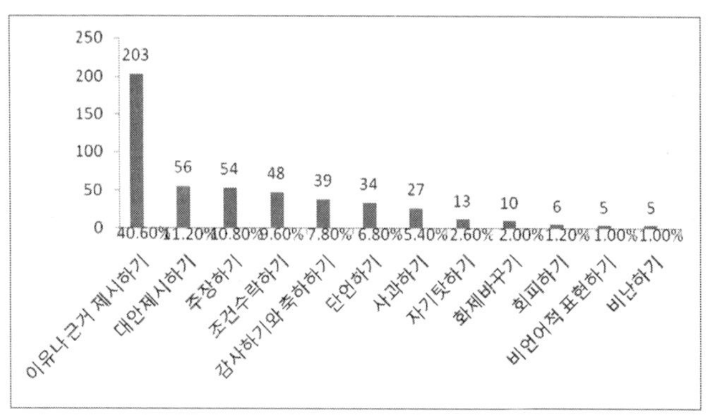

〈그림 6〉 중국 여성의 거절 화행 전략 사용 빈도

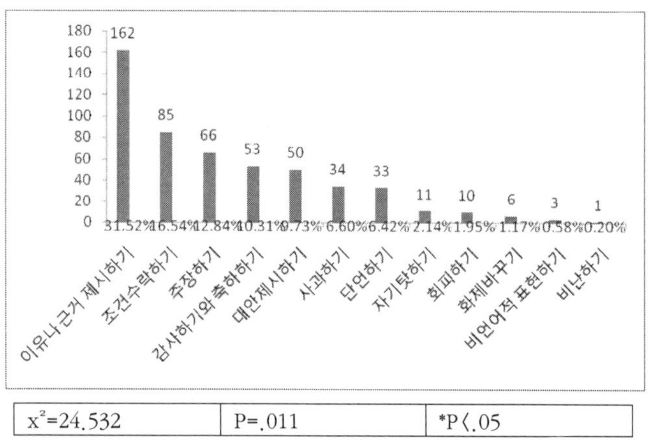

x^2=24.532	P=.011	*P〈.05

통계적으로는 x^2=24.532, P=.011으로 나왔다. 유의확률의 0.05보다 작기 때문에 중국남성과 중국여성간에 통계적으로 매우 유의미한 차이가 있음을 알 수 있다.

중국 남녀 모두 '이유나 근거 제시하기'가 1위로 차지하지만, 중국남성의 경우 전체 전략의 비율 중 40.60%로 중국여성의 31.52% 보다 훨씬 높게 나타났다. 또 '조건 수락하기'의 경우 중국 여성은 16.54%로 중국 남성의 9.60%보다 월등히 높은 비율을 나타냈다.

3위는 모두 '주장하기'이지만 중국여성이 중국남성보다 2.04% 높은 12.84%로 나타났다. 중국여성의 4위는 '감사하기와 축하하기'로서 10.31%를 차지하여 중국남성의 7.8% 보다 높은 비율을 나타냈다. 이는 중국여성의 경우 거절할 때 상대방의 체면을 고려한 표현을 많이 사용하지만 중국남성은 이런 종류의 화행을 잘 사용하지 않기 때문인 것으로 나타났다.

그리고 중국여성의 경우 '감사하기와 축하하기'를 포함하여 10% 이상을 차지하는 전략은 '이유나 근거 제시하기', '조건 수락하기', '주장하기'로 총 4개로 나타났다. 이에 반해 중국남성의 경우 10% 이상을 차지하는 거절 전략은 '이유나 근거 제시하기', '대안 제시하기', '주장하기'로 총3개로 나타나 중국남성이 자주 사용하는 거절 전략이 중국여성보다 적은 것으로 나타났다.

6위와 7위의 경우 중국남성은 각각 '단언하기'와 '사과하기'가, 중국여성은 각각 '사과하기'와 '단언하기'로서 비율에서도 큰 차이를 보이지 않고, 8위는 중국 남녀 모두 '자기탓하기'로 나타났다. 9위와 10위는 중국남성은 각각 '화제바꾸기'와 '회피하기'가, 중국여성은 각각 '회피하기'와 '화제바꾸기'로서 비율에서도 큰 차이를 보이지 않았다. 그리고 1% 미만을 차지하는 전략이 중국여성의 경우 2개로 나타났지만 중국남성은 하나도 없었다.

2.3 한국어와 중국어의 거절 화행 전략 비교

한국남성과 중국남성을 비교하면, 거절 전략의 순위에서 1,2,4,10위는 똑같이 각각 '이유나 근거 제시하기', '대안 제시하기', '조건 수락하기', '회피하기'였다. 그러나 비율에서는 1위 '이유나 근거 제시하기'와 10위 '회피하기'는 한국남성이 41.56%, 2.54%로 중국남성의 40.60%와 1.20%보다 더 높고, 2위'대안 제시하기'와 4위'조건 수락하기'는 중국남성이 11.20%, 9.60%로 한국남성의 10.53%와 8.53%보다 더 높았다. 10%이상을 차지하는 전략은 한국남성은 2개, 중국남성은 3개로 중국남성 한국남성보다 선호하는 거절 전략이 더 많다는 것을 알 수 있다.

3위를 보면, 한국은 '사과하기'가 차지하였지만, 중국은 '주장하기'로 나타났다. '주장하기'는 5.81%로 한국남성의 거절 전략에서 6위를 차지하였으며, '사과하기'는 5.40%로 중국남성의 거절 전략에서 7위에서 차지하였다. 이는 한국남성이 상대적으로 중국남성보다는 상대방에게 자신의 심리 상태를 표현함으로써 상대방의 체면을 살리고, 마음의 위안을 얻으려 한다는 것을 나타낸다. 반대로 중국남성은 상대방에게 자기의 주장이나 원칙을 제시하여 거절하는 전략을 많이 선호하였다.

한국남성의 거절 전략에서 5위는 '단언하기'였고, 중국남성의 거절 전략에서 5위는 '감사하기와 축하하기'였다. 앞에서 언급했듯이 이유는 중국인은 상대방의 초대, 선물 등을 거절할 때 항상 '谢谢,不用了(고맙지만 괜찮아요)'와 같이 '사과하기'＋'단언하기'나 '사과하기'＋'이유나근거 제시하기'등 거절 전략을 병행하여 사용하는 것을 선호하기 때문이다.

중국남성의 거절 전략에서 6위를 차지하는 전략은 '단언하기'였다. 한국남성의 거절 전략 순위와는 조금 차이가 있었지만 실제 사용 비율의 차이는 0.64%뿐이였다. 한국남성과 중국남성은 모두 친분이 두터울수록 단언하기를 많이 사용하는 것으로 나타났으며 이때 대부분 '단언하기'와 다른 거절 전략을 같이 병행하여 사용하였다. 또 한국남성과 중국남성의 '단언하기'의 사용 비율은 모두 여성보다 많았다. 즉 한국과 중국은 모두 남성이 여성보다 직접적인 거절인 '단언하기'를 많이 사용한다는 것을 알수 있다.

7위에서도 차이가 많았다. 한국남성은 '비언어적 표현하기'가 4.36%로 7위를 차지하였는데 '비언어적 표현하기'가 중국남성의 거절 전략에서 1.00%로 11위를 차지하였다. 한국남성의 거절 전략에서 8위를 차지하는 전략은 '비난하기'였고, 사용 비율은 3.81%였다. 중국남성은 '비난하기'가 1.00%로 12위를 차지하여 한국남성보다 훨씬 적게 썼다. 특히 한국남성은 사회적인 지위가 자기보다 낮은 사람에게 거절할 때와 친한 친구의 부탁을 거절할 때 '비난하기'를 자주 쓴다. 물론 '비난하기'를 단독으로 사용하는 경우는 많지 않고 대부분은 다른 거절 전략과 병행하여 사용하였다.

'자기탓하기'는 중국남성의 거절 전략에서 8위를 차지하였는데 한국남성의 거절 전략에서는 11위로 하위권을 차지하였다. 이는 중국남성이 상대방을 거절할 때 자기의 부족이나 잘못을 상대방에게 보여주고 거절의 어쩔 수 없는 상황을 제시하여 상대방의 체면을 최대한 유지할 수 있도록 노력한다는 것을 알 수 있다.

한국남성과 중국남성의 거절 전략에서 10위를 차지하는 거절 전략은 모두 '회피하기'였다. 단지 한국남성은 중국남성보다 1.34% 더 많이 사용하였다.

마지막으로 1%미만의 거절 전략은 한국남성이 '화제바꾸기' 하나만 있으며, 중국남성은 없었다.

한국여성과 중국여성의 거절 화행 전략을 비교하면, 차이점이 남성보다 많다는 것을 알 수 있다. 1위를 차지하는 '이유나 근거 제시하기' 밖에 다른 거절 전략의 사용 순위는 모두 다르다. 그리고 '이유나 근거 제시하기'의 사용 비율에서도 한국여성은 38.83%로 중국여성의 31.52%보다 훨씬 많았다.

한국여성이 자주 사용하는 거절 전략은 '사과하기'+'이유나 근거 제시하기'이기 때문에 '사과하기'의 순위와 비율도 높다. '사과하기'는 한국여성의 거절 전략에서 13.74%로 2위를 차지하였다. 그러나 중국여성은 '사과하기'가 6.60%로 6위를 차지하여 한국여성과 큰 차이를 보일 수 있다. 한국여성이 '사과하기'의 사용 비율은 중국여성과 2배의 차이를 보였다. 앞에서 언급했듯이 한국여성은 거절할 때 상대방의 입장을 고려하고 거절에 따른 심적 부담을 덜기 위해 '사과하기'를 많이 사용하는데 중국여성은 '사과하기'가 거절 화행 전략의 순위 중에서 6위로, '사과하기'보다는 '이유나 근거 제시하기', '조건 수락하기', '주장하기', '감사하기와 축하하기', '대안 제시하기' 등의 다른 거절 전략을 상대적으로 많이 사용하였다. 이는 한국여성은 거절에 따른 자신의 심리 상태를 표현함으로써 상대방의 체면을 유지하는 데 반해 중국여성은 거절을 한다고 해도 상대방이 그 일을 해결할 수 있는 방안을 제시함으로써 상대방의 체면을 세우려 한다는 것을 나타낸다.

'조건 수락하기'는 한국여성의 거절 전략에서 3위를 차지하였고,

중국여성의 거절 전략에서는 2위를 차지였다. 그리고 사용 비율의 차이도 5.18%로 상당히 많았다. 이는 중국여성이 상대방을 거절할 때 자주 사용하는 전략이 '이유나 근거 제시하기' +'조건 수락하기'이기 때문이다.

'주장하기'의 사용에서도 한국여성과 중국여성의 차이가 많이 나타났다. '주장하기'는 12.84%로 중국여성의 거절 전략에서 3위를 차지하였는데 5.68%로 한국여성의 거절 전략에서 6위를 차지하였다. '사과하기'와 '사과하기'와 마찬가지로 한국여성과 중국여성의 사용 비율에서 2배이나 차이가 나타났다. 앞에서 언급했듯이 이는 중국여성은 상대방의 요청을 거절할 때 자기의 거절 의사를 명확히 해둠과 동시에 상대에 대한 미안함 마음을 전달하기도 하여 앞으로의 관계유지에 대해 신경 쓰는 모습을 보여주는 특징을 알 수 있다. 이에 반해 한국여성은 거절에 따른 자신의 심리 상태를 표현함으로써 상대방의 체면을 유지하는 것을 나타낸다.

한국여성의 거절 전략에서 4위는 '대안 제시하기'였고, 중국여성의 거절 전략에서는 5위를 차지하였다. '대안제시하기'는 한국여성의 거절 전략에서 더 높은 순위를 차지하였지만 실제 사용 비율은 중국여성은 한국여성보다 0.94%가 더 높았다. 이는 중국여성은 '이유나 근거 제시하기'+'대안 제시하기'의 거절 전략을 많이 쓰기 때문인 것으로 보인다.

한국여성의 거절 전략에서 5위를 차지하는 전략은 직접적인 거절인 '단언하기'였다. '단언하기'는 중국여성의 거절 전략에서 7위를 차지하지만 사용 비율은 한국여성과 비슷했다.

지금까지, 10%이상을 차지하는 전략은 한국여성은 3개로 중국여성의 4개보다 적고, 5%이상을 차지하는 전략도 한국여성은 6개로 중국 여성의 7개보다 적어서 중국여성은 한국여성보다 자주 사용하는 거절 저략은 더 많다는 것을 알 수 있다.

'감사하기와 축하하기'는 한국여성의 거절 전략에서 7위를 차지하였지만 중국여성의 거절 전략에서 4위를 차지하였다. 뿐만 아니라 중국여성의 사용 비율도 한국여성보다 거의 3배가 되었다. 차이가 많은 이유도 한국어와 중국어의 언어 사용 특성과 연관이 있다. 중국여성은 상대방의 초대, 선물 등을 거절할 때 항상 '谢谢,不用了(고맙지만 괜찮아요)'와 같이 '사과하기'＋'단언하기'나 '사과하기'＋'이유나 근거 제시하기'등 거절 전략을 병행하여 사용하는 것을 선호하기 때문이다.

한국여성의 거절 전략에서 8위를 차지하는 '비언어적 표현하기'는 중국여성의 거절 전략에서 11위를 차지하였고, 사용 비율도 한국여성은 중국여성보다 2.72%가 더 높다는 것을 알 수 있다. 이는 한국여성은 낯선 사람을 거절 할 때 더 많이 '비언어적 표현하기'를 사용하기 때문이다.

'자기탓하기'는 한국여성의 거절 전략에서 9위를 차지하고, 중국여성의 거절 전략에서 8위를 차지하였다. 그리고 사용 비율도 큰 차이가 없었다.

한국여성은 '비난하기'를 사용하는 사람이 2.75%로 나타났지만, 이에 비해 중국여성은0.20%만 나타났다. 15명 중국여성에서 한 명만 '비난하기'를 사용하였는데 한국여성은 중국여성보다 훨씬 많이 사용하였다. 그리고 한국여성이 대부분 경우는 친한 친구한테 다른 거절 전략과 같이 사용하였다. 단독으로 '비난하기'를 사용하는 경우는 거의 없었다.

'회피하기'의 사용에서 한국여성과 중국여성은 큰 차이가 없었다. 그리고 한국여성의 거절 전략에서 마지막12위를 차지하는 '화제바꾸기는' 중국여성의 거절 전략에서 좀 더 많이 사용하였다. 마지막으로 1%미만으로 사용한 거절 전략은 한국여성에서 하나만 있고, 중국여성에서 2개로 나타났다.

3. 연령에 따른 거절 화행 전략 양상

다음으로 한국어 모국어 화자와 중국어 모국어 화자의 연령별 거절 화행 전략에 대해 살표보겠다. 우선, 한국어 모국어 화자의 연령별 거절 화행 전략 사용 빈도표을 보자.

〈그림 7〉 한국어 모국어 화자의 연령별 거절 화행 전략 사용 빈도

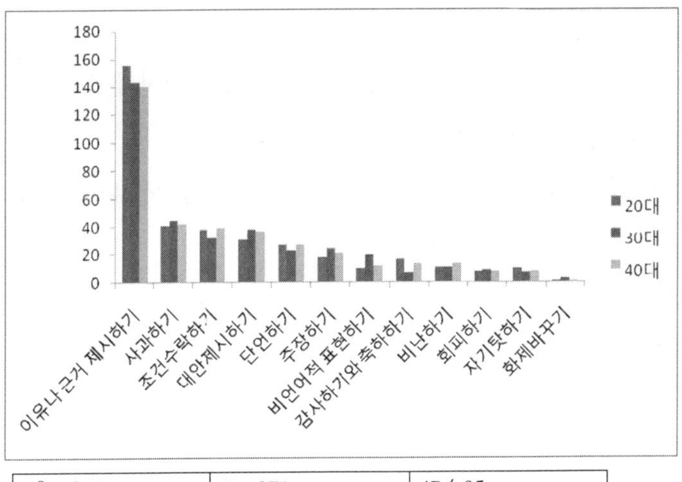

x^2=14.801	P=.871	*P〈.05

한국어 모어 화자가 연령에 따른 거절 화행 전략은 통계적으로 유의미한 차이가 없다.

한국어 모국어 화자의 연령별 거절 화행 전략의 사용 빈도는 위에 표와 같다. '이유나 근거 제시하기'는 20대에서 제일 많이 사용하였고, 그 다음엔 30대, 40대 순으로 내렸다.

'사과하기'를 제일 많이 사용하는 연령는 30대이고, 20대와 40대는 큰 차이가 없는 것으로 나타났다. '조건수락하기'에서 30대의 사용 비율이 제일 낮고, 20대와 40대가 비슷하게 나타났다.

'대안 제시하기'와 '주장하기'의 연령별 사용 빈도는 비슷하게 나오고, 각각 20대가 제일 적게 사용하고, 30대가 제일 많이 사용하는 것으로 나타났다.

'단언하기'와 '감사하기와 축하하기'는 30대가 제일 적게 사용하고, 20가 40대보다 많이 사용하는 것을 나타났다.

20대 한국인은 '비언어적 표현하기'는 많이 사용하지 않고, 오히려 30대와 40대가 많이 사용하였으며, 특히 30대는 '비언어적 표현하기'를 많이 사용해서 거의 20대 사용 비율의 2배로 나타났다.

'비난하기'는 20대와 30대가 비슷하게 사용하고 40대보다 적었다. '회피하기'와 '화제바꾸기'는 전체적으로 많이 안 쓰는 거절 전략인데 30대 한국인은 많이 사용하였다. '자기탓하기'는 20대가 제일 많이 사용하였다.

〈그림 8〉 중국어 모국어 화자의 연령별 거절 화행 전략 사용 빈도

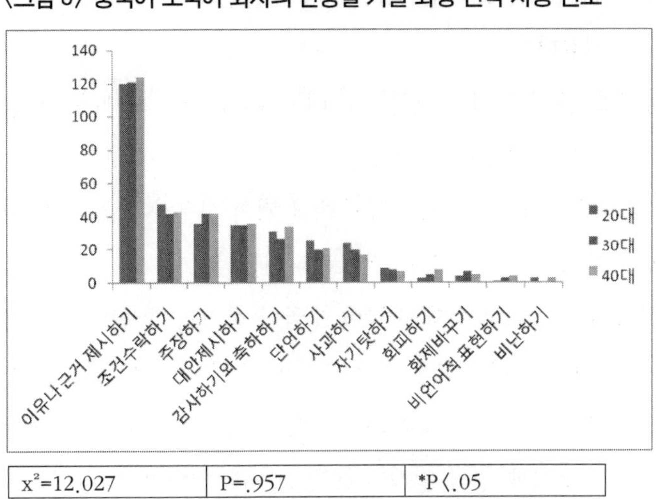

x^2=12.027	P=.957	*P〈.05

중국어 모어 화자가 연령에 따른 거절 화행 전략은 통계적으로 유의미한 차이가 없다.

중국어 모국어화자의 연령별 거절 화행 전략의 사용 빈도는 위에 표와 같다. 한국인와 반대로, 40대 중국인이 '이유나 근거 제시하기'를 제일 많이 사용하고, 30대, 20대는 점차 비율이 감소하였다.

'조건 수락하기'는 20대가 제일 많이 사용하고, 30대와 40대는 비슷한 비율로 나타났다. '조건 수락하기'와 반대로 '주장하기'는 20대가 가장 적게 사용하고, 30대와 40대는 비슷한 비율을 차지하였다.

중국어 모국어 화자가 '대안 제시하기'에서 별로 차이가 없이 비슷한 사용 비율을 나타냈다.

30대 중국인은 '감사하기와 축하하기'와 '단언하기'를 제일 적게 사용하였다. 이에 비해 '감사하기와 축하하기' 를 제일 많이 사용하는 세대는 40대이고, '단언하기'를 제일 많이 사용하는 세대는 20대였다.

‘사과하기’와 ‘자기탓하기’의 연령별 사용 비율은 모두 20대-30대-40대 순으로 내려갔다.

‘회피하기’를 제일 많이 사용하는 세대는 40대이고, ‘화제바꾸기’를 제일 많이 사용하는 세대는 30대이다.

그리고 20대는 ‘비언어적 표현하기’에서 거의 사용하지 않았고, 30대는 ‘비난하기’를 사용하지 않는 것으로 나타났다.

이상 한국어 모국어 화자와 중국어 모국어 화자의 연령별 거절 화행에 대해 분석해 본 결과 거절 화행 전략에서 연령별 차이는 그렇게 많지 않은 것으로 나타났다.   따라서 다음부터는 각 모국어 화자 및 성별에 따른 거절화행 전략 양상만을 비교하고, 연령별 거절 화행에 대해서는 논하지 않는 것으로 한다.

B. 부담 정도에 따른 거절 화행 전략

사회적인 힘(사회 지위)와 연령은 거절하는 화자에게 심리적인 부담을 줄 수 있는 요인으로 본 연구에서 부담 정도의 기준으로 보고 연구하였다.

1. 부담 정도가 높은 경우

부담 정도가 높은 경우는 설문조사 7,8,13,14,15,16,17,20번 질문이다. 이 8가지 상황의 경우 상대방의 사회적 지위가 높은 경우는 7번과 20번이고, 상대방의 사회적 지위가 낮고 연상인 경우는

13,14,15,16번 질문이고, 상대방이 연상인 경우는 8번과 17번 이다.

8개의 질문에 대한 답변은 한국어와 중국어 각 모국어 화자별로 240개이고, 각 답변별로 복수의 전략이 허용된 점을 고려하면 한국어 모국어 화자의 전략은 총 430개의 전략을 사용하여 답변 대비 1.79배의 전략을 사용하는 것으로 나타났으며 중국어 모국어 화자는 총 426개의 전략을 사용하여 답변 대비 1.76배의 전략을 사용하는 것으로 나타났다.[4]

거절하지 못한는 경우를 제외하면 한국어는 232개 답변에 422개 전략을 사용하였으며 중국어는 237개 답변에 423개 전략을 사용하여 답변 대비 한국어는 1.82배, 중국어는 1.78배의 전략을 사용하였다. 이를 통해 한국어 모국어 화자가 중국어 모국어 화자에 비해 부담 정도에 따른 거절 전략의 사용량이 비례하였다.

그리고 한국어와 중국어의 평균 답변 대비 전략 사용율이 각각 1.52배와 1.41배인 점을 감안해 보아도 부담 정도가 높을수록 더 많은 거절 화행 전략을 사용하여 거절의 상황에서 상대방의 체면을 유지하고, 관계를 지속시키면서 거절을 표현하려 한다는 것을 알 수 있었다.

DCT상황은 8개이며 본 연구의 12개 거절 전략 중에서 부담 정도 높은 경우에 자주 사용하는 거절 전략 5개만을 제시하였다. 단, '거절 못한다'라는 답변은 제외하였다. 구체적인 거절 전략 분석은 다음과 같다.

---

4 부담이 높은 정도의 상황에서 한국어 모국어 화자의 경우 거절하지 못한다는 답변이 8 개로 남성이 5 명, 여성이 3 명, DCT 상황은 7 번과 20 번이 각각 4 개로 나타났다. 중국어 모국어 화자의 경우에는 3 개로서 남성이 1 명, 여성이 2 명이며 DCT 상황은 모두 7 번으로 나타났다.

1.1 상대방의 사회적 지위가 높은 경우

상대방의 사회적 지위가 높은 경우는 7번과 20번 질문이다. 설문조사를 분석하여 보면 거절하지 못하는 상황의 경우는 사회적 지위가 높은 7번과 20번으로 나타났다. 이에 반해 상대방의 연령이 화자보다 높은8, 13, 14, 15, 16, 17번의 경우에는 거절하지 못하는 경우가 하나도 나타나지 않아 대조를 이루었다. 따라서 사회적 지위와 연령의 고저는 거절의 상황에서 부담을 주는 것은 맞지만 사회적 지위가 연령보다는 거절의 부담 정도에 미치는 영향이 크다는 것을 알 수 있었다.

그리고 한 답변에서 3개 이상의 거절 전략을 사용하는 경우가 나타난 답변도 상대방의 사회적 지위가 화자보다 높은 경우로서 상대방의 연령이 화자보다 높은 경우에는 거의 나타나지 않았다.

25) 질문: 假如您是理科学生,已经在实验室里做了一天的实验,想赶快回家休息。这时候教授希望您能帮他准备一下明天发表的PPT。请问您该如何拒绝教授？

(당신은 이과학생인데 하루 종일 실험실에서 실험을 해서 빨리 집에 가서 쉬고 싶습니다. 그런데 교수님께서 내일 발표준비 때문에 당신에게 도움을 구합니다. 이 때 당신은 교수님을 어떻게 거절하겠습니까?)

답변: XX导师,实在是抱歉啊,我的试验还有一部分没有做完呢,不能帮到您真是不好意思了。要不我帮您找别的同学来帮忙吧。

(선생님. 너무너무 죄송합니다. 제가 아직 실험이 다 끝나지 않아서 선생님을 도와드리기가 힘들 것 같아요. 아니면 제가 다른 친구를 찾아서 도와드릴까요?)

다음에 상대방의 사회적 지위가 높은 경우에 한국어와 중국어의 거절 전략의 사용 빈도를 살펴보자. 사회적 지위가 높은 경우에서 한국어와 중국어의 거절 전략의 사용 빈도는 다음과 같다. 단, '거절 못한다'라는 답변은 제외하였다.

〈그림 9〉 상대방의 사회적 지위가 높은 경우

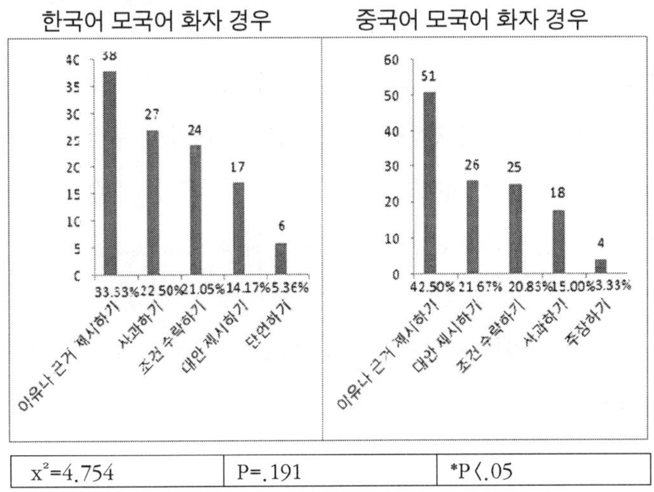

x^2=4.754	P=.191	*P〈.05

2가지 상황의 경우에서 답변은 한국어와 중국어 각 모국어 화자별로 60개이고, 각 답변별로 복수의 전략이 허용된 점을 고려하면 한국어 모국어 화자의 전략은 총 114개의 전략을 사용하여 답변 대비 1.9

배의 전략을 사용하는 것으로 나타났으며 중국어 모국어 화자는 총 126개의 전략을 사용하여 답변 대비 2.1배의 전략을 사용하는 것으로 나타났다. 이는 한국어와 중국어의 평균 답변 대비 전략 사용율이 보가 훨씬 높다는 것으로 나타났다.

한국어의 2위는 사과하기이고, 전체 한국어 답변에서도 사과하기는 2위를 차지하였다. 앞에서 이미 언급했듯이 거절의 상황에서 한국어 모국어 화자는 상대방에게 미안한 마음을 표현하는 것을 선호하였다. 그러나 중국어 답변 중에서는 4위, 전체 중국어 거절 화행 전략 순위에서는 7위로서 선호도의 차이가 많았다. 이는 중국어 모국어 화자가 부담이 정도가 높은 상대방에게 거절할 경우에는 그렇지 않은 경우보다 미안한 마음을 더욱 표현하려 한다는 것을 나타낸다.

뿐만 아니라 한국어 모국어 화자와 중국어 모국어 화자 모두 대안 제시하기와 조건 수락하기 전략을 선호하였다. 따라서 부담 정도가 높은 거절의 상황에서 명시적인 거절 보다는 우회적인 거절을 통해 상대방의 체면을 살리면서 관계를 유지하기 위해 애쓰는 것으로 나타났다.

한국어의 5위는 단언하기이지만 단독적으로 사용하기 보다는 다른 전략과 병행하여 사용하였다.

1.2 상대방의 사회적 지위가 낮고 연상인 경우

상대방의 사회적 지위가 낮고 연상인 경우는 설문조사 13, 14, 15, 16번 질문이다.

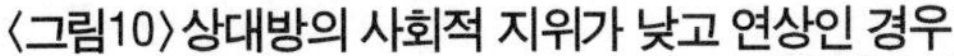

〈그림10〉상대방의 사회적 지위가 낮고 연상인 경우

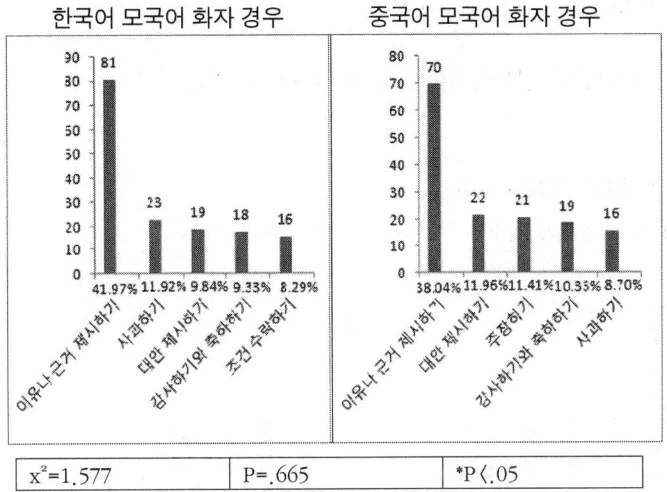

$x^2=1.577$	P=.665	*P〈.05

4가지 상황의 경우에서 답변은 한국어와 중국어 각 모국어 화자별로 120개이고, 각 답변별로 복수의 전략이 허용된 점을 고려하면 한국어 모국어 화자의 전략은 총 193개의 전략을 사용하여 답변 대비 1.61배의 전략을 사용하는 것으로 나타났으며 중국어 모국어 화자는 총 184개의 전략을 사용하여 답변 대비 1.52배의 전략을 사용하는 것으로 나타났다.

한국어에서 사회적인 지위가 낮지만 연상인 경우와 반대로 사회적인 지위가 높은 경우와 비교할 때 전자는 감사하기와 축하하기, 후자는 단언하기를 제외하고는 모두 동일한 전략을 사용하였다. 이에 반해 중국어에서는 사회적인 지위가 낮지만 연상인 경우에는 감사하기와 축하하기, 반대의 경우에는 조건 수락하기로 나타났고 나머지는 동일하였다.

1.3 상대방이 연상인 경우

상대방이 연상인 경우는 설문조사 8번과 17번 질문이다.

<그림11> 상대방이 연상인 경우

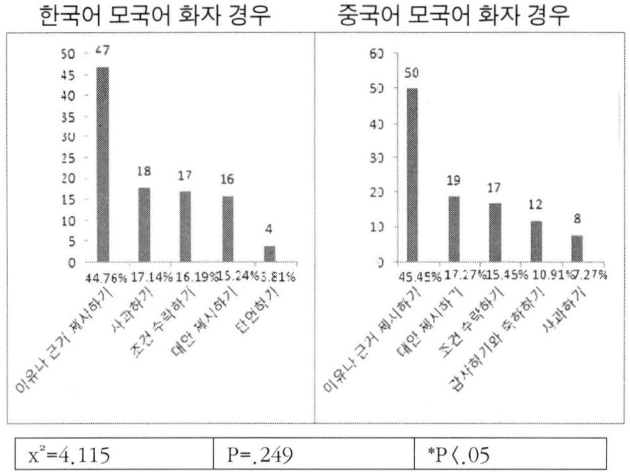

x^2=4.115	P=.249	*P〈.05

 2가지 상황의 경우에서 답변은 한국어와 중국어 각 모국어 화자별로 60개이고, 각 답변별로 복수의 전략이 허용된 점을 고려하면 한국어 모국어 화자의 전략은 총 105개의 전략을 사용하여 답변 대비 1.75배의 전략을 사용하는 것으로 나타났으며 중국어 모국어 화자는 총 110개의 전략을 사용하여 답변 대비 1.83배의 전략을 사용하는 것으로 나타났다.

 이는 한국어와 중국어의 평균 답변 대비 전략 사용율이 보가 높다는 것으로 나타났지만 상대방의 사회적 지위가 높은 경우보다 늦다는 것으로 나타났다. 따라서 거절의 상황에서 연령보다는 사회적인 지위가 상대적으로 화자에게 보다 많은 부담을 주는 것을 알 수 있었다.

상대방이 연상인 경우에 한국어 모국어 화자와 중국어 모국어 화자가 자주 사용하는 거절 전략은 크게 차이가 없었다. 단지 사과하기는 한국어 모국어 화자의 순위에서 2위를 차지하였지만 중국어 모국어 화자의 순위에서 5위를 차지하였다. 그리고 사과하기의 사용 빈도에서또 10%정도의 차이로 나타났다.

그리고 중국어 모국어 화자는 상대방이 연상인 경우에 감사하기와 축하하기를 선호하였지만 이 전략은 한국어 모국어 화자에게 나타나지 않았다.

2. 부담 정도가 낮은 경우

부담 정도가 낮은 경우는 설문조사9, 10, 11, 12, 18, 19, 21, 22, 23, 24번 질문이다. 이 10가지 상황의 경우 화자와 청자의 사회적 지위가 같은 경우는9,10,18,21,23번 질문이고, 상대방의 사회적 지위가 낮은 경우는 설문조사 11,12,19,22,24번 질문이다.

10개의 질문에 대한 답변은 한국어와 중국어 각 모국어 화자별로 300개이고, 각 답변별로 복수의 전략이 허용된 점을 고려하면 한국어 모국어 화자의 전략은 총 438개의 전략을 사용하여 답변 대비 1.46배의 전략을 사용하는 것으로 나타났으며 중국어 모국어 화자는 총 411개의 전략을 사용하여 답변 대비 1.37배의 전략을 사용하는 것으로 나타났다.

그리고 한국어와 중국어의 평균 답변 대비 전략 사용율이 각각 1.52배와 1.41배인 점을 감안해 보아도 부담 정도가 낮을수록 더 적은 거절 화행 전략을 사용하다는 것을 알 수 있었다.

DCT상황은 10개이며 본 연구의 12개 거절 전략 중에서 부담 정도 높은 경우에 자주 사용하는 거절 전략 5개만을 제시하였다.

2.1 화자와 청자의 사회적 지위가 같은 경우

화자와 청자의 사회적 지위가 같은 경우는 설문조사 9,10,18,21,23 번 질문이다. 이 5개 거절의 대상은 친구 또는 일반인(판매원)으로 사회적 지위가 화자와 비슷한 상황이다. 거절 화행별 빈도는 다음 표와 같다.

〈그림12〉화자와 청자의 사회적 지위가 같은 경우

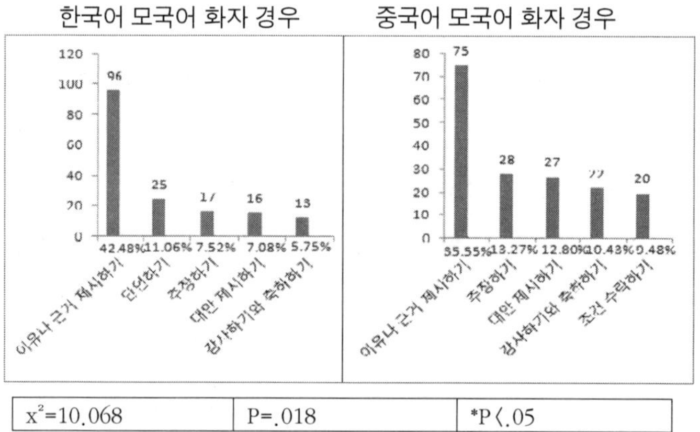

x^2=10.068	P=.018	*P〈.05

통계적으로는x^2=10.068, P=.018으로 나왔다. 유의확률의 0.05보다 작기 때문에 통계적으로 매우 유의미한 차이가 있음을 알 수 있다.

이상의 5가지 상황의 경우에서 답변은 한국어와 중국어 각 모국어 화자별로 150개이고, 각 답변별로 복수의 전략이 허용된 점을 고려하면 한국어 모국어 화자의 전략은 총 226개의 전략을 사용하여 답변 대비 1.51배의 전략을 사용하는 것으로 나타났으며 중국어 모국어 화자는 총 211개의 전략을 사용하여 답변 대비 1.41배의 전략을 사용하는 것으로 나타났다. 이는 답변 대비 거절 화행 전략의 전체 평균 사용률과 유사하였다.

한국어 모국어 화자의 경우 친밀도가 높은 상대방에게 단언하기를 자주 사용하여 순위 중 2위를 차지하여 단언하기가 전체 순위에서는 5위인 점을 감안하면 화자와 상대방의 사회적 지위가 같은 상황에서 사용 빈도수가 보다 높게 나타난 점을 알 수 있었다. 주장하기, 감사하기와 축하하기는 전체 순위에서는 각각 5위와 8위를 차지하였으나 사회적 지위가 같은 상황에서는 3위와 5위를 차지하여 큰 차이를 보였다.

중국어 모국어 화자의 경우 전체에서 2위인 조건 수락하기가 5위를 차지하였다. 전체에서 4위인 제안 제시하기가 사회적 지위가 같은 상황에서는 3위로 나타났다. 따라서 사회적 지위가 같은 경우에는 중국어 모국어 화자의 경우 제안제시하기를 조건수락하기보다 선호하였다.

한국어 모국어 화자와 중국어 모국어 화자를 비교하면 중국어 모국어 화자의 경우 단언하기는 거의 사용하지 않는데 반해 감사하기와 축하하기를 사용하였다.

한국어 중국어 화자 모두 상대방과 사회적 지위가 유사할 수록 사용하는 거절화행 전략의 수가 감소하는 것으로 나타나 부담 정도가 높은 상대방에 비해 체면 손상을 최소화하는 범위 한에서 간략한 거절 전략만을 사용하여 관계를 유지하려 하는 것으로 나타났다.

2.2 상대방의 사회적 지위가 낮은 경우

상대방의 사회적 지위가 낮은 경우는 설문조사 11,12,19,22,24번 질문이다. 본 DCT 상황에서는 사회적 지위가 낮은 이들을 후배, 부하 직원, 노숙자 등으로 임의 선정하였다.

<그림13> 상대방의 사회적 지위가 낮은 경우

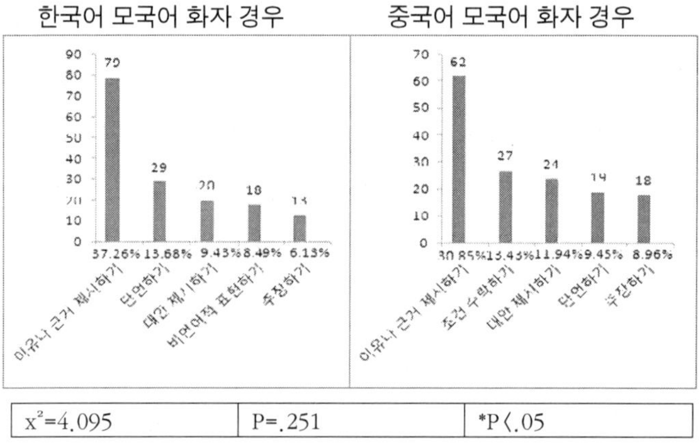

x^2=4.095	P=.251	*P<.05

5가지 상황의 경우에서 답변은 한국어와 중국어 각 모국어 화자별로 150개이고, 각 답변별로 복수의 전략이 허용된 점을 고려하면 한국어 모국어 화자의 전략은 총 212개의 전략을 사용하여 답변 대비 1.37배의 전략을 사용하는 것으로 나타났으며 중국어 모국어 화자는 총 201개의 전략을 사용하여 답변 대비 1.34배의 전략을 사용하는 것으로 나타났다. 이는 답변 대비 거절 화행 전략의 전체 평균 사용률 보다 낮게 나타났다.

따라서 부담 정도가 낮은 경우 한국어와 중국어 모두 상대적으로 쉽게 거절하며 상대방의 체면을 손상시키지 않는 범위에서 사용하는 거절 화행 전략의 수도 훨씬 감소하였다. 그리고 한국어 전체 거절 화행 전략 중 5위인 단언하기가 부담 정도가 낮은 경우에는 단독적으로 사용되기도 하였다.

> 37) 질문: 졸업 후에 보험회사에 취직한 후배(남자)가 찾아왔습니다.
>   보험에 가입하라고 권유합니다. 당신은 별로 가입하고 싶은
>   생각이 없다면 어떻게 거절하겠습니까?
>   대답: 싫어!

　보험 가입을 권유하는 학교 후배에게 거절하는 상황이다.　이 장면은 보험회사에 취직한 학교 후배가 새로나온 보험 상품을 판촉하기 위해 보험 가입을 권유하자 거절하는 상황이다.　화자는 단언하기를 단독적으로 사용하여 자칫하면 상대방의 체면을 손상시켜 관계 유지가 어려울 수 있음에도 불구하고 간략하고 단호하게 상대방의 권유를 거절하고 있다.

　그리고 비언어적 표현하기는 한국어 모국어 화자가 전체 거절 전략에서 3.83%의 빈도률로 순위 7위를 차지하였지만, 상대방의 사회적 지위가 낮은 경우에서 8.49%로 4위를 차지하였다. 주로 사회적인 지위가 낮고 안면이 없는 상대방에게 이 전략을 사용하였다. 이는 상대방과 관계나 체면를 유지할 필요가 없기 때문이었다.

　중국어는 사회적인 지위가 같은 경우에 사용한 거절화행 전략과 크게 차이를 보이지 않았다.　단, 1위인 이유나 근거 제시하기와 5위인 주장하기는 전체 거절 저략의 사용 빈도와 약간 차이가 있는 것으로

나타났다.

3. 성별에 따른 거절 화행 전략 양상

부담 정도가 높은 경우와 부담 정도가 낮은 경우 2개 상황에서 남녀별 거절 전략을 살펴보겠다. 부담 정도가 높은 경우는 설문조사 7,8,13,14,15,16,17,20번 질문이고, 부담 정도가 낮은 경우는 설문조사9, 10, 11, 12, 18, 19, 21, 22, 23, 24번 질문이다.

3.1 한국어 거절 화행 전략 양상

부담 정도가 높은 경우와 부담 정도가 낮은 경우 2개 상황에서 각각 한국 남성과 한국 여성의 거절 전략을 살펴보겠다.

〈그림14〉부담 정도가 높은 경우에 한국어 남녀별 거절 화행 전략 사용 빈도

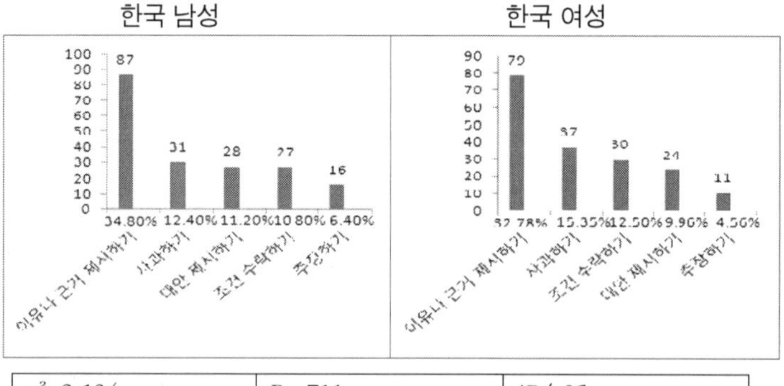

$x^2=2.134$	P=.711	*P〈.05

한국 남성와 한국 여성이 부담 정도가 높은 경우에 사용한 거절화행 전략은 크게 차이를 보이지 않았다. 단, 3, 4위인 대안 제시하기와 조건 수락하기는 약간 차이가 있는 것으로 나타났다.

위의 도표를 보면 부담 정도가 높은 경우에 한국 남성과 여성의 거절 화행에 차이가 거의 없는 것으로 나타났다. 자주 사용하는 거절 전략의 종류는 '이유나 근거 제시하기', '사과하기', '조건 수락하기', '대안 제시하기', '주장하기' 다섯가지로 순위의 순서만 차이가 있을 뿐 동일하다. 그리고 동일한 전략의 사용빈도도 크게 차이가 없는 것으로 나타났다.

〈그림15〉부담 정도가 낮은 경우에 한국어 남녀별 거절 화행 전략 사용 빈도

x^2=1.357	P=.716	*P〈.05

한국 남성과 여성은 부담 정도가 낮은 경우에 거절 화행 전략의 사용면에서 차이가 크게 나타났다.

한국 남성의 경우 비언어적 표현하기는 전체 거절 화행 전략 순위에서 4.36%로 7위를 차지하였지만 부담 정도가 낮은 경우에서 8.51%로 4위를 차지하였다. 그리고 한국 남성과 한국 여성이 모두 전체 거

절 화행 전략에서 7%죄우 사용 빈률을 차지하였지만 부담 정도가 낮은 경우에서 각각 15.96%, 13.26%로 높은 사용 빈도로 나타났다.

부담 정도가 낮은 경우에 한국의 남성과 여성의 가장 큰 차이점은 비언어적 표현하기이다. 전체 거절 화행 전략에서 비언어적 표현하기는 7위로 자주 사용하지 않는 전략으로 나타났지만 부담 정도가 낮은 경우에는 한국 남성이 8.51%로 4위로 나타났다. 그러나 부담 정도가 낮은 유사한 경우에 비언어적 표현하기는 한국 여성이 자주 사용하는 전략이 아니다.

3.2 중국어 거절 화행 전략 양상

부담 정도가 높은 경우와 부담 정도가 낮은 경우 2개 상황에서 각각 중국남성과 중국여성의 거절 전략을 살펴보겠다.

〈그림16〉 부담 정도가 높은 경우에 중국어 남녀별 거절 화행 전략 사용 빈도

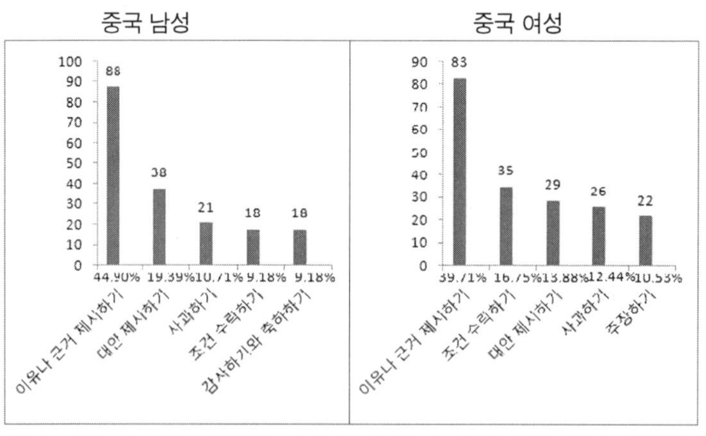

x^2=7.155	P=.067	*P〈.05

  사과하기는 중국 남성의 거절 화행 전략에서 3위를 차지하고, 중국 여성의 거절 화행 전략에서 4위를 차지하였다. 그러나 빈도수를 보면 중국 여성이 사과하기를 사용하는 빈도인 12.44%로 남성이 사과하기를 사용하는 빈도인 10.71%보다 높다는 것으로 알 수 있다.

  그리고 부담 정도가 높은 경우에 중국 남성와 중국 여성이 자주 사용하는 전략인 대안 제시하기, 조건 수락하기도 빈도수에서 크게 차이를 보였다. 중국 남성의 대안 제시하기의 사용 빈도는 19.39%로 중국 여성의 13.88%와 큰 차이를 보였다. 이와 반대로 중국 여성이 조건 수락하기를 사용하는 빈도는 16.75% 로 중국 남성의 9.18% 보다 높은 순위를 차지하였다.

〈그림17〉부담 정도가 낮은 경우에 중국어 남녀별 거절 화행 전략 사용 빈도

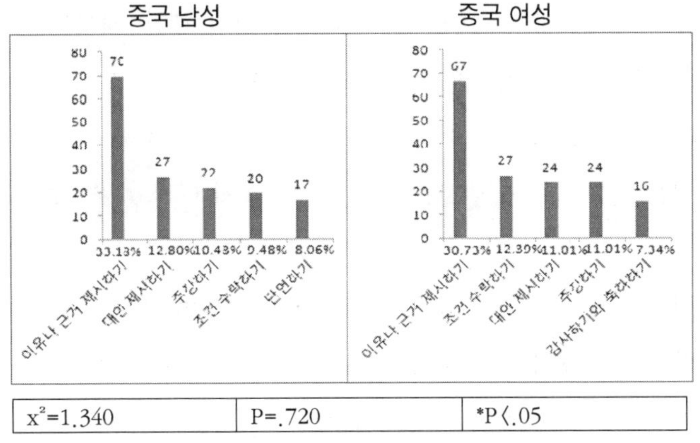

x²=1.340	P=.720	*P〈.05

  위에서 보듯이 중국 남성와 중국 여성이 부담 정도가 낮은 경우에 사과하기 전략의 사용에서 크게 차이가 나타나기로 나타났다.

  단언하기, 감사하기와 축하하기는 각각 상대방이 자주 사용하는 거

절 전략이지만, 자기의 거절 전략 순위에서 낮은 순위를 차졌다.

또한 대안 제시하기, 주장하기는 중국 남성와 중국 여성이 각각의 거절 전략 순위에서 차이를 보이지만, 실제 사용 빈도률은 크게 차이를 보이지 않는 것으로 나타났다.

3.3 한국어와 중국어의 거절 화행 전략 비교

부담 정도가 높은 경우에 한국 남성와 중국 남성이 주장하기, 감사하기와 축하하기의 사용면에서 크게 차이를 나타났다. 이 둘 전략은 각각 상대방이 자주 사용하는 거절 전략이 아니지만 자기의 거절 전략에서 자주 사용하는 전략으로 나타나기로 하였다.

또한 한국 남성이 대안 제시하기는 11.2%로 부담 정도가 높은 경우에 3위를 차지하였지만, 이에 반해 중국 남성이 대안 제시하기는 19.39%로 2위를 차지하였으며 크게 차이를 보인다는 것을 알 수 있다.

부담 정도가 높은 경우에 한국 여성와 중국 여성이 자주 사용하는 거절 전략은 물론 순위와 빈도률에서 약간 차이가 나타났지만 큰 차이를 보이지는 않았다.

부담 정도가 낮은 경우에 한국 남성와 중국 남성이 자주 사용하는 거절 전략은 차이가 많아 보일 수 있다. 한국 남성이 부담 정도가 낮은 경우에서 중국 남성보다 비언어적 표현하기를 많이 사용하였다. 한국 남성이 특히 자기보다 사회지위가 낮은 상대방을 거절할 때 비언어적 표현하기를 선호하였다. 그러나 한국 남성이 비언어적 표현하기의 태도보다 부담 정도가 낮은 경우에 중국 남성이 대안 제시하기나 주장하기, 조건 수락하기 등 전략을 선호하였다. 이는 한국인은 중국인보다 사회지위를 더 중시한다는 것을 알 수 있다.

부담 정도가 낮은 경우에 한국 여성와 중국 여성이 자주 사용하는 거절 전략에서 단언하기, 감사하기와 축하하기, 사과하기 등 3개 전략의 차이가 많이 나타났다. 한국 여성이 단언하기를 많이 사용하지만 대부분 경우에는 사과하기, 이유나 근거 제시하기 등 전략과 같이 사용하였다. 따라서 부담 정도가 낮은 경우에 한국 여성이 자주 사용하는 거절 전략은 단언하기와 사과하기가 모두 차지하였다.

이와 반대로 중국 여성은 직접적인 상대방을 거절하기보다 대안 제시하기, 조건 수락하기등의 거절 전략을 더 선호하였다.

C. 친소관계에 따른 거절 화행 전략

앞에서 언급하였듯이 친밀도란 상대적이고 주관적인 것이기 때문에 본 연구에서는 분석을 위해 친밀도 상은 가족, 친하다고 생각하는 친구, 후배, 선배, 동료, 동창, 친밀도 중은 일반적인 친구, 후배, 선배, 동료, 동창, 직장 상사, 부하직원, 선생님, 친밀도 하는 안면이 없는 낯선 사람으로 임의로 분류하였다. 단, 친밀도의 선택은 피설문자의 주관에 따라 결정하도록 하였다.

1. 친밀도 상인 경우

친밀도 상인 경우는 설문조사 1,4,13,14,17,18,19번 질문이다.

7개의 질문에 대한 답변은 한국어와 중국어 각 모국어 화자별로

210개이고, 각 답변별로 복수의 전략이 허용된 점을 고려하면 한국어 모국어 화자의 전략은 총 355개의 전략을 사용하여 답변 대비 1.69배의 전략을 사용하는 것으로 나타났으며 중국어 모국어 화자는 총 308개의 전략을 사용하여 답변 대비 1.47배의 전략을 사용하는 것으로 나타났다.

〈그림18〉친밀도 상인 경우

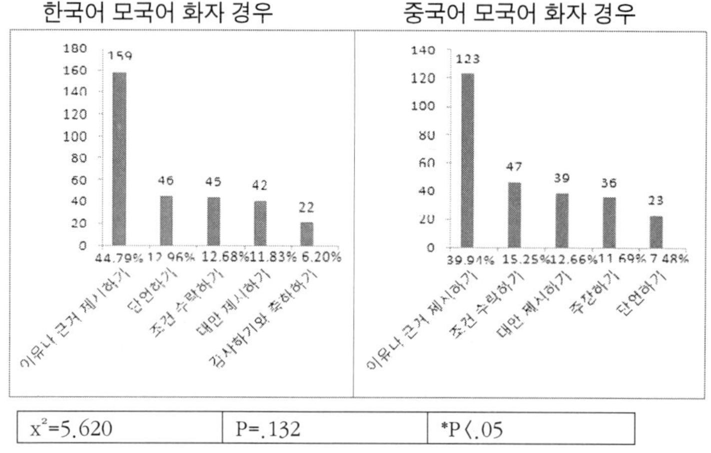

x^2=5.620	P=.132	*P〈.05

　　화자와 상대방과의 친밀도가 높은 관계에서 한국어 모국어 화자와 중국어 모국어 화자가 자주 사용하는 거절 전략은 크게 차이를 보이지 않았다.

　　화자와 상대방과의 친밀도가 높은 관계에서 한국어 모국어 화자와 중국어 모국어 화자는 모두 단언하기와 조건 수락하기를 사용하였고, 단언하기가 한국어 모국어 화자의 순위에서 12.96%로 2위를 차지하였지만 중국어 모국어 화자의 순위에서는 7.48%로 5위를 차지하였다.

그리고 중국어 모국어 화자의 순위에서 2위인 조건 수락하기는 한국어 모국어 화자의 빈도율인 12.68%에 비해 높은 15.25%로 나타났다.

한국어 모국어 화자의 순위에서 가장 낮은 순위를 차지하는 것은 6.20%를 차지하는 감사하기와 축하하기이고, 중국어 모국어 화자의 순위에서 가장 낮은 순위를 차지하는 것은 단언하기이다.

그리고 한국어 모국어 화자에게서는 나타난 감사하기와 축하하기가 중국어 모국어 화자에게서는 나타나지 않으며, 중국어 모국어 화자에게서 나타난 단언하기가 한국어 모국어 화자에게서는 나타나지 않았다.

2. 친밀도 중인 경우

친밀도 중인 경우는 설문조사 2,5,15,16,20,21,22번 질문이다.

7개의 질문에 대한 답변은 한국어와 중국어 각 모국어 화자별로 210개이고, 각 답변별로 복수의 전략이 허용된 점을 고려하면 한국어 모국어 화자의 전략은 총 338개의 전략을 사용하여 답변 대비 1.61배의 전략을 사용하는 것으로 나타났으며 중국어 모국어 화자는 총 313개의 전략을 사용하여 답변 대비 1.49배의 전략을 사용하는 것으로 나타났다.[5]

---

[5] 한국어 모국어 화자의 경우 20 번 상황에서 거절하지 못한다는 답변이 4 개로 나타났다. 따라서 한국어 모국어 화자의 거절 전략은 거절하지 못한다는 답변은 제외하고 연구하였다.

〈그림19〉친밀도 중인 경우

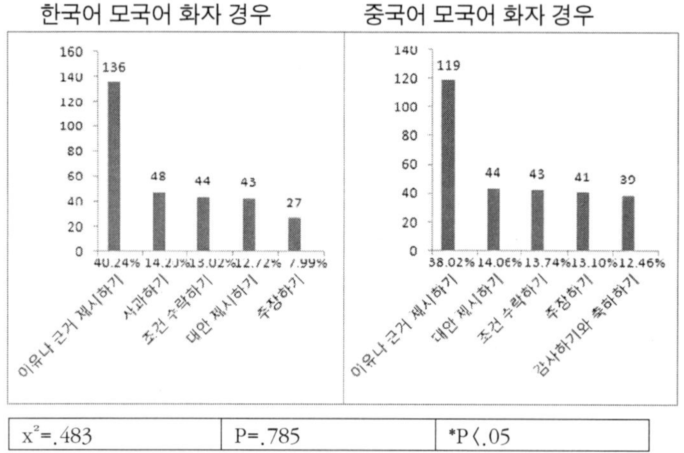

x^2=.483	P=.785	*P〈.05

화자와 상대방과의 친밀도가 중인 관계에서 한국어 모국어 화자와 중국어 모국어 화자가 자주 사용하는 거절 전략은 크게 차이가 나타났다.

한국어 모국어 화자에게서는 나타난 사과하기가 중국어 모국어 화자에게서는 나타나지 않았으며, 반대로 중국어 모국어 화자에게서 나타난 감사하기와 축하하기가 한국어 모국어 화자에게서는 나타나지 않았다.

그러나14.20%로 2위를 차지하는 사과하기는 화자와 상대방과의 관계가 친밀도 중의 경우에 한국어 모국어 화자가 매우 자주 사용하게 되는 거절 화행 전략이다.

대안 제시하기, 주장하기의 경우 중국어 모국어 화자는 한국어 모국어 화자보다 각각 1.34%와 5.11% 높게 나타났다.

3. 친밀도 하인 경우

친밀도 하인 경우는 설문조사 3.6.23.24번 질문이다.

4개의 질문에 대한 답변은 한국어와 중국어 각 모국어 화자별로 120개이고, 각 답변별로 복수의 전략이 허용된 점을 고려하면 한국어 모국어 화자의 전략은 총 132개의 전략을 사용하여 답변 대비 1.1배의 전략을 사용하는 것으로 나타났으며 중국어 모국어 화자는 총 138개의 전략을 사용하여 답변 대비 1.15배의 전략을 사용하는 것으로 나타났다.

〈그림20〉친밀도 하인 경우

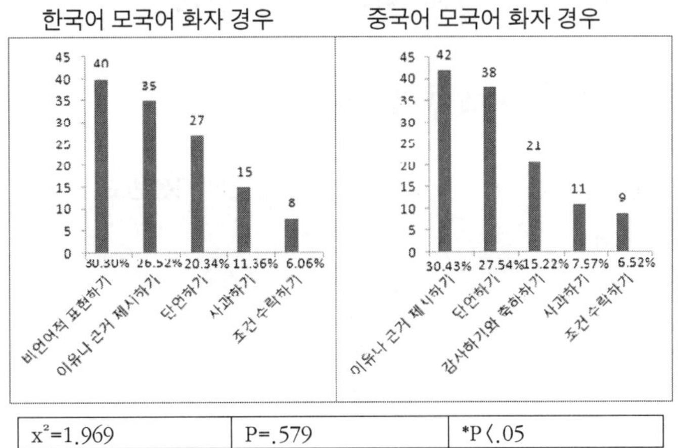

x^2=1.969	P=.579	*P〈.05

화자와 상대방과의 친밀도가 하인 관계에서 한국어 모국어 화자와 중국어 모국어 화자가 자주 사용하는 거절 전략은 크게 차이가 나타났다.

한국어 모국어 화자가 가장 자주 사용하는 전략인 비언어적 표현하기는 중국어 모국어 화자에게서는 나타나지 않았다. 전체 거절 전략에서 비언어적 표현하기의 사용 빈도는 3.83%로 7위를 차지하였는데 화자와 상대방의 관계가 친밀도 하의 경우에는 30.30%로 1위를 차지하였다.

이와는 반대로 화자와 상대방과의 친밀도가 하인 관계에서 중국어 모국어 화자는 이유나 근거 제시하기를 더 선호하였다.

그리고 중국어 모국어 화자가의 거절 전략에서 3원인 감사하기와 축하하기는 한국어 모국어 화자에게 나타나지 않았다.

또 한국어 모국어 화자와 중국어 모국어 화자 모두 상대방과 친밀도 하의 경우에는 단언하기를 자주 사용하였지만 그 외의 경우에는 빈도수가 낮았다.

4. 성별에 따른 거절 화행 전략 양상

4.1 한국어 거절 화행 전략 양상

〈그림21〉친밀도 상인 경우에 한국어 남녀별 거절 화행 전략 사용 빈도

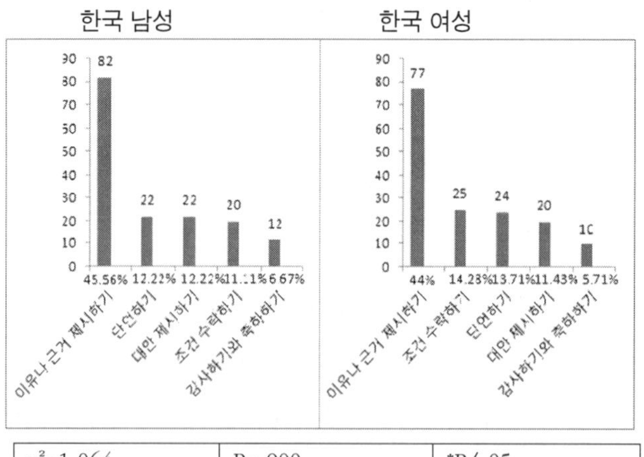

$x^2=1.064$	P=.900	*P〈.05

　화자와 상대방과의 관계가 친밀한 경우에 한국 남성이 자주 사용하는 전략에서 2위인 단언하기의 사용 빈도는 오히려 중국 남성의 거절 전략에서 3위인 단언하기보다 낮았다. 그리고 조건 수락하기도 상대한 크게 빈도 차이를 보였다.

〈그림22〉친밀도 중인 경우에 한국어 남녀별 거절 화행 전략 사용 빈도

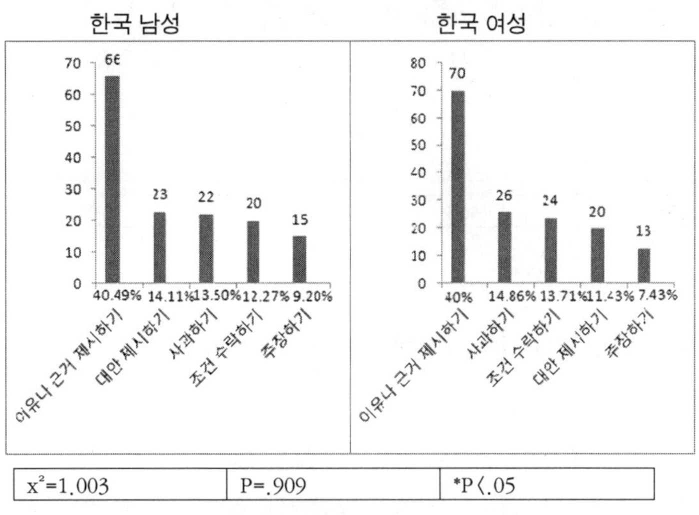

x^2=1.003	P=.909	*P〈.05

　화자와 상대방과의 관계가 친밀도 중인 경우에 한국 남성과 여성이 자주 사용하는 5가지 전략은 종류는 동일하지만 순위에서 차이를 보였다. 특히 대안 제시하기는 한국 남성은 여성보다 3% 정도 높았다.

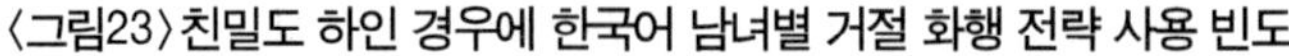

〈그림23〉친밀도 하인 경우에 한국어 남녀별 거절 화행 전략 사용 빈도

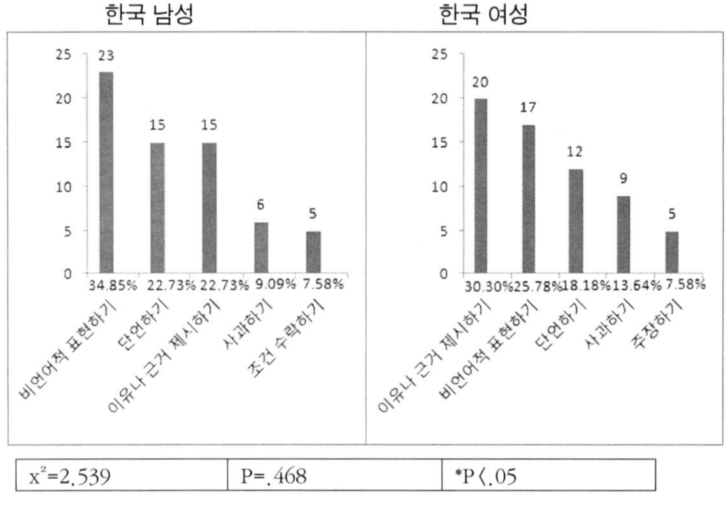

x^2=2.539	P=.468	*P〈.05

한국 남성이 전체 거절 전략에서 자주 사용하지 않는 비언어적 표현하기는 친밀도가 낮은 경우에 34.85%로 1위를 차지하였다. 이는 한국 여성의 사용 빈도와 거의 10%정도 높은 것으로 나타났다.

그리고 전체 거절 전략에서 가장 많이 사용하는 이유나 근거 제시하기가 친밀도가 낮은 경우에는 한국 남성과 한국 여성이 각각 22.73%, 30.30%로 다른 경우보다 낮게 나타났다. 이와는 반대로 다른 경우에서 자주 사용하지 않는 단언하기는 친밀도가 낮은 경우에 한국 남성과 한국 여성이 각각 22.73%, 18.18%로 높게 나타났다.

4.2 중국어 거절 화행 전략 양상

〈그림24〉친밀도 상인 경우에 중국어 남녀별 거절 화행 전략 사용 빈도

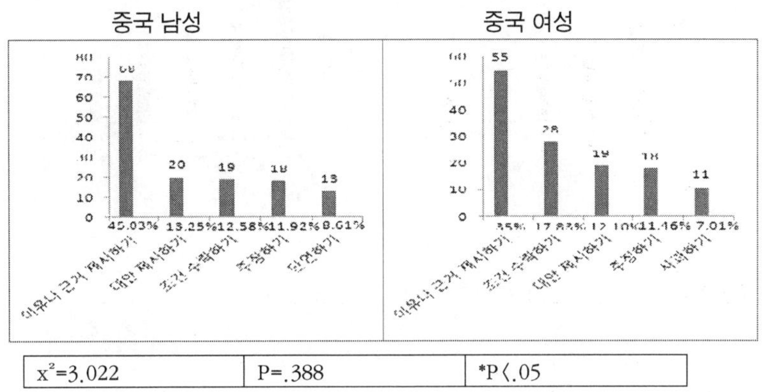

x^2=3.022	P=.388	*P〈.05

화자와 상대방의 친밀도가 높은 경우에 중국 남성과 중국 여성에게서 조건 수락하기의 사용 빈도의 차이가 가장 크게 나타났다.

그리고 이유나 근거 제시하기는 중국 남성과 여성에서 모두 1위를 차지하지만 사용 빈도에서는 중국 남성이 여성보다 10%정도 높게 나타났다.

또한 친밀도 상인 경우에 중국 남상은 단언하기를 선호하였지만 중국 여성은 사과하기를 더 선호하였다.

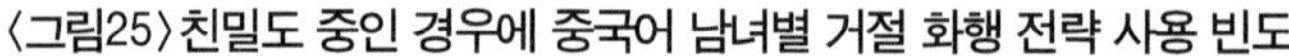

〈그림25〉친밀도 중인 경우에 중국어 남녀별 거절 화행 전략 사용 빈도

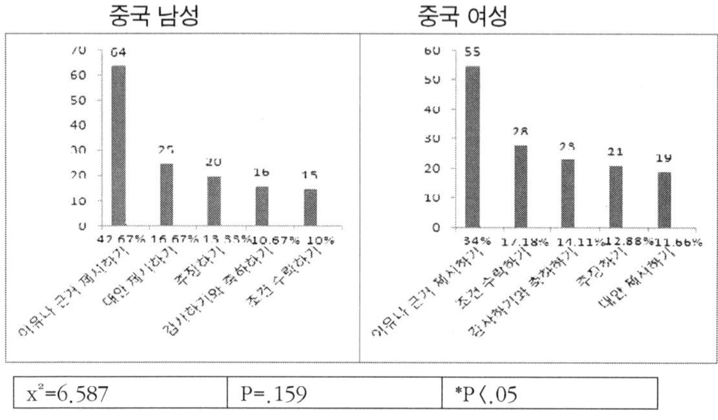

화자와 상대방의 친밀도가 중인 경우에 거절 화행 전략의 빈도수에서 1위는 전략의 종류는 동일하지만 중국 남성이 사용하는 빈도수가 중국 여성이 사용하는 빈도수보다 높게 나타났다.

주장하기는 중국 남성과 여성이 사용하는 빈도수가 비슷하지만 순위에서는 중국 남성이 3위 그리고 중국 여성에게서는 4위로 나타났다.

그리고 화자와 상대방의 친밀도가 중인 경우 감사하기와 축하하기는 모두 10%이상의 빈도수로 전체 거절 전략에서 사용하는 빈도수보다 훨씬 높게 나타났으며 높은 사용 순위를 차지하였다.

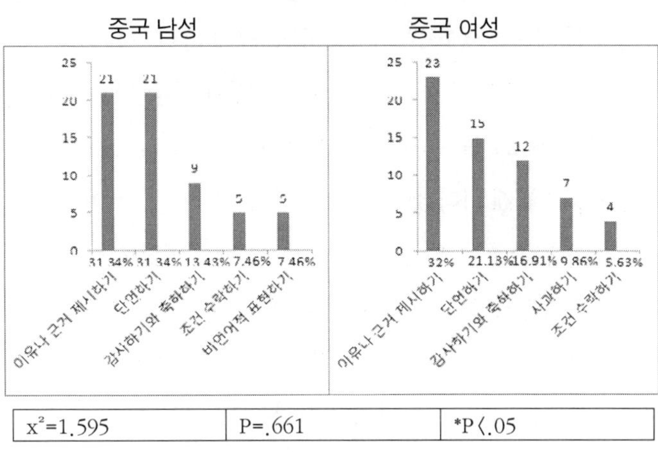

〈그림26〉 친밀도 하인 경우에 중국어 남녀별 거절 화행 전략 사용 빈도

x^2=1.595	P=.661	*P〈.05

화자와 상대방과의 친밀도가 낮은 경우에 이유나 근거 제시하기는 여전히 순위에서는 1위를 차지하고 있지만 빈도수는 전체 전략보다 낮게 나타났다.

그리고 전체 거절 전략 순위에서는 하위권에 머무른 단언하기가 화자와 상대방의 친밀도가 낮은 경우에는 중국 남성과 여성 모두 2위로 나타났으나 사용 빈도에서는 크게 차이가 보였다.

4.3 한국어와 중국어의 거절 화행 전략 비교

화자와 상대방의 친밀도가 높은 경우 한국 남성이 자주 사용하는 전략 2위인 단언하기는 중국 남성의 거절 화행 전략 중 5위를 차지하였다. 빈도에서도 크게 차이가 나타났다.

한국 남성의 거절 화행 전략에서 5위인 감사하기와 축하하기는 중국 남성은 자주 사용하지 않았으며 반대로 중국 남성의 거절 전략 중

4위인 주장하기는 한국 남성이 자주 사용하지 않았다. 그리고 한국 남성과 중국 남성의 자주 사용하는 전략 순위도 크게 차이가 나타났다.

화자와 상대방의 친밀도가 높은 경우 한국 여성과 중국 여성 모두 이유나 근거제시하기가 2위를 차지하였는데 한국 여성이 44%로 중국 여성의 35%보다 훨씬 높게 나타났다. 반대로 한국 여성과 중국 여성 모두 2위인 조건 수락하기는 중국 여성의 사용 빈도는 한국 여성보다 높다.

단언하기, 감사하기와 축하하기 한국 여성이 자주 사용하는 전략은 중국 여성이 자주 사용하는5섯가지 전략에서 나타나지 않고 반대로 중국 여성이 자주 사용하는 주장하기와 사과하기도 한국 여성이 자주 사용하는 5가지 전략에 나타나지 않았다.

화자와 상대방의 친밀도가 중인 경우 한국 남성과 중국 남성의 1위, 2위는 동일하게 나타났다. 단지 1위인 이유나 근거 제시하기와 2위인 대안 제시하기는 사용빈도에서 중국 남성이 한국 남성보다 각각 2% 정도 높게 나타났다.

그리고 한국 남성 3위인 사과하기가 중국 남성에게서는 나타나지 않으며 중국 남성의 4위인 감사하기와 축하하기는 한국 남성이 자주 사용하는 전략에서 나타나지 않았다.

주장하기는 한국 남성과 중국 남성 모두 각각 5위와 3위로 자주 사용하는데 빈도에서 한국 남성은 중국 남성보다 훨씬 낮게 나타났다.

화자와 상대방의 친밀도가 중인 경우 한국 여성과 중국 여성이 가장 자주 사용하는 거절 화행 전략이 모두 이유나 근거 제시하기이지만 빈도수에서 한국 여성이 중국 여성보다 6%나 높게 나타났다. 주장하기도 빈도수에서 한국 여성이 중국 여성보다 5% 높게 나타났다.

화자와 상대방의 친밀도가 낮은 경우 한국 남성에서 34.85%로 1위를 차지하는 비언어적 표현하기는 중국 남성의 전략에서 7.46%로 5위를 차지하여 차이가 크게 나타났다.

단언하기는 각각 한국 남성과 중국 남성에게서 2위를 차지하는데 빈도수에서 중국 남성은 한국 남성보다 9%나 높게 나타났다. 이유나 근거 제시하기는 한국 남성은 3위, 중국 남성은 1위로 나타났다.

그리고 한국 남성의 4위 사과하기는 중국 남성에게서는 나타나지 않으며 중국 남성에게서 3위인 감사하기와 축하하기는 한국 남성에게서 나타나지 않았다. 이상을 통해서 친밀도가 낮은 경우에 중국 남성과 한국 남성의 거절 전략에 차이가 많다는 것을 알 수 있다.

화자와 상대방의 친밀도가 낮은 경우에 한국 여성의 2위인 비언어적 표현하기와 5위인 주장하기는 중국 여성에게서는 나타나지 않으며 반대로 중국 여성의 3위인 감사하기와 축하하기와 5위인 조건 수락하기는 한국 여성에게서 나타나지 않았다.

D. 공/사적인 상황에 따른 거절 화행 전략

1. 공적인 상황

공적인 상황인 경우는 설문조사 7, 15, 16, 20, 22번 질문이다.[6] 한국어는 142개 답변에 229개 전략을 사용하였으며 중국어는 147개 답

---

6 한국어 모국어 화자의 경우 거절하지 못한다는 답변이 8개로 남성이 5명, 여성이 3명, DCT 상황은 7번과 20번이 각각 4개로 나타났다. 중국어 모국어 화자의 경우에는 3개로서 남성이 1명, 여성이 2명이며 DCT 상황은 모두 7번으로 나타났다. 따라서 본 절에서는 거절하지 못한다는 답변은 제외하고 연구하였다.

변에 231개 전략을 사용하여 답변 대비 한국어는 1.61배, 중국어는 1.57배의 전략을 사용하였다.

<그림27> 공적인 상황

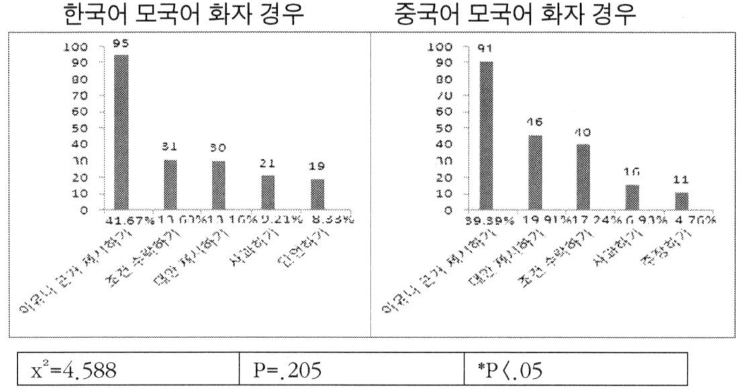

x^2=4.588	P=.205	*P〈.05

　　화자와 상대방의 관계가 공적인 상황에서 한국어 모국어 화자가 자주 사용하는 전략인 2위, 3위와 4위,5위는 각각 빈도수가 비슷하게 나타났다.

　　중국어 모국어 화자가 자주 사용하는 전략 또한 2위,3위와 4위5위로 빈도수는 비슷하지만 한국어 모국어 화자에 비해 중국어 모국어 화자의 차이가 크게 나타났다.

2. 사적인 상황

　　사적인 상황인 경우는 설문조사 1, 2, 3, 4, 5, 6, 8, 9, 10, 11, 12, 13, 14, 17, 18, 19, 21, 23, 24번 질문이다.

〈그림28〉사적인 상황

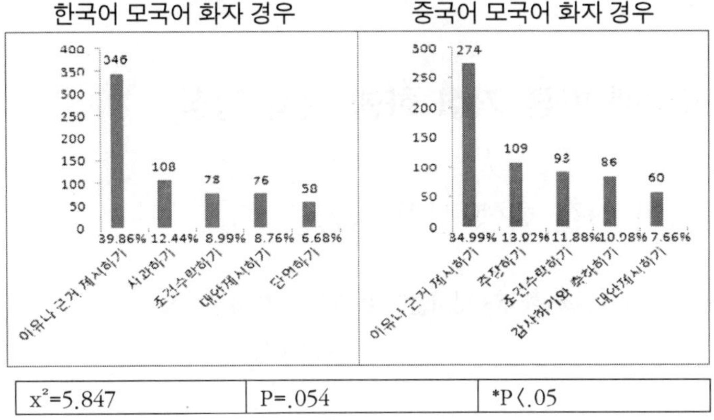

x²=5.847	P=.054	*P〈.05

　　19개의 질문에 대한 답변은 한국어와 중국어 각 모국어 화자별로 570개이고, 각 답변별로 복수의 전략이 허용된 점을 고려하면 한국어 모국어 화자의 전략은 총 868개의 전략을 사용하여 답변 대비 1.52배의 전략을 사용하는 것으로 나타났으며 중국어 모국어 화자는 총 783개의 전략을 사용하여 답변 대비 1.37배의 전략을 사용하는 것으로 나타났다.

　　사적인 상황에서 한국어 모국어 화자와 중국어 모국어 화자가 자주 사용하는 거절 전략은 차이가 많이 나타났지만 대안 제시하기는 비슷한 빈도수를 보였다.　한국어 모국어 화자가 자주 사용하는 사과하기와 단언하기는 중국어에서는 보이지 않으며 반대로 중국어에서 자주 사용하는 주장하기와 감사하기와 축하하기는 한국어 모국어 화자가 자주 사용하는 전략에서는 나타나지 않았다.

　　조건 수락하기는 모두 한국어 모국어 화자와 중국어 모국어 화자에게서 3위를 차지하였는데 한국어 모국어 화자는 8.99%로 중국어 모국어 화자의 11.88%와 많은 차이를 보였다.

3. 성별에 따른 거절 화행 전략 양상

3.1 한국어 거절 화행 전략 양상

〈그림29〉공적인 상황에 한국어 남녀별 거절 화행 전략 사용 빈도

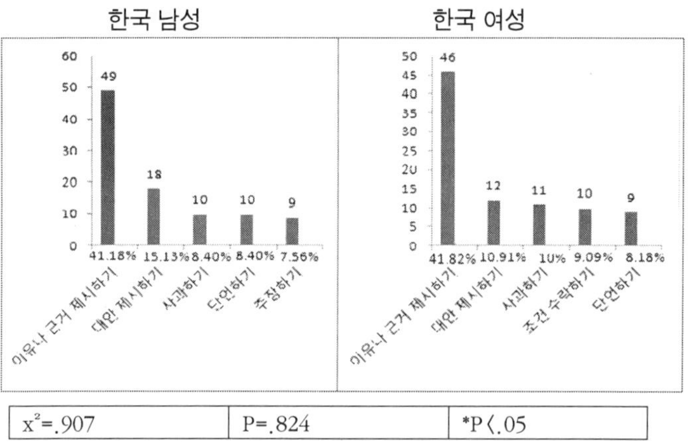

x^2=.907	P=.824	*P〈.05

　화자와 상대방의 관계가 공적인 상황에서 한국 남성과 한국 여성이 자주 사용하는 거절 전략에는 큰 차이가 없었다.

　단지 한국 남성이 자주 사용하는 주장하기는 한국 여성에게서는 나타나지 않으며 한국 여성에서 4위인 조건수락하기는 한국 남성에게 나타나지 않았다.

〈그림30〉사적인 상황에 한국어 남녀별 거절 화행 전략 사용 빈도

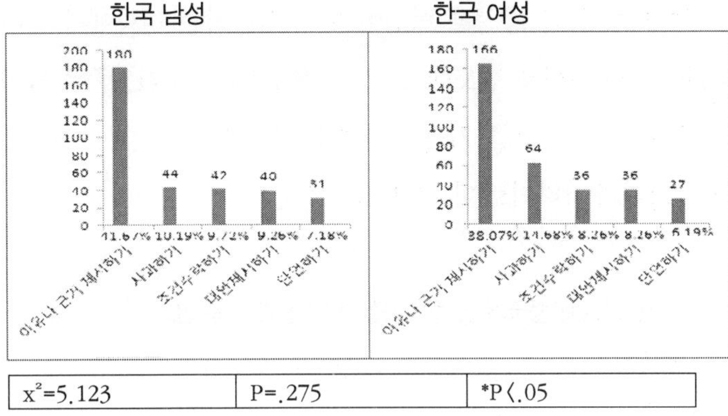

x^2=5.123	P=.275	*P〈.05

   화자와 상대방의 관계가 사적인 상황에서 한국 남성과 한국 여성이 자주 사용하는 5가지 전략의 순위가 동일하게 나타났다. 그리고 사과하기를 제외하고 나머지 전략의 사용 빈도도 유사하게 나타났다.

3.2 중국어 거절 화행 전략 양상

〈그림31〉공적인 상황에 중국어 남녀별 거절 화행 전략 사용 빈도

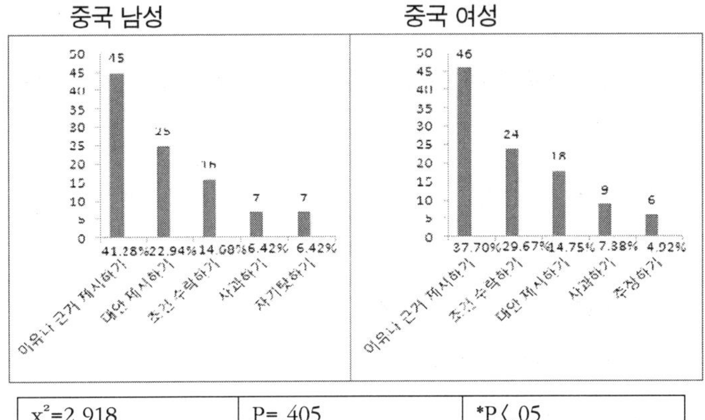

x^2=2.918	P=.405	*P〈.05

　　화자와 상대방과의 관계가 공적인 상황에서 대안 제시하기와 조건 수락하기는 모두 중국 남성과 여성이 자주 사용하는 전략에서 높은 순위를 차지하지만 사용 빈도에서 크게 차이가 나타났다. 중국 남성이 22.94%로 대안 제시하기를 더 선호하는데 반해 중국 여성은 29.67%로 조건 수락하기로 나타났다.

〈그림32〉사적인 상황에 중국어 남녀별 거절 화행 전략 사용 빈도

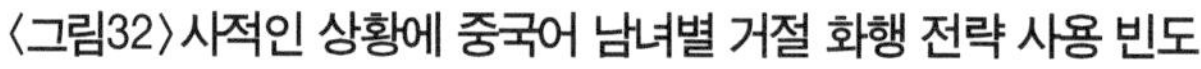

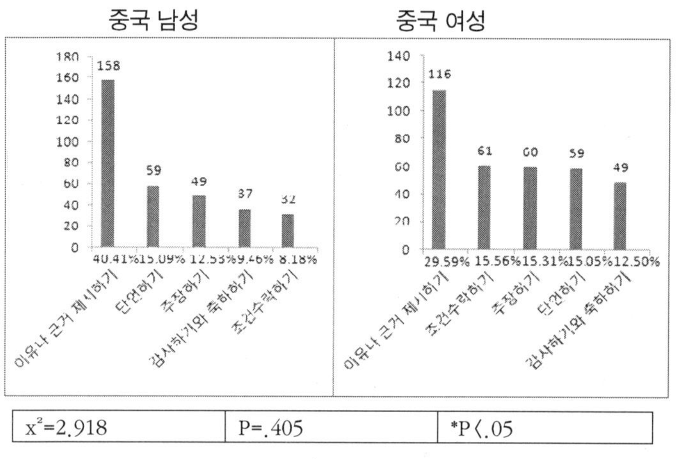

x^2=2.918	P=.405	*P〈.05

　　화자와 상대방과의 관계가 사적인 상황에서 중국 여성이 자주 사용하는 전략 중 1위는 여전히 이유나 근거 제시하기이지만 사용 빈도는 전체 거절 전략에서 사용하는 빈도보다 훨씬 낮게 나타났다.

　　사적인 상황에서 중국 남성과 중국 여성이 자주 사용하는 다섯가지 전략은 동일하지만 순위에서 차이를 보였다. 그 중에서 조건 수락하기와 감사하기는 차이가 가장 많은 것으로 나타났다.

　　그리고 사적인 상황에서 1위인 이유나 근거 제시하기를 제외하고는

중국 남성의 2위에서 5위까지의 사용 빈도는 점점 감소하였으며 중국 여성의 경우에는 2위에서 5까지는 사용 빈도가 유사하게 나타났다.

3.3 한국어와 중국어의 거절 화행 전략 비교

화자와 상대방의 관계가 공적인 상황에서 한국 남성의 4위 5위인 단언하기와 주장하기는 중국 남성에게서 나타나지 않으며 중국 남성의 3위 5위인 조건 수락하기와 자기 탓하기는 한국 남성에게 나타나지 않았다. 나머지는 큰 차이를 보이지 않았다.

공적인 상황에서 한국 여성과 중국 여성은 자주 사용하는 전략에서 큰 차이를 보이지 않는데 빈도수에서 큰 차이를 보였다. 한국 여성의 2,3,4,5위는 거의 비슷한 빈도율을 나타나지만 중국 여성은 분명한 차이를 보이며 감소하였다.

화자와 상대방이 사적인 경우에 한국 남성과 중국 남성이 자주 사용하는 전략은 차이가 났다. 한국 남성의 2위인 사과하기 4위인 대안제시하기는 중국 남성에게 나타나지 않으며 중국 남성 3위인 주장하기와 4위인 감사하기와 축하하기는 한국 남성에게서 나타나지 않았다.

사적인 상황에 한국 여성 2위인 사과하기 4위인 대안 제시하기는 중국 여성에게서 나타나지 않으며 중국 여성 3위인 주장하기 5위인 감사하기와 축하하기는 한국 여성에게서 나타나지 않았다. 그리고 중국 여성가 자주 사용하는 거절 전략은 모두 10% 이상 높은 빈도를 차지하였다.

V.

결론

본 연구에서 우리는 한국어 모국어 화자와 중국어 모국어 화자가 각각 거절 화행에서 어떠한 언어적 표현들을 사용하는가, 또한 청자의 사회적 지위나 청자와의 친밀도, 성별, 연령에 따라 이러한 언어적 표현의 사용이 어떻게 달라지는가를 밝혀보았다. 그리고 같은 조건에서 중국어 모국어 화자가 언어적 장치를 사용하는 언어형태와 한국어 모국어 화자와 어떤 차이를 나타내는가를 살피기도 하였다.

같은 동양권, 같은 유교문화의 영향 속에서 형성된 한·중 양국의 거절 화행은 비슷한 형태를 가지고 있는 것도 적지 않았지만, 양국의 언어, 사회적인 배경, 문화적인 배경, 사고방식 등에 따라 차이점도 많은 것으로 나타났다. 따라서 본 연구는 언어를 학습하는 학습자뿐만 아니라 오랜 역사를 함께한 이웃 나라로서 상대방의 문화에 대해 진일보한 이해를 도와주는 데 유용한 기초 자료로서 의미가 있을 것이다.

본 연구는 언어 전이를 피하기 위하여 서로의 언어에 대해 습득하지 않은 한국어와 중국어 각각의 모국어 화자를 대상으로 각자의 언어를 사용하여 DCT 방식으로 설문조사를 하였다. 그리고 본 연구의 설문조사에서 사용된 답변 중 한 문장에서 다수의 전략을 사용한 경우에는 모두 개별적인 것으로 분류하여 분석하여 다음과 같이 정리하였다.

1 한국어 모국어 화자와 중국어 모국어 화자 각각 30명 중 한국어 모국어 화자는 총720개 답변에서 총 1,097개 거절 전략을 사용하고, 중국어 모국어 화자 또한 720개 답변에서 총1,014개 거절 전략을 사용하여 한국인이 중국인보다 거절할 때 더 많은 거절 전략을 사용한다는 것을 알 수 있다.

2 거절화행의 12개 전략 중에서 한국어와 중국어 모두 같은 순위에 있는 거절 전략은 2개로서 1위인 '이유나 근거 제시하기'와 4위 인 '대안제시하기' 뿐이고, 빈도수를 보면 한국어와 중국어의 거절 전략은 상당한 차이가 있다는 것을 알 수 있다. 특히 사과하기, 주장하기, 감사하기와 축하하기는 많은 차이를 보였다.

3 한국어 모국어 화자의 남성과 여성을 비교하였을 때 제안 제시하기, 사과하기, 조건 수락하기에서, 중국어 모국어 화자의 경우에는 이유나 근거 제시하기와 조건 수락하기에서 차이점이 많았다. 나머지 부분에서는 큰 차이를 보이지 않았다.

한국어 모국어 화자와 중국어 모국어 화자 중 남성을 비교했을 때 같은 순위에 있는 거절 화행 전략은 4개이고, 여성은 이유나 근거 제시하기 1개뿐이었다. 따라서 남성보다는 여성의 경우에 한국어와 중국어의 차이가 많았다.

4 연령, 사회적인 지위 등 부담 정도에 따른 거절 화행을 분석하였을 때 연령보다는 사회적인 지위가 상대적으로 많은 영향을 주는 것을 나타났다. 사회적인 지위로 인해 부담정도가 높은 경우에는 심지어 거절하지 못하는 경우도 발생하였으며 거절하더라도 3개 이상의 다수의 거절 전략을 사용하였다.

그리고 한국어와 중국어 모두 부담 정도가 낮을수록 사용하는 거절 화행 전략의 수도 간략해졌다.

5 친밀도에 따른 한국어 모국어 화자와 중국어 모국어 화자가 자주 사용하는 거절 전략도 다르다. 특히 사대방과 친밀도 하인 경우에는 한국어 모국어 화자가 자주 사용하는 거절 전략인 비언어적 표현하기는 중국어 모국어 화자에게 나타나지 않았다. 중국어 모국어 화자는 상대방과 친밀도 하인 경우에 이유나 근거 제시하기를 더 선호하였다. 그리고 친밀도에 따른 단언하기의 사용 빈도와 순위도 크게 차이를 보였다.

6 공적인 상황에서 한국어 모국어 화자와 중국어 모국어 화자가 자주 사용하는 거절 전략은 크게 차이를 보이지 않았지만 사적인 상황에서 차이가 나타났다.

화행에 대한 연구는 학습자가 목표 언어로 성공적인 의사소통을 학습하고 실행하는 것에 있어서 매우 중요한 과정이다. 그러므로 문법적인 부분과 문화적인 부분을 모두 고려할 수 있어야 한다. 위 연구 결과는 모두 한국어와 중국어의 거절 화행 전략 사용 양상에서 차이가 보인다. 더 나아가 중국인 한국어 학습자의 대화상대자인 한국인

수용하고 용인할 수 있는 즉, 화용적 수용가능성이 높은 거절 화행이
무엇인지에 대한 연구가 필요함을 보여 주고 있었다.

참고 문헌

〈사전 자료〉

국립국어연구원(1999), 『표준국어대사전』, 두산동아.

中国社会科学院语言研究所词典编辑室(2008), 『现代汉语词典』, 商务印书馆.

〈논문 및 문헌 자료〉

강소영(2004), 「거절화행에서 나타난 남녀 대학생의 의식 연구」, 『텍스트언어하회 춘계 학술대회 발표 논문집』.

김경석(1999), 「모국어화자와 학습자의 발화행위 전략 비교: 요청, 거절, 사과 발화 행위를 중심으로」, 『Journal of The Applied Linguistics Association of Korea』Vol.15, No.1, June.

김미숙(1997), 「대화구조로 본 '아니'의 기능」, 『담화와 인지』Vol.4, No.2, 담화·인지 언어학회.

김유향(2008), 『한국인과 중국인의 거절 화행 비교를 통한 한국어 교수 학습 방안 연구』, 한양대학교 석사 학위 논문.

김창익(1984), 「간접 화행과 대화 요령」, 『언어연구』Vol.1, No.0, 한국현대언어학회.

김화진(2006), 『일본어권 한국어 학습자를 위한 거절 화행 연구』, 한양대학교 석사 학위 논문.

박용예(1990), 『영한 화행 대조 분석:요청과 거절을 중심으로』, 서울대학교 대학원 석사 학위 논문.

윤은미(2004), 「한국인과 한국어 학습자의 거절화행에 나타난 공손전략 비교연구」, 『외국어로서의 한국어 교육』Vol.29, No.0, 연세대학교 한국어학당.

이익섭(2000), 『사회언어학』, 민음사.

이해영(2003), 「일본인 한국어 고급 학습자의 거절 화행 실현 양상 연구」, 『한국어 교육』Vol.14, No.2, 국제한국어교육학회.

전정미(2006), 「거절 화행의 실현 양상」Vol.19, No.0, 『한말연구』, 한말연구학회.

전혜영(1989), 『현대 한국어 접속어미의 화용론적 연구』, 이화여자대학교 대학원 박사 학위 논문.

최훈호(2006), 『한국어 거절 화행 유형 연구:갈등에 따른 실현 양상을 중심으로』, 국민대학교 석사학위 논문.

허상희(2002), 『우리말 거절 화행 연구:텔레비전 드라마 대본을 중심으로』, 인제대학교 석사학위 논문.

J. L. Austin/김영진 역(1992), 『말과 행위:오스틴의 언어철학, 의미론, 화용론』, 서광사.

J. R. Searle/이건원 역(1987), 『언화행위』, 한신문화사.

蔡晓丽(2006), 『日韩和东南亚留学生习得汉语拒绝言语行为的调查研究』, 暨南大学硕士学位论文.

何兆熊(2000), 『新编语用学概要』, 上海外语教育出版社.

马月兰(2000), 「中美拒绝语策略共性比较研究」, 『西安外国语学院学报』2000-2.

石景玲,李淑兰(2002), 「中国大学生拒绝邀请的礼貌策略」, 『湖南大学学报(社会科学版)』2002-3.

Austin. J. L(1962), 『How to do things with words』, Oxford University Press.

Beebe, L.M., T. Takahshi, and R. Uliss-Weltz. (1985). 「Pragmatic transfer in ESL refusals」, 『Developing Communication Competence in a Second Language』. Cambridge, MA: Newbury House.

Brown, P. & Levinson, S. C. (1987), 『Politeness: Some universals in language usage』, Cambridge University Press.

Chen Lanyu(2005), 『The Emic and Etic Dimensions of Politeness Evidence from Refusals in Chinese and English』, Southwest-China Normal University.

Gibbs(1986), 「What makes some Indirect Speech Acts Conventional」, 『Journal of Memory and Language』Vol.25.

He Saiping(2007), 「Gender Distinction as Reflected in Different Invitation-Declining Strategies Adopted by Chinese Male and Female College Students」, Shanghai Normal University.

Lakoff, Robin(1973), 「The Logic of Politeness: or Minding Your P's and Q's」, 『Ninth Regional Meeting of the Chicago Linguistic Society』, Chicago Linguistic Society.

Leech, Geoffrey(1983), 『The Principles of Pragmatics』, Longman.

Levinson, S. C.(1983), 『Pragmatics』, Cambridge University Press.

Liu Bao(2006), 「Study on the Politeness of Sincere and Ostensible Refusals in Chinese」, Northeast Normal University.

Ma Xiaofei(2007), 「A Contrastive Study of American and Chinese Refusal」, Northeast Normal University.

Wang Yinghua(2008), 「A Study of Chinese Politeness: Refusal Strategies Among Female Speakers of Mandarin Chinese」, Shandong University.

Xu Hui(2007), 「The Speech Act of Indirect Refusal in Contemporary Chinese」, Guangxi Normal University.

Yule, George(1996), 『Pragmatics』, Oxford University Press.

부록1: 한국어 모국어 화자용 설문지

> 안녕하십니까? 이 설문지는 한국인의 언어 행동 연구를 위한 것입니다. 여러분이 다음의 상황에 직접 처하게 된다면 어떻게 표현할지 최대한 자연스럽게 써 주시면 감사하겠습니다.

- 연령: 20대(   ) 30대(   ) 40대(   )
- 성별: 남(   ) 여(   )
- 학력사항: 고졸(   ) 대학 재학 및 졸업(   ) 대학원 재학 및 졸업(   )

※ 다음의 제시된 상황에 자신이 놓여있는 것을 상상하여 답변을 해 주십시오.
※ 상황에 따라 같은 말이 중복되어도 상관없으며, 짧게 말씀하셔도 상관없으며, 만약에 아무 말도 하지 않으면 그냥 '아무 말도 하지 않음'을 써도 상관없습니다. 실제적으로 일상생활에서 사용하는 표현을 적어주십시오.

1 당신의 <u>친한 친구(동성)</u>가 당신에게 일본어를 가르쳐 달라고 합니다. 당신은 일본어를 잘 하지만 별로 가르쳐 주고 싶지 않습니다. 당신은 어떻게 거절하겠습니까?

____

2 다음주는 기말고사 시간인데 <u>친구(동성)</u>가 당신에게 노트를 빌리고 싶습니다. 그러나 당신도 복습해야 하기 때문에 빌려주기가 어렵다면 당신은 친구의 부탁을 어떻게 거절하겠습니까?

____

3 길에서 <u>낯선 사람(동성)</u>이 다가와서 설문조사를 부탁합니다. 당신은 별로
하고 싶지 않다면 어떻게 거절하겠습니까?

____

4 당신은 하루 종일 회사에서 바쁘게 일해서 너무 피곤합니다. 그런데 이 때
는 <u>남자(여자)친구</u>가 같이 영화를 보자고 한다면 당신은 남자(여자)친구에
게 어떻게 말하겠습니까?

____

5 당신의 생일 파티에서 별로 <u>친하지 않는 친구</u>가 너무 비싼 선물을 주었습
니다. 가까운 사이도 아니고 부담스러워서 친구에게 돌려주고 싶습니다.
이 때 당신은 이 친구에게 어떻게 말하겠습니까?

____

6 당신은 친구랑 같이 소풍을 갔다가 오는 길에 버스 정류장에서 버스를 기
다리고 있습니다. 이 때 <u>낯선 사람(이성)</u>이 집에 바래다 준다고 합니다. 이
때 당신은 어떻게 거절하겠습니까?

____

7 당신은 이과학생인데 하루 종일 실험실에서 실험을 해서 빨리 집에 가서
쉬고 싶습니다. 그런데 <u>교수님(남자)</u>께서 내일 발표준비 때문에 당신에게
도움을 구합니다. 이 때 당신은 교수님을 어떻게 거절하겠습니까?

____

8 당신은 친구 집에 갔습니다. <u>친구의 어머님</u>이 당신에게 저녁을 먹고 가라
고 하는데 당신은 일찍 집에 가고 싶습니다. 이 때 당신은 어머님에게 어떻
게 말하겠습니까?

____

9 학과 모임에 갔습니다. 당신은 별로 술을 마시고 싶지 않은데 옆에 앉은 <u>친구(남자)</u>가 자꾸 술을 마시라고 강요합니다. 당신을 어떻게 거절하겠습니까?

____

10 친구 집의 파티에서 <u>친구(여자)</u>가 당신에게 케이크를 하나 더 먹으라고 권합니다. 당신은 이미 많이 먹어서 더 이상 먹고 싶지 않을 때 당신은 친구에게 어떻게 말하겠습니까?

____

11 졸업 후에 보험회사에 취직한 <u>후배(남자)</u>가 찾아왔습니다. 보험에 가입하라고 권유합니다. 당신은 별로 가입하고 싶은 생각이 없다면 어떻게 거절하겠습니까?

____

12 A씨(여자)는 당신이랑 <u>친한 대학교 후배</u>입니다. 어느 날 A씨의 전화를 받아서 A씨의 생일 파티에 참가해달라고 초대를 받았습니다. 당신은 약속이 없지만 별로 가고 싶지 않습니다. 이 때 당신은 후배의 초대를 어떻게 거절하겠습니까?

____

13 <u>당신보다 3 살 많은 친한 학교 후배</u>가 바쁘다며 당신에게 대신 자신의 과제를 해달라고 부탁을 합니다. 당신은 해주고 싶지 않습니다. 이 때 당신은 후배에게 어떻게 말하겠습니까?

____

14 당신과 친한 학교 사람들 중에 <u>당신보다 10살이 많은 후배</u>가 있습니다. 그 사람이 당신의 생일에 가지고 싶어 했던 값비싼 선물을 사주겠다고 합니다. 당신은   어떻게 거절하겠습니까?

____

15 당신은 회사의 사장님입니다. 올해는 경기가 나빠서 손익이 별로 좋지 않
   은데도 불구하고 어느 <u>직원(당신보다 3살이 많음)</u>이 임금인상을 요청합
   니다. 이 때 당신은 이 직원의 요청을 어떻게 거절하겠습니까?

   ____

16 <u>당신보다 10살이 많은 부하직원</u>이 당신의 업무가 많은 것을 알고 간단한
   일을 지기가 도와주겠다고 합니다. 당신은 도움을 받고 싶지 않다면 어떻
   게 거절하겠습니까?

   ____

17 주말에 집안 대청소를 해야 하는데 당신은 이미 친구들이랑 약속을 했습
   니다. 이 때 당신은 <u>어머니</u>에게 어떻게 말하겠습니까?

   ____

18 A씨는 당신의 <u>친한 친구</u>입니다. 어느 날 A씨와 같이 미용실에 갔는데 A
   씨가 자신의 헤어 스타일을 당신에게 추천합니다. 이 때 A씨의 제의를 어
   떻게 거절하겠습니까?

   ____

19 A씨는 당신이랑 <u>친한 대학교 후배</u>입니다. 어느 날 A씨가 실수로 당신의
   컵을 깨뜨려서 새 컵을 사주려고 합니다. 굳이 그럴 필요가 없다면 당신
   은 후배에게 어떻게 말하겠습니까?

   ____

20 당신의 <u>선생님</u>은 당신이 가지고 있는 매우 귀중한 책을 빌려달라고 합니
   다. 당신은 어떻게 거절하겠습니까?

   ____

21 A씨는 당신의 <u>친구</u>입니다. 어느 날 A씨가 급한 일이라며 100만원을 빌려
  달라고 합니다. 당장 당신도 돈을 써야 하는 일이 있다면 A씨의 부탁을
  어떻게 거절하겠습니까?

  ____

22 당신은 회사의 <u>사장님</u>입니다. 어느 날 급한 일이 생겨서 모두가 야근해야
  만 합니다. 그런데 어떤 직원이 집에 일이 있어서 빨리 퇴근하고 싶다고
  한다면 당신은 직원의 요청을 어떻게 거절하겠습니까?

  ____

23 당신은 백화점에서 옷을 사고 있습니다. 어느 <u>판매원</u>이 계속 당신이 사고
  싶지 않은 옷을 추천하고 있습니다. 이 때 당신은 그에게 어떻게 말하겠
  습니까?

  ____

24 길을 가는데 주머니에 돈이 없습니다. 그런데 길에서 <u>노숙자</u>가 당신에게
  구걸한다면 당신은 어떻게 거절하겠습니까?

  ____

부록2: 중국어 모국어 화자용 설문지

您好!本调查问卷上是为了研究中国人言语行为而进行的问卷。假设
您处于下列各个状况,请尽可能用您最可能使用的自然的语言填写
本问卷。谢谢!

- 年龄: 20-30(　)　30-40(　)　40-50(　)
- 性别: 男 (　)　　女(　)
- 学历: 高中毕业(　)　大学在读或者毕业(　)　硕士在读或者毕业(　)

※ 请您尽量按照自己可能使用的话语详细回答本问卷。

※　根据情况不同,可以使用重复的回答,也可以采取简短的回答,如果采取什
么都不说的方式拒绝的话请注明'什么话也不说'。

1 您的很亲密的同性朋友想让您教他日语。您的日语水平不错,但是不是很想
　教他,请问您会怎样拒绝?

　____

2 下周就是期末考试了。同性朋友想向您借笔记,但是您也要复习。请问这个
　时候你会怎样拒绝?

　____

3 马路上有陌生人想请您做调查问卷。如果您不愿意,会怎样拒绝他?

　____

4 您在公司工作了一天已经很累了,但是这时您的男(女)朋友想约您一起去
　看电影,这时您会怎样拒绝?

————————————————————————————————————

5 在您的生日聚会上,跟您并不是很熟悉的朋友送给您很贵重的礼物。由于不
　是很亲近的关系,感到很有负担,所以您想把礼物还给朋友。这时您会怎样
　说?

————————————————————————————————————

6 您跟朋友出去玩,现在在车站等回家的汽车。这时有异性陌生人说可以送您
　回家,请问您该怎样拒绝?

————————————————————————————————————

7 假如您是理科学生,已经在实验室里做了一天的实验,想赶快回家休息。这
　时候教授希望您能帮他准备一下明天发表的PPT。请问您该如何拒绝教授?

————————————————————————————————————

8 您去朋友家做客,朋友的妈妈想招待您吃晚饭,可是您想早点回家。这个时
　候您该怎样拒绝呢?

————————————————————————————————————

9 在学校的聚会上,您并不想喝酒,但是坐在旁边的朋友一直劝您喝酒。请问
　这种情况下您会怎样拒绝?

————————————————————————————————————

10 在朋友家的聚会上,女性朋友一直劝您再吃一块蛋糕。假如您已经很饱了,
　　该怎样对朋友说?

————————————————————————————————————

11 已经毕业的在保险公司工作的学弟想让您买一份保险。如果您并不是很
想买保险的话,这时会怎样拒绝?

____

12 小A是跟您很亲近的学妹。有一天您接到她的电话,说想邀请您参加她的
生日聚会。您虽然没有什么事,但是不是很想去,请问您会怎样拒绝她?

____

13 比您大三岁的学校后辈最近由于很忙,想请您帮忙做一下作业。如果您不
想帮忙,会怎样拒绝?

____

14 比您大十岁的关系很亲密的学校后辈想在您生日的时候送一份很贵重的
礼物。你会怎样拒绝?

____

15 假设您是公司经理。虽然明知今年由于经济不景气,公司收益不好,但是比
您年长3岁的下属职员还是向您提出了涨工资的要求。请问您会怎样拒
绝?

____

16 比您大十岁的下属职员看到您很忙,所以想帮帮您。可是您觉得自己完成
自己的工作更好,这时您会怎样拒绝他?

____

17 周末全家大清扫,但是您已经跟朋友有约会了。这个时候该怎样跟妈妈说?

____

18 小A是您很亲密的好朋友。有一天您跟他一起去理发店,他建议您做一个
跟他一样的发型。您会怎样拒绝小A的建议?

____

19 小A是跟您关系很好的学校后辈。有一天他不小心把您的杯子打碎了,想要
赔一个给您。但您认为不是什么大事,不用赔也可以。请问您会怎样拒绝?

____

20 您的老师想要借您的一本非常贵重的书。请问您会怎样拒绝?

____

21 小A是您的朋友。有一天他想向您借5000块钱,但是您也正有用钱的地方
不方便借给他。这时您会怎样拒绝?

____

22 假如您是公司的老板。有一天因为有很急的事情,所以所有的人都要加班。但
是这个时候有个下属职员说家里有事要早点下班。这时您会怎样拒绝他?

____

23 您在百货店买衣服。有个售货员一直向您推荐一件您并不想买的衣服,这
时您会怎样拒绝?

____

24 假设您在路上走,兜里没有零钱。这时有个乞丐向您乞讨,您该怎样拒绝?

____

중국인 한국어 학습자의 요청 화행에 관한 연구

Chu Wen Bo

이화다문화총서 언어 2 한·중 언어 비교 연구

I.
서론

A. 연구 목적 및 필요성

한, 중 양국은 수천 년의 역사를 지나오면서 여러 가지 문화적 교류를 통해 많은 공통점을 가지고 있다. 그러나 각기 다른 가치관과 세계관을 가지고 발전해 왔기 때문에 각자 독특한 특징을 가지고 있다. 이제는 한국어와 다른 언어와의 화행을 비교한 연구가 필요한 시점이기 때문에 같은 문화권에 속해 있는 중국어와의 비교는 큰 의미를 찾을 수 있다 하겠다.

최근 들어 외국어 학습에서 문법이나 문장 구조를 배우는 것보다 원활한 의사소통 능력을 향상시키는 것이 더 중요하다는 주장이 널리 받아들여지고 있다. Hymes(1979)는 제대로 의사소통을 하기 위해서는 의사소통능력(communicative competence)을 갖추어야 하고, 적절한 언어사용을 위한 조건으로 언어학적 지식뿐만 아니라, 사회 문화적, 화용론적 지식도 필요하다고 주장하였다. 그리고 의사소통은 언어 자체뿐만 아니라 그 언어에 담겨 있는 사회 문화적인 배경도 함께 이해해야 가능해진다고 하였다. 따라서 외국어를 사용하여 의사소통을 할 수 있고 나아가 그 외국어를 모국어로 사용하는 사람들의 사회, 사고방식 등을 더 잘 이해한다면 그 외국어 학습에 성공했다고 할 수 있다. 특히 언어가 사용되는 다양한 맥락 속에서 어떤 기능을 가지고 있으며 의사소통 상황에서 어떻게 사용되는지를 아는 것도 중요하다.

외국어로 성공적인 의사소통을 하려면 문법적 규칙의 습득 못지않게 화용 규칙의 습득이 요구된다. 요청화행은 실제 생활에서 많이 쓰이는 화행으로 잘못 하면 거절을 당하고 심지어 체면을 잃을 수도 있으니까 외국어를 배울 때 해당 외국어로 어떻게 요청하고 어떻게 거절할 줄 알아야 그 언어의 모어화자와 원만한 인간관계를 유지할 수가 있다.

한국인과 중국인은 언어, 사회, 문화, 사고방식 등이 많이 다르기 때문에 중국인 한국어 학습자가 한국어로 요청을 할 때 한국인과 의사소통에 실패하는 경우가 있다. 그런 이유로 의사소통에 성공하고자 한다면, 중국인 한국어 학습자가 한국어 구조에 대한 지식 외에도 화용적 지식을 학습하는 것이 매우 중요하다.

이 논문은 한국어와 중국어에 있어서의 요청화행을 수집하고 각각의 특징을 연구 비교하면서, 중국인 한국어 학습자들이 한국어로 요청화행을 할 때 나타나는 화용적 전략 조사하고 분석하며, 중국인 한국어 학습자들이 사용하는 한국어 요청화행이 한국어 모어화자와 어느 정도 차이가 있는지, 중국어의 영향이 어느 정도 남아있는지에 대하여 살펴보는 데 목적을 두고 있다.

B. 선행 연구 검토

화행에 대한 연구는 1962년 Austin 제시한 후, 1969년 Searle이 이 이론을 발전시켰다. 근래에는 이를 화용론(pragmatics)[1], 사회언어학 관점에서 접근해 보려는 연구들이 활발하게 진행되었다. 이 중에 대조 화용론(contrastive pragmatics)[2]쪽의 연구가 가장 활발하다.

Austin(1962)에서 처음으로 화행이론(speech act theory)을 제기하고 나서 많은 관심을 끌었다. 거기서 언어는 객관 세계를 진술한 도구일 뿐만 아니라, 언어행위(speech act)기도 하다고 제기한다. Searle(1969)에서는 Austin의 화행이론을 체계화시키는 동시에 간접화행이론도 제기했다. Austin과 Searle은 계속해서 여러 가지 화행에 대해서 분류 하고 분석했으며, 화행은 사회교제의 기본단위라고 했다.

이런 이론 연구의 기초 위에서, 요청화행을 할 때의 전략에 대한 연구도 시작하게 되었다. 주로 Scarcella(1979), Ervin-Tripp(1976), Brown& Levinson(1978), Blum-Kulka, House와 Kasper(1989), Hassall (1997), Hill(1997)등이 있다.

Scarcella(1979)는 초급, 고급 ESL[3] 학습자의 공손성 전략을 알아보기 위해 세 편의 역할극을 설정하여, 이를 모어 화자와 비교하였다. 그 결과 요청을 수행하는 데 있어서 초급 단계의 학습자들이 거의 예

---

1 화용론은 언어가 의사소통에서 어떻게 사용되느냐에 관하여 연구하는 것이다.

2 대조 화용론은 언어 문화적으로 언어 사용의 차이점을 연구하는 것으로 초기에 독립된 문장 내 에서 음운이나 문법 등의 언어학적 요소를 대조하던 것에서 벗어나 점차 맥락에서의 의사소통과 관련하여 기능이나 그에 따른 표현 방법의 차이 등 보다 사회 언어학적으로 접근하면서 그 연구 분야를 확대해 오고 있다.

3 제2언어로서의 영어

외 없이 명령문에 의존한다는 것을 알아냈다. 이에 비해 보다 높은 수준의 학습자들은 상대방의 지위(status)에 민감성을 보였으며, 동등한 지위나 자신보다 지위가 낮은 사람, 친한 사람 등을 제외하고는 명령문의 사용을 극히 제한하였음을 보고하였다.

Ervin-Tripp(1976)은 대화자간의 상대적인 Power관계와 지시류를 명확하게 분류하였 고, Brown&Levinson(1978)은 공손성을 체면위협 행위(face threatening acts: FTA)의 관점에서 바라보고 요청화행에 나타나는 전략들을 적극적, 소극적 책략으로 나누어 설명하고 대표적인 연구이다.

Blum-Kulka, House와 Kasper(1989)는 CCSARP[4]에서 요청 화행과 사과 화행 실현에 있어 다양한 언어권 및 문화적 배경을 가진 비원어민 집단과 원어민 집단이 변인에 따라 어떤 특징적인 전략을 사용하는지를 연구하였다. 이들은 DCT[5]를 실험 도구로 삼아 요청의 직접성의 정도를 기준으로 하여 9개의 요청 전략을 제시하였다. 이후 많은 연구에서 요청 전략 분석틀로 사용되었다.

Hassall(1997)은 인도네시아어를 외국어로 학습하는 호주 학습자의 요청 화행을 역할극을 통해 분석하였다. Hill(1997)과 동일한 관점에서 Hassall은 학습자들이 모어 화자와 유사하게 사용하지만 그 이면

---

4 Cross-Cultural Study of Speech Act Realization Project: 1980년대 미국에서 언어 행위에 있어 교차 문화 적으로 어떤 변인들이 있는지를 조사하기 위해서 시작된 프로젝트, 이 프로젝트에서 초점을 두었 던 것은 요청과 사과 화행이 모어 화자와 비모어 화자를 포함하는 언어와 문화들이 섞인 사회적 상황에서 실현되는 요청과 사과 형태를 기술하는 것이었다.

5 Discours Complete Test: 일련의 짧은 대화 상황과 도출하고자 하는 화행 부분이 빈칸으로 뒤어 있는 간단한 대화문으로 구성되어 있으며 피험자들은 주어진 역할에 따라 대화를 글로 완성시키도록 요구받는 조사방법이다.

에 숨겨진 미시 전략들은 모어 화자와 상당한 차이가 있음을 밝혔다. 즉 초급 학습자의 경우 모어 화자와 마찬가지로 직접적인 요청 전략을 사용하기는 하지만 미시 전략을 살펴보면, 모어 화자의 경우 축약 명령문을 사용하는 반면, 학습자들 중에서 이러한 전략을 사용하는 경우는 고급 학습자에 한한다. 또한 암시 전략과 관련하여 초급 학습자들에서 '암시하기'와 같은 비관례적인 간접 표현을 택하는 경우가 많았는데, 이는 간접 전략을 선호해서라기보다는 규범화된 상투어를 잘 모르기 때문이라고 하였다.

한국에서 초기 화행 연구는 한국어와 영어 화행을 대조·비교하는 연구가 주류를 이루었는데, 이에 해당하는 연구로 박용예(1990), 전선주(1991), 박영순(1992), 고인수(1995), 홍혜성(1997)이 해당된다. 한국인의 요청 화행에 대한 연구는 이정은(1997), 노주현(2001)을 들 수 있는데 이정은(1997)은 요청화행의 연쇄 양상을 유형별로 분류하고 요청 상황의 성격을 밝혔다. 한국어 교육 분야의 화행에 대한 연구를 살펴보면, 사과(박은영,2000; 김인규, 2003; 홍선수, 2003), 거절(서희정, 2000; 윤은미, 2004; 김화진, 2005), 칭찬(송영미, 2003; 전지원, 2006), 불평(미즈시마 히로코, 2003), 설득(김미영, 2004) 등 다양한 영역에서 화행 연구가 진행되어 왔는데, 이성순(2002), 정민주(2002), 조경아(2003) 등과 같이 개별 화행 중 요청 화행에 대한 연구가 가장 지속적으로 이루어졌다.

먼저 한국인 영어 학습자와 영어 화자의 화행을 비교한 박용예(1990)에서는 Blum-Kulka, House 및 Kasper(1989)의 분석 틀을 이용해서 영어화자와 한국어화자, 영어학습자 모두 예비적 조건에 대한 질문에 의한 요청이 가장 많이 사용되었다. 전선주(1991)에서는 한국인 화자가 영어 화자보다 직접적인 요청 화행을 많이 사용하는 것으로 나타났다. 그리고 한국어의 공손 표현이 영어보다 훨씬 더 분화, 발달했음에도 불구하고, 한국인 학습자들은 'please'의 문자적 의미만을 고려한 직접화행을 많이 사용하여 화용상의 오류를 범하고 있다고 한다. 박영순(1992)에서 한국어의 문장형식인 서술문, 청유문, 의문문, 명령문 각각에 있는 '요청'의미자질이 있는 문장들을 포괄하여 '요청문'이라고 명명하고, 이중에 명령문이 가장 강력하고 대표적인 요청문임을 주장하였다. 고인수(1995)는 영어와 한국어의 요청 화행을 사회적, 상황적 변인을 고려하면서 비교 연구하여 한국인이 사용하는 요청 전략이 영어 학습에 전이되고 있음을 보여준다. 홍혜성(1997)은 사회적 지위와 친밀성에 따른 요청 전략을 적극적 예절 전략과 소극적 예절 전략으로 나누어 분석하였다. 그 결과 영어 화자가 한국인 학습자보다 모든 상황에서 칭찬하기 전략을 많이 사용하였으며, 한국인 화자는 영어화자보다 친밀도가 높은 상황에서 더 직접적인 표현을 많이 사용함을 밝혔다. 이들 영어 교육 분야에서 이루어진 초기 화행 연구의 경향은 이후 한국어 화행 연구의 이론적 배경과 연구 방법에 많은 영향을 끼쳤다.

일본어를 대상으로 한 중간언어 요청 화행 연구로는 조경아(2003)와 김은영(2004)이 있다. 조경아(2003)에서는 일본인 한국어 학습자의 요청 화행 실현 양상을 연구하였는데 일본인 학습자와 한국인의 요청 화행의 차이점, 유사점 등을 비교하였다. 그리고 교재 개발, 교수 및 학습 활동까지 제시하였다. 이 연구 역시 DCT를 통하여 일본인 한국어 학습자의 요청 화행 실현 양상을 연구하였다. 김은영(2004)에서는 일본인 한국어 학습자들은(JKL) 요청할 때 전체적으로 일본어 원어민(JNS)에 가까운 양상을 보였으나 친밀도 변인과 권력 변인의 경우에는 목표어인 한국어 원어민(KNS)과 자신의 모어인 일본어 원어민(JNS)과는 다른 양상의 요청 전개 구조를 보였다.

한국어 모어 화자의 기준 자료를 구축하기 위해 한국어 모어 화자가 실제로 사용하는 요청 화행을 연구하여 체계화한 것으로는 이정은(1997), 노주현(2001)을 들 수 있다. 이정은(1997)은 요청화행의 연쇄 양상을 유형별로 분류하고 요청 상황의 성격을 밝혔는데, 요청 상황에서 화행의 연쇄가 복잡하게 나타나는 것은 청자의 체면을 손상 시키는 것을 피하려는 화자의 의도와 관련이 있기 때문이라고 기술하였다. 노주현 (2001)은 한국인의 요청 수행을 성별, 나이를 변인으로 하여 Blum-Kulka, House와 Kasper(1989)가 제시한 전략 유형의 틀에 맞추어 분석하고, 종결어미에 나타난 대우법 의 형식을 분석하였다. 여기서 요청 전략을 결정짓는 변인을 친밀도, 사회적 지위, 체 면으로 나누어 연령이나 성별에 따른 전략 유형과 대우법에 나타난 변이를 설명하였다.

한국어 교육에서 이루어진 요청 화행 연구를 살펴보면, 이성순(2002)에서는 영어권 한국어 학습자와 한국인의 요청 화행을 친밀도, 사회적 지위, 요청 상황 등 세 가지 변인에 따라 전략과 문형에 따라 나누어 분석하였다.

정민주(2002)에서는 한국어 교재에서 요청 화행이 이루어지는 상황들과 빈도를 분석하였다. 이 연구에서 학습자들에게 화용적 능력을 키우기 위한 맥락에 대한 정보, 대화자간의 사회적 거리, 나이, 지위관계 등 화행에 영향을 미치는 다양한 상황과 전략들이 가장 기본적인 교육 자료에서 제시되지 않았다고 문제점을 지적하였다. 이것은 모어 화자가 실생활에서 사용하는 화행에 대한 조사 없이 편찬자의 직과에 의존하여 교재를 제작하였기 때문이며, 이러한 것이 결국 화행 교육에 어려움을 초래한다고 언급하고 있다.

중국에서의 연구로는 먼저 胡晓琼(1999)에 의하면 중국어의 요청 화행은 일반적으로 직접과 간접 두 가지표현으로 나눈다. 직접표현은 항상 명령형 혹은 서술형으로 하며 잘 아는 사이, 혹은 윗사람이 아랫 사람에게 주로 쓴다. 간접표현은 항상 '你能不能, 你可不可以, 麻烦你' 혹은 서술문＋부가의문문 '好吗? 行吗? 可以吗?'그리고 '请' 등을 이용해서 예의를 윤색하여, 항상 공식적인 상황에만 쓰인다. 그리고 중국에서의 요청은 애칭을 통해 표현할 수도 있다. 애칭은 빈번하게 쓰이며 화자와 청자의 거리를 가깝게 해주는 가장 직접적인 언어표현 형식이다.

He Qiong(2003)에서는 조사를 통해Brown&Levinson의 체면이론 과 Kasper의 요청책략 이론이 중국어에서 어떻게 적용되는지를 검증 했다. 그 결과 Brown&Levinson의 체면 위협행위의 세 변수, 즉 사회 적인 힘(power), 거리(distance), 등급(ranking)이 요청 책략 선택에 영 향을 주지만 Brown&Levinson에서 말한 정도로 크지는 않다. 그리고 CCSARP에서는 직접적인 책략, 관례적 간접적인 책략 그리고 비관례 적 간접적인 책략 중 관례적 간접적인 요청책략은 중국어에 가장 많 이 쓰이고, 가장 예의 바른 요청책략이라고 주장했다.

이상의 선행연구들을 정리해 보면 지금까지의 요청 화행에 관한 연 구들은 주로 영어권 한국어 학습자의 한국어 요청 화행과 일본어권 한국어 학습자의 한국어 요청 화행에 주력해 왔음을 알 수 있다. 중국인 학습자가 많아지고 있는 이 시점에 중국인 한국어 학습자의 화행 연구는 필수적이다. 그리고 한국어 학습자 대상으로 한 화용적 능력이나 화용적 전략에 대한 연구는 문법적 오류 연구에 비해서 활성화되지 않았다. 특히, 요청 화행을 할 때 모국어가 학습자의 중간언어에 미치는 영향에 대한 연구는 찾기가 힘들다.

본 연구에서는 중국인과 한국인 요청 화행을 할 때 어떠한 요청 전략을 선택하는지 살펴보고자 한다. 또한 다른 연구에서 찾기 어려운 모국어가 학습자의 중간언어에 미치는 영향에 대해도 연구하고 중국인 한국어 학습자들에게 도움을 줄 수 있는 화용론적인 연구를 수행하고자 한다.

C. 연구 문제

본 연구는 중국인 한국어 학습자를 대상으로 하여 요청의 변인을 요청의 성격과 친소 관계, 사회적 지위 권계로 세분화하여 요청 전략의 실현 양상을 연구하고자 한다. 이에 따라 본 연구는 다음과 같은 연구 문제를 설정하였다.

첫째. 한국인과 중국인이 요청화행을 할 때 전략이 어떻게 다르게 나타나며 그 차이는 어떤 양상으로 나타나는가?

둘째, 중국인 한국어 학습자가 한국어로 요청 행위를 할 때 어떤 전략을 사용하는가? 모국어인 중국어의 영향을 받는가?

셋째, 화자와 청자 사이의 친밀도와 상대적 지위 그리고 요청상황의 성격이 요청 전략 사용에 영향을 미치는가?

이상에 연구 문제를 해결하기 위해 우선 중국인과 한국인이 요청 행위를 할 때 어떻게 다른지를 분석하고 그 후에 중국인 한국어 학습자가 어떤 방식으로 요청하는지, 한국인과 중국인 요청 전략 중 어느 쪽에 가까운지를 분석하고자 한다. 또한 화자와 청자 사이의 요청화행의 성격, 친밀도, 상대적 지위가 전략 사용에 영향을 미치는지를 살펴볼 것이다.

II.
이론적 배경

A. 요청화행의 개념

화행론은 Austin(1962)에 의해 시작되어, Searle(1972)에 의해 좀 더 보완되고 체계화되어 독자적인 학문의 한 분야로 발전되었다. Austin(1972)은 각각의 발화문 안에서 세 가지 종류의 행위를 구분했는데, 첫째 '발화 행위(locutionary act)'는 소리나 문자를 이용하여 의미 있는 언어적 표현을 만들어 내는 말로서 실제적 발화 그 자체를 가리키며, 둘째 '발화수반 행위(illocutionary act)'는 명령, 약속, 축하, 거절, 사과, 요청과 같이 발화행위를 통하여 화자가 성취하고자 하는 의사소통적 의도 또는 목적을 의미한다. 셋째 '발화효과 행위(perlocutionary act)'는 언표 행위와 언표내적 행위를 통해서 효과를 만들어내는 것을 말한다.

Searle(1972)은 발화수반 행위는 어떤 문장의 발화를 통해 진술, 명령, 질문, 청유와 같은 언어내적 힘(illocutionart force)에 의해서 결정되는 중요한 요소인 것으로 보고 발화수반 행위에 주된 관심을 두었다. Searle(1972)은 발화수반 행위를 다음과 다섯 가지로 분류하였다.

(1) 단언행위(assertives): 화자가 말한 것을 표현된 명제의 진리에 위임하는 행위이다.

　• 예: 단언하기, 결론짓기 등

(2) 지시 행위(directives): 화자가 청자로 하여금 뭔가를 하도록 시도하는 행위이다.

　• 예: 요구하기, 명령하기, 질문하기 등

(3) 언약 행위(commissives): 화자로 하여금 어떤 장래의 행동을 취하게 하는 행위이다.

　• 예: 약속하기, 위협하기 등

(4) 정표행위(expressives): 심리적 상태를 표현하는 행위이다.

　• 예: 감사하기, 사과하기, 환영하기 등

(5) 선언 행위(declaratives): 사건의 제도적 상태 속에서의 즉각적인 변화에 영향을 까치며 정교한 언어 외적인 제도들에 의존하려는 경향이 있는 행위이다.

　• 예: 명명하기. 선전 포고 등

　요청 화행은 Searle(1972)의 발화수반 행위의 분류에서 '지시행위'의 범주에 속한다. 화자가 청자에게 어떤 행위를 하도록 유도한다는 점에서 요청화행, 명령화행, 제안화행은 공통점을 가지지만, 요청화행에서는 청자가 어떤 행위를 할 것을 화자가 요구하고 그 행위의 수행에 대한 결정권은 청자에게 달려 있다. 그러나 명령화행은 화자가 청자에게 어떤 행위를 요구할 권리가 있고 그 요구를 수행할 것을 거절할 권리는 청자에게 거의 없다. 제안화행은 단순히 화자가 청자에게 일방적으로 어떤 행위를 할 것을 요구하는 것이 아닌 화자와 청자가 함께 할 것을 요구하는 발화행위이다.

Searle(1972)에 요청화행의 적절성 조건 이론은 어떤 발화가 요청으로 성립하기 위해서는 다음과 같은 적절성 조건을 만족시켜야 한다고 한다.

- 명제 내용 조건(propositional content): 청자에 의해서 수행된 미래의 행위 X를 가리 켜야 한다.
- 예비 조건(preparatory):

  a: 청자가 행위X를 수행할 수 있어야 하며, 화자는 청자가 그것을 할 수 있다고 믿어야 한다.

  b: 보통 청자가 자발적으로 행위 X를 수행할지 화자에게 분명하지 않다.
- 성실성 조건(sincerity): 실제로 화자는 청자가 행위 X를 하기를 원한다.
- 기본 조건(essential): 그 발화문은 청자가 행위 X를 실행하도록 설득하기 위한 시도로서의 역할을 한다.

위에서 제시한 조건에 따르면, 요청은 화자가 청자에게 해주는 미래 행위 X가 된다. 요청 화행이 이루어지기 위해서는 화자가 청자에게 X를 수행해 주기를 요청하기 위해 청자가 그 일을 할 수 있는 능력이 있음을 확신해야 하고, 또 화자가 청자에게 X를 해 주기를 바랄 때 이루어진다. 이러한 조건들이 성립할 때 화자는 청자에게 요청을 하게 되고, 청자는 화자의 요청을 들어주게 되는 것이다.

요청화행을 실현하는 발화에는 청자의 미래 행동에 대한 화자의 기대나 소망이 들어 있으나 그 요청의 수락 여부에 대한 결정은 청자에게 달려 있다는 특징으로 인해 요청화행에서는 청자에게 부담을 주게 되고 화자는 청자와의 관계를 고려한 발화를 하게 된다. 이와 관련하여 Searle이후의 학자들은 요청 상황을 공손성과 결부시켜 많은 연구를 했다.

B. 요청화행의 전략

요청 행위는 청자에게 부담을 주게 된다. 그러므로 부담을 발생시키는 요청 상황에서 화자는 부담을 감소시키기 위해 다양한 전략을 사용하게 된다.

Brown&Levinson의 '체면이론' ('공손함의 이론' 이라고도 함)은 체면, 체면 위협 행위 및 공손함의 전략(politeness strategy)을 세 가지 기본 개념으로 한다. 체면에는 타인으로부터 방해 받지 않고 자유롭게 행동하기를 원하는 소극적 체면(negative face)의 두 가지 욕망(wants)이 있다. 이러한 체면을 근본적으로 체면 위협 행위에 의해 위협을 받는다.

공손성을 달성할 수 있는 방법은 상대방에게 체면위협행위(FTA: Face-threatening Acts)를 하려고 할 때 어떻게 그것에 포함된 수행력을 한화시키느냐에 있다. 즉 체면위협행위에 대해 어떠한 공손성 전략을 사용하여 체면 위협 행위를 무엇이 시키느냐에 있다.

〈그림 1〉 Brown & Levinson의 체면 이론

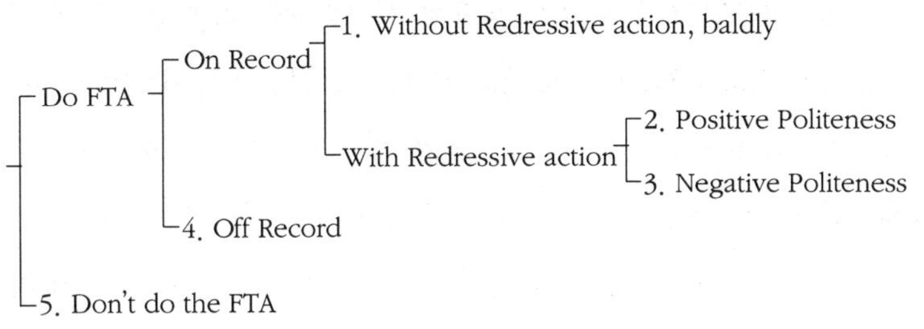

•자료: Brown&Levinson(1987 p.69)

　화자가 공손 표현을 사용하기 위해 먼저 직면하는 것은 FTA 수행 여부인데 이때 FTA를 하기로 정하면 명시적(On Record)인 전략을 취할 것인지 또는 비명시적(Off Record)인 전략을 취할 것인지를 결정해야 한다. 명시적 전략이란 자신의 의도를 언어로 숨김없이 표현하는 것이며 비명시적 전략은 직접적인 언급을 피하고 우회적으로 표현하여 청자가 추리를 통해 화자의 의도를 알아차리도록 하는 것(Oh dear, I left my wallet in house.)을 말한다. 또 명시적 책략은 세 종류로 나뉘는데 첫째는 언어적 교정 없이 가장 직접적인 표현으로 명백히 (baldly)말하는 것(Lend me some money.)이고 둘째는 적극적 공손성 (Positive Politeness)의 언어적 교정을 시도하는 방법(John, my dear friend, lend me some money.)이며 셋째는 소극적 공손성(Negative Politeness)의 교정으로 자신의 공손함을 표현하는 방법(Could I possibly borrow some money?)이다. Brown&Levinson은 위의 다섯 가지 전략은 곧바로 공손함의 정도와 관련되고 번호의 수가 크면 클수록 더욱 공손한 표현이라고 주장하였다.

　화용론 분야에서 화행 연구는 서로 이질적인 문화 간 공손 전략의 차이를 밝히는 언어 간 대조 분석으로 시작되었는데, 대표적인 연구로는Blum-Kulka, House&Kasper (1989)의 연구를 들 수 있다. The Cross-Cultural Study of Speech Act(이하 CCSARP)는 요청과 사과 화행 실현에서 모어 화자와 비모어 화자 사이의 유사성과 차이점을 밝힌 것으로, 요청 전략을 간접성에 따라 3단계로 구분하고 9가지 하위 전략을 제시하였다. 또한 요청 화행에 영향을 미치는 사회적 변인으로 권위, 유대감, 요청 내용의 부담도를 설정하여 이러한 변인이 언어마다 그 비중이 다를 수 있으며, 그 밖에 다른 변인이 작용할 수 있다고 언급하였다. CCSARP의 분석틀과 사회적 변인 설명은 이후 많은 요청화행 연구에 사용되고 있으며 한국에서도 요청 화행 연구에 적용되어 왔다. 그 하위 항목은 다음과 같다.

CCSARP에서 사용한 간접성 정도의 하위 전략

(1) 가장 직접적이고 명시적 단계(The most direct explicit level)

　　a. 서법에 의한 도출(Mode derivable): 직접적인 명령형을 사용하여 가장 명시 적으로 요청을 나타내는 경우

　　b. 명백한 수행문(Explicit performative): 수행동사를 직접적으로 언급하여 요청 을 나타내는 경우

　　c. 약화된 수행문(Hedged perivable): 수행동사에 보조 동사 등을 붙여 자신의 요청이 직접적으로 표현되지 않도록 하는 경우

(2) 관례적으로 간접적인 단계(The conventionally indirect level)

　　a. 의미에 의한 도출(Locution derivable): 발화 의미에서 요청이라는 발화 수반 의도를 직접적으로 파악이 가능한 경우

  b. 소망의 표시(Scope stating): 화자의 의도나 희망을 표현하는 경우

  c. 제안성 어구(Suggestory formula): 제안 형식으로 표현하는 경우

  d. 예비적 조건 언급(Reference to preparatory condition): 청자의 의지, 능력, 행 위가 수행될 가능성 등을 언급 하면서 요청하는 경우

(3) 비관례적 간접적인 단계(The nonconventional indirect level)

  a. 강한 암시(Strong hints): 직접적인 요청 표현 없이 관련 실마리만 주는 경우

  b. 약한 암시(Mold hints): 요청에 대한 직접적인 언급이 없고, 상황 맥락을 통 해서 요청으로 해석이 가능한 경우

Ⅲ.

연구 방법

본 연구는 한국어 모어 화자, 중국인 한국어 학습자, 중국어 모어 화자[6] 세 집단을 대상으로 요청 전략 실현 양상과 관련된 자료를 수집하고자 한다.

우선, 요청 화행의 표현에서 적절한 요청의 상황을 설정하기 위해 설문지를 통해 상황 조사를 하였다. 그리고 그 상황 조사 결과를 통해 본 실험 앞서 예비실험을 하였고 예비실험 결과를 바탕으로 분석의 틀을 제작하겠다. 이를 바탕으로 본 실험에서는 12가지 상황으로 각 세 집단의 피험자를 대상으로 하여 DCT를 실시하였다.

Cummings(1985)는 DCT가 다른 자료 수집도구에 비해서 유리한 점은 첫째, 원하는 화행에 대한 많은 수의 자료를 짧은 시간에 수집 가능하여 둘째, 실제 대화에서 발견되는 의미 단위와 전략 동과 같은 핵

---

6 중국 현지에 살고 있는 사람들 중에 외국어 전공이 아닌, 그리고 외국 생활 경력이 1개월 이하인자 를 대상으로 설문조사를 한다.

심적 요소를 파악 가능하게 해서 수집된 자료의 초기분류를 가능하다는 점, 셋째, 발화에 영향을 미치는 사회적, 심리적 요소들에 대해서 통찰력을 가질 수 있다. 마지막으로 화자의 마음속에 있는 거절, 사죄 등에 대한 사회규범적인 가치기준을 파악할 수 있다고 주장하였다.

DCT조사로 완성된 각 상황에 따라 한국어 모어 화자와 중국어 모어 화자의 결과에 대해 비교하고, 중국인 한국어 학습자의 요청 화행이 한국인과 중국인의 요청 화행 중에 어느 쪽을 선호 하는지에 대해서도 분석하였다. 모두 세 집단을 분석한 후 나타나는 결과에서 요청 화행의 양상과 전략의 차이가 통계적으로 유의미한 차이인지를 검증하기 위해 수집된 자료는 SPSS(Statistical Package for the Social Science) 프로그램을 이용하여 통계 분석하였다. 또한 중국인, 한국인, 중국인 한국어 학습자의 요청화행의 전략과 문형의 사용 실태를 살펴보기 위해 x^2(Chi-square) 검증을 실시하였다.

A. 예비 시험

1. 요청 상황 설정을 위한 변인 설정

요청에 영향을 미치는 변인에 대서 Hijirida &Shon(1986)은 친척관계, 나이, 지위 등을 들었으며, 전선주(1992)에서는 요청 상황의 성격을 부탁(favor)과 의무수행요구(onligatory)로 나누었는데, 화자가 부탁을 하는 상황에서 한국인 영어 학습자보다 외국인 화자가 직접적 단계를 더 많이 사용하였다. 또한 Ko(1995)에서는 한국인 화자의 경우, 부탁 상황에서 영어화자에 비해 직접적인 단계를 더 높은 비율로 사용하고 있었다. 반면 의무수행 요구 상황에서는 외국인이 대부분 직접적 단계를 사용한 반면 한국인은 외국인보다 오히려 덜 사용하고 있었다. 노주현(2001)은 일반적으로 공손성 정도를 결정하는 변인으로 알려져 있는 친밀도, 사회적 지위, 체면 등이 한국인의 요청화행에서도 중요한 변인으로 작용하고 있는 것과, 화자의 연령이나 성별에 따라 사용되는 요청의 전략이나 대우법의 양식에 차이가 있는 것을 밝혔다.

앞에서 살펴본 대부분의 연구 결과를 보면 주로 나이, 요청 상황의 성격, 사회적 지위, 청자와의 관계 등에 따라 요청화행의 전략이 달라진다고 볼 수 있다.[7] 본 연구에서 위와 같은 여러 가지 매개 변인을 종합하여 요청 상황 설정을 위한 변인으로 요청의 성격, 친소 관계, 사회적 지위를 설정하였다. 요청의 성격[8]은 '권리'와 '부탁'으로 나뉘고, 친소 관계는 친밀도가 높은 '친', 친밀도가 낮은 '소'로 분류한다. 마지막으로 사회적 지위는 '상', '중', '하'로 나누었다.

요청의 성격 변인인 '권리'는 화자가 청자에게 자신이 요청할 수 있는 권리를 가지고 있으며 청자는 화자의 요청에 응해야할 의무를 지니는 요청을 일으키며 '부탁'은 화자에게 요청의 권리가 부여되지 않으며 따라서 청자도 이에 응할 의무가 없는 요청으로 삼는다. 친소 관

---

7 Blum-Kulka, Danet, Gherson(1985)의 연구에서도 화행 전략 선택에 유의미하게 관련되는 요소로는 나이, 권력, 사회적 거리, 요청의 목적, 상황(setting), 매개체(medium)이고 이 가운데서 요청 목적, 청자의 나이, 화자의 상대적인 권력의 순서로 기여함을 밝혔다.

8 요청상황의 성격은 Brown and Fraser(1979)에서 요청 상황 외적인 매개수로 분류된 것 가운데 대화 참여자의 권리와 의무에 해당하는 개념이다. 즉, 권리는 화자가 청자에게 자신이 요청할 수 있는권리를 가지며 청자는 화자의 요청에 응해야 할 의무를 지니는 것이다. 요청상황의 성격이 부탁인 경우는 화자가 청자에게 부탁을 하는 경우이고, 청자는 이에 대해 응할 의무는 없는 경우이다.

계에서 '친'의 요청 상황은 화자와 청자간의 친밀도가 높은 관계로, '소'의 요청 상황은 화자와 청자간의 친밀도가 낮은 관계로 정의한다. 마지막으로 사회적 직위에서는 '상'의 요청 상황은 화자보다 청자의 사회적 지위가 높은 관계이며 '중'은 화자와 청자의 사회적 지위가 동등함을 나타내며 '하'는 화자보다 청자의 사회적 지위가 낮은 관계로 심는다.

2. 피험자

예비실험의 피험자는 중국에 거주하며 외국거주경험이 없는 대학생인 중국어 모어 화자(Chinese native speaker: 이하 CNS), 한국에 거주 하는 대학생인 한국어 모어 화자(Korean native speaker: 이하 KNS), 그리고 현재 한국에 있는 한국 능력 시험에 고급을 취득하는 중국인 한국어 학습자(Chinese Korean Learner: 이하 CKL), 각15명을 대상으로 설문조사를 하였다. 연령은 20대로 한정하였고 성별은 주로 여성[9]을 대상으로 하였다. 피험자의 정보는 〈표 1〉과 같다.

〈표 1〉 예비 시험 피험자 정보

	남	여	합계
CNS	7	8	15
KNS	3	12	15
CKL	4	11	15

(단위: 명)

---

9 화행 연구에서 남녀 차이가 날 가능성을 배제할 수 없지만 본 연구는 요청 화행은 집단별로 비교하는 것을 목적으로 하므로 남녀 차이를 고려하지 않는다.

3. 실험 도구 및 절차

실제적인 담화 자료를 얻기 위해 한국인과 중국인 모두에게 개연성 높은 요청 상황을 설정하는 것이 본 연구의 출발점이다. 설문 조사는 2009년 11월 2일에서 11월10일 사이에 실행되었다. 이메일과 설문지 배부를 통해 진행되었다. 설문지는 각각 한국어판과 중국어판으로 작성하였고, 설문지에 포함 각 상황은 요청 화행을 주제로 삼은 여러 선행 연구에서 추출하였고, 개연성을 5간 척도로 조사하였다. 조사 문항의 예는 다음과 같다.

〈그림 2〉 조사 문항의 예

〈상황1〉

당신은 기말 보고서를 쓰기 위해 필요한 책이 있습니다. 그런데 당신의 학과 지도교수님께서 그 책을 가지고 계시다는 것을 알고 있습니다. 당신은 그 교수님과 친한 사이입니다. 당신은 그 책을 읽고 싶어서 그 교수님께 그 책을 빌려 달라고 부탁하려고 합니다.

•위의 상황이 자주 일어날 수 있는 상황이라고 생각하십니까?

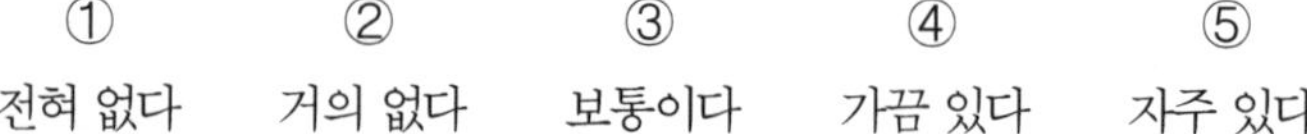

①	②	③	④	⑤
전혀 없다	거의 없다	보통이다	가끔 있다	자주 있다

설문지의 각 요청 상황들은 세 가지 변인 즉 요청의 성격, 사회적 지위, 친소관계에 따라 총 12가지 변수의 차를 두어 각 2가지 총 24개의 상황으로 구성하였다. 조사 설문지의 간략한 내용은 다음과 같다.

〈표 2〉 조사를 설정하기 위한 설문지 요약

요청 성격	친밀도	사회 지위	상황 번호	요청 내용
부탁	친	상	1	책을 빌려 달라고 함.
			2	다른 사람이 수집한 논문자료를 빌리려고 함.
		중	3	길을 비켜 달라고 함.
			4	친구에게 돈을 빌리려고 함.
		하	5	학과 사무실 프린터를 사용하려고 함.
			6	도서관에 책을 대신 반납해달라고 함.
	소	상	7	보고서 연기해 달라고 함.
			8	도서관 가는 길을 물어보라고 함.
		중	9	팀 과제 맡은 부분을 완성하지 못해 기다려 달라고 부탁함
			10	잘 모르는 동료에게 노트 필기를 빌리려고 함.
		하	11	서점에서 잘못 산 책을 바꿔달라고 함.
			12	다른 사람 휴대폰을 빌려달라고 함.
권리	친	상	13	친한 선배에게 동아리 회비를 요청함.
			14	기사 마감 시간을 지켜달라고 함.
		중	15	친한 친구에게 심한 장난을 그만두려고 함.
			16	컴퓨터를 고쳐 달라고 함.
		하	17	친한 후배한테 돈을 갚으라고 함.
			18	빌려준 디지털 카메라를 돌려달라고 함.
	소	상	19	금연 구역에서 담배를 꺼 달라고 함.
			20	기사 마감 시간이 지나 원고를 달라고 요청함.
		중	21	도서관에서 옆자리 학생들에게 조용히 해달라고 함.
			22	음악 소리를 줄여 달라고 함.
		하	23	주문한 음식을 빨리 줄 것을 요청함.
			24	음식점에서 잘못 나온 음식을 바꿔달라고 함.

4. 결과 분석 및 적용

제시된 각 상황 중 조사 결과 개연성 평균 3.50이상의 항목 중 더 높은 것을 선택하였다. 이는 개연성 평균 3.50이상인 것은 현실에서 그러한 요청 상황을 실현할 기능성이 높은 것을 의미하는 것으로, 반대로 현실에서 그러한 요청 상황이 실현될 기능성이 비교적 낮은 것으로 판단한 것이다. 상황 조사 결과를 통해 다음 표와 같이 변인별로 요청 상황을 12가지로 다시 설정하였다.

〈표 3〉 DCT설문지 상황 개요

| 번호 | 변인 | | | 상황번호 | KNS | CNS | CKL |
	요청 성격	친밀 도	시회 지위		평균	평균	평균
1	부탁	친	상	상화1(책 빌림)	3.45	3.50	3.35
2			중	상화4(돈 빌림)	3.63	4.33	3.75
3			하	상황6(책 반납)	3.75	3.93	3.23
4		소	상	상황8(길을 묻기)	3.85	4.10	3.66
5			중	상황10(필기 빌림)	3.55	3.75	3.43
6			하	상황12(휴대폰 빌림)	3.75	3.85	3.65
7	권리	친	상	상황13(회비 요청)	3.95	3.66	3.45
8			중	상황15(장난 그만함)	3.85	3.60	3.33
9			하	상황17(돈을 갚음)	3.75	4.15	4.13
10		소	상	상황19(담배를 끔)	3.55	3.75	4.15
11			중	상황22(소리 줄임)	4.10	3.99	3.65
12			하	상황23(음식 재촉)	4.30	4.35	4.33

예비 시험의 결과가 DCT조사의 문제점은 중국인 한국어 학습자들이 답을 하기 위해 필요한 어휘나 문형의 난이도가 나무 높다는 의견

을 제시하였다. 그리고 요청 상황이 다소 많은 수가 제공되다 보니 뒤로 갈수록 피험자들의 응답 태도나 집중력이 떨어지는 경향이 보였으므로 피험자들이 응답에 조금 더 용이하도록 수정하여 본 시험에 반영하였다.

예비 시험의 결과에서 CNS와 CKL의 집단이 사용한 구체적인 문형에는 차이가 별로 없었다. 상대적 지위의 변인에 따라 살펴보면 상대방인 청자가 화자보다 지위가 높을수록 KNS의 집단은 CNS와 CKL의 두 집단보다 더 간접적인 요청을 한 것으로 나타났다. 그리고 세 집단이 친밀도에 따라 요청 할 때, CNS의 집단은 친밀도 낮을 때에 KNS와 CKL의 두 집단보다 더 직접적인 요청을 한 것으로 나타났다.

B. 본 실험

1. 피험자

본 실험 피험자는 CNS, KNS, CKL, 세 집단으로 구성되며 각 집단은 30명의 대상자로 구성되어 있다. CNS집단은 2010년 1월 15일에서 2월3일 사이에 중국에 있는 치치하얼대학교에서 한국어와 관련이 없는 대학생을 대상으로 실험을 하였다. KNS집단은 2010년 3월8일에서 4월10일 사이에 실험을 실시하였다. CKL집단은 2010년 9월 7일부터 10월3일까지 한국에서 조사를 실시하였다. 본 실험을 대부분 대학생을 대상으로 하므로 20대를 대상으로 실시하였고 성별은 주로 여성을 대상으로 하게 되었다. 피험자의 정보는 다음 〈표 4〉와 같다.

〈표 4〉 본 시험 피험자 정보

	남	여	합계
CNS	12	18	30
KNS	4	26	30
CKL	5	25	30

(단위: 명)

2. 실험 절차 및 실험 방법

설문은 한국어 모어 화자의 한국어, 중국어 모어 화자의 중국어, 중국인 한국어 학습자의 한국어가 각각의 상황에서 어떠한 전략으로 발화되는지 CCSARP에서 사용한 담화완성형설문지(DCT)를 사용하여 요청화행전략을 도출하였다.

한국인의 설문은 설문지를 직접 배부하여 한국어 요청화행 전략을 작성하여 받았고, 중국어 모어 화자의 중국어 화행은 e-mail을 통하여 설문지를 작성하게 하였다. 중국인 한국어 학습자의 한국어는 직접 배부하는 방식과 e-mail을 통해 수집하는 방식을 사용하였다. 분석은 요청화행전략의 유형을 기분으로 제한하였다.

요청화행에 관한 분석의 척도는 연구목적과 특성에 따라 다르게 분류될 수 있다. 본 연구는 중국인 한국어 학습자들이 한국어로 요청화행을 할 때 나타나는 화용적 전략을 밝히는 연구로, 청자의 체면을 위협할 수 있는 요청 화행을 택하여 화자가 요청의 강도를 조절하기 위해 사용하는 방법을 분석함으로써 중국인 학습자 화용 능력을 한국어 모어화자와 어느 정도 차이가 있는지, 중국어의 영향이 어느 정도 남아있는지에 대하여 살펴보고자 한다.

요청화행분석의 틀로는 앞서 제시한 것과 같이 Blum-Kullka, House and Kasper의 9가지 화행 전략을 한국어에 맞게 재구성하여 도출한 문형을 분석하였다. 변인은 상황, 사회적 변인, 친밀도의 정도, 요청화행의 기능적 분류(부탁/권위)에 따른 요청 전략 사용으로 구분하였다.

다음은 분석의 단위로 삼은 화행 전략과 관련하여 DCT로 수집된 일반적인 요청화행 수행 발화이다.

예: <u>실례합니다만, 음악 소리 좀 줄여주시겠어요? 좀 시끄러운데요.</u>
　　　a　　　　　　　　　b　　　　　　　　　c

위의 발화의 예는 부탁하고자 하는 화자의 요구를 나타내기 위해 먼저 "실례합니다만"을 이용하여 청자의 주의 집중을 불러일으킨 후 "음악 소리 좀 줄여주시겠어요?"라는 의문문을 이용하여 청자에게 부담을 줄이면서 화자에 의해 수행되는 요청 화행의 가장 핵심 요청 내용을 전달한다. 마지막으로 "좀 시끄러운데요"라는 요청 화행을 수행하는 이유를 제시함으로써 화자가 요청을 하는 행위와 관련된 부가 정보를 제공하고 있다. 이러한 화자의 발화 행위는 다음과 같이 분류[10]된다.

---

10 발화의 구조를 구분하여 지칭하는 용어는 연구자에 따라 다양하게 제시되고 있다. 서회정(2001)이나 홍선수(2003)에서는 거절과 사과의 화행이 이루어지는 중심이 되는 내용을 기준으로 중심내용의 이해를 돕는 부가적인 성격의 내용을 지칭하는 말로 각각 '직접 의미구', '간접 의미구' 및 '부가 표현'이라는 용어를 사용하였다. 박지영(2006)에서는 '주전략', '부가 전략', '울타리어'라는 용어를 사용하였고, 이우정(2007)에서는 '환기어', '핵심전략', '부가전략'으로 제시하였다. 요청 화행은 수행하는 발화의 구조와 관련하여 수파편 분룽(2007)은 요청 행위를 순서에 따라 [예비요청]-[본요청]-[마무리]로 나누고 각각의 단계에서 전략의 분석틀을 제시하였고, 이강순(2007)에서는 요청 화행 전략분석의 단위로 [주화행 전략]과 [보조화행 전략]을 제시하였다.

a. **시작말(Address Term)**: "저기요…", "안녕하세요", "실례합니다"와 같이 호칭, 인사 말 등을 이용하여 청자를 주의 집중을 하게 만들어 대화를 사직하는데 사용된다.

b. **주화행(Head Act)**: '요청'이라는 화행이 실현되게 하는 핵(nucleus)의 역할을 수행 하며 요청 화행 분석에 주로 사용되는 부분이다.

c. **보조화행(Adjuncts to Head Act)**: 주화행의 앞이나 뒤에 위치하여 주화행의 기능을 부가적으로 돕는 역할을 한다.

이러한 주화행과 보조화행의 구분은 같은 문장이라도 발화 안에서 수행하는 기능에 따라 달라질 수 있다.

가. 실례합니다만, 음악 소리 좀 줄여주시겠어요? 좀 시끄러운데요.
나. 실례합니다만, 좀 시끄러운데요.

'가'의 경우, 주화행은 "음악소리 좀 줄여주시겠어요?"이고 "좀 시끄러운데요."가 보조화행이 되어 청자의 의지·의향을 묻기가 주화행 전략으로 채택된 것이다. 그러나 '나'의 경우에는 "좀 시끄러운데요."가 주화행이고 요청 전략으로는 '의도·희망 표출하기'가 된다. 따라서 주화행과 보조화행의 구분은 발화 안에서의 문맥에 의해서 결정된다.

요청 화행의 실현에 있어 화자와 청자 간의 요청의 부담을 줄이기 위해서 사용되는 요청의 간접성의 정도는 위에서 언급한 세 가지 분석 단위 모두에서 실현가능하다. 일반적으로 요청 화행 전략 실현 양상을 연구한 다수의 연구물[11]에서는 주화행만을 연구의 대상으로 삼아 분석을 했다. 본 연구에서 사용한 설문에 응답한 내용에서는 시작

말을 생략하고 주화행과 보조화행을 사용한 응답이 많다. 따라서 본 연구에서는 시작말을 생략하고 주화행 요청 전략의 실현 양상뿐만 아니라 보조화행의 활용과 표현을 통해 구현된 요청 전략을 연구하고자 하므로 주화행과 보조화행을 연구 분석의 단위로 삼고자 한다.

주화행은 요청 전략이 실현되는 가장 핵심적인 부분으로 화자가 의도한 요청이 실현될 것인지 아니면 거부될 것인지를 결정하는 가장 핵심적인 부분으로 요청전략 수행상의 기능을 기준으로 삼고 총 9가지로 분류하였다. 요청 화행 주화행의 전략을 요약하여 제시하면 다음과 같다.

〈표 5〉 주화행 전략

전략 번호	전략명	문형	주요 표현
1	명시적인 요청	-어/아 주세요. -어/아 줘. -어/아/해. -어/아 해라.	가장 명시적으로 요청의 내용과 목적을 나타내는 전략으로서 화자가 청자에게 직접 명령을 사용하거나 요청의 수행 동사가 직접적으로 언급하여 발화수반 의미를 명확히 드러내는 전략까지도 포함한다. 예를 들면, "저는 기말 보고서를 쓰기 위해 책이 필요한데 빌려주세요."여기에 속한다.
2	청자의 의지 묻기	-(으)ㄹ래요? -어/아 줄래요? -어/아 주시겠어요? -(으)시겠어요? -어/아 주시지 않겠어요?	청자에게 특정 요청 행위를 할 의지나 의향이 있는지를 묻는 전략으로 "나 대신 책 좀 반납해 줄래?", "음량을 좀 낮춰주시겠어요?" 여기에 속한다.

---

11 노주현(2001), 조경아(2003), 임마누엘(2004), 박지영(2006)등이 이에 속한다. 이 중 임마누엘(2004)의 경우는 Head Act를 분석의 기본단위로 삼고 Address Term과 Adjuncts의 존재 유무만을 조사하였다.

3	실현 가능성 묻기	-(으)ㄹ 수 있어요? -(으)ㄹ 수 없어요? -어/아도 괜찮아요? -어/아도 괜찮을까요? -이/가 가능해요? -이/가 가능할까요?	화자나 청자의 요청 행위가 실현될 가능성을 묻는 전략으로 "제가 ○○책 좀 빌려도 괜찮을까요?", "돈을 좀 빌려줄 수 있어?"등이 여기에 속한다.
4	의무 진술하기	-부탁합니다. -바랍니다.	요청의 발화수반 의도를 발화로부터 직접 추론할 수 있는 것을 의미하는 것으로 청자에게 요청을 수행해야하는 당위성을 강조함으로써 청자가 요청을 수행하도록 하는 전략이다. 예를 들면 "내일까지 꼭 내야합니다.", "마감시간은 꼭 지켜야합니다."등이 여기에 속한다.
5	의도· 희망 표출하기	-고 싶어요. -고 싶은데요. -면 좋겠어요. -면 고맙겠어요.	화자의 요청에 대한 희망, 의도, 욕구 등을 나타냄으로써 화자가 청자에게 어떠한 행위를 하기를 원한다고 전하는 전략이다. 예를 들면 "늦어도 오늘까지 회비를 내주셨으면 좋겠습니다.", "책을 좀 빌리고 싶은 데요." 등이 여기에 속한다.
6	제안하기	-ㅂ시다. -아(어/여) 봐요. -자 -는 게 어때요? -(을)까요?	제안 또는 청유의 의미 기능을 가지고 요청을 수행하는 전략으로 "시간 있으면 책 반납은 거 도와주면 어때?" 여기에 속한다.
7	정보 요청 질문하기	-아(어/여)요? -지 아세요? -예요?	청자에게 필요한 정보를 요청하는 전략으로 "도서관이 어디세요?", "도서관이 어디지 아세요?"등이 여기에 속한다.
8	허락 받기	-어/아도 되나요? -어/아도 돼요? -(으)면 안 되나요? -(으)면 안 될까요?	요청을 할 때 화자가 청자에게서 허락을 구하는 표현을 사용하는 전략으로 "제가 그 책을 빌려도 돼요?", "잠깐 휴대폰을 사용해도 돼요?" 등이 여기에 속한다.

9	말끝 흐리기	-좀...	요청을 할 때 수행동사가 직접적으로 나타나지 않고 완화시키는 강한 암시의 전략이다. 예를 들면 "죽 좀...", "책 좀..."등이 여기에 속한다.

또한 보조화행은 단독으로 사용될 때에는 요청의 의미가 포함되어 있지 않음에도 불구하고 주화행과 함께 실현됨으로써 청자의 체면 위협 행위에 대한 부담을 줄여주고 성공적인 요청 화행의 실현을 돕는다는데 의의가 있다. 이에 보조화행은 총8개의 전략으로 나누어 분석이 다음과 같다.

〈표 6〉 보조화행 전략

전략 번호	전략명	주요 표현
1	상황 점검하기	주로 주화행을 실행하기 전 청자에게 사전 사실을 확인하거나, 청자의 입장·상황을 고려하는 발화를 통해 요청을 해도 될 것인지에 대한 상황을 점검하는 전략이다. 또한 주화행 실현 이후 요청의 내용에 대한 청자의 이해를 확인할 때도 사용된다. 예를 들면 "ㅇㅇ교수님의 강의를 수강하시죠?", "알았지?" 등이 있다.
2	사과· 부탁· 인사하기	주화행을 통해 요청을 하기 전에 부탁할 것이 있음을 청자에게 미리 마음의 준비를 할 수 있도록 하여 갑자기 요청을 받았을 때의 부담을 줄이고자 하는 전략으로 "저...부탁이 있는데요...", "미안한데 부탁이 있는데.." 등을 예로 들 수 있다.
3	상황 기술하기	주화행 전 또는 후에 위치하여 화자가 자신의 입장이나 상황을 설명, 기술하는 전략이다.
4	부담 줄이기	화자가 요청의 부담을 완화시키기 위해 사용하는 전략이다. 예: "(복사하고) 바로 갖다 드릴게요.", "(핸드폰을 빌리면서) 잠깐이면 됩니다."

5	부담 주기	화자가 청자에게 요청을 요구하면서 청자에게 부담을 가중시키는 보조전략을 구사함으로써 청자로 요청을 수락할 수밖에 없도록 하는 전략이다. 예를 들면 "내가 아는 사람이 너밖에 없다."
6	보상· 약속하기	화자가 청자에게 요청을 한 후에 그 요청을 수락에 대한 보상, 보답을 제시함으로써 요청을 성공적으로 이끌기 위해 사용되는 전략이다. 예를 들면 "대신 맛있는 거 살게." "빨리 돌려드릴게요".
7	이유나 근거 제시하기	요청의 내용을 담고 있는 주화행의 앞 또는 뒤에 위치하여 요청을 해야 하는 이유를 제시하는 전략이다. 예를 들면 "내가 너무 아파서 돈도 없고 병원 못 가....", "내가 갈 시간이 지금 없어서."
8	보조화행 없음	보조화행이 사용되지 않고 주화행으로만 요청을 실현한다.

Ⅳ.

연구 자료 분석 결과

본 연구를 위한 실험 결과 분석은 우선 각 실험집단간의 요청 상황에서 실현되는 전반적인 경향과 그 특징을 살펴보는 전체 분석을 실시한다. 또한 각 변인별 분석을 실시할 것이다. 즉 친밀도, 권력 관계, 요청의 성격에 따른 주화행의 요청 전략 실현 양상을 분석할 것이다.

A. 집단별 전체 분석

전체 분석은 본 연구에서 설정한 12개의 상황에서 KNS, CNS, CKL 세 집단이 사용한 주화행과 보조화행 전략이 집단별로 어떤 전략을 선호 하는지에 대해 분석하고 사용 양상을 비교한 것이다.

1. 집단별 전체 주화행 요청 전략 비교

KNS, CKL, CNS 세 집단이 화자가 요청하고자 하는 바를 성공적으로 이루기 위해 사용하는 핵심 전략인 주화행의 요청 전략의 실현 양상을 빈도로 분석하면 다음과 같다.

〈표 7〉집단별 주화행 요청 전략 빈도 비교

순위	KNS			CKL			CNS			x^2	P
	전략 번호	빈도 (회)	비율 (%)	전략 번호	빈도 (회)	비율 (%)	전략 번호	빈도 (회)	비율 (%)		
1	1	83	23.2	1	110	31.3	1	138	38.9		
2	3	78	21.8	7	56	15.9	7	45	12.7		
3	8	55	15.4	2	52	14.8	3	43	12.1		
4	7	43	12.1	3	46	13.1	5	39	11.0	80.116	0.000
5	5	40	11.2	8	28	7.9	6	31	8.7		
6	2	28	7.8	5	23	6.5	2	25	7.0		
7	6	17	4.8	4	20	5.7	8	19	5.4		
8	4	11	3.1	6	16	4.5	4	11	3.1		
9	9	2	0.6	9	1	0.3	9	4	1.1		
합계		357	100		352	100		355	100		

*P〈.05

전체적으로 봤을 때 실현된 주화행 전략의 총 빈도수는 KNS 357개, CKL 352개, CNS 355개로 비슷한 수준을 유지하고 있는 것을 알 수 있다. 그리고 각 집단별 선호된 요청 전략은 위에서 나타난 듯이 세 집단이 모두 주화행 전략 1 "명시적인 요청"을 가장 선호 하는 것으로 나타났다. 여기서 주목해야할 것은 CKL집단과 CNS집단 가장 선호된 전략 1의 실현 빈도와 그 비율은 KNS집단 전략 1의 빈도와 비율보다 상당히 높은 것을 알 수 있다. 이는 화자가 요청의 부담이 상대적으로 적은 경우에, 예를 들면 요청의 성격이 요구일 때, 또는 공적인 내용을 가진 요청의 경우, 친밀도가 높거나 아예 없어서 요청함에 있어 부담이 적은 경우에 CKL집단과 CNS집단은 KNS집단보다 훨씬 더 적극적이고 명시적으로 요청 화행을 실현한 것으로 보인다. 또한 두 번째로 사용 빈도가 높은 전략은 KNS집단은 전략 3 "실현 가능성 묻기", CKL집단은 전략 7의 "정보 요청 질문하기", CNS집단 또한 전략 7의 "정보 요청 질문하기"이었다. CKL집단의 전략 7의 사용과 CNS 집단의 전략 7의 사용의 빈도와 그 비율을 KNS집단의 그것과 비교해 봤을 때 큰 차이가 없다. KNS집단에서 전략 3 "실현 가능성 묻기"의 사용 빈도와 비율은 CKL집단과 CNS집단보다 꽤 높은 것을 알 수 있다. 따라서 한국인 화자의 경우 청자에게 요청 수락 여부를 선택할 수 있도록 선택권을 넘겨주는 행태의 전략을 구사함으로써 청자의 부담을 줄여주려고 하는 것으로 보인다. 다음으로 세 번째로 많이 사용되는 전략은 KNS집단은 전략8의 "허락 받기", CKL집단은 전략 2 "청자의 의지 묻기", CNS집단은 전략 3 "실현 가능성 묻기"이다. 예상과 달리 CKL집단에서 전략 2 "청자의 의지 묻기"의 사용 빈도와 비율은 KNS집단과 CNS집단보다 그 선호가 분명히 나타난다.

전체적으로 KNS집단이 요청 전략을 다양하게 구사하는 것으로 보인다. CKL집단과 CNS집단은 전략 1과 전략 7에 전체 전략 사용 중 45%이상 편중되고 있다. 이는 CKL집단이 대부분은 고급학습자임에도 불구하고 한국으로 요청할 때 다양한 맥락에서 풍부하고 적절한 요청 전략을 구사하고 있지 못함을 보이고 적절한 문형을 사용하는 것보다 익숙한 문형을 많이 더 선택한 것으로도 나타난다. 이는 모국어의 요청 습관의 영향을 계속 받고 있는 것을 볼 수 있다. 그리고 통계적으로는 x^2 = 80.116, P = 0.000으로 나왔다. 유의확률의 0.05보다 작기 때문에 집단간에 통계적으로 매우 유의미한 차이가 있음을 알 수 있다. 세 집단의 주화행 전략 사용 비교하면 다음 그림과 같다.

〈그림 2〉 집단별 주화행 요청 전략 사용 비교

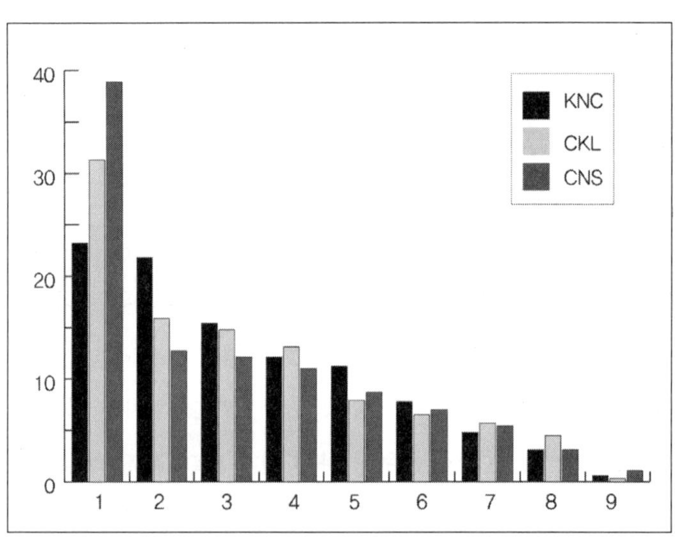

2. 집단별 전체 보조화행 요청 전략 비교

KNS, CKL, CNS 세 집단의 보조 화행의 요청 전략을 분석 결과를 다음과 같이 〈표 8〉로 제시한다.

〈표 8〉 집단별 보조화행 요청 전략 빈도 비교

순위	KNS			CKL			CNS			x^2	P
	전략 번호	빈도 (회)	비율 (%)	전략 번호	빈도 (회)	비율 (%)	전략 번호	빈도 (회)	비율 (%)		
1	3	118	32.9	2	104	29.5	2	98	27.3		
2	7	57	15.9	7	70	19.9	1	60	16.7		
3	8	53	14.8	3	64	18.2	7	58	16.2		
4	2	45	12.6	1	31	8.8	3	49	13.7	103.334	0.000
5	1	41	11.5	8	29	8.2	8	34	9.5		
6	6	22	6.1	4	24	6.8	5	31	8.6		
7	4	12	3.4	6	20	5.7	6	17	4.7		
8	5	10	2.8	5	10	2.9	4	12	3.3		
합계		358	100		352	100		359	100		

$*P < .05$

　전체적으로 CNS집단이 전체 사용 전략의 수가 359개로 가장 많으며 KNS집단이 358개, CKL집단이 352개로 그 뒤를 잇는다. KNS집단이 가장 많이 사용한 전략은 전략 3 "상황 기술하기"이다. CKL집단과 CNS집단이 가장 많이 사용하는 전략은 전략 2 "사과·부탁·인사하기"이다. 두 번째로 선호되는 전략은 KNS집단과 CKL집단은 전략 7 "이유나 근거 제시하기"이며 CNS집단은 전략 1 "상황 점검하기"로 선호하는 것으로 나타나다. 또한 세 번째로 많이 사용된 전략은 KNS집다는 전략 8 "보조화행 없음"이며 CKL집단은 전략 3 "상황 기술하기", CNS집단은 전략 7 "이유나 근거 제시하기"이다. 예상과 달리 KNS집단이 주화행과 보조화행과의 결합을 통해 요청의 부담을 줄이려는 시도가 적음을 알 수 있다. 반면 CKL집단과 CNS집단 전략 8의 사용 빈도와 비율은 KNS집단보다 상당히 낮은 것을 나타나다. KNS집단이 보조화행을 사용하지 않고 주화행으로만 요청 화행을 실현하는 경우를 보면 보조화행의 부분에서 다른 두 집단보다 조금 더 직접적인 수단을 사용하여 요청 화행을 수행하는 것을 발견할 수 있다.

이상을 정리하면 CKL집단은 KNS보다 CNS쪽에 가까운 전략은 많이 선호하는 것을 알 수 있다. 그리고 KNS가 가장 선호하는 보조 화행 전략 3 "상황 기술하기"는 CKL집단과 CNS집단에서는 중간정도 선호하는 것으로 나타났으며 CKL집단과 CNS집단은 가장 선호하는 보조 화행 전략 2 "사과·부탁·인사하기"도 KNS집단에서는 별로 선호하지 않은 것을 알 수 있다. 이는 문화적인 차이가 있기 때문에 그럴 수 있고 CKL집단이 부담을 줄이기 위한 효과적이고 성공적인 보조화행 전략 실현을 위한 언어적, 문화적 능력이 부족함을 알 수 있다. 통계적으로 한 결과에서는 $x^2 = 103.334$ P = 0.000으로 나왔다. 유의확률이 0.05보다 작기 때문에 집단간에 통계적으로 매우 유의미한 차이가 있음을 알 수 있다. 세 집단의 보조 화행 전략의 사용을 비교하면 다음 〈그림 3〉과 같다.

〈그림 3〉 집단별 보조화행 요청 전략 비교

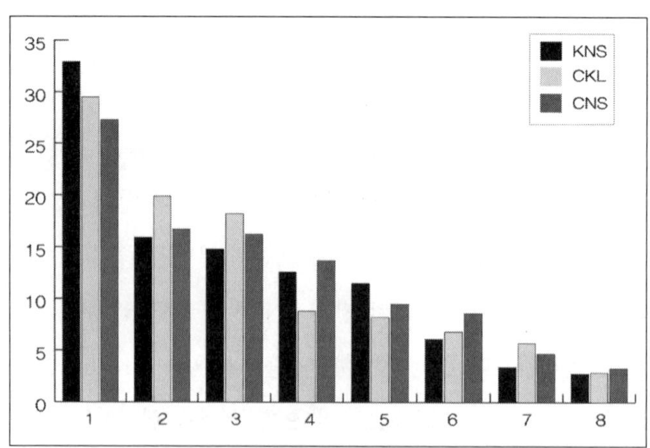

B. 상황별 분석

상황별 분석은 본 연구에서 설정한 12개의 상황을 통해 KNS, CKL, CNS 세 집단이 사용한 주화행 전략과 보조화행 전략은 각 집단별 어떤 전략을 선호하는지에 대해 분석하고 비교한 것이다.

1. 상황별 주화행 요청 전략 비교

(1) 상황 1 (요청성격 부탁/ 친밀도 친 / 상대적 지위 상)

상황1은 청자가 화자보다 사회적 지위가 높으며 친밀도가 높은 경우이다. 요청화행의 성격은 부탁이며 친한 교수님께 책을 빌려 달라고 요청하는 상황이다. 집단별 사용한 주화행 요청 전략의 비교 결과는 다음과 같다.

〈표 9〉 상황1의 집단별 주화행 전략 사용 비교

순위	KNS 전략번호	빈도 (회)	비율 (%)	CKL 전략번호	빈도 (회)	비율 (%)	CNS 전략번호	빈도 (회)	비율 (%)	x^2	P
1	8	9	30.0	3	7	23.3	1	12	40.0		
2	3	8	26.7	1	6	20.0	3	4	13.3		
3	1	7	23.3	2	5	16.7	5	4	13.3		
4	5	4	13.3	5	4	13.3	8	4	13.3	14.438	0.274
5	2	2	6.7	7	4	13.3	7	3	10.0		
6	4	0	0.0	8	3	10.0	2	2	6.7		
7	6	0	0.0	6	1	3.3	6	1	3.3		
8	7	0	0.0	4	0	0.0	4	0	0.0		
9	9	0	0.0	9	0	0.0	9	0	0.0		
합계		30	100		30	100		30	100		

*P〈.05

상황 1의 경우 위의 〈표 9〉를 보면 KNS집단은 전략 8 "허락 받기"를 가장 높은 비율로 사용하고 있었다. 예를 들면 "ㅇㅇ책을 좀 빌려주시면 안 될까요?", "이 책이 필요한데 좀 빌려도 될까요?"등을 선호하고 있었다. CKL집단과 CNS집단 전략 8의 사용 빈도의 총화보다 더 높은 것을 알고 있다. 그 뒤로 전략 3 "시현 가능성 묻기" "ㅇㅇ책 좀 빌려주실 수 있으세요?" 등 전략을 사용하였다. 세 번째는 전략 1 "명시적인 요청"로 "ㅇㅇ책 좀 빌려주세요"와 같은 전략을 사용하였다.

반면 같은 상황에서 CNS집단의 경우 전략 1 "명시적인 요청"을 선호하는 것으로 나타났다. KNS집단과 CKL집단보다 전략 1의 사용 빈도와 비율은 높은 것을 알고 있다. 그 뒤를 이어 주화행 요청 전략 3 "실현 가능성 묻기" 전략 5 "의도·희망 표출하기" 그리고 전략 8 "허락 받기"를 13.3%로 같은 비율로 사용하고 있었다.

CKL집단은 전략 3 "실현 가능성 묻기"전략을 가장 많이 사용하고 있다. 그 뒤를 이어 사용하고 있는 전략은 전략 1로 "명시적인 요청"이었고 이와 비슷한 비율로 세 번째는 전략 2 "청자의 의지 묻기"를 선호하고 있다. 세 집단은 통계적으로 유의미한 차이를 별로 보이지 않는다.

(2) 상황 2 (요청성격 부탁/ 친밀도 친 / 상대적 지위 중)

상황2는 청자와 화자의 사회적 지위가 같으며 친밀도가 높은 경우이다. 요청화행의 성격은 부탁이며 친한 친구에게 돈을 빌려 달라고 요청하는 상황이다. 집단별 사용한 주화행 요청 전략의 비교 결과는 다음과 같다.

〈표 10〉 상황2의 집단별 주화행 전략 사용 비교

순위	KNS 전략번호	KNS 빈도(회)	KNS 비율(%)	CKL 전략번호	CKL 빈도(회)	CKL 비율(%)	CNS 전략번호	CNS 빈도(회)	CNS 비율(%)	x^2	P
1	3	9	30.0	1	9	30.0	1	14	46.7		
2	2	6	20.0	2	7	23.3	6	4	13.3		
3	5	6	20.0	5	3	10.0	2	3	10.0		
4	1	4	13.3	7	3	10.0	3	3	10.0	25.487	0.030
5	8	3	10.0	3	2	6.7	5	3	10.0		
6	6	2	6.7	4	2	6.7	7	2	6.7		
7	4	0	0.0	6	2	6.7	8	1	3.3		
8	7	0	0.0	8	2	6.7	4	0	0.0		
9	9	0	0.0	9	0	0.0	9	0	0.0		
합계		30	100		30	100		30	100		

*P〈.05

상황 2에서 KNS집단은 전략 3 "실현 가능성 묻기"를 가장 높은 비율로 나타났다. 예를 들면 "돈 좀 빌려줄 수 있어?" 등이 있다. 이어 비해 CKL집단과 CNS집단은 전략 3의 사용은 아주 낮은 비유를 나타낸다. CKL집단과 CNS집단은 전략 1 "명시적인 요청"에서 "돈 좀 빌려줘." 등의 해체(반말체)로 쓴 문형을 가장 많이 사용하고 있다. 반면 KNS집단은 전략 1은 CKL집단과 CNS집단보다 많이 낮은 것으로 나타낸다. 그 다음으로 KNS집단은 전략 2 "청자의 의지 묻기"와 전략 5 "의도·희망 표출하기"를 같은 비율로 나타나며 CKL집단은 전략 2는 두 번째로 선호한다. 예를 들면 "돈 좀 빌려줄래?"등과 같다. CNS집단은 전략 6 "제안하기"는 두 번째로 선호하고 있고 KNS집단과 CKL집단보다 큰 차이를 나타난다. 통계적으로도 유의미한 차이를 보였다 (x^2 = 25.487. P 〈.05). CKL집단은 KNS집단이 사용하고 있는 요청 화행을 익히지 않지만 한국식 요청 전략에 근접해 감을 일 수 다. 명시적인 요청을 별로 사용하지 않는 한 KNS집단에 비해 CKL집단은 조금 더 선호하는 경향이 있지만 모국어보다 꽤 낮은 비율로 나타나는 것을 알 수 있다.

(3) 상황 3 (요청성격 부탁/ 친밀도 친 / 상대적 지위 하)

상황3은 청자가 화자보다 사회적 지위가 낮으며 친밀도가 높은 경우이다. 요청화행의 성격은 부탁이며 친한 후배에게 책을 대신 반납해달라고 요청하는 상황이다. 집단별 사용한 주화행 요청 전략의 비교 결과는 다음과 같다.

〈표 11〉 상황3의 집단별 주화행 전략 사용 비교

순위	KNS			CKL			CNS			x^2	P
	전략번호	빈도(회)	비율(%)	전략번호	빈도(회)	비율(%)	전략번호	빈도(회)	비율(%)		
1	1	13	43.3	1	14	46.7	1	15	50.0		
2	3	10	33.3	2	6	20.0	3	6	20.0		
3	2	5	16.7	7	4	13.3	6	4	13.3		
4	5	1	3.3	3	2	6.7	2	3	10.0	26.081	0.025
5	8	1	3.3	8	2	6.7	7	1	3.3		
6	4	0	0.0	4	1	3.3	8	1	3.3		
7	6	0	0.0	5	1	3.3	4	0	0.0		
8	7	0	0.0	6	0	0.0	5	0	0.0		
9	9	0	0.0	9	0	0.0	9	0	0.0		
합계		30	100		30	100		30	100		

$*P < .05$

상황3에서 세 집단 모두 전략 1 "명시적인 요청"을 가장 높은 비율로 나타난다. KNS집단은 43.3%, CKL집단은 46.7% 그리고 CNS집단은 50%이었다. KNS집단에서 부탁하는 상황임에도 불구하고 명시적인 요청을 사용하는 것이 의외이지만 친밀도가 높으며 사회적 지위가 낮은 후배이기 때문인 것으로 보이고 다수 피시험자가 시작말이나 보조화행을 함께 사용한 것으로 보아 부탁하는 청자에게 무례한 발화로 볼 수 없다. 그 다음으로 KNS집단과 CNS집단은 전략 3 "실현 가능성 묻기"는 "이 책을 좀 반납해줄 수 있어?"등과 같은 문형을 두 번째로 선호한다. CKL집단은 두 번째로 선호하는 것은 전략 2 "청자의 의지 묻기"이다. CNS집단에서 KNS집단과 CKL집단에서 전혀 나타나지 않은 전략 6 "제안하기"가 세 번째로 나타난다. 예상과 달리 CKL집단에서 전략 7 "정보 요청 질문하기"는 KNS집단과 CNS집단보다 꽤 높은 비율로 나타난다. 이 상황의 경우 CKL집단은 대부분은 고급 학습자이지만 한국어로 요청화행을 할 때 적절한 요청 전략을 구사하고 있지 못함을 보이고 모국어의 요청 습관의 영향을 받고 있는 것을 알고 있다.

(4) 상황 4 (요청성격 부탁/ 친밀도 소 / 상대적 지위 상)

상황4는 청자가 화자보다 사회적 지위가 높으며 친밀도가 낮은 경우이다. 요청화행의 성격은 부탁이며 지나가는 어른에게 도서관까지 가는 길을 물어보려고 요청하는 상황이다. 집단별 사용한 주화행 요청 전략의 비교 결과는 다음과 같다.

〈표 12〉 상황4의 집단별 주화행 전략 사용 비교

순위	KNS			CKL			CNS			x^2	P
	전략 번호	빈도 (회)	비율 (%)	전략 번호	빈도 (회)	비율 (%)	전략 번호	빈도 (회)	비율 (%)		
1	7	25	83.3	7	27	93.1	7	16	53.3		
2	5	3	10.0	1	1	3.4	1	6	20.0		
3	3	2	6.7	3	1	3.4	5	4	13.3		
4	1	0	0.0	2	0	0.0	2	2	6.7	22.003	0.015
5	2	0	0.0	4	0	0.0	3	1	3.3		
6	4	0	0.0	5	0	0.0	8	1	3.3		
7	6	0	0.0	6	0	0.0	4	0	0.0		
8	8	0	0.0	8	0	0.0	6	0	0.0		
9	9	0	0.0	9	0	0.0	9	0	0.0		
합계		30	100		29	100		30	100		

*P〈.05

상황4에서 세 집단 모두 전략 7 "정보 요청 질문하기"를 가장 높은 비율로 나타난다. 예를 들면 "혹시 도서관이 어디지 아세요?", "도서관에 어떻게 가야 해요?" 등과 같아. KNS집단과 CKL집단은 전략 7의 사용 비율은 CNS보다 상당히 높은 것으로 나타난다. 반면 CNS집단은 전략 1 "명시적인 요청"은 KNS집단과 CKL집단 많이 사용하는 것을 알 수 있다.. CNS집단이 요청 전략을 다양하게 구사하는 것으로 보인다. 그 중에서 KNS집단과 CKL집단에서 전연 나타나지 않은 전략 2 "청자의 의미 묻기"는 CNS집단에서 네 번째로 선호한다. 통계적으로도 유의미한 차이를 보이지만 CKL집단은 KNS집단과 비교해 봤을 때 큰 차이가 없다. 따라서 상황4에서 CKL집단은 중국식 요청 전략보다 한국식 요청 전략을 조금 더 선호하는 것으로 알 수 있다.

(5) 상황 5 (요청성격 부탁/ 친밀도 소 / 상대적 지위 중)

상황5는 청자와 화자의 사회적 지위가 같으며 친밀도가 낮은 경우이다. 요청화행의 성격은 부탁이며 같은 강의를 듣지만 친하지 않은 사람에게 노트를 빌려 복사하려고 요청하는 상황이다. 집단별 사용한 주화행 요청 전략의 비교 결과는 다음과 같다.

〈표 13〉 상황5의 집단별 주화행 전략 사용 비교

순위	KNS			CKL			CNS			x^2	P
	전략 번호	빈도 (회)	비율 (%)	전략 번호	빈도 (회)	비율 (%)	전략 번호	빈도 (회)	비율 (%)		
1	8	10	33.3	1	12	41.4	1	12	41.4		
2	3	7	23.3	3	5	17.2	3	4	13.8		
3	1	6	20.0	5	5	17.2	6	4	13.8		
4	7	3	10.0	2	3	10.4	2	2	6.9	24.090	0.045
5	2	2	6.7	8	3	10.4	5	2	6.9		
6	5	2	6.7	7	1	3.4	7	2	6.9		
7	4	0	0.0	4	0	0.0	8	2	6.9		
8	6	0	0.0	6	0	0.0	9	1	3.4		
9	9	0	0.0	9	0	0.0	4	0	0.0		
합계		30	100		29	100		29	100		

*$P < .05$

상황5에서 KNS집단은 전략 8 "허락 받기"가 "잠깐 노트를 좀 빌려주시면 안 될까요?"와 같은 전략을 많이 사용한 반면 CKL집단과 CNS 잡단은 전략 1 "명시적인 요청"이 "노트 좀 빌려주세요."와 같은 전략을 가장 많이 사용하는 것을 보인다. CKL집단과 CNS집단은 KNS집단보다 명시적인 요청의 사용을 더 선호되는 것을 알 수 있다. 이는 한국인들이 선호하는 요청화행을 잘 모르고 있음을 알 수 있고 이와 같은 상황에서 그 외에 한국인 사용하는 요청 화행을 숙지하고 있지 않음을 알 수 있다. 세 집단은 모두 전략 3 "실현 가능성 묻기", 예를 들면 "노트 좀 빌려줄 수 있어요?"와 같은 문형을 두 번째로 선호하는 것을 나타나고 사용 빈도도 큰 차이가 없다. 통계적으로 한 결과에서는 x^2 = 24.090 P = 0.045으로 나왔다. 유의확률이 0.05보다 작기 때문에 집단간에 통계적으로 유의미한 차이가 있음을 알 수 있다.

(6) 상황 6 (요청성격 부탁/ 친밀도 소 / 상대적 지위 하)

상황6은 청자가 화자보다 사회적 지위가 낮으며 친밀도도 낮은 경우이다. 요청화행의 성격은 부탁이며 후배에게 휴대폰을 빌려 달라고 요청하는 상황이다. 집단별 사용한 주화행 요청 전략의 비교 결과는 다음과 같다.

〈표 14〉 상황6의 집단별 주화행 전략 사용 비교

순위	KNS			CKL			CNS			x^2	P
	전략 번호	빈도 (회)	비율 (%)	전략 번호	빈도 (회)	비율 (%)	전략 번호	빈도 (회)	비율 (%)		
1	8	11	36.7	1	8	26.7	1	14	46.7		
2	3	8	26.7	2	7	23.3	3	5	16.7		
3	1	5	16.7	3	6	20.0	5	3	10.0		
4	5	3	10.0	5	4	13.3	2	2	6.7	23.686	0.022
5	7	2	6.7	8	4	13.3	6	2	6.7		
6	2	1	3.3	6	1	3.3	7	2	6.7		
7	4	0	0.0	4	0	0.0	8	2	6.7		
8	6	0	0.0	7	0	0.0	4	0	0.0		
9	9	0	0.0	9	0	0.0	9	0	0.0		
합계		30	100		30	100		30	100		

*P〈.05

상황6에서도 상황5처럼 KNS집단은 전략 8 "허락 받기"가 "휴대폰 좀 빌려주시면 안 될까요?"와 같은 전략을 많이 사용한 반면 CKL집단과 CNS잡단은 전략 1 "명시적인 요청"이 "휴대폰 좀 빌려주세요."와 같은 전략을 가장 많이 사용하는 것을 보인다. KNS집단과 CNS집단은 전략 3 "실현 가능성 묻기"가 "휴대폰 좀 빌려줄 수 있으세요?"와 같은 전략을 두 번째로 선호하고 있다. CKL집단은 KNS집단과 CNS 집단에서 잘 사용하지 않는 전략 2 "청자의 의지 묻기", "휴대폰 좀 빌려주시래요?"와 같은 전략을 많이 사용하는 것을 나타난다. 통계적으로도 유의미한 차이를 보였다. 이것은 또한 모국어 영향을 받았거나 목표어의 영향을 받았다기보다 목표어의 화행에 대한 바른 인식이 되지 않은 것과 한국사회를 제대로 이해하지 못한 데에서 그 원인을 찾을 수 있겠다.

(7) 상황 7 (요청성격 권리/ 친밀도 친 / 상대적 지위 상)

상황7은 청자가 화자보다 사회적 지위가 높으며 친밀도가 낮은 경우이다. 요청화행의 성격은 권리며 친한 선배에게 회비를 내달라고 요청하는 상황이다. 집단별 사용한 주화행 요청 전략의 비교 결과는 다음과 같다.

〈표 15〉 상황7의 집단별 주화행 전략 사용 비교

순위	KNS			CKL			CNS			x^2	P
	전략 번호	빈도 (회)	비율 (%)	전략 번호	빈도 (회)	비율 (%)	전략 번호	빈도 (회)	비율 (%)		
1	5	9	30.0	4	9	30.0	1	12	40.0	24.395	0.041
2	1	7	23.3	1	7	23.3	4	4	13.3		
3	3	6	20.0	6	4	13.3	6	4	13.3		

4	4	5	16.7	2	3	10.0	2	3	10.0		
5	2	3	10.0	7	3	10.0	3	3	10.0		
6	6	0	0.0	5	2	6.7	5	2	6.7		
7	7	0	0.0	3	1	3.3	7	2	6.7		
8	8	0	0.0	8	1	3.3	8	0	0.0		
9	9	0	0.0	9	0	0.0	9	0	0.0		
합계		30	100		30	100		30	100		

*P〈.05

상황7에서 KNS집단은 전략 5 "의도·회망 표출하기", 예를 들면 "예산이 보족한데 회비 좀 내주시면 좋겠어요.", "늦어도 오늘까지 회비를 내주셨으면 좋겠습니다."와 같은 전략은 가장 많이 사용하는 것을 나타난다. CKL집단은 "내일까지 꼭 내야합니다.", "마감시간은 꼭 지켜야합니다." 등와 같은 전략 4 "의무 진술하기"를 가장 많이 사용한다. CNS집단은 "선배님만 돈을 안 내셨어요."와 같은 전략 1 "명시적인 요청"을 가장 많이 사용하며 그 비율도 KNS집단과 CNS집단보다 상당히 높은 비율로 나타난다. 통계적으로 유의미한 차이를 보였다. 따라서 중국인 화자가 한국인 화자 보다 직접적 요청 전략을 더 많이 사용하였음을 알 수 있다. 두 번째는 KNS집단와 CKL집단은 전략 1, CNS집단은 전략 4를 선호하는 것을 나타난다. 그리고 KNS집단에서 전혀 나타나지 않은 전략 6 "제안하기"는 CKL집단과 CNS집단에서 세 번째로 선호하는 것이다. 예를 들면 "선배님 회비 좀 냅시다."와 같다. 이는 CKL집단이 모국어에 영향을 받은 것을 볼 수도 있으나 중국어를 그대로 한국어로 번역해서 발화하는 생각이 든다.

(8) 상황 8 (요청성격 권리/ 친밀도 친 / 상대적 지위 중)

상황8은 청자와 화자의 사회적 지위가 같으며 친밀도가 높은 경우이다. 요청화행의 성격은 권리며 친한 친구에게 농담을 그만하라고 요청하는 상황이다. 집단별 사용한 주화행 요청 전략의 비교 결과는 다음과 같다.

〈표 16〉 상황8의 집단별 주화행 전략 사용 비교

순위	KNS 전략번호	빈도(회)	비율(%)	CKL 전략번호	빈도(회)	비율(%)	CNS 전략번호	빈도(회)	비율(%)	x^2	P
1	1	15	50.0	1	14	46.7	1	17	56.7		
2	3	9	30.0	6	5	16.7	7	4	13.3		
3	2	3	10.0	3	4	13.3	3	3	10.0		
4	6	3	10.0	8	3	10.0	2	2	6.7	23.065	0.059
5	4	0	0.0	2	2	6.7	5	2	6.7		
6	5	0	0.0	4	1	3.3	6	2	6.7		
7	7	0	0.0	7	1	3.3	4	0	0.0		
8	8	0	0.0	5	0	0.0	8	0	0.0		
9	9	0	0.0	9	0	0.0	9	0	0.0		
합계		30	100		30	100		30	100		

*P〈.05

상황8에서 세 집단 모두 전략 1 "명시적인 요청", 예를 들면 "야, 장난 좀[12] 그만해.", "장난 치지 마."등과 같은 전략을 가장 많이 사용한다. KNS집단 두 번째 사용하는 전략은 전략 3 "실현 가능성 묻기"를

---

[12] 한국인의 경우 "좀"이라는 부사의 사용빈도가 높았다. 한국어 부사 "좀"에는 발화의 기능을 완화시키는 완화사의 기능과 더불어, 발화의 기능을 강화 시키는 강화사의 기능이 공존하고 있다. 또, 한국어 부사 "좀"에는 적극적, 소극적 친절기능과 체면 위협 행위의 기능도 가지고 있다.

나타나며 CKL집단과 CNS집단보다 높은 비율로 사용하였다. 예를 들면 "장남 좀 그만할 수 없어?" 등 있다. CNS집단은 KNS집단과 CKL집단에서 거의 사용하지 않은 전략 7 "정보 요청 질문하기"를 두 번째로 선호하는 것을 나타난다. CKL집단은 다른 두 집단에 비해 다양한 요청 화행 전략을 사용하는 것을 알 수 있었으며 전략 6 "제안하기"의 사용 빈도도 다른 두 집단보다 많은 것으로 나타난다. 세 집단은 통계적으로 유의미한 차이가 없다. 따라서 상황8에서는 한국인과 중국인 한국어 학습자가 사용하는 요청 전략은 큰 차이가 없음을 알 수 있다.

(9) 상황 9 (요청성격 권리/ 친밀도 친 / 상대적 지위 하)

상황9는 청자가 화자보다 사회적 지위가 낮으며 친밀도가 높은 경우이다. 요청화행의 성격은 권리며 친한 후배에게 돈을 갚으라고 요청하는 상황이다. 집단별 사용한 주화행 요청 전략의 비교 결과는 다음과 같다.

〈표 17〉 상황9의 집단별 주화행 전략 사용 비교

순위	KNS			CKL			CNS			x^2	P
	전략 번호	빈도 (회)	비율 (%)	전략 번호	빈도 (회)	비율 (%)	전략 번호	빈도 (회)	비율 (%)		
1	1	6	20.0	1	6	21.4	1	9	31.1		
2	3	5	16.7	3	6	21.4	5	5	17.2		
3	6	5	16.7	2	3	10.7	3	4	13.8		
4	5	4	13.3	4	3	10.7	4	3	10.3	11.864	0.753
5	8	4	13.3	7	3	10.7	6	3	10.3		
6	2	3	10.0	8	3	10.7	2	2	6.9		
7	4	2	6.7	5	2	7.1	7	2	6.9		
8	9	1	3.3	6	2	7.1	9	1	3.5		

9	7	0	0.0	9	0	0.0	8	0	0.0		
합계		30	100		28	100		29	100		

*P〈.05

상황9에서 세 집단은 모두 "돈 좀 갚아라", "돈 내놔"와 같은 전략 1 "명시적인 요청"을 가장 많이 사용하였다. CNS집단은 KNS잡단과 CKL 집단에 비해 명시적인 요청을 선호하는 것으로 보인다. KNS집단과 CKL집단은 모두 "돈 좀 갚아줄 수 있니?"와 같은 전략 3 "실현 가능성 묻기"는 두 번째로 선호하는 것으로 나타난다. CNS집단은 전략 5 "의도·희망 표출하기"를 두 번째로 선호하는 것으로 나타난다. KNS집단에서 "후배야 돈이 좀 갚자"와 같은 전략 6 "제안하기"의 사용 비율은 CKL집단과 CNS집단보다 높은 것으로 나타난다. 상황9에서 세 집단은 통계적으로 유의미한 차이를 보이지 않는다.

(10) 상황 10 (요청성격 권리/ 친밀도 소 / 상대적 지위 상)

상황10은 청자가 화자보다 사회적 지위가 높으며 친밀도가 낮은 경우이다. 요청화행의 성격은 권리며 회사 부장님께 금연 구역에서 담배를 꺼 달라고 요청하는 상황이다. 집단별 사용한 주화행 요청 전략의 비교 결과는 다음과 같다.

〈표 18〉 상황10의 집단별 주화행 전략 사용 비교

순위	KNS			CKL			CNS			x^2	P
	전략 번호	빈도 (회)	비율 (%)	전략 번호	빈도 (회)	비율 (%)	전략 번호	빈도 (회)	비율 (%)		
1	8	7	25.0	1	8	29.6	8	6	22.2	28.590	0.027
2	7	6	21.4	2	5	18.5	1	5	18.5		
3	3	4	14.3	7	5	18.5	5	5	18.5		

4	6	4	14.3	3	3	11.1	3	3	11.1		
5	1	3	1.7	4	2	7.9	4	2	7.9		
6	5	2	7.1	5	2	7.9	6	2	7.9		
7	4	1	3.6	8	1	3.7	9	2	7.9		
8	9	1	3.6	9	1	3.7	2	1	3.7		
9	2	0	0.0	6	0	0.0	7	1	0.0		
합계		28	100		27	100		27	100		

*P〈.05

상황10에서 KNS집단과 CNS집단은 "담배를 좀 꺼 주시면 안 될까요?"와 같은 전략8 "허락 받기"를 가장 많이 사용하였다. CKL집단은 KNS집단에서 많이 사용하지 않은 전략 1 "명시적인 요청"을 가장 많이 사용하는 것을 나타난다. 또한 CKL집단은 KNS집단과 CNS집단에서 거의 나타나지 않은 전략 2 "청자의 의지 묻기"를 두 번째로 많이 사용하는 것으로 나타난다. 통계적으로 유의미한 차이를 보였다 (x^2=28.590 P〈0.05). 이는 Blum-Kulka(1992;276)의 공손의 사회적 의미(social meaning)에 관한 척도로 보면 과잉 공손(extensively polite)의 성향으로 적절(tactful)하지 못한 이러한 부적절성은 곧 목표언어 사회 구성원들에게 외국인(foreign)으로 인식하게 만든다. 따라서 CKL집단은 이러한 사회적 지위가 높고 친밀도가 없는 청자에게 말하기 어려워하는 요청상황에서 모국어와 한국어에 여러 가지 화행이 있음에도 불구하고 명시적인 표현을 가장 많이 사용하는 것은 모국어에 영향을 받은 것으로 볼 수도 있으나 이러한 상화에서 사용하는 적절한 요청화행을 학습하지 않아 "모르겠다"와 같은 응답과 중국어를 그대로 한국어로 번역해서 요청하여 오류를 만들어내는 것으로 보인다.

(11) 상황 11 (요청성격 권리/ 친밀도 소 / 상대적 지위 중)

상황11은 청자와 화자의 사회적 지위가 같으며 친밀도가 낮은 경우다. 요청화행의 성격은 권리며 옆집 학생에게 소리를 좀 줄여달라고 요청하는 상황이다. 집단별 사용한 주화행 요청 전략의 비교 결과는 다음과 같다.

〈표 19〉 상황11의 집단별 주화행 전략 사용 비교

순위	KNS			CKL			CNS			x^2	P
	전략 번호	빈도 (회)	비율 (%)	전략 번호	빈도 (회)	비율 (%)	전략 번호	빈도 (회)	비율 (%)		
1	1	7	23.3	1	11	37.9	1	11	36.7		
2	3	6	20.0	2	5	17.2	5	7	23.3		
3	5	4	13.3	3	5	17.2	3	3	10.0		
4	8	4	13.3	8	4	13.8	6	3	10.0	16.742	0.270
5	6	3	10.0	7	3	10.4	7	2	6.7		
6	2	2	6.7	4	1	3.5	8	2	6.7		
7	4	2	6.7	5	0	0.0	2	1	3.3		
8	7	2	6.7	6	0	0.0	4	1	3.3		
9	9	0	0.0	9	0	0.0	9	0	0.0		
합계		30	100		29	100		30	100		

*P〈.05

상황11에서 세 집단은 모두 "음악소리 좀 줄여주세요", "조용히 해주세요."와 같은 전략 1 "명시적인 요청"을 가장 많이 사용하는 것을 나타난다. 그 중에서 CKL집단은 권리가 화자에게 있는 상황이므로 "소리 좀 줄여", "너무 시끄러워."와 같은 명령형 발화를 사용할 수 있다고 생각하는 학습자들이 적절한 요청을 하고 있지 못함을 볼 수 있다. 이러한 요청은 초면인 한국인 청자와의 의사소통에서 실패를 야

기하게 된다. 두 번째로는 KNS집단은 전략3 "실현 가능성 묻기", CKL
집단은 전략2 "청자의 의지 묻기" 그리고 CNS집단은 전략 5 "의도·
희망 표출하기"를 나타난다. 그 중에서 CKL집단은 KNS집단과 CNS
집단은 거의 사용하지 않은 전략 2는 높은 비율로 사용하였다. 예를
들면 "음악소리 좀 줄여 주실래요?" 등이 있다. 상황11에서 세 집단은
통계적으로 유의미한 차이를 별로 보이지 않는다.

(12) 상황 12 (요청성격 권리/ 친밀도 소 / 상대적 지위 하)

상황12는 청자가 화자보다 사회적 지위가 낮으며 친밀도가 낮은 경
우이다. 요청화행의 성격은 권리며 주문한 음식을 빨리 주달라고 요
청하는 상황이다. 집단별 사용한 주화행 요청 전략의 비교 결과는 다
음과 같다.

〈표 20〉 상황12의 집단별 주화행 전략 사용 비교

순위	KNS			CKL			CNS			x^2	P
	전략 번호	빈도 (회)	비율 (%)	전략 번호	빈도 (회)	비율 (%)	전략 번호	빈도 (회)	비율 (%)		
1	1	10	34.5	1	14	46.7	1	11	36.7		
2	8	6	20.7	2	6	20.0	7	8	26.7		
3	7	5	17.2	3	4	13.3	3	4	13.3		
4	3	4	13.8	7	2	6.7	2	2	6.7	20.006	0.130
5	5	2	6.9	8	2	6.7	5	2	6.7		
6	2	1	3.4	4	1	3.3	6	2	6.7		
7	4	1	3.4	6	1	3.3	4	1	3.3		
8	6	0	0.0	5	0	0.0	8	0	0.0		
9	9	0	0.0	9	0	0.0	9	0	0.0		
합계		29	100		30	100		30	100		

*P〈.05

전략12에서 세 집단 모두 "주문한 음식 좀 빨리 주세요"와 같은 전략 1 "명시적인 요청"을 가장 많이 사용하는 것으로 나타난다. KNS집단은 CKL집단과 CNS집단에서 거의 나타나지 않은 전략 8 "하락 받기"를 두 번째로 선호하는 것으로 나타난다. 예를 들면 "급에 일이 있는데 좀 빨리 주시면 안 되나요?"등 있다. 이는 화자가 청자에게 의무 수행에 대해 요구할 권리가 있으며 화자가 사회적 힘 강하더라고 한국 사회에서는 상대방이 나이가 많은 경우에는 사회적 힘보다는 나이를 우선시하는 경향이 있으며 청자에게 요청 수락 여부를 선택할 수 있도록 선택권을 넘겨주는 전략을 사용함으로서 청자의 부담을 줄여 주려고 하는 것으로 보인다. CKL집단 두 번째 많이 사용하는 전략 2 "청자의 의지 묻기"도 KNS집단과 CNS집단에서 낮은 비율로 나타난다. 예를 들면 "음식 좀 빨리 주실래요?"가 있다. 상황12에서 세 집단은 통계적으로 유의미한 차이를 보이지 않는다.

2. 상황별 보조화행 요청 전략 비교

(1) 상황 1 (요청성격 부탁/ 친밀도 친 / 상대적 지위 상)

상황1은 청자가 화자보다 사회적 지위가 높으며 친밀도가 높은 경우이다. 요청화행의 성격은 부탁이며 친한 교수님께 책을 빌려 달라고 요청하는 상황이다. 집단별 사용한 보조화행 요청 전략의 비교 결과는 다음과 같다.

〈표 21〉 상황1의 집단별 보조화행 전략 사용 비교

순위	KNS			CKL			CNS			x^2	P
	전략 번호	빈도 (회)	비율 (%)	전략 번호	빈도 (회)	비율 (%)	전략 번호	빈도 (회)	비율 (%)		
1	3	11	36.7	2	9	30.0	1	7	23.3		
2	8	6	20.0	7	7	23.3	2	7	23.3		
3	1	5	16.7	8	4	13.3	7	6	20.0		
4	7	3	10.0	1	3	10.0	3	4	13.3	20.792	0.107
5	2	2	6.7	3	3	10.0	5	2	6.7		
6	6	2	6.7	4	2	6.7	8	2	6.7		
7	4	1	3.3	6	2	6.7	4	1	3.3		
8	5	0	0.0	5	0	0.0	6	1	3.3		
합계		30	100		30	100		30	100		

*P〈.05

상황1에서 KNS집단은 보조화행 "저는 기말 보고서를 준비하고 있습니다."와 같은 전략 3 "상황 기술하기"를 가장 많이 사용하였다. 다음에는 전략 8 "보조화행 없음"을 두 번째로 나타난다. CKL집단과 CNS집단에서 "죄송한데…"와 같은 전략 2 "사과·부탁·인사하기"와 전략 7 "이유나 근거 제시하기"를 많이 사용하지만 KNS집단에서 전략 2의 사용은 별로 없다. 예상과 달리 CNS집단에서 보조화행 없는 전략은 많이 사용하지 않다. 상황1에서 통계적으로 유의미한 차이를 보이지 않았다.

(2) 상황 2 (요청성격 부탁/ 친밀도 친 / 상대적 지위 중)

상황2는 청자와 화자의 사회적 지위가 같으며 친밀도가 높은 경우이다. 요청화행의 성격은 부탁이며 친한 친구에게 돈을 빌려 달라고 요청하는 상황이다. 집단별 사용한 보조화행 요청 전략의 비교 결과는 다음과 같다.

〈표 22〉 상황2의 집단별 보조화행 전략 사용 비교

순위	KNS			CKL			CNS			x^2	P
	전략번호	빈도(회)	비율(%)	전략번호	빈도(회)	비율(%)	전략번호	빈도(회)	비율(%)		
1	3	9	30.0	2	8	26.7	1	5	16.7		
2	8	6	20.0	6	5	16.7	2	5	16.7		
3	7	5	16.7	1	4	13.3	7	5	16.7		
4	2	3	10.0	7	4	13.3	6	4	13.3	17.940	0.210
5	6	3	10.0	4	3	10.0	3	3	10.0		
6	1	2	6.7	8	3	10.0	4	3	10.0		
7	5	2	6.7	5	2	6.7	5	3	10.0		
8	4	0	0.0	3	1	3.3	8	2	6.7		
합계		30	100		30	100		30	100		

*P〈.05

상황2에서 CKL집단과 CNS집단에서 많이 사용하지 않은 "갑자기 배 너무 아프다. 병원으로 가야겠어."와 같은 보조화행 전략 3 "상황 기술하기"는 KNS집단에서 가장 많이 사용하고 있었다. CKL집단과 CNS집단에서 많이 나타난 전략 2 "사과·부탁·인사하기"는 KNS집단 에서 별로 선호하지 않았다. 예상과 달리 KNS집단 전략 8 "보조화행 없음"의 사용은 CKL집단과 CNS집단보다 더 선호하는 것으로 나타난 다. 한국인 화자가 청자와 사회적 지위가 같으며 친밀도 있는 경우 중 국인 화자 보다 더 직접적인 요청전략을 선호하였다. 상황2에서 세 집 단 보조화행 통계적으로 유의미한 차이를 보이지 않았다.

(3) 상황 3 (요청성격 부탁/ 친밀도 친 / 상대적 지위 하)

상황3은 청자가 화자보다 사회적 지위가 낮으며 친밀도가 높은 경우이다. 요청화행의 성격은 부탁이며 친한 후배에게 책을 대신 반납해달라고 요청하는 상황이다. 집단별 사용한 보조화행 요청 전략의 비교 결과는 다음과 같다.

〈표 23〉 상황3의 집단별 보조화행 전략 사용 비교

순위	KNS 전략 번호	KNS 빈도 (회)	KNS 비율 (%)	CKL 전략 번호	CKL 빈도 (회)	CKL 비율 (%)	CNS 전략 번호	CNS 빈도 (회)	CNS 비율 (%)	x^2	P
1	3	9	30.0	2	7	23.3	1	6	20.0		
2	7	5	16.7	7	6	20.0	7	6	20.0		
3	6	4	13.3	3	5	16.7	3	5	16.7		
4	1	3	10.0	6	4	13.3	8	5	16.7	10.459	0.728
5	2	3	10.0	8	4	13.3	2	4	13.3		
6	8	3	10.0	1	3	10.0	5	2	6.7		
7	4	2	6.7	4	1	3.3	6	2	6.7		
8	5	1	3.3	5	0	0.0	4	0	0.0		
합계		30	100		30	100		30	100		

*P〈.05

상황3에서 KNS집단은 "난 내일 발표 있어 바빠 죽겠어."와 같은 전략 3 "상황 기술하기"를 가장 많이 사용하고 있었다. CKL집단은 KNS집단과 CNS집단에서 많이 나타나지 않은 전략 2 "사과·부탁·인사하기"를 가장 선호하는 것을 나타난다. 이는 CKL집단은 한국어로 요청화행을 할 때 적절한 요청 전략을 구사하지 못해서 아주 조심스러운 모습을 보였다. CNS집단은 "도서관 갈 거야?", "도서관에 갈 거지?"와 같은 전략 1 "상황 점검하기"를 가장 많이 사용하고 있었다. 다음에는 세 집단은 모두 전략 7 "이유나 근거 제시하기"를 두 번째로 선호한다. 예를 들면 "발표 준비로 너무 바빠서…", "발표 때문에 시간이 없어…" 등 있다. CKL집단과 CNS집단에서 KNS집단은 가장 많이 사용하는 전략 3이 같은 비율로 세 번제로 나타난다. 상황3에서 세 집단은 통계적으로 유의미한 차이를 보이지 않았다.

(4) 상황 4 (요청성격 부탁/ 친밀도 소 / 상대적 지위 상)

상황4는 청자가 화자보다 사회적 지위가 높으며 친밀도가 낮은 경우이다. 요청화행의 성격은 부탁이며 지나가는 어른에게 도서관까지 가는 길을 물어보려고 요청하는 상황이다. 집단별 사용한 보조화행 요청 전략의 비교 결과는 다음과 같다.

〈표 24〉 상황4의 집단별 보조화행 전략 사용 비교

순위	KNS			CKL			CNS			x^2	P
	전략 번호	빈도 (회)	비율 (%)	전략 번호	빈도 (회)	비율 (%)	전략 번호	빈도 (회)	비율 (%)		
1	3	13	43.3	2	9	31.0	2	12	40.0		
2	7	7	23.3	7	8	27.6	1	5	16.7		
3	8	6	20.0	3	7	24.1	7	5	16.7		
4	2	3	10.0	4	2	6.9	8	4	13.3	25.006	0.015
5	1	1	3.3	8	2	6.9	3	3	10.0		
6	4	0	0.0	1	1	3.4	5	1	3.3		
7	5	0	0.0	5	0	0.0	4	0	0.0		
8	6	0	0.0	6	0	0.0	6	0	0.0		
합계		30	100		29	100		30	100		

*P〈.05

상황4에서 KNS집단은 전략 3 "상황 기술하기"를 가장 많이 사용하고 있었다. CKL집단과 CNS집단 모두 전략 2 "사과·부탁·인사하기"를 가장 선호하는 것을 나타난다. 그리고 KNS집단과 CKL집단은 모두 전략 7 "이유나 근거 제시하기"를 두 번째로 선호하고 있었다. 예를 들면 "재가 도서관에 가는 길을 모라서.." 등 있었다. CNS집단은 KNS집단과 CKL집단에서 별로 나타나지 않은 전략 1 "상황 점검하기"를 두 번째로 나타난다. 통계적으로는 x^2 = 25.006, P = 0.015으로 나왔다. 유의확률의 0.05보다 작기 때문에 집단간에 상황4에서 보조화행의 전략은 통계적으로 유의미한 차이가 있음을 알 수 있다.

(5) 상황 5 (요청성격 부탁/ 친밀도 소 / 상대적 지위 중)

상황5는 청자와 화자의 사회적 지위가 같으며 친밀도가 낮은 경우이다. 요청화행의 성격은 부탁이며 같은 강의를 듣지만 친하지 않은 사람에게 노트를 빌려 복사하려고 요청하는 상황이다. 집단별 사용한 보조화행 요청 전략의 비교 결과는 다음과 같다.

〈표 25〉 상황5의 집단별 보조화행 전략 사용 비교

순위	KNS 전략번호	KNS 빈도(회)	KNS 비율(%)	CKL 전략번호	CKL 빈도(회)	CKL 비율(%)	CNS 전략번호	CNS 빈도(회)	CNS 비율(%)	x^2	P
1	3	9	32.9	2	8	29.5	2	9	27.3		
2	2	6	15.9	3	7	19.9	3	6	16.7		
3	1	4	14.8	7	5	18.2	1	4	16.2	6.356	0.897
4	6	4	12.6	4	4	8.8	7	4	13.7		
5	8	3	11.5	1	2	8.2	6	3	9.5		
6	4	2	6.1	8	2	6.8	4	2	8.6		

7	7	2	3.4	6	1	5.7	8	2	4.7		
8	5	0	2.8	5	0	2.9	5	0	3.3		
합계		30	100		29	100		30	100		

*P〈.05

상황5에서 KNS집단은 "지난주의 강의를 못 들었어요.", "지난주 강의의 필기를 하지 못했어요."등과 같은 상황 3 "상황 기술하기"를 가장 많이 사용하고 있었다. 다음에서는 전략 2 "사과·부탁·인사하기"를 두 번째로 나타난다. CKL집단과 CNS집단은 모두 전략 2 "사과·부탁·인사하기"를 가장 선호하는 것으로 나타난다. 두 번째는 전략 3 "상황 기술하기"를 선호하고 있었다. 이를 통해 CKL집단은 상황5 같은 경우에서 한국어로 요청화행을 할 때 한국식보다 중국식의 요청화행 전략을 더 선호하는 것을 알고 있었다. 전체적인 통계결과는 유의미한 차이를 보이지 않았다.

(6) 상황 6 (요청성격 부탁/ 친밀도 소 / 상대적 지위 하)

상황6은 청자가 화자보다 사회적 지위가 낮으며 친밀도도 낮은 경우이다. 요청화행의 성격은 부탁이며 후배에게 휴대폰을 빌려 달라고 요청하는 상황이다. 집단별 사용한 보조화행 요청 전략의 비교 결과는 다음과 같다.

〈표 26〉 상황6의 집단별 보조화행 전략 사용 비교

순위	KNS			CKL			CNS			x^2	P
	전략 번호	빈도 (회)	비율 (%)	전략 번호	빈도 (회)	비율 (%)	전략 번호	빈도 (회)	비율 (%)		
1	7	8	32.9	2	8	29.5	2	10	27.3		
2	3	7	15.9	7	7	19.9	3	5	16.7		
3	2	5	14.8	3	5	18.2	7	5	16.2		
4	1	4	12.6	4	5	8.8	1	4	13.7	4.350	0.976
5	4	3	11.5	1	2	8.2	4	3	9.5		
6	6	2	6.1	6	2	6.8	6	2	8.6		
7	8	1	3.4	8	1	5.7	8	1	4.7		
8	5	0	2.8	5	0	2.9	5	0	3.3		
합계		30	100		30	100		30	100		

*$P < .05$

상황6에서 KNS집단은 "급한 일이 있는데 휴대폰의 배터리 다 떨어져서.."와 같은 보조화행 전략 3 "상황 기술하기"를 가장 많이 선호하고 있었다. 반면 CKL집단과 CNS집단은 KNS집단에 비해 전략 2 "사과·부탁·인사하기"은 큰 비율로 가장 많이 사용하는 것을 나타난다. 상황6에서 세 집단간에 통계적으로 유의미한 차이를 보이지 않았다. 이는 세 집단은 청자에게 부탁할 때 사용하는 요청전략은 큰 차이가 없었다.

(7) 상황 7 (요청성격 권리/ 친밀도 친 / 상대적 지위 상)

상황7은 청자가 화자보다 사회적 지위가 높으며 친밀도가 높은 경우이다. 요청화행의 성격은 권리며 친한 선배에게 회비를 내달라고 요청하는 상황이다. 집단별 사용한 보조화행 요청 전략의 비교 결과는 다음과 같다.

〈표 27〉 상황7의 집단별 보조화행 전략 사용 비교

순위	KNS			CKL			CNS			x^2	P
	전략 번호	빈도 (회)	비율 (%)	전략 번호	빈도 (회)	비율 (%)	전략 번호	빈도 (회)	비율 (%)		
1	3	9	30.0	7	7	23.3	2	9	30.0		
2	7	6	20.0	2	6	20.0	1	6	20.0		
3	1	5	16.7	3	6	20.0	3	5	16.7		
4	2	4	13.3	1	4	13.3	7	5	16.7	14.033	0.447
5	5	2	6.7	4	3	10.0	5	4	13.3		
6	6	2	6.7	6	2	6.7	8	1	3.3		
7	4	1	3.3	8	2	6.7	4	0	0.0		
8	8	1	3.3	5	0	0.0	6	0	0.0		
합계		30	100		30	100		30	100		

*P〈.05

상황7에서 KNS집단은 전략 3 "상황 기술하기"는 큰 비율로 나타난다. CKL집단은 전략 7 "이유나 근거 제시하기"는 KNS집단과 비슷한 비율로 많이 선호하고 있었다. CNS집단은 전략 2 "사과·부탁·이사하기"를 가장 많이 사용하고 있었다. 그 다음에는 세 집단 각각 전략 7 "이유나 근거 제시하기", 전략 2 "사과·부탁·인사하기", 전략 1 "상황 점검하기"를 같은 비율로 두 번째로 선호하는 것으로 나타난다. 상황7에서 세 집단간에 통계적으로 유의미한 차이를 보이지 않았다. 따라서 세 집단간에 사용하는 요청전략이 큰 차이가 없음을 알 수 있다.

(8) 상황 8 (요청성격 권리/ 친밀도 친 / 상대적 지위 중)

상황8은 청자와 화자의 사회적 지위가 같으며 친밀도가 높은 경우이다. 요청화행의 성격은 권리며 친한 친구에게 농담을 그만하라고 요청하는 상황이다. 집단별 사용한 보조화행 요청 전략의 비교 결과는 다음과 같다.

〈표 28〉 상황8의 집단별 보조화행 전략 사용 비교

순위	KNS			CKL			CNS			x^2	P
	전략 번호	빈도 (회)	비율 (%)	전략 번호	빈도 (회)	비율 (%)	전략 번호	빈도 (회)	비율 (%)		
1	8	12	40.0	3	8	26.7	8	13	43.3		
2	3	7	23.3	7	8	26.7	5	5	16.7		
3	7	4	13.3	8	5	16.7	7	4	13.3		
4	5	3	10.0	2	4	13.3	1	3	10.0	22.316	0.034
5	1	2	6.7	1	3	10.0	2	3	10.0		
6	6	2	6.7	5	2	6.7	3	2	6.7		
7	2	0	0.0	4	0	0.0	4	0	0.0		
8	4	0	0.0	6	0	0.0	6	0	0.0		
합계		30	100		30	100		30	100		

*P〈.05

상황8에서 KNS집단과 CNS집단은 모두 전략 8 "보조화행 없음"을 큰 비율로 가장 많이 나타난다. 반면 CKL집단에서 전략 8은 16.7%의 비율로 세 번째로 선호하는 것으로 나타나며 전략 3 "상황 기술하기"와 전략 7 "이유나 근거 제시하기"를 가장 선호하는 것을 보면 CKL집단은 사회적 직위가 같은 친한 친구에게 한국어로 요구하는 경우에서 언어적 실력이 부족하기 때문에 생기는 오해를 피하려고 다양한 보조 전략은 선호하는 것을 알 수 있었다. 통계적으로 유의미한 차이를 보였다(x^2=22.316 P〈0.05). 따라서 상황8에서 세 집단은 사용하는 보조화행 전략이 차이가 있음을 알 수 있다.

(9) 상황 9 (요청성격 권리/ 친밀도 친 / 상대적 지위 하)

상황9는 청자가 화자보다 사회적 지위가 낮으며 친밀도도 낮은 경우이다. 요청화행의 성격은 권리며 친한 후배에게 돈을 갚으라고 요청하는 상황이다. 집단별 사용한 보조화행 요청 전략의 비교 결과는 다음과 같다.

〈표 29〉 상황9의 집단별 보조화행 전략 사용 비교

순위	KNS			CKL			CNS			x^2	P
	전략 번호	빈도 (회)	비율 (%)	전략 번호	빈도 (회)	비율 (%)	전략 번호	빈도 (회)	비율 (%)		
1	3	12	40.0	2	9	32.1	1	7	23.3		
2	1	6	30.0	3	5	17.9	2	7	23.3		
3	2	4	13.3	1	3	10.7	5	5	16.7		
4	7	4	13.3	6	3	10.7	7	5	16.7	17.726	0.220
5	4	1	3.3	7	3	10.7	3	2	6.7		
6	5	1	3.3	4	2	7.1	4	2	6.7		
7	6	1	3.3	5	2	7.1	6	2	6.7		
8	8	1	3.3	8	1	3.6	8	0	0.0		
합계		30	100		29	100		30	100		

*$P < .05$

상황9에서 KNS집단은 CKL집단과 CNS집단에서 잘 사용하지 않은 전략 3 "상황 기술하기"를 가장 많이 선호하고 있었다. 예를 들면 "난 요즘에 상황이 안 좋아", "내가 지금은 급한 일이 생겨서 돈이 필요하거든" 등이 있었다. 그 다음에는 전략 1 "상황 점검하기"를 두 번째로 선호하고 있었다. CKL집단은 역시 전략 2 "사과·부탁·인사하기"는 32.1%로 "동생아 미안한데…"와 같은 전략은 가장 많이 사용하는 것을 나타난다. 그 다음에는 전략 3 "상황 기술하기"는 17.9%로 두 번째로 선호한다. CNS집단은 전략 1과 전략 2를 같은 비율로 가장 선호하는 것을 보였다. 상황9에서 세 집단간에 통계적으로 유의미한 차이를 보이지 않았다. 따라서 세 집단에 사용하는 요청전략이 큰 차이가 없음을 알 수 있다.

(10) 상황 10 (요청성격 권리/ 친밀도 소 / 상대적 지위 상)

상황10은 청자가 화자보다 사회적 지위가 높으며 친밀도가 낮은 경우이다. 요청화행의 성격은 권리며 회사 부장님께 금연 구역에서 담배를 꺼 달라고 요청하는 상황이다. 집단별 사용한 보조화행 요청 전략의 비교 결과는 다음과 같다.

〈표 30〉 상황10의 집단별 보조화행 전략 사용 비교

순위	KNS			CKL			CNS			x^2	P
	전략 번호	빈도 (회)	비율 (%)	전략 번호	빈도 (회)	비율 (%)	전략 번호	빈도 (회)	비율 (%)		
1	3	8	28.6	2	11	40.7	2	9	31.0		
2	2	7	25.0	3	5	18.5	1	6	20.7		
3	1	5	17.9	1	3	11.1	3	4	13.8		
4	4	2	7.1	7	3	11.1	5	4	13.8	10.217	0.746
5	6	2	7.1	4	2	7.4	7	3	10.3		
6	8	2	7.1	5	1	3.7	6	2	6.9		
7	5	1	3.7	6	1	3.7	4	1	3.4		
8	7	1	3.7	8	1	3.7	8	0	0.0		
합계		28	100		27	100		29	100		

*P〈.05

상황10에서 KNS집단은 역시 전략 3 "상황 기술하기"를 가장 많이 사용한다. 예를 들면 "목이 따가워요.", "담배와 수명은 반비례이에요."와 같은 발화의 의도가 발화에 직접 드러나지 않는 보조화행 전략은 선호한다. CKL집단과 CNS집단은 모두 전략 2 "사과·부탁·인사하기"가 큰 비율로 가장 사용하고 있었다. 이것은 또한 CKL집단은 청자가 사회적으로 지위가 높고 친밀도가 낮은 경우 요청 성격이 권리이지라도 풍부하고 적절한 요청 전략을 사용하지 못함을 알 수 있었다. 이는 역시 모국어의 영향을 받아서 목표어의 화행에 대한 바른 인식하지 못한 데에서 원인을 찾을 수 있겠다. 그러나 통계적으로는 유의미한 차이를 보이지 않았다.

(11) 상황 11 (요청성격 권리/ 친밀도 소 / 상대적 지위 중)

상황11은 청자와 화자의 사회적 지위가 같으며 친밀도가 낮은 경우이다. 요청화행의 성격은 권리며 옆집 학생에게 소리를 좀 줄여달라고 요청하는 상황이다. 집단별 사용한 보조화행 요청 전략의 비교 결과는 다음과 같다.

〈표 31〉 상황11의 집단별 보조화행 전략 사용 비교

순위	KNS			CKL			CNS			x^2	P
	전략 번호	빈도 (회)	비율 (%)	전략 번호	빈도 (회)	비율 (%)	전략 번호	빈도 (회)	비율 (%)		
1	3	12	40.0	2	13	44.8	2	12	40.0		
2	8	6	20.0	7	7	24.1	1	5	16.7	22.033	0.037
3	2	5	16.7	3	5	17.2	7	5	16.7		
4	7	4	13.3	1	2	6.9	3	4	13.3		
5	1	3	10.0	8	2	6.9	5	2	6.7		

6	4	0	0.0	4	0	0.0	6	1	3.3		
7	5	0	0.0	5	0	0.0	8	1	3.3		
8	6	0	0.0	6	0	0.0	4	0	0.0		
합계		30	100		29	100		30	100		

*P〈.05

상황11에서 KNS집단은 "지금 쉬는 시간이에요"와 같은 전략 3 "상황 기술하기"가 큰 비율로 가장 많이 사용하고 있었다. CKL집단과 CNS지반은 역시 전략 2 "사과·부탁·안사하기"를 가장 선호한다. KNS집단은 CKL집단과 CNS집단에서 별로 나타나지 않은 전략 8 "보조화행 없음"이 20%로 두 번째로 나타난다. 이는 KNS집단은 주화행만 직접 자신의 권리를 명확하게 표현하여 조용히 해 달라는 권리를 행사하는 것으로 선호하는 것을 볼 수 있었다. 또한 CKL집단은 전략 7 "이유나 근거 제시하기"를 다른 두 집단에 비해 큰 비율로 두 번째로 선호하고 있었다. 예를 들면 "시험기간이라서...", "시끄러워서 공부를 못하는데..."등이 있었다. 통계적으로 유의미한 차이를 보였다(x^2= 22.033 P〈0.05). 따라서 상황11에서 세 집단은 사용하는 보조화행 전략이 차이가 있음을 알 수 있다.

(12) 상황 12 (요청성격 권리/ 친밀도 소 / 상대적 지위 하)

상황12는 청자가 화자보다 사회적 지위가 낮으며 친밀도도 낮은 경우이다. 요청화행의 성격은 권리며 주문한 음식을 빨리 주라고 요청하는 상황이다. 집단별 사용한 보조화행 요청 전략의 비교 결과는 다음과 같다.

〈표 32〉 상황12의 집단별 보조화행 전략 사용 비교

순위	KNS			CKL			CNS			x^2	P
	전략 번호	빈도 (회)	비율 (%)	전략 번호	빈도 (회)	비율 (%)	전략 번호	빈도 (회)	비율 (%)		
1	3	12	40.0	2	12	40.0	2	11	36.7		
2	7	7	23.3	3	7	23.3	3	6	20.0		
3	8	7	23.3	7	5	16.7	7	5	16.7		
4	2	3	10.0	1	2	6.7	5	3	10.0	15.266	0.123
5	1	1	3.3	5	2	6.7	8	3	10.0		
6	4	0	0.0	8	2	6.7	1	2	6.7		
7	5	0	0.0	4	0	0.0	4	0	0.0		
8	6	0	0.0	6	0	0.0	6	0	0.0		
합계		30	100		30	100		30	100		

*P〈.05

상황12에서도 KNS집단 역시 "저 수업이 늦었어요."와 같은 전략 3 "상황 기술하기"를 가장 많이 사용하고 있었다. CKL집단과 CNS집단 은 전략 2 "사과 · 부탁 · 인사하기", 전략 3 "상황 기술하기" 그리고 전 략 7 "이유나 근거제시하기"가 비슷한 비율로 선호하고 있었다. 또한 KNS집단 CKL집단과 CNS집단에서 잘 나타나지 않은 전략 8 "보조화 행 없음"이 23.3%로 나타난다. CKL집단은 한국어로 요청화행을 할 때 역시 모국어의 영향을 받고 중국식의 요청전략을 선호하는 것을 알고 있었다. 그러나 상황12에서 세 집단은 통계적으로 유의미한 차 이를 보이지 않았다.

C. 변인별 분석

변인별 분석은 전체 12개의 상황을 청자의 사회적 지위(상/중/하), 친소관계(친/소), 요청의 성격(부탁/권리)로 나누어 KNS집단, CKL집단, CNS집단의 주화행과 보조화행에서 어떤 전략을 선택하여 요청 화행을 실행하였는지 분석하고자 한다.

1. 사회적 지위에 따른 분석

1.1 청자가 화자보다 사회적 지위가 높은 경우

청자가 화자보다 사회적 지위가 높은 경우는 상황1, 4, 7, 10에서 제시하였다. 집단별 사용한 주화행 요청 전략의 비교 결과는 다음과 같다.

〈표 33〉 청자의 사회적 지위가 높은 경우 집단별 주화행 전략 사용 비교

순위	KNS			CKL			CNS			x^2	P
	전략번호	빈도(회)	비율(%)	전략번호	빈도(회)	비율(%)	전략번호	빈도(회)	비율(%)		
1	7	31	26.3	7	39	33.6	1	35	29.9		
2	3	20	16.9	1	22	19.0	7	22	18.8		
3	5	18	15.3	2	13	11.2	5	15	12.8		
4	1	17	14.4	3	12	10.3	3	11	9.4	31.965	0.010
5	8	16	13.6	4	11	9.5	8	11	9.4		
6	4	6	5.1	5	8	6.9	2	8	6.8		
7	2	5	4.2	6	5	4.3	6	7	6.0		
8	6	4	3.4	8	5	4.5	4	6	5.1		

9	9	1	0.8	9	1	0.9	9	2	1.7		
합계		118	100		116	100		117	100		

*P〈.05

〈표 33〉나타난 듯이 전체 주화행 전략의 개수는 KNS집단이 118개, CKL집단은 116개, CNS집단의 경우 117개를 사용하였다. 그 중에서 KNS집단과 CKL집단은 모두 주화행 전략 7 "정보 요청 질문하기"를 가장 많이 사용하고 있었다. 전략 7의 사용 비율이 이렇게 높게 나타난 것은 상황4에서 KNS집단과 CKL집단이 "도서관에 어떻게 가요?", "도서관 어디세요?" 와 같은 전략을 사용하여 간단하게 질문을 많이 사용하기 때문이다. CNS집단은 전략 1 "명시적인 요청"을 가장 많이 선호하고 있으며 다른 두 집단보다 높은 비율로 나타난다. 반면 KNS 집단은 전략 3 "실현 가능성 묻기"가 16.9%의 비율로 두 번째로 나타나며 다른 두 집단보다 높은 비율로 선호하고 있었다. 예상과 달리 CKL집단은 KNS집단과 CNS집단에서 많이 사용하지 않은 전략 2 "청자의 의지 묻기"를 11.2%의 비율로 세 번째로 선호하고 있었다. 통계적으로 유의미한 차이를 보였다(x^2=31.965 P〈0.05). 따라서 청자가 화자보다 사회적 지위가 높은 경우 세 집단은 사용하는 주화행 요청 전략이 차이가 있음을 알 수 있다. 이상에서 세 집단별로 선호하는 주화행 요청 전략의 분포를 살펴본 바, CKL집단은 명시적인 요청 전략을 많이 사용하지만 CNS집단보다 감소추세를 보였다.

다음에는 청자의 사회적 지위가 높은 경우 집단별 사용한 보조화행 요청 전략의 비교 결과는 다음과 같다.

〈표 34〉 청자의 사회적 지위가 높은 경우 집단별 보조화행 전략 사용 비교

순위	KNS			CKL			CNS			x^2	P
	전략 번호	빈도 (회)	비율 (%)	전략 번호	빈도 (회)	비율 (%)	전략 번호	빈도 (회)	비율 (%)		
1	3	41	34.7	2	35	30.2	2	37	31.1		
2	7	17	14.4	7	25	21.6	1	24	20.2		
3	1	16	13.6	3	21	18.1	7	19	16.0		
4	2	16	13.6	1	11	9.5	3	16	13.4	49.998	0.000
5	8	15	12.7	4	9	7.8	5	11	9.2		
6	6	6	5.1	8	9	7.8	8	7	5.9		
7	4	4	3.4	6	5	4.3	6	3	2.5		
8	5	3	2.5	5	1	0.9	4	2	1.7		
합계		118	100		116	100		119	100		

*P〈.05

세 집단 보조화행 전략의 개수는 KNS집단이 118개, CKL집단은 116개, CNS집단의 경우 119개를 사용하였다. 그 중에 KNS집단은 전략 3 "상황 기술하기"가 아주 높은 비율로 가장 많이 사용하고 있었다. CKL집단과 CNS집단은 전략 2 "사과·부탁·인사하기"가 KNS집단에 비해 압도적인 비율로 가장 많이 선호한다. 또한 KNS집단과 CKL집단은 모두 전략 7 "이유나 근거 제시하기"를 두 번째로 나타난다. CNS집단은 전략 1 "상황 점검하기"를 두 번째로 선호하고 있었다. 통계적으로 매유 유의미한 차이를 보였다(x^2=49.998 P〈0.05). 따라서 청자가 화자보다 사회적 지위가 높은 경우 세 집단은 사용하는 보조화행 요청 전략이 차이가 있음을 알 수 있다. 이상에서 CKL집단은 역시 모국의 영향을 받고 목적어의 화행 습관이 제대로 인식되지 않은 것으로 나타난다.

1.2 청자와 화자의 사회적 지위가 같은 경우

청자와 화자의 사회적 지위가 같은 경우는 상황2, 5, 8, 11에서 제시하였다. 집단별 사용한 주화행 요청 전략의 비교 결과는 다음과 같다.

〈표 35〉 청자와 사회적 지위가 같은 경우 집단별 주화행 전략 사용 비교

순위	KNS			CKL			CNS			x^2	P
	전략 번호	빈도 (회)	비율 (%)	전략 번호	빈도 (회)	비율 (%)	전략 번호	빈도 (회)	비율 (%)		
1	1	32	26.7	1	46	39.0	1	54	45.4		
2	3	31	25.8	2	17	14.4	5	14	11.8		
3	8	17	14.2	3	16	13.6	3	13	10.9		
4	2	13	10.8	8	12	10.2	6	13	10.9	33.988	0.005
5	5	12	10.0	5	8	6.8	7	10	8.4		
6	6	8	6.7	7	8	6.8	2	8	6.7		
7	7	5	4.2	6	7	5.9	8	5	4.2		
8	4	2	1.7	4	4	3.4	4	1	0.8		
9	9	0	0.0	9	0	0.0	9	1	0.8		
합계		120	100		118	100		119	100		

*P〈.05

위의 표에서 볼 수 있듯이 전체 주화행 전략의 개수는 KNS집단이 120개, CKL집단은 118개, CNS집단의 경우 119개를 사용하였다. 사회적 지위가 동등한 요청의 경우에서 세 집단은 모두 전략 1 "명시적인 요청"을 가장 많이 사용하고 있으며, 여기에서 KNS집단보다 CKL집단과 CNS집단이 명시적인 요청을 더 많이 사용하는 것을 볼 수 있다. 이는 비슷한 또래 그룹에서 중국인 한국어 학습자들이 명령형을 사용하여 명시적으로 요청하는 경향이 큼을 볼 수 있다. 반대로 전략

3 "실현 가능성 묻기"에 대한 KNS집단이 더 높은 비율로 사용하는 것을 볼 수 있다. 이는 KNS집단은 청자와 화자의 사회적 지위가 같지만 상대를 배려하여 더욱 공손하게 발화한 것으로 보였다. 통계적으로 매유 유의미한 차이를 보였다(x^2=33.988 P〈0.05). 따라서 청자와 화자의 사회적 지위가 같은 경우 세 집단은 사용하는 주화행 요청 전략이 차이가 있음을 알 수 있다.

다음에는 청자와 화자의 사회적 지위가 같은 경우 집단별 사용한 보조화행 요청 전략의 비교 결과는 다음과 같다.

〈표 36〉 청자와 사회적 지위가 같은 경우 집단별 보조화행 전략 사용 비교

순위	KNS			CKL			CNS			x^2	P
	전략 번호	빈도 (회)	비율 (%)	전략 번호	빈도 (회)	비율 (%)	전략 번호	빈도 (회)	비율 (%)		
1	3	37	30.8	2	33	28.0	2	29	24.2		
2	8	27	22.5	7	24	20.3	7	18	15.0		
3	7	15	12.5	3	21	17.8	8	18	15.0		
4	2	14	11.7	8	12	10.2	1	17	14.2	34.786	0.002
5	1	11	9.2	1	10	8.5	3	15	12.5		
6	6	9	7.5	4	7	5.9	5	10	8.3		
7	5	5	4.2	6	6	5.1	6	8	6.7		
8	4	2	1.7	5	5	4.2	4	5	4.2		
합계		120	100		118	100		120	100		

*P〈.05

세 집단 보조화행 전략의 개수는 KNS집단이 118개, CKL집단은 116개, CNS집단의 경우 119개를 사용하였다. KNS집단은 보조화행 전략 3 "상황 기술하기"를 가장 많이 사용하고 다음으로는 CKL집단과

CNS집단에 비해 높은 비율로 전략 8 "보조화행 없음"을 두 번째로 선호하고 있었다. 반대로 CKL집단과 CNS집단은 모두 전략 2 "사과·부탁·인사하기"와 전략 7 "이유나 근거 제시하기"가 높은 비율로 많이 사용하고 있었다. 전반적으로 청자 지위가 동등한 화자와 청자 간의 요청 상황이므로 요청의 부담이 크지 않다고 할 수 있다. 이에 세 집단 모두 다양한 보조화행 전략을 적극적으로 수용해 사용함으로써 성공적인 요청 화행을 실현하고자 한다. 그러나 CKL집단의 경우 중국어의 영향이 남아 있어 전략 2와 전략 7의 사용이 높은 빈도를 보인다. 통계적으로 매유 유의미한 차이를 보였다(x^2=34.786 P〈0.05). 따라서 청자와 화자의 사회적 지위가 같은 경우 세 집단은 사용하는 보조화행 요청 전략이 차이가 있음을 알 수 있다.

1.3 청자가 화자 보다 사회적 지위가 낮은 경우

청자가 화자 보다 사회적 지위가 낮은 경우는 상황3, 6, 9, 12에서 제시하였다. 집단별 사용한 주화행 요청 전략의 비교 결과는 다음과 같다.

〈표 37〉 **청자의 사회적 지위가 낮은 경우 집단별 주화행 전략 사용 비교**

순위	KNS			CKL			CNS			x^2	P
	전략 번호	빈도 (회)	비율 (%)	전략 번호	빈도 (회)	비율 (%)	전략 번호	빈도 (회)	비율 (%)		
1	1	34	28.6	1	42	35.6	1	49	41.2		
2	3	27	22.7	2	22	18.6	3	19	16.0	36.170	0.003
3	8	22	18.5	3	18	15.3	7	13	10.9		
4	2	10	8.4	8	11	9.3	6	11	9.2		

5	5	10	8.4	7	9	7.6	5	10	8.4		
6	7	7	5.9	5	7	5.9	2	9	7.6		
7	6	5	4.2	4	5	4.2	4	4	3.4		
8	4	3	2.5	6	4	3.4	8	3	2.5		
9	9	1	0.8	9	0	0.0	9	1	0.8		
합계		119	100		118	100		119	100		

*P〈.05

〈표 37〉에서 볼 수 있듯이 전체 주화행 전략의 개수는 KNS집단이 119개, CKL집단은 118개, CNS집단의 경우 119개를 사용하였다. 세 집단 모두 주화행 전략 1 "명시적인 요청"을 가장 많이 사용하고 있었다. 그러나 CKL집단과 CNS집단 전략 1의 사용 비율은 KNS보다 높은 것을 알 수 있다. 그 뒤를 이어서 KNS집단과 CNS집단은 모두 전략 3 "실현 가능성 묻기"를 두 번째로 선호하고 있었다. CKL집단은 전략 2 "청자의 의지 묻기"가 다른 두 집단보다 높은 비율로 두 번째로 나타나는 반면 KNS집단은 역시 전략 8 "허락 받기"가 다른 두 집단에 비해 높은 비율로 사용하였다. 청자의 사회적 지위가 낮아도 CKL집단은 다른 두 집단에 비해 전략 2가 많이 선호하는 것을 보면 화자나 청자의 부담을 줄이기 위한 적절한 전략의 사용이 부족함을 알 수 있다. 통계적으로 매유 유의미한 차이를 보였다(x^2=36.170 P〈0.05). 따라서 청자가 화자보다 사회적 지위가 낮은 경우 세 집단은 사용하는 주화행 요청 전략이 차이가 있음을 알 수 있다.

청자가 화자보다 사회적 지위가 낮은 경우 집단별 사용한 보조화행 요청 전략의 비교 결과는 다음과 같다.

〈표 38〉 청자의 사회적 지위가 낮은 경우 집단별 보조화행 전략 사용 비교

순위	KNS			CKL			CNS			x^2	P
	전략 번호	빈도 (회)	비율 (%)	전략 번호	빈도 (회)	비율 (%)	전략 번호	빈도 (회)	비율 (%)		
1	3	40	33.3	2	36	30.5	2	32	26.7		
2	7	24	20.0	3	22	18.6	7	21	17.5		
3	2	15	12.5	7	21	17.8	1	19	15.8		
4	1	14	11.7	1	10	8.5	3	18	15.0	31.075	0.005
5	8	12	10.0	7	9	7.6	5	10	8.3		
6	6	7	5.8	6	8	6.8	8	9	7.5		
7	4	6	5.0	8	8	6.8	6	6	5.0		
8	5	2	1.7	5	4	3.4	4	5	4.2		
합계		120	100		118	100		120	100		

*P〈.05

위의 표에서 볼 수 있듯이 세 집단 보조화행 전략의 개수는 KNS집단이 118개, CKL집단은 116개, CNS집단의 경우 119개를 사용하였다. 그 중에서 KNS집단은 전략 3 "상황 기술하기"를 가장 많이 사용하였다. CKL집단과 CNS집단은 역시 전략 2 "사과·부탁·인사하기"를 가장 선호하고 있었다. 또한 KNS집단과 CNS집단은 전략 7 "정보 요청 질문하기"가 두 번째로 선호하고 CKL집단과 비슷한 비율로 나타난다. 예상과 달리 CKL집단은 KNS집단에서 가장 많이 사용하는 전략 3은 두 번제로 선호하고 CNS집단보다 더 높은 비율로 나타난다. 따라서 청자의 사회적 직위가 낮은 경우에서 CKL집단에서 사용하는 보조화행 전략은 CNS집단보다 KNS쪽에 더 가까운 것을 알 수 있다. 통계적으로 매유 유의미한 차이를 보였다(x^2=31.075 P〈0.05). 따라서 청자가 화자보다 사회적 지위가 낮은 경우 세 집단은 사용하는 보조화행 요청 전략이 차이가 있음을 알 수 있다.

2. 친밀도에 따른 분석

2.1 친밀도가 높은 경우

화자와 청자간의 친밀도가 높은 상황은 전체 요청 상황 12개 중에서 상황1, 2, 3, 7, 8, 9로 6개가 이에 해당된다. 친밀도가 높은 경우 집단별 사용한 주화행 요청 전략의 비교 결과는 다음과 같다.

〈표 39〉 친밀도가 높은 경우 집단별 주화행 전략 사용 비교

순위	KNS			CKL			CNS			x^2	P
	전략 번호	빈도 (회)	비율 (%)	전략 번호	빈도 (회)	비율 (%)	전략 번호	빈도 (회)	비율 (%)		
1	1	52	28.9	1	56	31.5	1	79	44.1		
2	3	47	26.1	2	26	14.6	3	23	12.8		
3	5	24	13.3	3	22	12.4	6	18	10.1		
4	2	22	12.2	7	18	10.1	5	16	8.9	57.739	0.000
5	8	17	9.4	4	16	9.0	2	15	8.4		
6	6	10	5.6	6	14	7.9	7	14	7.8		
7	4	7	3.9	8	14	7.9	4	7	3.9		
8	9	1	0.6	5	12	6.7	8	6	3.4		
9	7	0	0.0	9	0	0.0	9	1	0.6		
합계		180	100		178	100		179	100		

*P〈.05

〈표 39〉에 보이듯이 전체 주요청 전략의 개수는 KNS집단이 180개, CKL집단은 178개, CNS집단의 경우 179개를 사용하였다. 친밀도가 있는 요청 상황이므로 세 집단 모두 전략 1 "명시적인 요청"전략을 가장 많이 사용하였다. 이는 화자와 청자의 관계가 친밀하므로 요청의

부담 없이 직접적인 전략을 사용한 것으로 보인다. 그리고 CKL집단에 전략 1의 사용 빈도가 CNS집단보다 KNS집단과 더 가까운 것을 나타난다. 이는 CKN집단은 친밀도가 있는 경우에서 목표어 언어문화적 환경의 영향을 받은 것으로 볼 수 있다. 또한 두 번째 선호하는 전략으로는 KNS집단과 CNS집단은 모두 전략 3 "실현 가능성 묻기"를 사용하였고 CKL집단은 전략 2 "청자의 의지 묻기"를 사용하였다. 앞서 분석한 이유가 때문에 CKL집단 전략2의 사용은 CNS집단보다 KNS집단과 더 가까운 비율로 사용하고 있었다. 통계적으로 매유 유의미한 차이를 보였다(x^2=57.739 P〈0.05). 따라서 청자와 화자간의 친밀도가 있는 경우 세 집단은 사용하는 주화행 요청 전략이 차이가 있음을 알 수 있다.

화자와 청자간의 친밀도가 높은 경우 집단별 사용한 보조화행 요청 전략의 비교 결과는 〈표 40〉과 같다.

〈표 40〉 친밀도가 높은 경우 집단별 보조화행 전략 사용 비교

순위	KNS			CKL			CNS			x^2	P
	전략번호	빈도(회)	비율(%)	전략번호	빈도(회)	비율(%)	전략번호	빈도(회)	비율(%)		
1	3	57	31.7	2	43	24.2	2	35	19.4		
2	8	29	16.1	7	35	19.7	1	34	18.9		
3	7	27	15.0	3	28	15.7	7	31	17.2		
4	1	23	12.8	1	19	10.7	8	23	12.8	54.886	0.000
5	2	16	8.9	8	19	10.7	3	21	11.7		
6	6	14	7.8	6	16	9.0	5	21	11.7		
7	5	9	5.0	4	11	6.2	6	9	5.0		
8	4	5	2.8	5	7	3.9	4	6	3.3		
합계		180	100		178	100		180	100		

*P〈.05

위에 있는 표에 볼 수 있듯이 세 집단 보조화행 전략의 개수는 KNS 집단이 180개, CKL집단은 178개, CNS집단의 경우 180개를 사용하였다. 그 중에서 CKL집단과 CNS집단은 모두 전략 2 "사과·부탁·인사하기"가 KNS집단보다 높은 비율로 가장 많이 사용하고 있었다. 반면 KNS집단은 역시 전략 3 "상황 기술하기"가 다른 두 집단보다 큰 비율로 가장 많이 선호하였다. 또한 KNS집단은 친밀도가 있는 경우 성공적인 주화행으로 요청 전략을 이루어지기 때문에 CKL집단에 비해 전략 8 "보조화행 없음"을 높은 비율로 두 번째로 선호하고 있었다. CKL집단은 청자가 부담스러운 대상이 아니더라고 한국어로 요청할 때 조금 더 간접적인 보조전략을 선택한 것은 주화행 전략으로만 이용해서 요청의 부담을 줄이는 것에는 아직 능숙하지 못함을 알 수 있다. 통계적으로 매유 유의미한 차이를 보였다(x^2=54.886 P⟨0.05). 따라서 청자와 화자간의 친밀도가 있는 경우 세 집단은 사용하는 보조화행 요청 전략이 차이가 있음을 알 수 있다.

2.2 친밀도가 낮은 경우

친밀도가 낮은 상황은 전체 요청 상황 12개 중에서 상황4, 5, 6, 10, 11, 12로 6개가 이에 해당된다. 친밀도가 낮은 경우 집단별 사용한 주화행 요청 전략의 비교 결과는 다음과 같다.

〈표 41〉 친밀도가 낮은 경우 집단별 주화행 전략 사용 비교

순위	KNS			CKL			CNS			x^2	P
	전략 번호	빈도 (회)	비율 (%)	전략 번호	빈도 (회)	비율 (%)	전략 번호	빈도 (회)	비율 (%)		
1	7	43	24.3	1	54	31.0	1	59	33.5		
2	8	38	21.5	7	38	21.8	7	31	17.6		
3	1	31	17.5	2	26	14.9	5	23	13.1		
4	3	31	17.5	3	24	13.8	3	20	11.4	62.382	0.000
5	5	16	9.0	8	14	8.0	6	13	7.4		
6	6	7	4.0	5	11	6.3	8	13	7.4		
7	2	6	3.4	4	4	2.3	2	10	5.7		
8	4	4	2.3	6	2	1.1	4	4	2.3		
9	9	1	0.6	9	1	0.6	9	3	1.7		
합계		177	100		174	100		176	100		

*P〈.05

〈표 41〉에 보이듯이 전체 주요청 전략의 개수는 KNS집단이 177개, CKL집단은 174개, CNS집단의 경우 176개를 사용하였다. KNS집단은 전략 7 "정보 요청 질문하기"를 가장 많이 사용하였고 다른 두 집단에 비해 큰 차이가 보이지 않았다. 그러나 CKL집단과 CNS집단은 모두 전략 1 "명시적인 요청"이 KNS집단보다 아주 높은 비율로 가장 많이 사용하고 있었다. 이는 중국인 화자에서 낯선 사람에게 하는 요청이 인간적 사회적 관계가 없으므로 오히려 더욱 직접적 요청이 가능한 관계라고 생각하고 있다. 또한 KNS집단은 전략 8 "허락 받기"가 다른 두 집단보다 높은 비율로 두 번째로 나타난다. 이는 KNS집단은 친밀도가 낮은 경우 부담을 줄이기 위해 청자에게 선택권을 돌려주는 것으로 알고 있다. 통계적으로 매유 유의미한 차이를 보였다(x^2= 62.382 P〈0.05). 따라서 청자와 화자간의 친밀도가 없는 경우 세 집단

은 사용하는 주화행 요청 전략이 차이가 있음을 알 수 있다.

　낮은 경우 집단별 사용한 보조화행 요청 전략의 비교 결과는 〈표 42〉과 같다.

〈표 42〉 친밀도가 낮은 경우 집단별 보조화행 전략 사용 비교

순위	KNS			CKL			CNS			x^2	P
	전략 번호	빈도 (회)	비율 (%)	전략 번호	빈도 (회)	비율 (%)	전략 번호	빈도 (회)	비율 (%)		
1	3	61	34.3	2	61	35.1	2	63	35.4		
2	2	29	16.3	3	36	20.7	3	28	15.7		
3	7	29	16.3	7	35	20.1	7	27	15.2		
4	8	25	14.0	4	13	7.5	1	26	14.6	56.779	0.000
5	1	18	10.1	1	12	6.9	8	11	6.2		
6	6	8	4.5	8	10	5.7	5	9	5.1		
7	4	7	3.9	6	4	2.3	6	8	4.5		
8	5	1	0.6	5	3	1.7	4	6	3.4		
합계		178	100		174	100		178	100		

*P〈.05

　위에 있는 표에 볼 수 있듯이 세 집단 보조화행 전략의 개수는 KNS집단이 178개, CKL집단은 174개, CNS집단의 경우 178개를 사용하였다. 그 중에서 KNS집단은 역시 전략 3 "상황 기술하기"를 가장 많이 사용하였고 CKL집단과 CNS집단은 모두 KNS집단에서 두 번째로 나타나는 전략 2 "사과·부탁·인사하기"를 가장 많이 사용하고 있었다. 또한 세 집단은 모두 전략 7 "이유나 근거 제시하기"를 세 번째로 선호하였고 사용한 비율은 큰 차이가 보이지 않다. 이 경우 CKL집단에서 전략 4 "부담 줄이기"의 사용 빈도가 다른 두 집단보다 높게 나타나는 것은 매우 흥미롭다. 이는 친밀도가 없는 부담스러운 대상에게 요청을 하는 경우이므로 간접적으로 의도를 표현하여 조심스럽게 보조요청을 하는 경향이 볼 수 있다. 통계적으로 매유 유의미한 차이를 보였다(x^2=56.779 P⟨0.05). 따라서 청자와 화자간의 친밀도가 없는 경우 세 집단은 사용하는 보조화행 요청 전략이 차이가 있음을 알 수 있다.

3. 요청상황의 성격에 따른 분석

3.1 '부탁'의 경우

요청의 성격이 '부탁'인 상황은 전체 12개 상황 중 총 6개이며 상황 1, 2, 3, 4, 5, 6이 이에 해당된다. 요청 상황의 성격이 부탁인 경우는 화자에게 요청의 권리가 부여되지 않으며 청자도 이에 응할 의무가 없는 경우라고 앞서 정의한 바 있다. 이 경우에서 집단별 사용한 주화행 요청 전략의 비교 결과는 다음과 같다.

⟨표 43⟩ 요청의 성격이 '부탁'인 경우 집단별 주화행 전략 사용 비교

	KNS			CKL			CNS			x^2	P
순위	전략 번호	빈도 (회)	비율 (%)	전략 번호	빈도 (회)	비율 (%)	전략 번호	빈도 (회)	비율 (%)		
1	3	44	24.4	1	50	28.1	1	73	40.8		
2	1	35	19.4	7	39	21.9	7	26	14.6		
3	8	34	18.9	2	28	15.7	3	23	12.8	70.522	0.000
4	7	30	16.7	3	23	12.9	5	16	8.9		
5	5	19	10.6	5	17	9.6	6	15	8.4		
6	2	16	8.9	8	14	7.9	2	14	7.8		
7	6	2	1.1	6	4	2.2	8	11	6.1		

8	4	0	0.0	4	3	1.7	9	1	0.6		
9	9	0	0.0	9	0	0.0	4	0	0.0		
합계		180	100		178	100		179	100		

*P〈.05

〈표 43〉에 제시된 바와 같이 세 집단 주요청 전략의 개수는 KNS집단이 180개, CKL집단은 178개, CNS집단의 경우 179개를 사용하였다. 그 중에서 KNS집단은 전략 3 "실현 가능성 묻기"를 가장 많이 사용하였고 CKL집단과 CNS집단은 모두 전략 1 "명시적인 요청"이 KNS집단보다 높은 비율로 가장 많이 사용하고 있었다. 이는 요청의 권리가 누구에게 있는지에 대한 KNS집단이 더 민감하게 반응한다는 것으로 볼 수 있다. 두 번째로 선호하는 전략은 KNS은 전략 1, CKL집단과 CNS집단은 모두 전략 7 "정보 요청 질문하기"를 선호하고 있었다. 이상에서 CKL집단은 청자에게 '부탁'하는 상황에도 불구하고 직접적인 요청 전략을 많이 사용하는 것은 역시 모국어의 영향이 아직 많이 남아 있기 때문이다. 통계적으로 매유 유의미한 차이를 보였다(x^2= 70.522 P〈0.05). 따라서 요청의 성격이 '부탁'인 경우 세 집단은 사용하는 주화행 요청 전략이 차이가 있음을 알 수 있다.

요청의 성격이 '부탁'인 경우 집단별 사용한 보조화행 요청 전략의 비교 결과는 다음과 같다.

〈표 44〉 요청의 성격이 '부탁'인 경우 집단별 보조화행 전략 사용 비교

순위	KNS			CKL			CNS			x^2	P
	전략 번호	빈도 (회)	비율 (%)	전략 번호	빈도 (회)	비율 (%)	전략 번호	빈도 (회)	비율 (%)		
1	3	58	32.2	2	49	27.5	2	47	26.1		
2	7	30	16.7	7	37	20.8	1	31	17.2		
3	8	25	13.9	3	28	15.7	7	31	17.2	48.187	0.000
4	2	22	12.2	4	17	9.6	3	26	14.4		
5	1	19	10.6	8	16	9.0	8	16	8.9		
6	6	15	8.3	1	15	8.4	6	12	6.7		
7	4	8	4.4	6	14	7.9	4	9	5.0		
8	5	3	1.7	5	2	1.1	5	8	4.4		
합계		180	100		178	100		180	100		

*$P < .05$

〈표 44〉에 보이듯이 전체 보조요청 전략의 개수는 KNS집단이 180 개, CKL집단은 178개, CNS집단의 경우 180개를 사용하였다. KNS집 단은 전략 3 "상황 기술하기"를 가장 많이 사용하였고 CKL집단과 CNS집단은 역시 전략 2 "사과·부탁·인사하기"를 가장 많이 사용하 고 있었다. 두 번째 선호하는 보조화행 전략은 KNS집단과 CKL집단 은 모두 전략 7 "이유나 근거 제시하기"를 선호하였고 CNS집단은 전 략 1 "상황 점검하기"가 다른 두 집단보다 높은 비율로 선호하고 있었 다. 또한 KNS집단은 전략 8 "보조화행 없음"이 다른 두 집단 보다 높 은 비율로 세 번째로 나타난다. 이상에서 보면 CKL집단은 역시 CNS 집단의 언어 문화적 규범의 영향을 아직 받고 있는 상태로 보였다. 통 계적으로 유의미한 차이를 보였다(x^2=48.187 P$<$0.05). 따라서 요청의 성격이 '부탁'인 경우 세 집단은 사용하는 보조화행 요청 전략이 차이 가 있음을 알 수 있다.

3.2 '권리'의 경우

요청의 성격이 '권리'인 상황은 전체 12개 상황 중 총 6개이며 상황 7, 8, 9, 10, 11, 12가 이에 해당된다. 요청 상황의 성격이 권리인 경우는 화자가 청자에게 자신이 요청할 수 있는 권리를 가지고 있으며 청자는 화자의 요청에 응해야할 의무를 지니는 경우이라고 한다. 이 경우에서 집단별 사용한 주화행 요청 전략의 비교 결과는 다음과 같다.

〈표 45〉 요청의 성격이 '권리'인 경우 집단별 주화행 전략 사용 비교

순위	KNS			CKL			CNS			x^2	P
	전략 번호	빈도 (회)	비율 (%)	전략 번호	빈도 (회)	비율 (%)	전략 번호	빈도 (회)	비율 (%)		
1	1	48	27.1	1	60	34.5	1	65	36.9		
2	3	34	19.2	2	24	13.8	5	23	13.1		
3	5	21	11.9	3	23	13.2	3	20	11.4		
4	8	21	11.9	4	17	9.8	7	19	10.8	34.430	0.005
5	6	15	8.5	7	17	9.8	6	16	9.1		
6	7	13	7.3	8	14	8.0	2	11	6.3		
7	2	12	6.8	6	12	6.9	4	11	6.3		
8	4	11	6.2	5	6	3.4	8	8	4.5		
9	9	2	1.1	9	1	0.6	9	3	1.7		
합계		177	100		174	100		176	100		

*P〈.05

〈표 45〉에 보이듯이 전체 주요청 전략의 개수는 KNS집단이 177개, CKL집단은 174개, CNS집단의 경우 176개를 사용하였다. 그 중에서 세 집단은 모두 전략 1 "명시적인 요청"을 가장 많이 사용하고 있었다. 이는 화자에게 요청의 권리가 부여된 맥락에서 직접적인 요청 전략을

더 선호하는 것으로 나타난다. 그러나 CKL집단과 CNS집단은 전략 1
의 사용 빈도가 KNS집단보다 높은 것을 보인다. 이는 CKL집단은 고
급학습자임에도 불구하고 청자에게 '권리'를 실행할 때 한국식보다 중
국식 요청을 더 선호하는 것으로 볼 수 있다. 두 번째로 선호하는 전
략은 KNS집단은 전략 3 "실현 가능성 묻기", CKL집단은 전략 2 "청자
의 의지 묻기"가 다른 두 집단보다 아주 높은 비율로 나타나고 CNS집
단 전략 5 "의도·희망 표출하기"를 사용하고 있었다. 통계적으로 유
의미한 차이를 보였다(x^2=34.430 P〈0.05). 따라서 요청의 성격이 '권
리'인 경우 세 집단은 사용하는 주화행 요청 전략이 차이가 있음을 알
수 있다.

  요청의 성격이 '권리'인 경우 집단별 사용한 보조화행 요청 전략의
비교 결과는 다음과 같다.

〈표 46〉 **요청의 성격이 '권리'인 경우 집단별 보조화행 전략 사용 비교**

순위	KNS			CKL			CNS			x^2	P
	전략 번호	빈도 (회)	비율 (%)	전략 번호	빈도 (회)	비율 (%)	전략 번호	빈도 (회)	비율 (%)		
1	3	60	33.7	2	55	31.6	2	51	28.5		
2	8	29	16.3	3	36	20.7	1	29	16.2		
3	7	26	14.6	7	33	19.0	7	27	15.1		
4	2	23	12.9	1	16	9.2	3	23	12.8	58.014	0.000
5	1	22	12.4	8	13	7.5	5	23	12.8		
6	5	7	3.9	5	8	4.6	8	18	10.1		
7	6	7	3.9	4	7	4.0	6	5	2.8		
8	4	4	2.2	6	6	3.4	4	3	1.7		
합계		178	100		174	100		179	100		

*P〈.05

〈표 46〉에 제시된 바와 같이 세 집단 보조요청 전략의 개수는 KNS
집단이 178개, CKL집단은 174개, CNS집단의 경우 179개를 사용하였
다. KNS집단은 전략 3 "상황 기술하기"를 가장 많이 사용하였고 CKL
집단과 CNS집단은 모두 전략 2 "사과·부탁·인사하기"를 가장 많이
사용하고 있었다. 이는 CKL집단은 화자가 요청의 권리를 가진 상황
임에도 불구하고 다양한 전략을 구사하지 못하고 익숙한 전략 만에
편중된 요청 화행을 구사한다고 볼 수 있다. 또한 KNS집단은 전략 8
"보조화행 없음"이 중국인 집단보다 높은 비율로 두 번째로 나타난다.
CKL집단과 CNS집단은 두 번째로 사용하는 보조요청 전략은 각각 전
략 3 "상황 기술하기"와 전략 1 "상황 점검하기"이었다. 통계적으로 유
의미한 차이를 보였다(x^2=58.014 P〈0.05). 따라서 요청의 성격이 '권
리'인 경우 세 집단은 사용하는 보조화행 요청 전략이 차이가 있음을
알 수 있다.

V.

결론

　지금까지 한국인 모어 화자, 중국인 모어 화자, 중국인 한국어 학습자가의 요청 화행을 비교 분석하여 살펴보았다. 연구 방법은 이미 많은 화행 연구에서 사용되었던 CCSARP를 사용하였으며 이를 통해 각 집단의 요청 화행전략을 어떤 차이점이 있는지 살펴보았다. 또한 중국인 한국어 학습자의 한국어 요청 화행을 한국인의 한국어 요청 화행과 비교하면서, 중국인 한국어 학습자가 요청 화행을 수행할 때 한국인의 요청 화행과 중국인의 요청 화행 중에서 어느 쪽을 선호하는지 그리고 변인에 따라 요청 전략이 어떻게 다르게 나타나는지를 분석하였다. 분석한 결과를 요약하면 다음과 같다.

　우선집단별 전체 분석의 결과를 살펴보면 첫째 주화행 요청 전략 비교 분석결과, 세 집단이 모두 주화행 전략 1 "명시적인 요청"을 가장 선호 하는 것으로 나타났다. CKL집단과 CNS집단 전략 1의 실현 빈도와 그 비율은 KNS집단보다 상당히 높은 것을 알 수 있다. 이는 화자가 요청의 부담이 상대적으로 적은 경우에서 CKL집단과 CNS집단은 KNS집단보다 훨씬 더 적극적이고 명시적으로 요청 화행을 실현한 것으로 보인다. 또한 KNS집단에서 전략 3 "실현 가능성 묻기"의 사용 빈도와 비율은 CKL집단과 CNS집단보다 꽤 높은 것을 알 수 있다. 따라서 한국인 화자의 경우 청자에게 요청 수락 여부를 선택할 수 있도록 선택권을 넘겨주는 행태의 전략을 구사함으로서 청자의 부담을 줄여주려고 하는 것으로 보인다. 또한 예상과 달리 CKL집단에서 전략 2 "청자의 의지 묻기"의 사용 빈도와 비율은 KNS집단과 CNS집단보다 그 선호가 분명히 나타난다. 전체적으로 KNS집단이 요청 전략을 다양하게 구사하는 것으로 보인다. CKL집단과 CNS집단은 전략 1과 전략 7에 전체 전략 사용 중 45%이상 편중되고 있다. 이는 CKL집단이 대부분은 고급학습자임에도 불구하고 한국어로 요청할 때 다양한 맥락에서 풍부하고 적절한 요청 전략을 구사하고 있지 못함을 보이고 적절한 문형을 사용하는 것보다 익숙한 문형을 많이 더 선택한 것으로도 나타난다. 이는 모국어의 요청 습관의 영향을 계속 받고 있는 것을 볼 수 있다.

둘째, 상황별 보조화행 요청 전략 비교 분석결과, CKL집단은 KNS집단보다 CNS쪽에 가까운 전략을 많이 선호하는 것을 알 수 있다. 그리고 KNS가 가장 선호하는 보조 화행 전략 3 "상황 기술하기"는 CKL집단과 CNS집단에서는 중간정도 선호하는 것으로 나타났으며 CKL집단과 CNS집단은 가장 선호하는 보조 화행 전략 2 "사과·부탁·인사하기"도 KNS집단에서는 별로 선호하지 않은 것을 알 수 있다. 이는 문화적인 차이가 있기 때문에 그럴 수 있고 CKL집단이 부담을 줄이기 위한 효과적이고 성공적인 보조화행 전략 실현을 위한 언어적, 문화적 능력이 부족함을 알 수 있다. 예상과 달리 KNS집단이 주화행과 보조화행과의 결합을 통해 요청의 부담을 줄이려는 시도가 적음을 알 수 있다. 반면 CKL집단과 CNS집단 전략 8의 사용 빈도와 비율은 KNS집단보다 상당히 낮은 것으로 나타났다. KNS집단이 보조화행을 사용하지 않고 주화행으로만 요청 화행을 실현하는 경우를 보면 보조화행의 부분에서 다른 두 집단보다 조금 더 직접적인 수단을 사용하여 요청 화행을 수행하는 것을 발견할 수 있다.

셋째, 상황별 주화행 요청 전략 비교 분석결과, 세 집단은 차이가 있는 경우는 12가지 상황에서 7개의 상황이었고 5가지 상황에서는 유의미한 차이가 없었다. 중국인화자와 한국인화자에 있어서 차이점을 보이는 전략이 전략 1 "명시적인 요청" 사용의 경우인데 CNS집단과 CKL집단은 모두 전략 1 "명시적인 요청"을 가장 많이 사용하였으며, KNS집단은 전략 3 "실현 가능성 묻기"를 가장 많이 사용하였다. CKL집단은 KNS집단보다 명시적인 요청을 더 선호하는 경향이 있지만 모국어보다 낮은 비율로 나타나는 것을 알 수 있다. 하지만 CKL집단은 대부분 고급 학습자이지만 한국어로 요청화행을 할 때 적절한 요청 전략을 구사하고 있지 못함을 보이고 모국어의 요청 습관의 영향을 받고 있는 것을 알고 있다.

넷째, 상황별 보조화행 요청 전략 비교 분석결과, 세 집단은 차이가 있는 경우는 12가지 상황에서 3개의 상황이었고 9가지 상황에서는 유의미한 차이가 없었다. 전체적으로 보면 세 집단은 전략 8 "보조화행 없음"을 사용의 경우에서 차이점을 보였다. KNS집단은 전략 8의 사용 CKL집단과 CNS집단보다 더 선호하는 것으로 알 수 있다. 이는 CKL집단은 한국어로 요청하는 경우에서 언어적 실력이 부족하기 때문에 생기는 오해를 피하려고 다양한 보조전략을 선호하는 것을 알 수 있다. 또한 세 집단은 전략 2 "사과·부탁·인사하기"를 사용의 경우에서 CKL집단과 CNS집단은 KNS집단보다 더 선호하였다. 이는 CKL집단은 한국어로 요청화행을 할 때 적절한 요청 전략을 구사하지 못해서 아주 조심스러운 모습을 나타난 것으로 볼 수 있고 모국어의 요청습관이 작용하고 있는 것을 볼 수도 있다.

마지막으로 변인별 요청 전략 비교 분석결과, 우선 사회적 지위에 따른 분석결과는 청자가 화자 보다 사회적 지위가 높은 경우, 주화행과 보조화행의 사용은 모두 차이가 보였다. 주화행 요청 전략의 비교 결과를 보면 CKL집단에서 명시적인 요청 전략을 많이 사용하지만 CNS집단보다 감소추세를 보였다. 또한 CKL집단은 사용하는 보조화행 전략은 CNS집단과 비슷하게 나타났다. 역시 모국의 영향을 받고 목적어의 화행 습관이 제대로 인식되지 않은 것으로 나타난다.

청자와 청자의 사회적 지위가 같은 경우 KNS집단보다 CKL집단과 CNS집단이 주화행 전략 중에 명시적인 요청을 더 많이 사용하는 것을 나타났다. 반대로 KNS집단은 전략 3 "실현 가능성 묻기"를 많이 사용하였다. 이는 KNS집단은 청자와 화자의 사회적 지위가 같지만 상대를 배려하여 더울 공손하게 발화한 것으로 보였다. 보조화행의 경우 CKL집단은 중국어의 영향이 남아 있어 전략 2와 전략 7의 사용이 높은 빈도로 나타났다.

청자가 화자 보다 사회적 지위가 낮은 경우 CKL집단은 다른 두 집단에 비해 주화행 전략 2 "청자의 의지 묻기"를 가장 선호하는 것을 보면 화자나 청자의 부담을 줄이기 위한 적절한 전략의 사용이 부족함을 알 수 있다. 보조화행 요청 전략 비교 결과를 보면 CKL집단은 KNS

집단에서 가장 많이 사용하는 전략 3은 두 번째로 선호하고 CNS집단보다 더 높은 비율로 나타난다. 따라서 CKL집단은 사용하는 보조화행 전략은 CNS집단보다 KNS쪽에 더 가까운 것을 알 수 있다.

둘째, 친밀도에 따른 분석 결과에서 친밀도가 높은 경우 세 집단 모두 주화행 전략 1 "명시적인 요청 전략"을 가장 많이 사용하였다. CKL집단에 전략 1의 사용 빈도가 CNS집단보다 KNS집단과 더 가까운 것을 나타난다. 이는 CKN집단은 친밀도가 있는 경우에서 목적어 언어 문화적 환경의 영향을 받은 것으로 볼 수 있다. 또한 보조 화행 KNS집단은 성공적인 주화행으로 요청 전략을 이루어지기 때문에 CKL집단에 비해 전략 8 "보조화행 없음"을 높은 비율로 나타났다. CKL집단은 청자가 부담스러운 대상이 아니더라고 한국어로 요청할 때 조금 더 간접적인 보조전략을 선택한 것은 주화행 전략으로만 이용해서 요청의 부담을 줄이는 것에는 아직 능숙하지 못하거나 모국어의 영향을 받고 있는 것으로 볼 수 있다.

친밀도가 낮은 경우 CKL집단과 CNS집단은 모두 주화행 전략 1 "명시적인 요청"이 KNS집단보다 아주 높은 비율로 가장 많이 사용하고 있었다. 이는 중국인 화자에서 낯선 사람에게 하는 요청이 인간적 사회적 관계가 없으므로 오히려 더욱 직접적 요청이 가능한 관계라고 생각하고 있다. 또한 CKL집단에서 보조화행 전략 4 "부담 줄이기"의 사용 빈도가 다른 두 집단보다 높게 나타나는 것은 매우 흥미롭다. 이는 친밀도가 없는 부담스러운 대상에게 요청을 하는 경우이므로 간접적으로 의도를 표현하여 조심스럽게 보조요청을 하는 경향이 볼 수 있다.

셋째, 요청상황의 성격에 따른 분석결과에서 '부탁'의 경우 CKL집단과 CNS집단은 모두 주화행 전략 1 "명시적인 요청"이 KNS집단보다 높은 비율로 가장 많이 사용하고 있었다. 이는 요청의 권리가 누구에게 있는지에 대한 KNS집단이 더 민감하게 반응한다는 것으로 볼 수 있다. 보조화행의 경우 CKL집단과 CNS집단은 역시 전략 2 "사과·부탁·인사하기"를 가장 많이 사용하고 KNS집단은 전략 8 "보조화행 없음"이 다른 두 집단 보다 높은 비율로 나타난다. 이상에서 보면 CKL집단은 청자에게 '부탁'하는 상황에도 불구하고 직접적인 요청 전략을 많이 사용하는 것은 역시 모국어 문화적 규범의 영향을 아직 받고 있는 상태로 보인다.

요청상황의 성격이 '권리'의 경우 세 집단 모두 전략 1 "명시적인 요청"가장 많이 사용하였다. CKL집단과 CNS집단은 전략 1의 사용 빈도가 역시 KNS집단보다 높은 것을 보인다. 이는 화자에게 요청의 권리가 부여된 맥락에서 중국인화자 한국인화자보다 직접적인 요청 전략을 더 선호하는 것으로 나타난다. 보조화행의 경우 KNS집단은 전략 3 "상황 기술하기"를 가장 많이 사용하였고 CKL집단과 CNS집단은 모두 전략 2 "사과·부탁·인사하기"를 가장 많이 사용하고 있었다. 이는 CKL집단은 화자가 요청의 권리를 가진 상황임에도 불구하고 다양한 전략을 구사하지 못하고 익숙한 모국어 전략 만에 편중된 요청 화행을 구사한다고 볼 수 있다.

본 연구에서는 중국인, 한국인, 중국인 한국어 학습자를 대상으로 세 집단에서 사용되는 요청 화행 전략의 표현 방식에 대한 살펴보았다. 그 결과 세 집단은 통계적으로 유의미한 차이가 보였다. 중국인 한국어 학습자의 발화에서는 몇몇 상황을 제외하고 모국어와 근접한 요청 화행 전략이 사용됨을 알 수 있었다. 특히 청자의 사회적 지위와 친밀도를 고려하지 않은 발화가 종종 나타났다. 후속 연구를 위한 본 연구의 한계를 밝힌다. 첫째, 본 연구는 DCT를 통해 자료를 수집하였다. 따라서 DCT가 가지는 기본적인 약점, 즉 실제 발화와 차이가 나는 것이다. 특히 DCT를 통한 실험자료 수집은 억양, 표정 등과 같은 비언어적 요소를 배제하게 되는데, 실제 발화 상황에서는 비언어적 요소 또한 요청화행 실현에 영향을 미칠 것이다. 따라서 실제 발화 녹음을 통해 자료를 수집·분석한다면 더욱 정확한 요청 화행 연구가 이루어질 것이다. 둘째, 요청 표현을 분석하기 위한 분석 항목 선정에 있어 다양한 활용어미와 표현을 채택하였는데 요청의 간접성을 측정하는 관점에서 활용어미와 표현을 연구한 선행 연구가 풍부하지 않아 이에 대한 정밀한 개념 정의와 분석 항목 선정에 부족함이 있었다. 따라서 차후에 이에 대한 정밀한 기초 연구가 뒷받침 된다면 조금 더 요청의 간접성을 반영하여 요청의 부담 줄이기 역할을 수행하는 요청 표현에 대한 분석이 가능하게 될 것이다.

참고문헌

구현정(1997).『대화의 기법』, 한국문화사.

구현정(2002). "조건 담화와 공손법", 언어과학연구 23.

권경원, 이익환 공역(1992).『화용론』, 한신문화사, Levinson, S. C.

고인수(1995). 영어와 한국어의 요청 화행 비교 연구. 박사학위논문. 서울대학교.

김갑년 옮김(1993).『화행론 입문』서울: 한국문화사. Hindelang, G

김은영(2003). 요청 화행의 상호 작용 구조 분석 연구: 일본어권 한국어 고급 학습자들 대상으로. 이화여자대학교 석사학위논문.

김소영(2003). 중국어의 화행별 공손 표현 연구. 이화여자대학교 석사학위논문.

김향선(2003), "한영화행 대조 분석: 거절을 중심으로", 석사학위논문, 동국대학교.

노주현(2001). 한국어 요청 화행 연구. 석사학위논문 고려대학교.

노대규(2003). 한국어의 화용의미론. 국학자료원.

박용예(1990). 영·한 화행 대조 분석: '요청'과 '거절'을 중심으로. 석사학위논문. 서울대학교.

박현주(1999). 영어 학습자의 요청 화행 연구: 성별에 따른 차이와 전이 현상을 중심으로. 고려대학교 석사학위논문.

박은영(2000). 영어권 한국어 학습자와 한국어 원어민의 화행 실현 비교연구: '사과'와 '감사응답'을 중심으로". 석사학위논문. 이화여자대학교.

이익섭(2006).『국어학개설』, 학연사

이해영(2006). 현지에서 한국어교육이 화행실현에 미치는 영향 중국인 한국어 학습자를 대상으로. 이중언어학 제32호.

이정은(1997). 요청의 상호 행위 현상 연구. 석사학위논문 연세대학교 국어국문학과.

이성순(2002). 외국인 학습자의 한국어 요청 화행에 관한 연구. 석사학위논문. 이화여자대학교.

임마누엘(2004). 한국어 화행 교육의 필요성과 교수 방안 연구: '요청' 화행을 중심으로. 고려대학교 대학원 석사학위논문

전혜영(1989). 현대 한국어 접속어미의 화용론적 연구. 이화여자대학교 대학원 박사 학위논문, 미간행.

전선주(1991). 한국인 영어학습자의 영어 공손표현 연구: 요청과 불만의 간접화행을중심으로. 석사학위논문. 이화여자대학교.

정민주(2002). 한국어 요청 화행 표현 연구. 석사학위논문. 서울대학교.

조경아(2002). 일본인 한국어 학습자의 요청 화행에 관한 연구: 한국인 화자의 일본인 한국어 학습자간의 대조를 통해. 연세대학교 교육대학원 석사학 위논문.

홍혜성(1997). 한국어와 영어의 요청 화행에 쓰이는 예절 전략 비교. 석사학위논문.서울대학교.

胡晓琼(1999). ‘请求’ ‘建议’ 言语行为的英汉比较. 湖北三峡学院学报.

He Qiong(2003). Politeness and Face in Chinese Culture: Perceptions of Request Strateqies. 湖南大学硕士论文.

吕光旦(1998). 现代韩语称呼语中的“权势”与“平等”关系. 『对外韩语论丛』 339-349页. 上海 上海外语教育出版社.

王宗炎(1994). 自我认识与跨文化交际. 胡文仲(主编),『文化与交际』1-12页.

卫志强(1994). 称呼的类型及其语用特点. 胡文仲(主编),『文化与交际』296-310页.

Austin. J. L(1962), How to do things with words. London: Oxford University Press.

John R. Searle(1969), Speech Acts, An Essay In The Philosophy of Language, Cambridge University Press

Blum-Kulka, S.& J. House. (eds). (1989). Cross-cultural pragmatics: Requests and apologies. Norwood, NJ: Albex

Scarcella, R. (1979). On speaking politely in a second language.

Brown, P.& S. C. Levinson.(1987). Politeness. Cambridge: Cambridge University Press

Hassall, T, J. (1997). Request by Australian learners of Indonesian. Canberra: Australian National University. ph. D. diss

Hill, T. (1997). The development of pragmatics competence in an EFL context. Tokyo: Temple University, ph, D. diss

부록 1: 요청 상황 조사에 대한 설문지

안녕하십니까?

귀중한 시간을 내주셔서 감사합니다.

본 연구는 "중국인 한국어 학습자의 요청화행에 관한 연구"로 이화여자대학교 국어학 석서 논문을 위한 것임을 밝힙니다. 이 설문조사는 일상생활에서 일어날 가능성이 높은 요청 상황을 조사하기 위한 것입니다.

본 설문은 논문 기초자료 이외의 다른 목적으로 사용되지 않을 것을 약속합니다. 여러분의 도움이 한국어를 배우는 중국인 학습자들에게 큰 도움이 될 것입니다. 감사합니다.

1. 국가: (1)중국   (2)한국 (3)기타
2. 연령: (1)20~24 (2)25~29   (3)30~34   (4)35~40
3. 외국에 거주한 기간 _____년 ____개월   없음( )
4. 직업: (1)대학생 (2)대학원생 (3)회사원 (4)공무원 (5)기타( )

상황 1

당신은 기말 보고서를 쓰기 위해 필요한 책이 있습니다. 그런데 당신의 학과 지도교수님께서 그 책을 가지고 계시다는 것을 알고 있습니다. 당신은 그 교수님과 친한 사이입니다. 당신은 그 책을 읽고 싶어서 그 교수님께 그 책을 빌려 달라고 부탁하려고 합니다.

•위의 상황이 자주 일어날 수 있는 상황이라고 생각하십니까?

①	②	③	④	⑤
전혀 없다	거의 없다	보통이다	가끔 있다	자주 있다

•만약 ①-②번을 고른다면 이유는 무엇이라고 생각하십니까?

상황 2

당신은 논문 준비 중입니다. 그런데 당신과 친한 선배가 썼던 논문 자료 중 일부가 당신의 논문에 필요합니다. 그 자료는 선배가 매우 어렵게 수집한 자료임을 알고 있습니다. 그렇지만 당신의 논문에 꼭 필요한 자료입니다. 그래서 선배에게 관련 자료를 제공해 줄 것을 부탁하려고 합니다.

•위의 상황이 자주 일어날 수 있는 상황이라고 생각하십니까?

①	②	③	④	⑤
전혀 없다	거의 없다	보통이다	가끔 있다	자주 있다

•만약 ①-②번을 고른다면 이유는 무엇이라고 생각하십니까?

상황 3

당신은 버스타고 학교로 가는 중입니다. 버스안에서 사람이 너무 많아서 당신은 내려할 수 없습니다. 이 때 당신의 친한 학교 동창이 있습니다. 그 친구한테 사람들이 길을 비겨 달라는 도움을 요청하려고 합니다.

•위의 상황이 자주 일어날 수 있는 상황이라고 생각하십니까?

①	②	③	④	⑤
전혀 없다	거의 없다	보통이다	가끔 있다	자주 있다

•만약 ①-②번을 고른다면 이유는 무엇이라고 생각하십니까?

당신은 갑자가 병원에 가야 하는 데 돈이 부족해서 옆집에 사는 친한 친구에게 돈을 빌리려고 합니다.

• 위의 상황이 자주 일어날 수 있는 상황이라고 생각하십니까?

   ①   ②   ③   ④   ⑤

전혀 없다   거의 없다   보통이다   가끔 있다   자주 있다

• 만약 ①-②번을 고른다면 이유는 무엇이라고 생각하십니까?

____

당신은 오늘 수업 시간에 필요한 발표물을 출력해야 합니다. 마침 친한 후배가 학과 조교로 있어서, 그 친한 후배에게 학과 사무실에 있는 프린터를 사용해서 출력해줄 것을 부탁하려고 합니다.

• 위의 상황이 자주 일어날 수 있는 상황이라고 생각하십니까?

   ①   ②   ③   ④   ⑤

전혀 없다   거의 없다   보통이다   가끔 있다   자주 있다

• 만약 ①-②번을 고른다면 이유는 무엇이라고 생각하십니까?

____

당신은 내일 발표 수업 준비로 너무나 바쁩니다. 그런데, 오늘까지 도서관에 반납해야 할 책이 있습니다. 친한 후배가 도서관 갈 일이 있다고 말하는 것을 들었습니다. 그래서 그 후배에게 책을 대신 반납해달라고 부탁하려고 합니다.

• 위의 상황이 자주 일어날 수 있는 상황이라고 생각하십니까?

   ①   ②   ③   ④   ⑤

전혀 없다   거의 없다   보통이다   가끔 있다   자주 있다

• 만약 ①-②번을 고른다면 이유는 무엇이라고 생각하십니까?

____

상황 7

당신은 내일까지 기말보고서를 제출해야 합니다. 그런데 실수로 컴퓨터가 다운되어 그동안 작성한 보고서가 다 지워졌습니다. 담당 교수님과는 잘 모르는 분이지만, 사정을 이야기하고 기말보고서 제출일을 다음 주까지 연기해 달라고 부탁하려고 합니다.

• 위의 상황이 자주 일어날 수 있는 상황이라고 생각하십니까?

   ①   ②   ③   ④   ⑤

전혀 없다   거의 없다   보통이다   가끔 있다   자주 있다

• 만약 ①-②번을 고른다면 이유는 무엇이라고 생각하십니까?

____

상황 8

당신은 교환학생입니다. 도서관에 가려고 하는데 가는 길을 잘 모릅니다. 지나가는 어른에게 도서관까지 가는 길을 물어보려고 합니다.

• 위의 상황이 자주 일어날 수 있는 상황이라고 생각하십니까?

   ①   ②   ③   ④   ⑤

전혀 없다   거의 없다   보통이다   가끔 있다   자주 있다

•만약 ①-②번을 고른다면 이유는 무엇이라고 생각하십니까?

____

상황 9

당신은 별로 친하지 않던 동기와 팀이 되어 기말과제를 하게 되었습니다. 과제 마감일이 얼마 남지 않았습니다. 당신은 함께 과제를 하는 동기에게 오늘 오전까지 설문조사 결과를 이메일로 보내기로 했는데, 몸이 아파서 완성하지 못했습니다. 동기에게 내일까지 기다려달라고 부탁하려고 합니다.

•위의 상황이 자주 일어날 수 있는 상황이라고 생각하십니까?

①	②	③	④	⑤
전혀 없다	거의 없다	보통이다	가끔 있다	자주 있다

•만약 ①-②번을 고른다면 이유는 무엇이라고 생각하십니까?

____

상황 10

당신은 이번 학기에 교육학 강의를 수강하고 있습니다. 그런데 지난주에 강의에 빠져서 필기를 하지 못했습니다. 다음 주에 있는 시험 때문에 같은 강의를 듣지만 친하지 않은 사람에게 노트를 빌려 복사하려고 합니다.

•위의 상황이 자주 일어날 수 있는 상황이라고 생각하십니까?

①	②	③	④	⑤
전혀 없다	거의 없다	보통이다	가끔 있다	자주 있다

•만약 ①-②번을 고른다면 이유는 무엇이라고 생각하십니까?

____

상황 11

서점에서 책을 샀습니다. 그런데 내 실수로 다른 책을 샀습니다. 책을 바꾸기 위해서 점에 갔습니다.

•위의 상황이 자주 일어날 수 있는 상황이라고 생각하십니까?

①　　　　②　　　　③　　　　④　　　　⑤

전혀 없다　　거의 없다　　보통이다　　가끔 있다　　자주 있다

•만약 ①-②번을 고른다면 이유는 무엇이라고 생각하십니까?

____

상황 12

당신은 급히 친구에게 전할 말이 있는데 당신의 휴대폰의 배터리 다 떨어졌습니다. 그런데 옆 자리에 별로 잘 알지 못하는 후배가 앉아 있는 것을 발견하고 그 후배에게 휴대폰을 빌려 달라고 부탁하려고 합니다.

•위의 상황이 자주 일어날 수 있는 상황이라고 생각하십니까?

①　　　　②　　　　③　　　　④　　　　⑤

전혀 없다　　거의 없다　　보통이다　　가끔 있다　　자주 있다

•만약 ①-②번을 고른다면 이유는 무엇이라고 생각하십니까?

____

상황 13

대학 동아리에서 다음 주에 여행을 가게 되었습니다. 회계인 당신은 회원들에게 회비를 받아야 합니다. 그런데 그중 한 친한 선배가 회비를 내지 않습니다. 당신은 그 선배에게 회비를 내달라고 요청하려고 합니다.

•위의 상황이 자주 일어날 수 있는 상황이라고 생각하십니까?

   ①   ②   ③   ④   ⑤

전혀 없다   거의 없다   보통이다   가끔 있다   자주 있다

•만약 ①-②번을 고른다면 이유는 무엇이라고 생각하십니까?

____

상황 14

당신은 어느 대학교의 학생 신문사 편집장입니다. 그 동안 함께 신문사에서 일했던 친한 선배가 이번 특집 기사를 쓰기로 했습니다. 그런데 기사 마감일이 하루 남았는데, 그 선배에게서 연락이 없습니다. 그 선배는 그동안 자주 마감시간이 지난 후 기사를 주곤 했습니다. 그래서 그 선배에게 이번에는 반드시 기사 마감시간을 지켜줄 것을 요청하려고 합니다.

•위의 상황이 자주 일어날 수 있는 상황이라고 생각하십니까?

   ①   ②   ③   ④   ⑤

전혀 없다   거의 없다   보통이다   가끔 있다   자주 있다

•만약 ①-②번을 고른다면 이유는 무엇이라고 생각하십니까?

____

상황 15

당신의 친한 친구가 친구들 앞에서 계속 심하게 농담을 합니다. 당신은 점점 기분이 나빠져서 그 농담을 그만두게 하고 싶습니다.

•위의 상황이 자주 일어날 수 있는 상황이라고 생각하십니까?

   ①   ②   ③   ④   ⑤

전혀 없다   거의 없다   보통이다   가끔 있다   자주 있다

•만약 ①-②번을 고른다면 이유는 무엇이라고 생각하십니까?

상황 16

당신은 컴퓨터실에서 프린터를 사용하고 있었습니다. 그런데 프린트를 하던 중 갑자기 프린터가 멈췄습니다. 그래서 컴퓨터실에서 컴퓨터가 고장 났을 경우 수리를 하기 위해 일하고 있는 조교에게 프린터를 수리해 달라고 요청하려고 합니다. 그 조교는 함께 동아리 활동을 하는 친한 친구입니다.

•위의 상황이 자주 일어날 수 있는 상황이라고 생각하십니까?

①	②	③	④	⑤
전혀 없다	거의 없다	보통이다	가끔 있다	자주 있다

•만약 ①-②번을 고른다면 이유는 무엇이라고 생각하십니까?

상황 17

당신은 대학 후배에게 돈을 빌려 주었습니다. 그 후배는 일주일 후에 돈을 갚기로 약속했지만 한 달이 지나도 돈을 돌려주지 않습니다. 당신은 그 돈이 당장 필요합니다.

•위의 상황이 자주 일어날 수 있는 상황이라고 생각하십니까?

①	②	③	④	⑤
전혀 없다	거의 없다	보통이다	가끔 있다	자주 있다

•만약 ①-②번을 고른다면 이유는 무엇이라고 생각하십니까?

상황 18

당신은 며칠 전 친한 후배에게 자신의 디지털 카메라를 빌려주었습니다. 그런데 당신이 이번 주말에 갑자기 카메라가 필요하게 되어서 빌려준 디지털 카메라를 돌려달라고 요청하려고 합니다.

•위의 상황이 자주 일어날 수 있는 상황이라고 생각하십니까?

①   ②   ③   ④   ⑤

전혀 없다   거의 없다   보통이다   가끔 있다   자주 있다

•만약 ①-②번을 고른다면 이유는 무엇이라고 생각하십니까?

____

상황 19

당신은 담배를 싫어합니다. 당신이 일하는 회사 사무실은 금연구역입니다. 그런데 부장님이 담배를 계속 피웁니다. 참기 힘듭니다.

•위의 상황이 자주 일어날 수 있는 상황이라고 생각하십니까?

①   ②   ③   ④   ⑤

전혀 없다   거의 없다   보통이다   가끔 있다   자주 있다

•만약 ①-②번을 고른다면 이유는 무엇이라고 생각하십니까?

____

상황 20

당신은 학교 신문사에서 일하고 있습니다. 원고를 내기로 했던 교수님 중 한 분이 기사 마감 시간이 지났는데 연락이 없습니다. 한 번도 만난 적이 없는 그 교수님을 찾아가서 내일 오전까지 원고를 달라고 요청하려고 합니다.

•위의 상황이 자주 일어날 수 있는 상황이라고 생각하십니까?

①	②	③	④	⑤
전혀 없다	거의 없다	보통이다	가끔 있다	자주 있다

•만약 ①-②번을 고른다면 이유는 무엇이라고 생각하십니까?

____

상황 21

당신은 시험공부를 하느라 도서관에 있습니다. 옆자리에 앉은 당신과 나이가 비슷해 보이는 학생들이 계속 소곤거리며 이야기를 해서 집중을 할 수가 없습니다. 잘 모르는 학생들이지만, 조용히 해 달라고 부탁하고 싶습니다.

•위의 상황이 자주 일어날 수 있는 상황이라고 생각하십니까?

①	②	③	④	⑤
전혀 없다	거의 없다	보통이다	가끔 있다	자주 있다

•만약 ①-②번을 고른다면 이유는 무엇이라고 생각하십니까?

____

상황 22

당신은 수업을 끝내고 기숙사에 들어와서 시험 준비하고 있습니다. 그런데 옆집에서 늦은 밤임에도 불구하고 음악소리가 너무 커서 시끄럽습니다. 옆집에 친하지 않은 옆집 학생에게 소리를 좀 줄여줄 것을 요청하려고 합니다.

•위의 상황이 자주 일어날 수 있는 상황이라고 생각하십니까?

①	②	③	④	⑤
전혀 없다	거의 없다	보통이다	가끔 있다	자주 있다

•만약 ①-②번을 고른다면 이유는 무엇이라고 생각하십니까?

____

상황 23

당신은 수업이 끝난 후 점심을 먹으러 식당에 갔습니다. 당신은 점심 식사를 한 후에 다시 오후 수업을 들으러 가야 합니다. 그런데 주문한 음식이 나오지 않습니다. 종업원에게 당신이 주문한 음식을 빨리 줄 것을 요청하려고 합니다.

•위의 상황이 자주 일어날 수 있는 상황이라고 생각하십니까?

①	②	③	④	⑤
전혀 없다	거의 없다	보통이다	가끔 있다	자주 있다

•만약 ①-②번을 고른다면 이유는 무엇이라고 생각하십니까?

____

상황 24

친구와 함께 식당에 갔습니다. 당신은 비빔밥을 주문하고 친구는 김치찌개를 주문했습니다. 그런데 김치찌개가 두 개 나왔습니다. 당신은 잘못 나온 음식을 바꿔달라고 합니다.

•위의 상황이 자주 일어날 수 있는 상황이라고 생각하십니까?

①	②	③	④	⑤
전혀 없다	거의 없다	보통이다	가끔 있다	자주 있다

•만약 ①-②번을 고른다면 이유는 무엇이라고 생각하십니까?

____

부록 2: 요청 화행 설문조사

안녕하십니까?
본 설문조사는 석사학위논문을 위해 제작되었습니다. 설문은 모두 12문항입니다. 본 설문은 논문 기초자료 이외의 다른 목적으로 사용되지 않을 것을 약속합니다. 여러분의 도움이 한국어를 배우는 중국인 학습자들에게 큰 도움이 될 것입니다. 감사합니다.

1. 국가: (1)중국　(2)한국　(3)기타
2. 연령: (1)20~24　(2)25~29　(3)30~34　(4)35~40
3. 외국에 거주한 기간 ＿＿＿＿년 ＿＿＿개월　　없음(　)
4. 직업: (1)대학생　(2)대학원생　(3)회사원　(4)공무원　(5)기타(　)

상황 1

당신은 기말 보고서를 쓰기 위해 필요한 책이 있습니다. 그런데 당신의 학과 지도교수님께서 그 책을 가지고 계시다는 것을 알고 있습니다. 당신은 그 교수님과 친한 사이입니다. 당신은 그 책을 읽고 싶어서 그 교수님께 그 책을 빌려 달라고 부탁하려고 합니다.

• 이 경우 당신은 교수님께 무슨 말을 하겠습니까?

____

상황 2

당신은 갑자가 병원에 가야 하는 데 돈이 부족해서 옆집에 사는 친한 친구에게 돈을 빌리려고 합니다.

• 이 경우 당신은 친구에게 무슨 말을 하겠습니까?

____

상황 3

당신은 내일 발표 수업 준비로 너무나 바쁩니다. 그런데, 오늘까지 도서관에 반납해야 할 책이 있습니다. 친한 후배가 도서관 갈 일이 있다고 말하는 것을 들었습니다. 그래서 그 후배에게 책을 대신 반납해달라고 부탁하려고 합니다.

• 이 경우 당신은 후배에게 무슨 말을 하겠습니까?

____

상황 4

당신은 교환학생입니다. 도서관에 가려고 하는데 가는 길을 잘 모릅니다. 지나가는 어른에게 도서관까지 가는 길을 물어보려고 합니다.

• 이 경우 당신은 교수님께 어떻게 말하겠습니까?

____

상황 5

당신은 이번 학기에 교육학 강의를 수강하고 있습니다. 그런데 지난주에 강의에 빠져서 필기를 하지 못했습니다. 다음 주에 있는 시험 때문에 같은 강의를 듣지만 친하지 않은 사람에게 노트를 빌려 복사하려고 합니다.

• 이 경우 어떻게 말하겠습니까?

____

상황 6

당신은 급히 친구에게 전할 말이 있는데 당신의 휴대폰의 배터리 다 떨어졌습니다. 그런데 옆 자리에 별로 잘 알지 못하는 후배가 앉아 있는 것을 발견하고 그 후배에게 휴대폰을 빌려 달라고 부탁하려고 합니다.

• 이 경우 당신은 후배에게 무슨 말을 하겠습니까?

____

상황 7

대학 동아리에서 다음 주에 여행을 가게 되었습니다. 회계인 당신은 회원들에게 회비를 받아야 합니다. 그런데 그중 한 선배가 회비를 내지 않습니다. 당신은 그 선배에게 회비를 내달라고 요청하려고 합니다.

• 이 경우 당신은 선배께 무슨 말을 하겠습니까?

____

상황 8

당신의 친한 친구가 친구들 앞에서 계속 심하게 농담을 합니다. 당신은 점점 기분이 나빠져서 그 농담을 그만두게 하고 싶습니다.

• 이 경우 당신은 친구에게 무슨 말을 하겠습니까?

____

상황 9

당신은 대학 후배에게 돈을 빌려 주었습니다. 그 후배는 일주일 후에 돈을 갚기로 약속했지만 한 달이 지나도 돈을 돌려주지 않습니다. 당신은 그 돈이 당장 필요합니다.

•이 경우 당신은 후배에게 무슨 말을 하겠습니까?

____

상황 10

당신은 담배를 싫어합니다. 당신이 일하는 회사 사무실은 금연구역입니다. 그런데 부장님이 담배를 계속 피웁니다. 참기 힘듭니다.

•이 경우 당신은 부장님께 어떻게 말하겠습니까?

____

상황 11

당신은 수업을 끝내고 기숙사에 들어와서 시험 준비하고 있습니다. 그런데 옆집에서 늦은 밤임에도 불구하고 음악소리가 너무 커서 시끄럽습니다. 친하지 않은 옆집 학생에게 소리를 좀 줄여줄 것을 요청하려고 합니다.

•이 경우 당신은 그 학생에게 어떻게 말하겠습니까?

____

상황 12

당신은 수업이 끝난 후 점심을 먹으러 식당에 갔습니다. 당신은 점심 식사를 한 후에 다시 오후 수업을 들으러 가야 합니다. 그런데 주문한 음식이 나오지 않습니다. 종업원에게 당신이 주문한 음식을 빨리 줄 것을 요청하려고 합니다.

•이 경우 당신은 종업원에게 어떻게 말하겠습니까?

____

부록 3: 设问调查

您好:

本次设问调查是为了硕士学位论文而准备的,一共12个问题,本次设问调查除论文基础材料以外决不用作其他用途。您的调查将对现在学韩语的中国学生有着很大的帮助,期待您的认真回答,谢谢您的合作。

1. 国家:( )中国　( )韩国　( )其他
2. 年龄:( )20~24岁　( )25~29岁　( )30~34岁　( )35~40岁
3. 是否有国外居住经验:( )无( )有 ______年 ______个月
4. 职业:( )大学生　( )研究生　( )公司职员　( )公务员　( )其他

情况 1

你为了写期末报告书需要跟教授借一本书,你平时和这个教授的关系很好。这种情况下你要怎样跟教授说呢?

____

情况 2

如果你突然生了疾病需要马上去医院,可是你父母不在家,你的钱又不够。你需要跟住在你隔壁的好朋友借钱,这种情况下你会怎么跟你朋友说呢?

____

情况 3

你为了准备明天的课上发表忙的不可开交, 但是你有一本在图书馆借的
书必须今天还, 你听说一个跟你关系不错的学弟正好要去图书馆, 你想
让他顺道帮你还书, 这种情况下你会怎么跟你的学弟说呢?

情况 4

你是一名交换留学生。想去图书馆看书, 但是不知道图书馆的位置。这时
经过一名老者你想问他图书馆怎么走。这种情况下你会怎么跟他说呢?

情况 5

你上周因为有事没有来上课, 下周就要考试了, 你需要看上周课的笔记。
你想跟你一起上课, 但是不是很熟的同学借笔记。这种情况你会怎么跟
那个同学说呢?

情况 6

你有急事需要马上打电话, 但是你手机没电了。你想跟坐在你旁边的学
弟借用电话。这个学弟跟你不是很熟, 这种情况下你会怎么跟这个学弟
说呢?

情况 7

你所在的学校社团下个星期要出去旅行,作为社团会计的你负责收会费。
有一个你的学长没有交会费,你会怎么跟这个学长说让他交会费呢?

情况 8

你最好的朋友不停的在其他朋友面前开一些很过分的玩笑,你有一点不
太开心了,所以你不想让这个朋友继续说下去了,你会怎么跟他说呢?

情况 9

你借钱给一个大学的学弟,那个学弟说一周以后还钱。可是已经过去一
个月了,他还是没有还钱。你现在有急事需要用钱,你会怎么跟你的学弟
说呢?

情况 10

你很讨厌烟味,你工作的公司是不让抽烟的。但是你的上司不停的抽烟,
让你已经没有办法继续忍受了,你会怎么对你的上司说呢?

情况 11

你下课以后回到宿舍要准备明天的考试, 可是你旁边寝室的人很晚了还是大声地放着音乐, 使你根本不能专心看书。你想去隔壁让他把音乐的声音调小一点, 你会怎么跟他说呢?

情况 12

你去饭店吃午饭, 午饭后你有一节很重要的课。但是你点的菜一直都不出来, 你想让服务员快点上菜, 你会怎么跟服务员说呢?

저자소개

Fan Kexin	이화여자대학교 대학원 석사
Wang Duan	이화여자대학교 대학원 석사
Wu Xiao	이화여자대학교 대학원 석사
Chu Wen Bo	이화여자대학교 대학원 석사

② 이화다문화총서 언어

한·중 언어 비교 연구

초판 인쇄 | 2012년 2월 7일
초판 발행 | 2012년 2월 15일

편 자 이화여자대학교 다문화연구소

책임편집 윤예미

발 행 처 도서출판 지식과교양
등록번호 제 2010-19호
주 소 서울시 도봉구 창5동 262-3번지 3층
전 화 (02) 900-4520 (대표)/ 편집부 (02) 900-4521
팩 스 (02) 900-1541
전자우편 kncbook@hanmail.net

ISBN 978-89-94955-63-6 93710 　　　　　 정가 36,000원